KB091091

송응창의 《경략복국요편》 역주

명나라의 임진전쟁

2

평양 수복

송응창의 《경략복국요편》 역주

명나라의 임진전쟁

2

평양 수복

구범진·김슬기·김창수·박민수·서은혜·이재경·정동훈·薛戈 역주

일러두기 및 범례

　　『명나라의 임진전쟁』(송응창의 『경략복국요편』 역주)은 임진왜란 당시 명군의 최고 지휘관이었던 송응창(宋應昌)의 『경략복국요편』에 대한 번역과 주석이다. 역주의 저본으로는 1929년 남경(南京) 국학도서관(國學圖書館) 영인본의 1968년 대만 화문서국(華文書局) 재영인본[중화문사총서(中華文史叢書) 19]을 사용하였다. 그리고 같은 영인본을 1990년 북경(北京) 전국도서관문헌축미복제중심(全國圖書館文獻縮微復制中心)에서 재영인한 판본[『임진지역사료회집(壬辰之役史料匯輯)』 상(上)]과 대조하여 중화문사총서본의 빠진 부분을 보완하였다.

　　『경략복국요편』은 송응창이 만력 23년(1595) 전후에 간행하였으나 청대에 금서(禁書)가 된 이후 전해지는 실물이 극히 드물었다. 1929년 국학도서관장 유이징(柳詒徵: 1880-1956)은 『경략복국요편』의 가치를 알아보고 그 전본(傳本)이 드문 것을 애석하게 여겨 국학도서관에 소장되어 있던 팔천권루본(八千卷樓本) 『경략복국요편』을 영인하도록 하였다. 이때 무봉림(1898-1959)이 『경략복국요편』의 제요를 작성하고 『우림집(寓林集)』에 실린 송응창의 행장(行狀)과 그 부인 숙인(淑人) 고씨(顧氏)의 묘지명(墓誌銘)을 발굴하여 영인본의 부록으로 실었다.

○ 원문의 오류

- 원문의 오류는 원문 교감에서 각주를 통해 밝히고, 번역본에서는 오류를 정정하여 번역한다.

○ 문서 번호

- 문서 제목 위에 각 권(卷)과 문서 순서를 기준으로 문서 번호를 표기한다.
- 勅, 華夷沿海圖, 附는 통합하여 0권으로 간주하고 문서 번호를 부여하였다.
- 後附, 行狀, 墓誌銘, 跋은 통합하여 15권으로 간주하고 문서 번호를 부여한다.
  예) 1-1 처음으로 경략 임명을 받고서 칙서를 청하는 상주
  初奉經略請勅疏 | 권1, 1a-3a

○ 문서 해설

- 문서 제목 다음에 해당 문서에 대한 해설을 삽입한다.
- 문서 해설은 날짜, 발신자, 수신자, 내용, 관련자료로 구성한다.
- 날짜는 왕력과 서력을 병기한다.
  예) 만력 20년 5월 10일(1592. 6. 19.)
- 수신자는 관직과 성명을 풀어쓴다.
  예) 石大司馬 → 병부상서(兵部尙書) 석성(石星)

○ 문서의 인용 표기

  - 제1인용 = " ", 제2인용= ' ', 제3인용=「 」으로 표기한다.
  - 인용된 문서의 분량이 긴 경우에는 문단 좌측에 여백을 주어

구분한다.

○ 한자 표기

- 한자가 필요한 경우 한글과 한자를 병기한다.

  예) 송응창(宋應昌)

- 한자 병기는 각 권을 기준으로 첫 번째 등장할 때만 표기한다.

- 번역문과 원문이 다를 경우 [ ]로 표기한다.

  예) 순안어사[按院]

○ 일본 인명 표기

- 일본어 인명과 한자 표기가 일치하는 경우에는 ( ) 안에 한자를 병기한다.

  예) 고니시 유키나가(小西行長), 유키나가(行長)

- 일본어 인명과 한자 표기가 다른 경우에는 [ ] 안에 한자를 병기한다.

  예) 고니시 유키나가[平行長]

○ 숫자 표기

- 만 단위를 기준으로 나누되 우리말 "만"을 표시해주고, 나머지 숫자는 붙여 쓰도록 한다.

  예) 4만 5500석

○ 문장의 주어

- 주어가 축약되었거나 3인칭인 경우 정확한 대상으로 번역한다.

  예) 李提督→ 제독 이여송 / 該部 → 병부 또는 송응창

○ 문서의 투식

  - 문서의 행이(行移) 과정을 보여주는 어구(語句)는 인용부호로
    대체하며 번역하지 않는다.
    예) 等因, 等情, 欽此, 備咨到臣, 備咨前來, 送司, 到部, 案呈到部

○ 종결형의 번역

  - 동일한 수신자에게 보낸 문서라도, 그 서식에 따라 문장의 종
    결형은 달리한다. 관문서는 관직의 상하관계에 따라 종결형을
    달리하며, 사문서는 모두 경어체를 사용한다.
    예1) 송응창이 이여송에게 보낸 관문서는 송응창이 상사이므
    로 평어체로 번역한다.
    예2) 송응창이 이여송에게 보낸 사문서는 경어체로 번역한다.
    예3) 송응창이 석성에게 보낸 관문서는 석성이 상사이므로 경
    어체로 번역한다.
    예4) 송응창이 석성에게 보낸 사문서는 경어체로 번역한다.

○ 공식 문서의 종류와 번역

  - 상주문: 신료가 황제에게 올리는 문서로 제본(題本), 주본(奏本)
    등이 있다. 종결어는 경어체로 처리하였다.
  - 상행문: 관부문서로 하급기관에서 상급기관에 보내는 문서이다.
    정문(呈文), 품(稟) 등이 있다. 종결어는 경어체로 처리하였다.
  - 평행문: 관부문서로 발신자와 수신자가 통속관계가 없을 때
    보내는 문서이다. 자문(咨文)이 있다. 종결어는 경어체로 처리
    하였다.

- 하행문: 관부문서로 상급기관에서 하급기관에 보내는 문서이다. 표문(票文), 패문(牌文), 차문(箚文), 차부(箚付) 등이 있다. 종결어는 평어체로 처리하였다.

○ 서간문의 번역
- 서간문은 관품과 관계없이 경어체로 처리하였다.
- 서간문에서 대하(臺下), 합하(閤下), 문하(門下), 존대(尊臺) 등은 상대방을 가리키는 존칭이다.

○ 각주 형식
- 각주의 표제어가 문장인 경우 …… 말줄임표로 표기한다.
  예) 강한 쇠뇌가 …… 뚫지 못할까
- 명 실록은 '명+왕호+실록' 조선 실록은 '왕호+실록'으로 표기한다.
  예) 『명태조실록』, 『선조실록』

차례

經略復國要編
권5

經略復國要編
권6

經略復國要編
권7

經略復國要編

권5

5-1

천진병비부사 양운룡에게 보내는 서신

與天津梁兵道書 | 권5, 1a

날짜 만력 21년 정월 2일(1593. 2. 2.)
발신 송응창(宋應昌)[1]
수신 천진병비부사(天津兵備副使) 양운룡(梁雲龍)[2]
내용 배를 만드는 일을 전적으로 주관할 것을 주문하는 것과 아울러 조타수와 뱃사공으로 남병(南兵)[3]을 서둘러 동원해줄 것을 당부하는 서신이다.

....

1 송응창(宋應昌): 1536~1606. 명나라 사람으로 항주(杭州) 인화현(仁和縣) 출신이다. 호는 동강(桐岡)이다. 가정 44년(1565)에 진사가 되었다. 임진왜란 때 1차로 파병된 조승훈이 평양성 전투에서 패배하고 요동으로 돌아가자, 명나라 조정은 병부시랑(兵部侍郎) 송응창을 경략군문(經略軍門)으로, 도독동지(都督同知) 이여송을 제독군무(提督軍務)로 삼아 4만 3000명의 명군을 인솔하게 하여 조선으로 출병시켰다. 그는 조선에 군사를 파견하거나 부상병을 돌려보내거나 군수 물자를 수송하는 등의 지원을 했다. 송응창은 벽제관 전투 후 도요토미 히데요시를 일본 국왕으로 책봉하고 영파(寧波)를 통해 조공하도록 하는 봉공안(封貢案)을 주도했다. 명나라는 일본군의 조선 주둔 상황 등을 명백히 보고하지 않았다는 이유로 송응창을 대신하여 시랑(侍郎) 고양겸(顧養謙)을 경략으로 삼았다.
2 양운룡(梁雲龍): 1528~1606. 명나라 사람으로 해남 경산현(瓊山縣) 출신이다. 자는 회가(會可), 호는 임우(霖雨)이다. 호광순무(湖廣巡撫), 병부좌시랑(兵部左侍郎) 등의 직을 역임하였다. 임진왜란 발발 시 일본이 명에 쳐들어올 것을 대비하여 천진(天津)을 방비하였다.
3 남병(南兵): 남직례(南直隷) 및 절강(浙江) 일대의 병사를 말한다.

　　서한으로 가르침을 받았습니다. 군사란 모으면 많고 나누면 적다고 하셨으니, 정말로 정확한 논의입니다. 각 해구(海口)는 방비를 어찌할지 노고를 다하여 보여주셨는데, 특히 전력(戰力) 분할 배치의 규칙은 더구나 제가 유의하는 데 보탬이 될 터이니, 얼마나 기쁘고 위로가 되는지 모르겠습니다. 배를 만드는 일은 의논이 분분하여 헛되이 시간만 보내고 있으니, 오직 문하(門下: 양운룡)께서 주관하시기를 바랍니다. 조타수와 뱃사공으로 서둘러 남병을 데려와야 하는데, 대개 봄철 물이 불어날 때가 가까워 조금이라도 지체하면 일을 그르칠까 걱정스럽기 때문입니다.

5-2

제독 이여송에게 보내는 서신

與李提督書 | 권5, 1a-1b

날짜 만력 21년 정월 3일(1593. 2. 3.)

발신 송응창

수신 평왜제독(平倭提督) 이여송(李如松)[4]

내용 사료를 미리 준비하게 하였음을 알리며, 왜군과 전투를 벌인 후 그들을 궁지로 몰아 추격하는 데 신중을 기할 것을 당부하는 서신이다.

어제 문하(門下: 이여송)의 상주문을 읽어보았습니다. 병마(兵馬)를 가려 뽑고 기병(奇兵)과 정병(正兵)으로 나누며 기회를 살펴 진격함은 모두 훌륭한 계획에 힘입은 것이니, 문하의 높은 공훈(功勳)이 마치 눈앞에 있는 것 같습니다. 제가 얼마나 영광스럽고 위로가 되는지 모르겠습니다. 전마(戰馬)를 먹일 사료는 매우 중요하니, 어찌 조선에 부족해서야 되겠습니까. 이에 서한의 가르침을 받들어 즉각

....

4   이여송(李如松): 1549~1598. 명나라 사람으로 요동 철령위(鐵嶺衛) 출신이다. 자는 자무(子茂), 호는 앙성(仰城)이다. 철령위 지휘동지(指揮同知)를 세습하였다. 만력 20년 (1592) 감숙(甘肅) 영하(寧夏)에서 보바이(哱拜)의 난이 일어나자 반란 진압에 큰 공을 세워 도독(都督)으로 승진하였다. 임진왜란이 발발하자 흠차제독(欽差提督)으로 조선에 파병되었다. 평양성을 함락하였으나 벽제관(碧蹄館)에서 패배하여 퇴각하고 일본과의 화의 교섭에 주력하다가 그해 말에 명으로 철군하였다.

해당 도(道)에 문서를 보내 사료를 사서 모아 의주(義州)에 쌓아두어 보급하게 하였습니다. 가르침을 받들기에 앞서 이미 주정(主政) 애유신(艾惟新)[5]에게 문서를 보내 미리 준비하게 하였습니다. 문하께서는 적을 대할 묘책을 가지고 계시니 굳이 번거롭게 하지 마십시오. 다만 왜노(倭奴)들이 만약 패한다면 신중히 생각하시어 그들을 궁지로 몰아 추격하지 않도록 하십시오. 그들의 교활한 꾀가 보통이 아님이 걱정되니, 마땅히 미리 방비해야 할 것입니다.

....

5 애유신(艾惟新): 1563~?. 명나라 사람으로 하남 개봉부(開封府) 난양현(蘭陽縣) 출신이다. 호는 시우(時宇)이다. 만력 21년(1593) 정월부터 임진왜란에 참전한 군대의 군량과 봉급을 관리하였다.

5-3

영원백 이성량에게 보내는 서신

與寧遠伯李寅城書 | 권5, 1b-2a

날짜 만력 21년 정월 3일(1593. 2. 3.)

발신 송응창

수신 영원백(寧遠伯) 이성량(李成梁)[6]

내용 이여송의 부친 이성량에게 안부 인사를 하면서 이여송을 비롯한 그의 아들들이 전선에서 활약하고 있음에 감사의 뜻을 전하는 서신이다.

　새해에 복 많이 받으시라고 인사하고 싶었으나 답장하시는 일이 번거로울까 걱정스러워 감히 전문(箋文)을 올려 축하드리지 못하였음을 양해해주십시오. 큰아드님[長公: 이여송]은 지난해 12월 8일에 요동(遼東)에 와서 16일에 이미 군사를 독려하여 강을 건넜습니다. 어제 큰아드님이 손수 쓴 편지를 받았는데, 6일에서 7일이면 평양(平壤)에 도착할 수 있으리라는 것이었습니다. 공격하여 토멸할 일이 눈앞에 다가왔으니, 일단 승전 소식을 듣고서 즉시 노장군(老

....

6　이성량(李成梁): 1526~1618. 명나라 사람으로 요동 철령위 출신이다. 자는 여계(如契), 호는 인성(引城)이다. 고조부가 조선에서 명으로 귀부한 이래 대대로 요동 철령위의 지휘첨사(指揮僉事) 직위를 세습해왔다. 30여 년 동안 요동총병을 지내면서 여진족을 초무하고 요동의 방위에 기여하였다. 이여송 등 다섯 아들이 모두 무장으로 이름을 떨쳤다.

將軍: 이성량)께 신속히 알리게 된다면 제가 얼마나 영광스럽겠습니까. 큰아드님의 위엄 있는 이름을 숭모해온 지 오래였으나 평생 동안 망설이다가 여태 뵙지 못한 것을 늘 아쉽게 생각하고 있었습니다. 한배를 타고서 여러 번 무릎을 마주하는 만남을 가져보니 뛰어난 자질이 걸출하고 신묘한 논의가 매우 빠르니, 시서(詩書)에서 칭하는 호랑이 같은 무장인들 어찌 더할 수 있겠습니까. 큰아드님의 도움으로 왜노를 정벌하고 관백[關白: 도요토미 히데요시(豐臣秀吉)][7]을 섬멸한다면 보바이[哱]나 유동양(劉東暘)과 다르지 않게 될 것이니,[8] 그렇다면 사직(社稷)의 복이자 특히 저 한 사람에게는 다행일 것입니다.

큰아드님이 세상에 떨친 뛰어난 능력은 이미 그 빛을 뽐내기에 족한데, 여러 어진 아드님의 멋진 목소리와 아름다운 풍모를 보니

....

7 관백(關白): 일본의 관명(官名)을 말한다. 헤이안(平安) 시대 이후 천황(天皇)을 대신하여 정무를 총괄한 일본의 관직이다. 율령에 규정되지 않은 영외관(令外官)으로, 메이지 유신까지 조정 대신들 중에서는 최고위 관직이었다. 9세기 중엽 이후 대대로 후지와라(藤原) 가문에서 관백을 독차지하였는데, 유일한 예외 기간이 바로 도요토미 히데요시(豐臣秀吉)와 그 조카 히데쓰구(秀次)가 관백에 취임한 시기이다. 히데요시는 고노에 사키히사(近衛前久)의 양자가 되어 최초의 무가(武家) 관백이 되었는데, 이후 도요토미 성을 받음으로써 후지와라 가문 외부에서 관백에 취임한 최초의 사례가 되었다. 도쿠가와(德川) 시기에는 다시 후지와라 가문에서 관백에 취임하였지만, 사실상 막부의 통제하에 놓이게 되었다. 도요토미 히데요시는 이때 이미 관백에서 물러나 태합(太閤)을 칭하고 있었지만, 명과 조선의 사료에서는 여전히 그를 관백으로 칭하였다.
8 보바이[哱]나 유동양(劉東暘): 몽골인 장군인 보바이[哱拜]와 유동양이 만력 20년(1592) 2월 영하에서 반란을 일으켰다. 영하진의 부총병(副總兵) 보바이는 순무(巡撫) 당형(黨馨)과 불화하자 거병하여 영하를 점거하였다. 반란 세력은 오르도스에 있던 몽골 세력과도 통하여 기세가 왕성하였기 때문에 당초 토벌에 나선 명 군대도 쉽게 제압하지 못하고 오히려 여러 차례 패배를 당하였다. 이에 어쩔 수 없이 동북 방면을 지키고 있던 최정예 부대를 멀리 요동으로부터 증원군으로 파견하였고, 지휘관 이여송(李如松)의 활약에 힘입어 같은 해 9월에 겨우 성을 탈환하고 반란을 제압하는 데 성공하였다.

옛날에 연산(燕山) 오계(五桂)[9]를 세상에서 미담이라 하였지만 이제 철령(鐵嶺) 오호(五虎)[10]가 마땅히 나란히 칭해져야 하겠습니다. 노 장군의 가정교육이 아니었다면 어찌 이렇게 될 수 있었겠으며, 오직 산천의 빼어남이 모인 것일 뿐이겠습니까. 조선을 회복하는 일은 전 적으로 어진 아드님들에 힘입을 것이니, 제가 좋은 때를 만난다면 감히 나무가 물을 생각하는 마음을 잊겠습니까. 편지를 보내 대신 문안을 여쭈며 평안하시기를 기원합니다. 이루 다 갖추지 못합니다.

---

9   연산(燕山) 오계(五桂):『삼자경(三字經)』에 나오는 연산 사람 두우균(竇禹鈞)에 관한 고 사이다. 두우균은 선행을 많이 하여 주어진 운명을 뒤집어서 긴 수명과 다섯 아들을 얻 었다. 그가 말년에 얻은 다섯 아들은 모두 과거에 합격해 고관의 지위에 이르렀다.

10 철령(鐵嶺) 오호(五虎): 철령 출신 이성량의 다섯 아들이 모두 재주가 빼어나 활약하고 있음을 연산 오계에 빗댄 말이다. 이성량의 다섯 아들은 이여송, 이여백(李如柏), 이여정 (李如楨), 이여장(李如樟), 이여매(李如梅)이다.

내각대학사 조지고·장위, 병부상서 석성에게
보고하는 서신

報趙張二相公石司馬書 | 권5, 2a-3a

날짜 만력 21년 정월 3일(1593. 2. 3.)

발신 송응창

수신 내각대학사(大學士) 조지고(趙志皐)[11]·장위(張位),[12] 병부상서(兵部尚書) 석성(石星)[13]

내용 봄이 되면 왜군이 산동(山東) 일대로 침범할 수 있으니 그 일대의 방비를 강화해야 함을 역설하는 서신이다. 군사를 더 선발하고 동원해서 조련시킬 것, 내륙 쪽의 군사를 해안 방어로 옮겨 주둔시킬 것 등을 건의하였다.

....

11 조지고(趙志皐): 1524-1601. 명나라 사람이다. 절강 금화부(金華府) 난계현(蘭溪縣) 출신으로 자는 여매(汝邁), 호는 곡양(濲陽)이다. 융경 2년(1568), 과거에 3등으로 급제한 후 한림원(翰林院)에서 여러 관직을 역임하였다. 만력 연간 초 실세였던 장거정(張居正)을 탄핵한 일에 연루되어 좌천되었다가 장거정 사후인 만력 11년(1583)에 복권되었다. 만력 19년(1591)에는 동각대학사(東閣大學士)로 임명되었고 곧 수보대학사(首輔大學士)가 되었다. 시호는 문의(文懿)이다.

12 장위(張位): 1534-1610. 명나라 사람이다. 강서 남창(南昌) 신건(新建) 출신이며 자는 명성(明成), 호는 홍양(洪陽)이다. 융경 2년(1568) 진사(進士)로, 만력 연간 초 수보대학사(首輔大學士) 장거정(張居正)과의 불화로 좌천되었다. 장거정 사후 복권되어 여러 관직을 역임하다 만력 19년(1591)에 동각대학사(東閣大學士)로 임명되었다. 만력 26년(1598)에 탄핵을 당하여 관직이 삭탈되었다. 훗날 천계 연간에 복권되고 태보(太保)로

어제 산동순무(山東巡撫) 손광(孫鑛)[14]이 산동성[東省]의 군량이 부족하다 하여 소(疏)를 갖추어 제청(題請)한 것을 보았습니다. 산동성의 급여에 대해서는 제가 예전 산동순무 시절에 이미 부족함을 우려한 바 있으며, 향세(香稅)[15] 등의 항목일지라도 모아놓은 것이 거의 없습니다. 게다가 지금은 군사와 장수를 더 두어 해구에 분포시킬 때이니, 순무 손광의 제청을 서둘러 윤허하여 그에 힘입어 손을 쓸 수 있게 해야 할 것 같습니다.

순무 손광이 제가 예전에 일찍이 장수에 대해서는 논의하였으나 군사에 대해서는 여전히 제 논의가 미치지 못하였다고 말한 것과, 산동성의 반군(班軍)[16]을 북경으로 보내지 말고 산동성에 머무르게 하여 바다를 지키자는 논의에 대해서 말하자면, 우선 대저 반군을 머무르게 할지의 여부는 대하(臺下: 조지고·장위·석성)께 응당 계산이 서 있을 터이니 어찌 감히 참견을 하겠습니까. 하지만 군사를 두는 사안에 대해서는 제가 지난 문서들을 상세히 살펴보니 이미

....

추증되었다. 시호는 문장(文莊)이다.

13 석성(石星): 1538~1599. 명나라 사람으로 대명부(大名府) 동명현(東明縣) 출신이다. 자는 공신(拱辰), 호는 동천(東泉)이다. 가정 38년(1559)에 진사가 되어 출사하였고 만력제 이후 태자소보 병부상서(太子少保 兵部尙書)가 되었다. 임진왜란이 발발하여 조선이 명에 원조를 요청하자 파병을 강력히 주장하였다. 이후 일본과 강화를 추진하다 일본이 정유재란을 일으키자 강화 실패의 책임을 지고 옥사하였다.

14 손광(孫鑛): 1543~1613. 명나라 사람으로 절강 소흥부(紹興府) 여요현(餘姚縣) 출신이다. 자는 문융(文融), 호는 월봉(月峯)이다. 임진왜란 발발 초기에는 산동순무(山東巡撫)를 맡아 병참을 지원하였고, 만력 22년(1594)에 고양겸(顧養謙)을 대신하여 경략이 되었다.

15 향세(香稅): 산동성의 태산(泰山)과 같은 곳에서 사람들이 영험한 신령에게 바치는 향전(香錢)을 관부에서 거두어 재원으로 삼은 것을 말한다.

16 반군(班軍): 명대에 군호(軍戶) 중 일부를 자기 근무지가 아닌 북경(北京)이나 변경 지역에 주기적으로 파견하던 병력을 지칭한다.

제본(題本)을 갖춘 바 있습니다. 대략 청주(青州)·등주(登州)·내주(萊州) 세 부(府)를 둘러싼 바닷가가 총 2000여 리이지만, 그것을 총괄하는 것은 등주·문등(文登)·즉묵(卽墨) 세 영(營)에서 다 할 뿐입니다. 따라서 세 영에 배치된 관병(官兵) 1만 6500여 명을 제외하면 또한 바닷가의 방위가 이어지지 않을까 걱정입니다. 각 도의 보갑(保甲)[17] 가운데서 장정(壯丁)을 가려 뽑고, 위소(衛所) 가운데서 여정(餘丁)[18]을 가려 뽑으며, 광산[礦洞] 가운데서 창수(鎗手)를 가려 뽑으면 대략 5~6만여가 될 것이니, 만약 이들을 교육하고 연습시킨다면 모두 정예병이 될 것입니다. 조련할 때에는 매달 은(銀) 6전을 지급하고, 동원해서는 매일 은 3푼을 지급하며, 경계할 일이 있으면 모여서 군사가 되고 없으면 흩어져서 민간인이 되면 안 될 것이 없습니다. 지금의 군병(軍兵)도 어찌 보갑·여정 외에서 나온 자가 있겠습니까.

근래 산동성 각 도에서 누누이 반군을 산동성에 머물게 해달라고 청한 것이 이미 1년여입니다. 반군이 과연 연해 방어를 온전히 해낼 수 있겠습니까. 하물며 산동성의 8도는 무주(武州)·덕주(德州)·청주(青州)의 해방(海防) 3도를 제외하고 그 나머지 5도는 내지인 까닭에 상황이 조금 느슨하므로, 혹 그 군사를 헤아려 옮겨 연해 방어에 협조하게 하면 또한 일시적으로 급한 불을 끄게 하는 계책이 될 것입니다. 어찌 군사가 없다며 구구하게 반군만 바라보기만

....

17 보갑(保甲): 중국 송대에 만들어진 호적관리제도이다. 10호를 갑(甲)으로, 10갑을 보(保)로 편제하였다. 명나라는 이갑제도(里甲制度)라는 이름의 호적관리제도를 시행하였다. 여기서는 보갑으로 편제된 각 도의 민호를 의미한다.

18 여정(餘丁): 군호 가운데 정군(正軍)을 제외한 여분의 인정(人丁)을 말한다.

해서야 되겠습니까.

또한 산동성의 해방도(海防道) 등에게는 제가 경략(經略)을 맡은 이래 누차 문서를 보냈으나 한 번도 답장하지 않았습니다. 봄철 물이 불어날 때가 임박하였는데도 여전히 분분하며 대책이 정해지지 않았습니다. 만일 왜노가 요(遼)에서 뜻을 이루지 못하고서 바람을 타고 파도를 넘어 직접 청(靑)·제(齊) 사이를 침범한다면 또한 장차 어찌하겠습니까.

저는 과거에는 외람되게 산동성의 순무(巡撫)[19] 직무를 맡았고 지금은 다시 경략이 되었으므로 주제넘게 이처럼 자질구레하게 늘어놓습니다. 바라건대 대하께서는 굽어살펴주십시오.

....

19 순무(巡撫): 명·청대의 관명이다. 명초의 순무는 원래 임시로 경관(京官)을 주요 지방에 파견하였던 것이지만, 선덕(宣德: 1426-1435) 연간 이후 강남 등지의 중요한 지역에 상주하는 것이 점차 제도화되었고, 가정(嘉靖: 1522-1566) 연간에는 실질적으로 상설화되었다. 이후 순무는 총독과 함께 지방의 최고장관의 위상을 갖게 되었다.

5-5

동정군 전체에게 알리는 포고문

宣諭示約 | 권5, 3a-4a

날짜 만력 21년 정월 3일(1593. 2. 3.)

발신 송응창

수신 동정군(東征軍) 전체

내용 전년에 영하(寧夏)의 반란을 진압한 데 공을 세운 장병들에 대해 공적을 정리해서 올리라는 황제의 지시가 있었음을 알리면서 전쟁에 적극 임할 것을 장려하는 내용의 포고문이다.

성유(聖諭: 황제의 말씀)를 받들어 전하는 일.

근래에 저보(邸報)[20]를 접해보니 그 가운데 만력 20년 12월 26일 병부(兵部)에서 성유를 받들어 전한 것이 있었는데, 그 내용은 다음과 같았다. "앞서 영하를 평정하여 회복하고 반역한 악인을 붙잡았다.[21] 그 전역에서 공을 세운 문무 관리와 군정(軍丁)에 대해서는 이

....

20 저보(邸報): 전한(前漢) 무렵부터 간행된 일종의 관보(官報)이다. 전통시대의 중국 지방 관리들은 수도에 '저(邸)'를 두고 이곳에서 황제의 유지(諭旨: 명령)와 조서(詔書), 그리고 신하들이 올린 주요 상주문 등 각종 정치 정보들을 정리하여 지방 관아로 보내도록 하였다. 이러한 제도는 청대까지 지속되었으며, 청대에는 '경보(京報)'라 불리기도 하였다.

21 영하를 … 붙잡았다: 만력 20년(1592) 2월 영하에서 몽골인 장군인 보바이가 일으킨 반란을 제압한 사건을 말한다.

미 순무와 순안어사(巡按御史) 및 감군(監軍)이 실제 전공을 확인하여 상주(上奏)하였고 그 상주를 검토하라는 명령을 내린 지 이미 오래되었는데, 그 결과는 또 어찌되었는가. 너희 병부(兵部)에서는 한 달여 동안 전공의 등차를 헤아려 정해서 상주해오지 않았다. 또한 지금 왜적이 창궐하여 내지를 침범해오려고 엿보고 있다. 그런데도 지금 도리어 포상의 시행을 오랫동안 정하지 않았으니, 어찌 충성스럽고 용감한 신하들과 호걸다운 장사들을 격려하고 감동시킬 수 있겠는가. 너희 병부는 속히 정해서 상주하라."

마땅히 고시(告示)를 내보여 동쪽 정벌에 나선 장사들을 타일러 그들로 하여금 힘을 떨치도록 해야겠다. 이에 고시로 알리니, 바라건대 각 장사와 군정 등은 충성과 용기를 다하여 왜노를 완전히 평정하고 속국(屬國: 조선)을 회복하도록 하라. 성공하는 날 나는 반드시 후하게 논하여 황제께서 격려하고 권장하신 지극한 뜻에 우러러 부합하도록 할 것이다. 각각 마땅히 더욱 힘쓰라.

5-6

제독 이여송에게 보내는 명령

檄李提督 | 권5, 4a-4b

날짜 만력 21년 정월 4일(1593. 2. 4.)

발신 송응창

수신 평왜제독 이여송

내용 병부에서 보내온 마가은(馬價銀)[22] 6만 냥을 이여송의 군전(軍前)으로 전달하고 이를 전장에 있는 전체 장령(將領)[23]들에게 공평하게 지급할 것을 지시하는 명령이다.

성유를 받든 일.

....

22 마가은(馬價銀): 말 값으로 지출하기 위해 책정된 비용이다. 명 초에는 각지에서 말을 길러 변경에서 사용하도록 하였으나, 남방에서는 말이 나지 않기 때문에 성화(成化) 연간부터 은을 거두어 태복시(太僕寺)에 쌓아두고 유사시 이를 지출하여 말을 마련하도록 하였다.

23 장령(將領): 장관(將官)이라고도 하며, 명대 각 지역을 진수(鎭戍)하는 병력을 지휘하는 무관을 총칭한다. 총병(總兵)·부총병(副總兵)·참장(參將)·유격(遊擊)·수비(守備) 등이 있다. 『명사(明史)』「직관지(職官志)」에 따르면 이들에게는 정해진 품급(品級)이나 정원(定員)이 없었으며, 이들 중 한 방면을 총괄하는 자를 진수(鎭守=總兵), 일로(一路)만을 담당하는 자를 분수(分守), 한 성이나 보(堡)를 각각 지키는 자를 수비, 주장(主將)과 함께 한 성을 지키는 자를 협수(協守)라고 칭하였다. 숭정(崇禎) 10년(1637)에 이르러 병부상서(兵部尙書) 양사창(楊嗣昌)이 이들의 관계(官階)를 정리하였고, 이는 청대 녹영(綠營)의 품급(品級)으로 계승되었다. 曹循, 「明代鎭戍將官的官階與待遇」, 『歷史檔案』 2016-3 참고.

종군하는 장수와 군사들에게 은을 나누어주라는 황제의 명령에 관한 병부의 자문(咨文)을 받았다. 이를 받고 이미 내가 상주를 갖추어 사례한 외에 이제 살피건대, 병부에서 주사(主事) 황걸(黃杰)[24]을 선발하여 마가은 6만 냥을 관리하고 운송해서 요양(遼陽)으로 왔으므로 마땅히 성지(聖旨: 황제의 명령)에 따라 나누어 지급해서 황제의 크나큰 은혜가 두루 미치도록 해야겠다.

통판(通判) 왕군영(王君榮)[25]을 선발하여 이 은을 관리하고 운송해서 제독(提督)의 군전으로 보내는 외에 차문(箚文)을 보내니, 바라건대 평왜제독은 유황상(劉黃裳)[26]·원황(袁黃)[27] 두 찬획(贊畫)[28]과 함께 동원되었거나 모집되어온 각 장령들을 갖추어 조사하여 마군(馬軍)·보군(步軍), 군정 등 지위를 따지지 말라. 아울러 산서(山西)의 2000명, 계주진(薊州鎮)에서 이어서 보낸 2800명도 모두 산해관(山海關)을 나왔다고 알려왔으니 실제 수에 넣어라. 또한 나와 제독·찬

....

24 황걸(黃杰): ?~?. 명나라 사람으로 하남성(河南城) 식현(息縣) 출신이다.

25 왕군영(王君榮): ?~?. 명나라 사람으로 산동(山東) 청주부(青州府) 익도현(益都縣) 출신이다. 호는 혜천(惠泉)이다. 원임 통판(通判)으로 송응창을 따라 나와서 관향은(管餉銀)을 전담하다가 만력 21년(1593) 9월에 명나라로 돌아갔다.

26 유황상(劉黃裳): 1529~1595. 명나라 사람으로 하남(河南) 광주(光州) 출신이다. 자는 현자(玄子)이다. 만력 14년(1586) 진사에 올랐고, 문장으로 유명하였다고 한다. 병부원외랑(兵部員外郎), 찬획경략(贊劃經略)으로서 임진왜란 때 송응창의 군무를 보조하는 임무를 맡았다.

27 원황(袁黃): 1533~1606. 명나라 사람으로 절강(浙江) 가흥부(嘉興府) 가선현(嘉善縣) 출신이다. 자는 곤의(坤儀)이다. 임진왜란 발발 시 병부의 직방청리사주사(職方清吏司主事)였다. 병부원외랑 유황상과 함께 찬획으로 파견되어 참모 역할 등을 수행하였다. 특히 병참과 관련된 업무를 많이 담당해서 군량 문제 등을 조선 조정과 논의하는 경우가 많았다.

28 찬획(贊畫): 관명이다. 명대 제독(提督)과 순무(巡撫)의 막하(幕下)에 있던 직관으로 보좌 역할을 담당하였는데, 구체적인 직책이나 품급은 정해져 있지 않았다.

획 표하(標下: 직할부대)의 막료와 책사(策士), 청용(聽用)[29]으로서 충
성을 바치고자 한 이서(吏書) 등 관원(官員)과 역인(役人) 및 군량을
관장하는 주사 애유신과 은을 운송해온 주사 황걸을 수행하는 역인
들 가운데 사고자는 즉시 제외하고 현재 복무하고 있는 자를 모두
상세히 조사하여 명단을 책으로 작성하고 등급을 나누어 이 6만 냥
을 모두 나누어줄 방법을 논의하라. 장수와 관리에게 너무 후하게
해서는 안 되며, 군사에게 너무 박하게 해서는 안 된다. 전장에 나서
지 않은 자라면 다시 대략 차등을 두어 실제 혜택이 두루 미치도록
힘쓰며, 포상 규정을 정하여 보고함으로써 지급의 증빙으로 삼으라.

계주(薊州)·보정(保定)·요동·산동 등의 지역에서 각각 바다 입
구를 수비하고 방어하며 왜노를 방비하는 관군과 아직 동원되어 오
지 않은 사천(四川)·광동(廣東)·절강(浙江)·남직례[直隸] 등 지역의
수륙 관군에게는 모두 별도로 계주·보정에 저장된 4만 냥 가운데서
나누어 지급할 것이다. 이들은 6만 냥을 나누어줄 사람의 수효 안에
는 들지 않는다. 이 사안은 황제의 은혜를 널리 퍼뜨리는 일이니, 늦
추거나 실수하지 말라.

....

29 청용(聽用): 명 중기 이후 직위에서 해제된 원임(原任) 장령(將領)으로서 변경의 총독
(總督)·순무(巡撫)가 자체적으로 자신의 군영에 받아들여 임용한 경우를 지칭한다. 이
들은 스스로 장비와 가정(家丁)을 갖추어 변경에 나아가 군무에 임하였으며, 공을 세
우면 이전에 직위 해제될 때의 잘못을 헤아리지 않고 현직으로 복직할 수도 있었다. 총
독·순무는 자율적으로 이들을 중군(中軍) 등의 직책에 임용하여 자신의 군문에서 활용
하는 것이 관행이었고, 이는 명 후기 장령의 중요 임용 방식 중 하나가 되었다. 曹循,「明
代鎭戍營兵中的基層武官」,『中國史硏究』2018-1, 143쪽 참고.

5-7

천진·계주·밀운 등 11도에 보내는 명령

橬天津薊州密雲等十一道 | 권5, 4b-5b

날짜 만력 21년 정월 4일(1593. 2. 4.)

발신 송응창

수신 천진(天津)·계주·밀운(密雲) 등 11도

내용 천진 등에서 해안 방어에 복무하고 있는 장병들에게 포상을 시행할 계획이므로 관련자의 명단을 작성하여 보고하라는 명령이다.

성유를 받든 일.

종군하는 장수와 군사들에게 은을 나누어주라는 황제의 명령에 관한 병부의 자문을 받았다. 이를 받고 징발되어 요동으로 온 왜노를 정벌하는 군관에게 별도로 나누어 지급하는 외에, 각 해구(海口)를 방어하고 지키는 관군은 마땅히 실제 수효를 조사하여 나누어 지급하여 황제의 크나큰 은혜가 널리 퍼지게 해야 한다. 이에 차문을 보내니, 바라건대 본 도의 관리들은 즉시 대고(大沽) 등 소속된 지역의 각 해구에 분포한 관군 및 각 관원과 역인의 성명과 수효를 조사하되 사고자는 즉시 제외하고 현재 복무하고 있는 자의 명단을 책으로 작성해서 보고함으로써 특별히 상격(賞格)을 반포하여 위의 은을 나누어 지급하는 증빙으로 삼으라.

　　만약 중간에 어떤 관군이 이름은 비록 연해 방어의 군적(軍籍)에 두고 있으나 실제로는 철수하여 돌아갔다면 일체의 상을 지급하지 말라. 또한 내가 앞서 천진에 가서 상을 내려주었던, 바다를 수비하는 각 관군들 가운데에는 근래 전과 같이 바다를 수비하지 않는 자도 있을 것이다. 현재 복무하고 있는 자를 제외하고 철수하여 돌아간 자에게는 일체 상을 나누어주지 말라. 그 가운데 절강과 남직례에서 동원되어온 사호선(沙唬船)[30] 등에 타고 복무하는 수군으로 현재 천진에 도착한 자들 약간 명은 모두 정문(呈文)으로 보고하여, 일을 하지 않은 자가 함부로 상을 받아가게 하지 말고 왜를 방비하는 자들이 모두 고르게 누릴 수 있도록 힘쓰라. 늦추거나 실수하지 말라.

....

30　사호선(沙唬船): 사선(沙船)과 호선(唬船)을 함께 칭한 것이다. 사선은 당대(唐代)에 장
　　강 하류에서 처음 만들어졌다. 바닥이 평평한 평저선(平底船)으로, 얕은 바다를 항해하
　　는 데 적합하였다. 명대에는 장강 이북의 해양에서 군선으로 활용되었다. 호선은 팔라
　　호선(叭喇唬船)이라고도 한다. 명·청대 절강(浙江)과 복건(福建) 해안에서 사용된 소형
　　군선으로, 바닥이 뾰족한 첨저선(尖底船)이다. 주로 신속한 기동이 필요한 정탐이나 추
　　격에 활용되었다.

5-8

제독 이여송, 찬획 유황상·원황에게 보내는 명령

檄李提督幷袁劉二贊畫 | 권5, 5b-8a

> **날짜** 만력 21년 정월 4일(1593. 2. 4.)
>
> **발신** 송응창
>
> **수신** 평왜제독 이여송, 찬획 유황상·원황
>
> **내용** 평양성(平壤城) 공격이 임박한 상황에서 작전 계획을 지시하는 명령이다. 화포를 사용하여 성문을 부순 후 진입할 것, 고니시 유키나가(小西行長)[31] 등은 가능한 한 생포할 것, 조선인의 투항을 유도할 것 등의 내용을 담고 있다.

긴급한 왜정(倭情)에 관한 일.

살피건대, 대군이 이미 강을 건넜으니 수일 안에 진격하여 왜노들을 쓸어버릴 것이다. 이와 관련하여 한두 가지 긴요한 사항을 알려야 하겠기에 표문(票文)을 보내니, 바라건대 평왜제독은 즉시 열

....

31 고니시 유키나가(小西行長): 1555~1600. 일본 사람으로 상인 출신이다. 도요토미 히데요시의 수하로 들어간 후 신임을 얻어 히고(肥後) 우토(宇土) 성의 성주가 되었다. 임진왜란 때에 선봉장이 되어 소 요시토시(宗義智)와 함께 부산진성을 공격하고 곧바로 진격하여 평양성을 함락하였다.

거된 사항들을 각 장령들과 마음을 다해 강구하여 매번 군사를 낼 때마다 적중하여 공을 이룸에 만전을 기하기 바란다. 만약 미진한 바가 있거나 임기응변해야 할 일이 있으면 조금도 구애받지 말고 게첩(揭帖)을 갖추어 보고해 알리라.

첨부

하나. 평양의 성문은 서쪽으로 보통문(普通門)·칠성문(七星門), 남쪽으로는 노문(蘆門)[32]·함구문(含毬門), 동쪽으로 대동문(大同門)·장경문(長慶門)과 밀대문(密台門) 등 일곱 곳이다. 지금 진격하여 포위하는 일을 논의하면서 동쪽 한 면은 그들의 살길로 열어두어 그들이 평양성을 굳게 지키려는 뜻을 품지 않게 하라. 그리고 대동문과 장경문 두 문의 남북 각루(角樓)로 강에 연접한 곳에 군병과 포대와 화살을 많이 설치하여 그들이 문을 열고 나와 강을 건너기를 기다렸다가 타격하라. 그 나머지 성문은 반드시 지혜롭고 용감한 장령을 나누어 보내 굳게 포위하되, 먼저 어느 장수가 어느 문을 포위할 것인지를 정하여 나에게 써서 보고하고 이를 영기(令旗)와 영패(令牌)를 발급할 때 증빙으로 삼아 각자 준수하게 하라. 어기는 자는 군법에 따라 처리할 것이다.

하나. 각 문을 포위하면 즉각 땅에 마름쇠를 여러 층 펼쳐놓아 적이 성을 나와 충돌하여 죽기로 싸우는 것을 방지하라. 성을 둘러싸고 포진해놓은 멸로포(滅虜砲)[33]나 호준포(虎蹲砲)[34] 등은 많은 군

....

32　노문(蘆門): 평양성 정양문(正陽門)의 다른 이름이다.
33　멸로포(滅虜砲): 수레에 싣는 중형화포이다. 철로 만들어졌으며 길이는 2척, 무게는 95근, 5개의 끈이 있고, 1근짜리 포환을 쏘았다.

사로 하여금 굳게 지키게 하여 왜노들이 성을 넘어 몰래 우리 진영에 돌입하지 못하게 하라. 독화약(毒火藥)·신화약(神火藥) 등과 대장군포(大將軍砲)[35]는 반드시 동남쪽과 동북쪽 두 구석 및 정남쪽과 정서쪽·정북쪽 세 면에서 발포·사격하여 성안의 곳곳에 두루 미칠 수 있게 하라. 한쪽 면에서만 쏜다면 두루 미칠 수 없다. 또한 선후를 따지자면 대개 깊은 밤 왜노들이 푹 잠이 들었을 때 먼저 독화비전(毒火飛箭)을 쏘아 넣어서 태워버리고, 저들이 깨어날 때쯤에는 이미 심하게 피해를 입었을 것이니 다시 명화비전(明火飛箭)을 쏘아 넣는다. 그리고 불을 질러 왜노들이 집에서 나와 불을 끄게 하고, 이어서 대포를 써서 납탄·철탄 등 포탄을 날려 보내 그들을 격파하라. 이는 병가(兵家)에서 말하는, 뜻밖에 허를 찌르고 준비하지 않았을 때 공격하며 어지럽히고 흔들리게 한다는 법이다.

하나. 화포를 설치하면 왜노들은 분명히 굳게 지킬 것이다. 마땅히 바람이 없는 한밤중에 먼저 독화비전 수천·수만 자루를 성안에 쏘아 넣으라. 대개 깊은 밤에는 음기(陰氣)가 엉겨 붙어 불과 연기가 흩어지기 어렵기 때문이다. 왜노가 용감하다고 하지만 독기가 향을 내며 퍼지면 독을 흡입한 자는 구토하고 어지러워하며 병으로 누워

....

34　호준포(虎蹲砲): 대포의 하나로 명나라 장수 척계광(戚繼光)이 사용하였다. 사격에 용이하도록 고정된 위치에 배치하였는데 그 모습이 호랑이가 앉아 있는 모양과 흡사하다 하여 호준포라 불렸다. 호준포의 위력은 크지 않고 오늘날의 박격포와 비슷하다. 그렇기 때문에 곡사 위주의 화포로 산악과 숲, 논 등 대포가 이동하기 힘든 전투 지역에 비치하였다.

35　대장군포(大將軍砲): 대형 화포로 몸체는 주철로 주조하며 길이는 3척 남짓, 무게는 2000근이다. 예전에는 조성(照星: 가늠쇠)을 썼지만 나중에는 조문(照門: 가늠구멍)을 썼다. 장약(裝藥)은 1근 이상, 포환의 무게는 3~5근, 사정거리는 대부분 1~2리 정도였다.

일어나기 어려울 것이다. 이때 반드시 무거운 상을 내걸고 죽음을 무릅쓴 장사들을 모아 날이 밝기를 기다렸다가 각자에게 깍지를 물리고 해독약 2~3환(丸)을 소지하게 하고, 주사 애유신이 마련해둔 포대를 써서 혹은 쌀을 담고 혹은 흙을 담고 혹은 모래와 돌을 담고 다시 섶풀을 위에 깔고 서서 아래에 포대를 설치하고 담장을 넘어 들어가 그들의 동정을 살펴보게 하라. 만약 왜노들이 과연 중독되어 움직이기 어려워하면 문을 부수고 곧바로 들어가라. 그렇지 않으면 다시 독화 등을 써서 향을 낸 후 공격해서 포박하라.

하나. 또 다른 방법으로 함구문·노문·보통문·칠성문 등 네 문에는 마름쇠를 각 문밖 좌우 양쪽 의외의 곳에 널리 10여 장(丈)을 펼쳐두고, 문으로 향하는 중도(中道)에는 달아날 길을 남겨둔다. 우선 대장군포를 성문을 향해 몇 발을 쏘아 부수어 열어라. 먼저 죽음을 무릅쓴 장사들을 각 문에 100명씩 보내는데, 각자에게는 새로 발급한 작은 포대(布袋) 2개씩에 화약 2근(觔)을 담아 나무 막대에 메어 손에 쥐고 성으로 들어가 곧바로 각 건물 처마에 불을 지르게 하라. 각 군사들은 대포 뒤에 순서대로 서게 하였다가 성문이 일단 열리면 신속히 달려 들어가 불을 지르게 하라. 대군은 이전 법에 따라 성밖에 배열해 있다가 달아나는 자들을 막도록 하고, 혹 기회를 보아 성으로 진격하여 소탕하도록 하라. 이 방법은 앞의 방법에 비해 훨씬 편하고 빠르니 잘 헤아려 사용하라. 장경문과 대동문 두 문은 앞의 방법에 따라 방어하라.

하나. 관군이 성으로 진격하여 공격하다가 만약 유키나가(行長)나 겐소(玄蘇)[36]를 만나면 죽이지 않도록 하라. 생포하여 바치는 자가 있으면 각각 새로운 예에 따라 상을 내리는 외에 은 1천 냥을 상으로 더할 것이다. 왜노의 편장(偏將)·비장(裨將) 등 우두머리를 생포하는 자에게는 별도로 상을 더해줄 것이다.

하나. 왜노가 성을 나와 군사를 배치함으로써 서로 대치하여 교전하기를 기다릴 때에도 역시 화기를 우선으로 사용하라. 다만 발포하는 것은 절도에 맞게 하는 것이 좋다. 만약 기병과 정병이 나뉘거나 합하여 공격을 하는 경우라면 곧 대장군포가 능사라는 것은 쓸데없이 여러 말 할 여지가 없다.

하나. 전장에 나설 때에는 최전선 부대의 군전에 커다란 흰색의 초항기(招降旗)[37] 몇 면을 세우고 깃발에는 크게 "조선 인민으로 이 깃발 아래 투항하는 자는 죽음을 면한다."라고 쓰라. 와서 투항하는 자는 즉각 무기를 버리게 하고, 조선의 군사를 이끄는 장관(將官) 및 군진을 감독하는 배신(陪臣)[38]과 함께 정확한지 따져보고 의주의 국왕에게 보내 집으로 나누어 보내 편안히 살게 하라.

----

36 겐소(玄蘇): 게이테스 겐소(景轍玄蘇), 1537~1611. 일본 사람으로 가와즈(河津) 가문 출신이다. 승려생활을 하던 중 도요토미 히데요시의 수하로 들어가 조선을 드나들며 첩보 활동을 하였다. 임진왜란이 발발하자 국사(國使)와 역관 자격으로 종군하여 일본의 전시외교 활동에 종사하였다.
37 초항기(招降旗): 항복을 권하는 깃발을 말한다.
38 배신(陪臣): 제후국의 신하를 가리킨다.

5-9

1품 관복을 하사한 것에 감사하는 상주

謝加一品服疏 | 권5, 8a-9a

날짜 만력 21년 정월 5일(1593. 2. 5.)
발신 송응창
수신 만력제(萬曆帝)
내용 황제가 자신에게 1품의 관복(官服)을 하사한 데 대해 사은하는 뜻을 담은 상주이다.

천자(天子)의 은혜에 공경히 감사하는 일.

앞서 병부의 자문을 받았습니다. "속국을 구원함에 외관이 매우 중요하니 임시로 복색(服色)을 높여 정벌을 편안하게 하기를 비는 일. 본 병부에서 제본을 올리고 성지를 받들었는데, '송응창(宋應昌)이 외국에 출정하였으니 그로 하여금 1품의 복색을 더하게 하라. 유황상(劉黃裳) 등은 각각 4품의 복색을 더하게 하라.'라고 하시었습니다."

이어서 인복(麟服) 1습(襲)과 운학복(雲鶴服) 2습을 하사하신 것을 받들었습니다. 신은 즉시 찬획 원외(員外) 유황상, 주사 원황과 함께 궐(闕)을 향하여 머리를 조아려 사은하며 나누어 수령하였습니다. 신은 삼가 황송하고 황공하여 머리를 조아리고 조아려 사은의 뜻을 올립니다.

엎드려 생각하건대, 황상께서는 은혜를 베푸시어 빛나는 영광을 특별히 반포하셨습니다. 신은 은혜를 입었으니 엎드려 절하는 뜻을 더욱 돈독히 할 것입니다. 은혜가 궁중에 휘날리고 총애는 군중(軍中)에 미칩니다. 삼가 생각하건대, 신은 본래 누추한 차림의 보잘것 없는 서생이었다가 관원이 된 후에도 관복은 서열의 끝자락에나 있었습니다. 황상의 큰 은택을 받들어 오늘이 있게 되었지만, 조정[三朝]³⁹에서 입는 품복(品服)에 이렇게 고급스러운 장식은 없었습니다.

그런데 황복(荒服)⁴⁰에서 구원을 요청한 일 때문에 재주 없는 저로 하여금 큰일을 감독하게 하실지 어떻게 생각하였겠습니까. 이는 모두 삼가 황상께서 문(文)은 하늘을 가로지르기를 생각하고 무(武)는 땅을 가로지르기를 도모하신 데 힘입은 것입니다. 어짊이 세상[六合]에 퍼지니 화려한 갖옷을 조정에 누차 헌상하고, 위엄이 천하[八荒]에 진동하니 푸른 비단이 항상 이역으로부터 오고 있습니다. 무의(無衣)⁴¹를 생각하며 뜻을 다지고 있었더니 품복을 내려주시었습니다.

조서[鳳詔]가 휘황하니 공경히 이를 받들어 한층 더 번국(藩國)을 밝게 비추고, 관복[麟袍]이 찬란하니 위엄 있는 의관(衣冠)이 한관(漢

---

39 조정[三朝]: 가정(嘉靖) · 융경(隆慶) · 만력(萬曆)의 3대를 지칭한다. 송응창은 가정 44년(1565)에 진사가 되어 관직 생활을 시작하였다.

40 황복(荒服): 중국에서 가장 먼 지역을 표현하는 말이다. 중국 고대의 지리 관념에서는 천자의 영토를 중심으로 전복(甸服), 후복(侯服), 빈복(賓服), 요복(要服), 황복 순으로 중심지로부터의 거리를 표현하였다.

41 무의(無衣)를 생각하며: "무의"는 『시경(詩經)』 진풍(秦風)의 편명으로, 왕이 군대를 일으키면 자신도 함께 전쟁터에 나가겠다는 의지를 보여준 시이다. 경략에 임명된 송응창이 황제의 뜻을 받들어 곧 전장에 나아갈 것임을 드러내는 표현이다.

官)에게 기쁘게 드러납니다. 북쪽의 궐을 바라보면 멀리서 임하는 듯하고, 천자의 용안을 우러러보면 지척에 계신 듯합니다. 바지를 걷어붙이며 분발할 것을 생각하면서도 관복의 띠를 매면서 더욱 부끄러워집니다. 신 등이 감히 미력한 정성이나마 더욱 펼치며 관직을 도로 빼앗길까[三褫]⁴² 전전긍긍하지 않겠습니까. 조선[箕封]의 땅을 회복하고 섬나라[水窟]의 요사스러운 사람을 평정하고 너른 바다를 깨끗이 하여 만국이 영원히 수상(垂裳)⁴³을 우러러 따르게 하고, 황제의 천하를 공고히 하여 백년 동안 끝이 없이 황제를 찬송하게 하도록 힘쓰겠습니다. 신은 너무나 감격스러우면서도 두려운 마음을 가눌 수 없습니다.

....

42 도로 빼앗길까[三褫]: 관직을 받았다가 바로 빼앗긴다는 의미이다. 『주역(周易)』 「송괘(訟卦) 상구(上九)」에 "혹 관복(冠服)을 하사받더라도 하루아침에 세 번 빼앗길 것이다[或錫之鞶帶 終朝三褫之]."라고 한 데서 유래한 말이다.

43 수상(垂裳): 『주역』 「계사전 하(繫辭傳下)」에, "황제(黃帝)와 요순(堯舜)은 의상(衣裳)만 걸치고 가만히 앉아 있어도 천하가 잘 다스려졌다."라고 한 데서 온 말이다. 곧 하는 일 없이 가만히 앉아 있어도 천하가 잘 다스려지는 것을 의미한다.

내각대학사 조지고·장위·왕석작, 병부상서 석성, 병과급사중 허홍강에게 보고하는 서신

報三相公石本兵許兵科書 | 권5, 9a-9b

날짜 만력 21년 정월 5일(1593. 2. 5.)

발신 송응창

수신 내각대학사 조지고·장위·왕석작(王錫爵),[44] 병부상서 석성, 병과급사중(兵科給事中) 허홍강(許弘綱)[45]

내용 황제에게 건의해서 1품의 관복을 내려주게 한 데 대해 사은하고, 아울러 평양 공격이 임박해 있으므로 심유경(沈惟敬)이 제안하고 추진하던 강화 협상은 일단 중단하며 전황을 지켜볼 것을 건의하는 서신이다.

....

44 왕석작(王錫爵): 1534-1611. 명나라 사람이다. 직례 태창주(太倉州) 출신으로 자는 원어(元馭), 호는 형석(荊石)이다. 명망 있는 태원(太原) 왕씨 가문으로 가정 41년(1562)에 회시 1등, 전시 2등으로 급제하여 출사하였다. 한림원(翰林院)을 거쳐 국자좨주(國子祭酒), 예부우시랑(禮部右侍郎) 등 여러 관직을 역임하다가 만력 연간 초 장거정(張居正)과의 불화로 관직에서 물러났다가 만력 12년(1584)에 예부상서 겸 문연각대학사(禮部尙書兼文淵閣大學士)에 제수되었다. 만력 21년(1593)에는 수보대학사(首輔大學士)가 되었으나 황태자의 지명을 둘러싼 정쟁에 애매한 태도를 취하였다가 조정의 탄핵을 받고 이듬해에 관직에서 물러났다. 시호는 문숙(文肅)이다.

45 허홍강(許弘綱): 1554~1638. 명나라 사람으로 절강 황전판(黃田畈) 출신이다. 자는 장지(張之) 호는 소미(少薇)이다. 임진왜란이 발발하여 조선이 명에 원군을 요청하자 간관들을 이끌고 전쟁 참여에 반대하였다. 이후 경략 송응창을 탄핵하여 송응창은 관직에서 물러나 고향으로 돌아갔다.

　저는 동정(東征)을 나와서 아직 작은 공도 세우지 못하였는데, 여러분께서 속국과 접견하는 의례까지 생각해주신 데 힘입어 임시로 복색을 더하게 되었습니다. 천자의 은혜를 입은 데다가 다시 큰 은혜가 더해졌으니, 감격함을 어찌 이루 다 말할 수 있겠습니까.

　심유경[46]의 일은 제가 항상 제독 및 각 관원들과 면밀히 헤아리고 있습니다. 왜(倭)가 사실은 추위를 무서워하여 평양을 양보하겠다는 말을 빌려 우리가 때를 놓치게 하고 그들의 때를 기다리고자 하니, 어찌 그대로 다 믿을 수 있겠습니까. 게다가 최근 이익이나 손해가 크게 걸려 있는 일은 병부상서 석성, 저, 제독 세 사람이 책임지고 있습니다. 만약 마음을 다하고 힘을 다하며 한결같이 충성으로 도모하지 않는다면, 이는 스스로 대책을 잃고 함정에 빠지는 일이 될 것입니다.

　하물며 지금 평양에 근거하고 있는 왜적은 거리는 가까우나 형세는 나뉘어 있고, 서울에 모여든 왜적은 거리는 멀지만 형세는 합쳐져 있습니다. 나뉘면 세력이 가벼워 도모하기 쉽고, 합쳐지면 세력이 무거워 이기기 어렵습니다. 이런 까닭에 지금 저들이 평양을 나누어 지키고 있는 때를 틈타 일찌감치 결전해서 그 예봉을 꺾으면 서울·개성(開城) 등 여러 지역의 적 세력이 필시 소문을 듣고 쓰러질 것이니, 점차 회복을 도모할 수 있을 것입니다. 만약 반드시 저들이 서울로 물러나기를 기다린다면 나아가 취하는 것이 이미 어려

46　심유경(沈惟敬): ?~1597. 명나라 사람으로 절강성 가흥현(嘉興縣) 출신이다. 상인으로 활동하다가 임진왜란 때 조승훈(祖承訓)이 이끄는 명나라 군대를 따라 조선에 들어왔다. 평양성 전투 이후 일본과 평화 교섭을 추진하는 임무를 맡았다. 훗날 일본과의 평화 교섭이 실패한 뒤 일본으로 망명을 꾀하다가 붙잡혀 처형되었다.

울 것이고 우리 군사들은 앉아서 지쳐버릴 것이니, 저와 여러 장수가 어떻게 질책을 면할 수 있겠습니까.

만약 이번 작전 실행이 여러분의 비호(庇護)를 얻는다면, 군사의 위세를 떨쳐 유키나가 등 여러 적을 사로잡고 그 다음에 은밀한 계책을 내어 관백을 도모할 수 있을 것이니 바야흐로 순서에 맞게 될 것입니다. 또한 지금 병마와 전량(錢糧)이 이미 모였으므로 대세를 결코 늦출 수 없으니, 심유경의 계책은 결코 따를 수 없습니다. 대군이 새해 정월 6일에 평양에 이를 것이니 며칠 사이에 분명한 소식이 있을 것입니다. 간략하게만 말씀드리며 이만 줄입니다.

5-11

병부상서 석성에게 보내는 서신

謝石司馬書 | 권5, 9b-10a

날짜 만력 21년 정월 5일(1593. 2. 5.)

발신 송응창

수신 병부상서 석성

내용 황제에게 건의해서 1품의 관복을 내려주도록 한 데 대해 사은하는 서신이다.

저는 지금까지 자그마한 공도 세우지 못했는데 대하(석성)께서 출정한 사람이 멀리 이국에 간 것을 생각해주시는 은혜를 과분하게 받아, 품복을 청하여 중국[天朝]의 체모(體貌)를 한껏 높이시고 군중에 내린 은혜를 한껏 융숭하게 하셨습니다. 못난 제가 이를 받들어서 이미 대하의 고아한 뜻을 마음에 새겼습니다. 도중에 바빠 이렇게만 글을 지어 사례를 표합니다. 조금 한가해지기를 기다려 다시 사은을 표하겠습니다. 이만 줄입니다.

요동순무 조요에게 보내는 자문

咨趙撫院 | 권5, 10a-11b

> **날짜** 만력 21년 정월 5일(1593. 2. 5.)
> **발신** 송응창
> **수신** 요동순무(遼東巡撫) 조요(趙燿)[47]
> **내용** 송응창이 요양을 떠나 전선으로 향하면서 후방에서 탄환, 화약 등의 무기를 제작하고 군량과 사료 등을 운반하도록 각 관원에게 역할을 나누어 맡기는 것과 아울러 이를 총괄해서 감독해줄 것을 당부하는 내용의 자문이다.

성지에 따라 부신(部臣: 송응창)에게 전적으로 책임을 맡긴 일.

살피건대, 앞서 제가 문서를 보내 해개도(海蓋道)·분수요해도(分守遼海道) 등으로 하여금 납탄·철탄과 도리깨를 제작하게 하고, 또한 해선(海船)을 모집해놓고 봄기운을 기다려 등주(登州)와 내주(萊州)에서 군량·사료를 운반해서 군사 행동에 보급할 것을 의논하였습니다. 그 후 살피건대 이제 저는 이미 대군을 발동하였으니, 며칠

....

47 조요(趙燿): ?~1609. 명나라 사람으로 산동 액현(掖縣) 출신이다. 자는 문명(文明)이다. 임진왜란 발발 시 요동순무를 맡고 있었다. 이전에 왜군이 조선을 침략하였을 때 왜적을 방비할 열 가지 방책을 올려 화의의 해로움에 대해 주장한 바 있다.

내로 동쪽으로 행군하여 조선국으로 가서 군사를 독려해서 진격할 것입니다. 위의 아직 완료되지 않은 사안들은 모두 긴급하게 쓰기를 기다리고 있는 일입니다. 제가 일단 요양을 떠나면 감독하고 제조하는 일이 혹은 태만해지고 늦춰질까 진실로 걱정되어 이에 당신에게 자문을 보내니, 번거롭겠지만 아래에 열거한 완료되지 않은 사안들을 독려해서 완비하여 군중으로 운반해와서 쓰일 수 있게 해주십시오. 해상 운송에 쓸 선박은 해개도로 하여금 신속히 모집하여 봄기운에 날이 따뜻해지면 출발시켜 여순(旅順) 항구에서 등주·내주 등으로 가서 군량과 사료를 싣고 운반한다면 일이 맞아떨어질 것입니다.

첨부

하나. 해개도에서는 세 가지 모양의 납탄 1500개를 제조하고, 위관(委官) 주력공(周九功) 등이 은 700냥을 내어 소를 사서 군전으로 발송하여 쓸 수 있게 하십시오. 또한 개주(蓋州)에서 세 가지 모양의 납탄 1500개를 제조하여 위관 비어(備禦) 하계조(何繼祖) 등이 해선을 고용·모집하여 바다를 통해 산동의 군량·사료와 함께 운반해서 의주에서 넘겨주십시오.

하나. 분수요해도에서는 은 700냥을 내어 소를 사서 군전에서 쓸 수 있게 하십시오. 그리고 세 가지 모양의 납탄 1500개를 제조하고, 군량과 사료를 운송해서 의주[愛州]에서 넘겨줄 때 각 항의 군용 화기(火器)도 운반하십시오. 쇠채찍 1500개, 쇠갈고리를 붙인 곤봉 1500개를 제작하십시오.

하나. 나의 위관 심사현(沈思賢)[48] 등은 가벼운 수레 300량(輛)을 동원하십시오.

하나. 도사(都司)에서는 각 도에서 운송해온 명화약전(明火藥箭)·독화약전(毒火藥箭)을 제조하고 위관 이대간(李大諫)[49] 등은 대장군포·멸로포의 화약을 제조하고, 위관 오몽표(吳夢豹)[50]는 일체의 군용 화기를 운반하십시오.

하나. 부총병(副總兵) 동양정(佟養正)[51]은 마패(麻牌)[52] 1000면을 제작하십시오.

하나. 단전(團奠)에 사는 원임(原任) 유격(遊擊) 대조변(戴朝弁)[53]은 크고 작은 세 가지 모양의 납탄을 제조하되 원래 내놓은 은 800냥을 모두 써서 충분히 사용할 수 있게 하십시오.

....

48 심사현(沈思賢): ?~?. 명나라 사람으로 절강 소흥부(紹興府) 여요현(餘姚縣) 출신이다. 자는 방달(邦達), 호는 사천(沙川)이다. 원임 통판(通判)으로 송응창을 따라 나와서 심유경과 함께 왜적의 진영에 들어갔다. 만력 25년(1597)에 어사 진효(陳效)의 표하관으로 따라와 군량 조달을 맡았다.

49 이대간(李大諫): ?~?. 명나라 사람으로 절강 가흥부(嘉興府) 수수현(秀水縣) 출신이다. 호는 북천(北泉)이다. 만력 20년(1592)에 조선에 와서 오래도록 의주에 있었으며, 만력 25년(1597)에 형개(邢玠)를 따라 다시 왔다.

50 오몽표(吳夢豹): ?~?. 명나라 사람이다. 지휘(指揮) 또는 도사(都司)라고 칭하면서 송응창 일행을 따라 조선을 내왕하였다.

51 동양정(佟養正): ?~1621. 명나라 사람으로 요동 무순소(撫順所) 출신이다. 임진왜란 시 관전부총병(寬奠副總兵)의 관직을 가지고 있었다. 이후 천명(天命) 3년(1618)에 일족을 이끌고 후금에 투항하였다. 훗날 손녀가 순치제(順治帝)의 비(妃)가 되고 그 아들이 강희제(康熙帝)로 즉위하여 효강장황후(孝康章皇后)로 추존되었다.

52 마패(麻牌): 마로 만든 방패이다.

53 대조변(戴朝弁): ?~?. 명나라 사람이다. 흠차통령요병유격장군(欽差統領遼兵遊擊將軍)으로 마병 1000명을 이끌고 만력 20년(1592) 6월에 압록강을 건너왔는데, 군령이 매우 엄숙하여 백성이 편하게 여겼다. 7월에 조승훈(祖承訓)과 함께 평양을 공격하였으나 성공하지 못하였다.

5-13
경리양향 호부주사 애유신에게 보내는 명령

檄艾主事 | 권5, 11b-12a

날짜 만력 21년 정월 5일(1593. 2. 5.)

발신 송응창

수신 경리양향(經理糧餉) 호부주사(戶部主事) 애유신

내용 조선에서는 은을 사용하지 않으므로 현재 보유한 은으로는 군량이
나 마초(馬草)를 구입할 수 없어 포나 비단으로 무역을 할 계획이므로,
현재 보유한 은이 얼마나 되는지, 군량과 마초는 얼마나 남았는지, 부족
분을 포나 비단으로 사들일 수 있을지 여부 등을 조사해서 보고하라는
명령이다.

　시기를 참작해서 군수(軍需)를 충족시키고 운반을 줄임으로써
두 지역을 편안하게 하는 일.

　원래 군량 수집을 맡겼던 도사 장삼외(張三畏)[54]로부터 보고를 받
았는데, 그 내용은 다음과 같았다. "조선국은 풍속이 은량(銀兩)을
사용하지 않고 무역에 힘쓰지 않아 시가(市街)가 전혀 없습니다. 무

....
54　장삼외(張三畏): ?~?. 명나라 사람으로 요동 삼만위(三萬衛) 출신이다. 만력 20년(1592)
　　에 요동도지휘사사첨사(遼東都指揮使司僉事)로 의주에 와서 머물면서 군량을 관리하였
　　다.

릇 포필(布疋)을 사용하여 쌀·콩·풀단과 서로 바꿉니다. 좋아하는 것은 청남색의 무명·비단·솜옷·신발[兀喇][55] 등입니다. 이미 사들인 쌀과 콩 이외에 쌀을 살 은량으로는 청남색의 무명·비단·솜옷·신발을 사서 관원에게 맡겨 조선국왕에게 운송해 보내 두 지역의 시가에 따라 쌀·콩·풀단으로 바꾸어 가까운 쪽의 군전으로 운송해서 보급하는 것이 어떻겠습니까."

살피건대 그가 말한바, "조선 백성은 무역을 모르고, 필요로 하는 무명옷·비단은 오직 쌀·콩·풀단으로만 바꾼다."라고 하였던 것은 군량을 살 은으로 포나 비단 등의 물건을 사서 저들과 무역하고자 하였기 때문이었다. 이렇게 하면 한편으로는 운반하는 노력을 덜 수 있고 다른 한편으로는 군사의 급한 사정에 적절히 보급할 수 있으니 실로 좋은 방법이 될 것이다. 다만 거기에서 이미 다 사들였는지, 시행할 수 있는지를 알지 못하니, 마땅히 조사해서 의논해야 한다.

패문(牌文)을 보내니, 바라건대 그대는 즉각 보낸 은이 얼마나 되는지, 사들인 쌀·콩·풀단은 얼마나 되는지, 아직 사지 않은 것은 얼마나 되는지, 장삼외가 논의한 포와 비단으로 무역할 수 있을지 여부를 신속히 조사해서 명백하게 한 후에 상세히 보고함으로써 참작하여 논의하는 데 증빙으로 삼게 하라. 만약 군량과 사료가 쓰임에 충분하다거나 혹은 불편함이 있다면 방해받지 말고 명백히 회보(回報)하라. 지체해서는 안 된다.

....

55 신발[兀喇]: 원문은 "兀喇"이지만 신발을 뜻하는 "兀剌"와 같은 뜻으로 판단하였다.

5-14

총병 양소훈에게 보내는 명령

檄楊總兵 | 권5, 12a-12b

날짜 만력 21년 정월 5일(1593. 2. 5.)

발신 송응창

수신 총병(總兵)[56] 양소훈(楊紹勳)

내용 요동진(遼東鎭)의 군사에게 동원령을 내릴 예정이니 미리 출정 준비를 해두고 어떤 군대가 동원에 응할지를 보고하라는 명령이다.

긴급한 왜정에 관한 일.

살피건대, 나는 현재 대군을 발동하여 강을 건너 적을 정벌하고 있다. 그러나 병가의 일에서는 싸우고 지키며 공격하고 취하는 것을

....

56 총병(總兵): 총병관(總兵官)을 지칭한다. 중앙에서 파견한 관원으로 전시에만 동원되는 비상설 관직이었으나, 명 초기부터 군무를 총괄하는 고정된 관직으로 변하였으며 진수(鎭守)라고도 칭하였다. 영락(永樂) 연간부터 지방과 변경의 방어가 중요해지면서 공후(公侯)나 고위 무관(武官)을 총병관으로 파견하여 지방과 변경의 방어를 맡겼다. 총병관은 처음에는 도지휘사사(都指揮使司)와 그 위치가 유사하였으나, 점차 그 지위와 권력이 확대되면서 도지휘사사가 총병관에게 예속되었다. 그러나 총독·순무의 파견이 점차 제도화되면서 그들보다 상대적으로 낮은 지위에 놓이게 되었다. 명대 총병의 지위 변화에 대해서는 張士尊, 「明代總兵制度研究(上)」, 『鞍山師範學院學報(綜合版)』 1997-3; 張士尊, 「明代總兵制度研究(下)」, 『鞍山師範學院學報(綜合版)』 1998-3; 肖立軍, 『明代省鎭營兵制與地方秩序』, 天津: 天津古籍出版社, 2010, 193-214쪽을 참고.

미리 예상하기 어렵다. 반드시 응원하는 군사를 얻어 멀리서 성원하고 앞에서 보급해야만 진격해서는 힘입을 데가 있고 멈추어서도 힘입을 데가 있는 것이다.

살피건대, 그대의 충성과 의기는 평소에 소문이 자자하고 지혜와 용맹은 절륜하다. 또한 봄의 따뜻한 기운에 오랑캐의 말이 유약해지고 변방 방비가 조금 느슨해져도 무방한 때를 맞이하여, 마땅히 요동진의 정예병을 미리 정돈해두었다가 동원 명령을 기다려야 할 것이다.

패문을 보내니, 바라건대 그대는 즉시 거느리고 있는 그대 진(鎭)의 정예병 및 친정(親丁)을, 오랑캐의 정황을 헤아려서 미리 각 장령에게 지시하여 더욱 신경을 써서 정돈하게 하고, 화기 및 활과 화살, 안장과 고삐 등을 수습해서 두루 준비를 갖추었다가 내가 불시에 징발하기를 기다려 조선으로 가서 왜를 정벌하는 병마를 응원하라.

그대는 속국을 안정시키는 것을 무겁게 생각하고 피차를 구분하지 말기 바란다. 왜노를 평정한 이후에는 내가 반드시 제본을 올려 후하게 포상할 것이다. 먼저 명에 따라 시행한 연유 및 어느 곳의 병마를 동원할 것인지 등의 항목에 대해 정문으로 보고하라.

병부상서 석성에게 보고하는 서신

報石司馬書 | 권5, 12b-13a

날짜 만력 21년 정월 5일(1593. 2. 5.)

발신 송응창

수신 병부상서 석성

내용 영하에서의 군공(軍功)을 서훈(敍勳)한다는 소식에 사례를 표하며 여순을 통해 조선으로 진입하기로 한 절강성에서 온 군사들의 출병을 독촉해줄 것을 당부하는 서신이다.

서한으로 요동순무 조요에게 군량을 운송할 네 가지 계책을 알려주셨습니다. 묘당(廟堂)의 방침을 받들어 하나하나 교시와 같이 군중에서 봉행하면 반드시 궁핍함을 면할 수 있을 것이니, 사직에 매우 다행한 일이겠습니다. 황제께서 지시하시어 영하에서의 군공을 서훈해주신 일[57]은 즉각 명을 받들어 동정하는 장사들에게 전달하였으니 격려받는 한 계기가 되었으리라 믿습니다. 아울러 사례하

....

57 영하에서의 …… 일: 영하의 반란을 평정하는 데 공을 세운 장병들의 공훈을 조사하여 등차에 따라 상을 내리라는 성유(聖諭)가 내려졌다. 이에 마가은을 지출하여 전공자에게 차등 있게 상을 내렸다. 관련 문서로는 『경략복국요편(經略復國要編)』「5-5 宣諭示約 권5, 3a-4a」.

는 외에, 절강의 군사로서 여순 항구로 오는 자들에 대해서는 그 행군을 독촉하시어 서울로 진공(進攻)하거나 진공하는 길에 따라 응원하는 데 일조할 수 있게 해주시며 절대 중도에 머뭇거리지 않게 해주시기를 더욱 바랍니다. 지극히 기도하고 기도합니다.

제독 이여송에게 보내는 서신

檄李提督 | 권5, 13a-13b

날짜 만력 21년 정월 5일(1593. 2. 5.)

발신 송응창

수신 평왜제독 이여송

내용 심유경이 평양에 들어가 왜군에게 포화(布花)를 팔았다는 보고를 이여송으로부터 받고서, 그를 구류해두어 왜군과 소통하지 못하게 하고 엄히 심문할 것을 지시하는 명령이다.

긴급한 왜정에 관한 일.

평왜제독 이여송의 보고를 받았는데, 그 내용은 다음과 같았다. "심유경이 포화(布花)를 몸소 가지고 가서 평양의 왜적에게 팔았습니다. 왜적에게 부족한 것이 포화이니, 지금 이 물건을 저들에게 준 것은 적에게 칼을 빌려주고 도둑에게 식량을 대어주는 일입니다. 그의 가인(家人) 심가왕(沈加旺)[58]을 군영(軍營)에 구류하였습니다."

앞서 나는 심유경을 직접 살펴보고서 그의 말이 어수선한 것을

....

58 심가왕(沈加旺): 명나라 사람으로 심유경의 가인(家人)이다. 『선조실록』에는 심가왕(沈加王)라고 기록되어 있다.

보고 차마 말하지 못할 사정이 있으리라 의심하였다. 이제 과연 이처럼 작은 일을 도모하다가 나랏일을 그르쳤으니 그 죄가 막심하다. 별도로 조사하여 처분하는 외에 먼저 자세히 심문해야 한다.

이에 패문을 보내니, 바라건대 평왜제독은 즉시 심유경·심가왕을 군영 내에 구류해두고 또한 긴요한 일에 대해 엄히 심문하며, 심유경과 가인 김자귀(金子貴)가 왜 측에 우리 사정을 한 글자도 전달하지 못하게 하라. 만약 재차 포화 등의 물건을 팔아넘기거나 혹은 다른 가인이 왕래하며 소식을 전달한 일이 있으면 즉각 체포하여 모두 나에게 압송해서 엄히 조사할 수 있게 하라.

진군하는 사안은 여러 장관과 기회를 보아 시행하여 성과를 거두는 데 힘쓸 것이며 늦추거나 의심하지 말라.

찬획 원황에게 보내는 서신

與袁贊畫書 | 권5, 13b-14b

날짜 만력 21년 정월 5일(1593. 2. 5.)

발신 송응창

수신 찬획 원황

내용 전선에 있는 찬획에게 문서를 보내 이여송을 잘 보필할 것 등 몇 가지 당부를 하는 서신이다. 특히 심유경의 강화 논의는 있을 수 없는 일이라는 입장을 밝히고 있다.

문하(원황)께서 나랏일에 힘쓰시며 추위를 무릅쓰고 멀리 오신 점을 저는 마음속으로 깊이 생각하고 있습니다. 어제 손으로 쓰신 편지를 받고 얼굴을 뵌 듯하여 매우 기쁘고 위로가 되었습니다. 말씀하신 일을 받들어보니 모두 긴요하고 또 시의에 맞는 것이어서 제가 유의하는 데 큰 보탬이 됩니다. 다만 지금 형세에 어려움이 있으니, 어찌 하나하나 우리들의 뜻과 같겠습니까.

각 군사는 늙고 약하며 아직 훈련하지 못하였습니다. 또한 말은 먼 길을 왔으니 제가 일찍부터 이를 깊이 걱정하였습니다. 다만 중국이 지금 믿는 것은 오직 왜의 성질이 추위를 두려워한다는 것 한 가지뿐입니다. 약한 군사들을 강한 군사로 교대하고자 하면 왕왕 강한 군사를 보내지 않으려는 군진의 견제가 있을 것이고, 지금부터 군사들을 조련하고자 하면 또한 시일이 소요될 것입니다. 그러니 시기를 타고 결의를 다져 진격하지 않을 수 없습니다. 만약 재차 시간을 끌어 봄철 따뜻한 날로 잡는다고 해도 우리 군사는 그렇게 해서 생긴 시간에 전투와 진법을 반드시 익힌다고 할 수 없지만 왜노는 뜻을 얻을 것이니, 그 허물이 장차 누구에게 돌아가겠습니까.

심유경 사건은 인정(人情)에 모두 용납할 수 없는 것이었습니다. 지금 삼군(三軍)을 정돈하고 쇄신하였으니 오직 결전이 있을 뿐인데 재삼 이러한 논의가 있어서는 안 될 것입니다. 제독 이여송은 형제가 함께 복무하며 그 뜻은 국가에 보답하는 데 두면서 기세를 높이며 오면서 몸소 사졸(士卒)들의 앞장을 섰으니 또한 사람들이 능히 하기 어려운 바입니다. 문하께서는 바라건대 제독 형제를 자상하게 대우하십시오. 오유충(吳惟忠)[59]은 평소에 명장으로 소문난 자입니다. 문하께서 별도로 제 뜻을 그에게 깨우쳐주시어 힘을 다해 공을 세우도록 한다면 후에 반드시 그의 공이 첫머리에 기재될 것입니다. 또한 저 상주 안에 이름을 열거하지 않은 사람도 많은데, 대개 '등(等)'자가 있기 때문입니다.[60]

강변의 방어에 대해서는 총병 양소훈과 서로 응원하라는 교시가

59 오유충(吳惟忠): ?~?. 명나라 사람으로 절강 금화부(金華府) 의오현(義烏縣) 출신이다. 호는 운봉(雲峯)이다. 왜구 토벌에 공적이 있었다. 임진왜란이 발발하자 유격장군(遊擊將軍)으로 조선에 와서 평양성 전투에 참여하였다.

60 또한 …… 때문입니다[且彼本中不列名者亦多, 蓋有等字也]: 원문의 "본(本)"은 보통 "본장(本章)", 즉 황제에게 올리는 문서를 의미한다. 누구의 상주인지는 분명하지 않지만 인물 하나하나를 가리켜 평하거나 지시를 담은 내용이 있는데, 거기에 원황의 이름이 열거되지 않은 것에 대해 이해를 구하면서 이는 "某某 등에 대해서는"과 같은 식으로 처리하였기 때문임을 말하는 것이다.

정확히 제 뜻과 부합합니다. 제가 천천히 행군하는 것은 바로 이 때문일 따름입니다. 이미 누차 병부상서 석성[石老先生]께 계(啓)를 보내 아직 도달하지 않은 병사와 장수를 재촉하였고, 또한 양소훈 장군에게도 차문을 보냈습니다.

병가에서 신중함은 가장 확실한 논의이며, 저 또한 매번 말씀드리는 것입니다. 문하께서는 이여송 장군을 위하여 간곡히 충고하시기 바랍니다. 장대하고 심원한 계책을 얻어 일찌감치 개선을 한다면 문하의 공이 작지 않을 것입니다. 언 붓을 불어가며 답신을 보내지만 하고 싶은 말을 다 하지는 못합니다.

5-18

참군 정문빈·조여매에게 보내는 서신

與參軍鄭文彬趙汝梅書 | 권5, 14b-15a

> **날짜** 만력 21년 정월 6일(1593. 2. 6.)
>
> **발신** 송응창
>
> **수신** 참군(參軍) 정문빈(鄭文彬)[61]·조여매(趙汝梅)[62]
>
> **내용** 전장의 참군에게 보낸 문서로, 평양 공격을 눈앞에 둔 상황에 신중을 기할 것을 당부하는 서신이다. 강을 건너 진군하기 위해서 부교(浮橋)를 놓고 배를 징발하는 일을 준비하고 있다고 알리기도 하였다.

문하(정문빈·조여매)께서 추위를 무릅쓰고 멀리 오신 점을 저는 마음속으로 깊이 생각하고 있습니다. 홀연히 손으로 쓴 편지를 받으니 매우 기쁘고 위로가 되었습니다.

화공(火攻)의 계책은 문하와 이여송 장군께서 수고롭게도 아침

....

61 정문빈(鄭文彬): 명나라 사람이다. 원임 하간부동지(河間府同知)로 군량을 관리하였는데, 만력 20년(1592)에 조선에 왔다가 만력 21년(1593)에 돌아갔다. 만력 25년(1597)에 다시 조선에 왔다.

62 조여매(趙汝梅): ?~?. 명나라 사람으로 요동 철령위(鐵嶺衛) 출신이다. 호는 초암(肖菴)이다. 산서(山西) 노안부(潞安府) 호관현(壺關縣)의 지현(知縣)으로 만력 20년(1592) 12월에 나와서 군량을 관리하였다. 일본군이 물러가자 이여송을 따라 서울에 들어왔다가 얼마 뒤에 송응창의 탄핵을 받고 만력 21년(1593) 9월에 돌아갔다.

저녁으로 강구해준 것입니다. 만약 적을 깨끗이 쓸어버릴 수 있다면 문하의 공 또한 작지 않을 것입니다. 이여송 장군께서 심유경의 기만하는 말을 믿지 않으시고 한결같이 진격하고자 생각하고 계시니, 지혜와 용기가 가상하다 할 만하며 사직이 그에 의지하고 있다고 하겠습니다. 매우 기쁘고 기쁩니다.

세 강의 얼음이 풀리면 배를 징발하고 먼저 부교를 놓는 것이 급합니다. 교시를 받고 즉각 부총병 동양정에게 문서를 보내 준비하게 하였습니다. 조선에서 군량과 사료를 많이 준비해두었고 도로가 평탄하며 지기(地氣)가 따뜻하다니, 이는 하늘이 중국을 돕는 징조입니다. 수고롭게도 이것까지 알려주시니 제게는 더욱 다행입니다. 대군이 장차 안주(安州)에 이르면 진공이 임박할 터이니, 군중의 여러 사안을 신중히 하시기 바랍니다. 마름쇠를 펼쳐두고 화기를 설치해둠으로써 적의 돌격을 방지하는 것이 가장 긴요합니다. 부디 유의하십시오.

호부상서 양준민에게 보고하는 서신

報楊司農書 | 권5, 15a

날짜 만력 21년 정월 7일(1593. 2. 7.)

발신 송응창

수신 호부상서(戶部尙書) 양준민(楊俊民)[63]

내용 명군의 군량 등의 보급을 책임지도록 호부주사 애유신을 파견해준 데 대해 사은하는 서신이다.

군량은 삼군의 명운이 걸려 있는 것입니다. 대하(양준민)의 위임을 받은 주정 애유신은 맑은 본성에 걸출한 재능을 갖추었으니 진실로 좋은 인재입니다. 지금 병마가 강을 건넜고 저장해둔 것은 적절하며 운송도 끊기지 않았습니다. 만약 대하의 심원한 보살핌이 아니었더라면 어찌 이와 같은 인재를 얻을 수 있었겠습니까. 군중에서 그에게 힘입는 바가 적지 않습니다. 제가 얼마나 감사한지 모릅니다. 이에 사의를 표합니다. 이루 다 말하지 못합니다.

....

63　양준민(楊俊民): ?~1599. 명나라 사람으로 산서 포주(蒲州) 출신이다. 자는 백장(伯章)이다. 만력 17년(1589)에 호부상서 총독창장(戶部尙書總督倉場)에 임명되어 임진왜란 시 재정을 담당하여 군량 운송을 총괄하였다.

제독 이여송에게 보내는 서신

與李提督書 | 권5, 15a-15b

날짜 만력 21년 정월 8일(1593. 2. 8.)

발신 송응창

수신 평왜제독 이여송

내용 응원군 1000명을 파견하였으니 받아서 활용할 것, 겐소의 요술에 대비할 것, 두 찬획의 호위병을 마련해줄 것 등 평양 공격을 앞두고 있는 이여송에게 몇 가지 당부 사항을 전달하는 서신이다.

섭정국(葉靖國)[64]과 이응시(李應試)가 각각 군사 500명을 이끌고 군전으로 출발하였습니다. 바라건대 대장군께서는 막하(幕下)에 받아주십시오. 다만 이 군사들은 의복과 갑옷을 아직 갖추지 못하였으니, 만약 마패(麻牌)를 구하여 몸을 가릴 수 있다면 왜노에게 다가갔을 때 선봉으로 삼을 수 있을 것입니다. 그렇지 않으면 기병(奇兵)으로 삼아 매복하게 하였다가 혹 그들의 허리를 잘라내거나 혹은 그

....

64 섭정국(葉靖國): ?~?. 명나라 사람이다. 천문과 지리에 능하여 송응창이 자신을 따라 종군하도록 하였다. 만력 22년(1592) 선조(宣祖)가 그에게 궁궐터를 비롯한 도성 안의 풍수를 물어보게 하였다. 의인왕후(懿仁王后)가 사망하자 장지(葬地)를 결정하는 일에도 참여하였다.

들의 후미를 치는 데 모두 힘이 될 수 있을 것입니다. 만약 몸을 가리지 못하고 다만 돌격대로 삼는다면 탄환에 상해를 입는 일을 형세상 면할 수 없을 것입니다.

또 들건대 겐소 등이 자못 요술을 익혔다고 하니, 우리 군중에서도 더러운 물건을 많이 준비하여 그 술법을 깨뜨려야 할 것입니다. 두 찬획(유황상·원황)은 모두 문신(文臣)이라서 아직 싸우는 법을 익히지 못하였습니다. 만약 이들이 수백의 군사로 방위하고자 하거든 바라건대 즉각 내어주십시오. 산서(山西)의 병장(兵將)은 제가 친히 감독해 갑니다.

군중의 시의(時宜)는 대장군께서 신묘한 계획을 가지고 있을 것입니다. 서로 만날 날이 금방입니다. 나머지 말씀은 다 드리지 못합니다.

5-21

찬획 원황에게 보내는 서신

與袁贊畫書 | 권5, 15b-16a

날짜 만력 21년 정월 8일(1593. 2. 8.)

발신 송응창

수신 찬획 원황

내용 평안북도 일대에 마초와 미곡이 풍부하니 군량에 대해서는 크게 걱정하지 말라고 안심시키고, 자신은 산서의 군사를 이끌고 곧 진격할 것임을 알리며, 군중의 사안에 대해서는 두 찬획이 잘 처리할 것을 당부하는 서신이다.

근래에 참군 정문빈의 보고를 받았습니다. 거기서 말하기를, 양책(良策)·차련(車輦)·임반(林畔)·운흥(雲興) 등에 마초와 쌀과 콩이 매우 풍성하여 산과 들에 가득하고 또 잡초도 있어서 베어다가 말먹이로 쓸 수 있을 것이라고 합니다. 또한 저도 애유신에게 회답을 보내 부탁하였으니, 군량을 저축하고 계속 운송하는 것은 걱정하지 않아도 될 듯합니다. 저는 산서의 장병들을 감독하여 그들과 함께 조만간 강을 건널 것입니다. 군중의 시의는 두 사람의 조처가 있으니 번잡하게 할 필요는 없습니다. 다만 일에 임하며 신중히 해주기를 기원합니다.

산동해방도에게 보내는 명령

檄山東海防道 | 권5, 16a-17a

날짜 만력 21년 정월 8일(1593. 2. 8.)

발신 송응창

수신 산동해방도(山東海防道)

내용 산동 일대에서 구매한 명군의 군량을 해로를 통해 여순(旅順)을 거쳐 조선으로 운송할 예정이니, 얼마나 구매하였는지, 어디에 쌓아두었는지, 필요한 선박은 몇 척이며 운송비용은 얼마나 들 것인지 등을 조사해서 서둘러 보고하라는 명령이다.

미리 군량·사료를 매입해서 군사들의 식량을 충족시키도록 요청하는 일.

경리정왜양향주사(經理征倭糧餉主事) 애유신으로부터 정문을 받았는데, 그 내용은 다음과 같았다.

"앞서 병부에서 마가은 5만 냥을 보내주신 것을 받아 산동의 등주·내주 지방에 가서 쌀을 구매하였습니다. 그곳에서는 마침 수확 때와 맞아떨어져 이 은으로 사들인 것이 10여만 석을 밑돌지 않습니다. 그런데 겨울철에 얼음이 얼어 아직 운반할 일을 의논하지 못하고 있었습니다. 제가 살피건대, 등주에서 금주(金州)의 여순 항구까지 수로로 남북 500리이고 여순 항구에서 압록강까지 수로로 동서 500여 리입니다.

이제 봄기운에 얼음이 풀리고 있으므로 마땅히 때에 맞추어 군량미를 실어 운반해야 하겠습니다. 정문을 올려 청하건대, 그곳에 문서를 보내 위의 은량으로 매입한 쌀과 콩이 얼마인지, 현재 어디에 쌓아두었는지, 해안까지의 거리는 얼마인지, 쓸 배가 몇 척인지, 평소에 상인들의 운반 요금은 얼마인데 이 밖에 혹시 얼마나 더해 주어야 하는지를 조사해서 하나하나 보고하되 기일에 맞추어 필요한 물품을 받아다가 쓰는 데 편하게 하도록 신속히 보고하게 하는 것이 어떻겠습니까."

이를 받고 살피건대, 앞서 나는 성지에 따라 부신에게 전적으로 책임을 맡겨 왜로 인한 환란을 경략하는 일로 해방도(海防道)에 차문을 보내기를, "즉각 마가은 5만 냥을 내어 관원에게 위임해서 나누어 보내 시가에 따라 공평하게 쌀과 콩을 사되, 대략 7할은 쌀로, 3할은 콩으로 하여 서둘러 매입해 해안에서 가까운 성보(城堡)에 쌓아두고, 어느 곳에 얼마나 쌓아두었는지를 적어서 정문으로 보고하여 요동 각 도에 문서를 보내 관원을 선발해서 배를 징발해 운반할 수 있도록 하라. 피차를 나누어 군기를 그르치지 말라."라고 하였다.[65]

그 후 이제 애유신으로부터 위의 문서를 받았는데, 살피건대 나는 현재 대군을 출동시켜 강을 건너 진격하려 하고 있다. 군량은 눈

....
65 만력 20년 12월 27일자로 산동해방도에 보낸 해당 격문은 「4-36 嶽山東海防道 권4, 29a-29b」에 실려 있다.

앞의 중요한 업무이다. 하물며 봄기운에 얼음이 녹고 있으니 위관은 때에 맞추어 운반하여 군수 보급 문제를 해결해야 할 것이다.

패문을 보내니, 바라건대 산동해방도의 관리는 즉각 앞서 보낸 마가은 5만 냥으로 매입한 쌀과 콩이 얼마인지, 현재 어디에 쌓아놓았는지, 해안까지의 거리는 얼마인지, 쓸 배가 몇 척인지, 평소에 상인들의 운반 요금은 얼마인데 지금 더해주어야 하는지 여부를 하나하나 보고하라. 그리고 요동의 선박을 맡은 관원을 독려하여 해로를 거쳐 그곳으로 가서 실어 운반할 수 있게 하라. 이는 당장 써야 하는 군수에 관한 일이니 절대로 늦어져서는 안 된다. 문서가 도착하는 날로부터 열흘 이내에 정문으로 보고하라.

산동해방도 안찰사 전주에게 보내는 서신

與山東海道田憲使書 | 권5, 17a-18a

날짜 만력 21년 정월 8일(1593. 2. 8.)

발신 송응창

수신 산동해방도 안찰사(按察使) 전주(田疇)[66]

내용 산동에서 군량을 구입하여 저장해두었다가 운송하는 일에 협조해줄 것을 요청하고 봄이 되면 왜군이 산동 일대로 곧장 쳐들어올 우려가 있으니 방비에 힘써줄 것을 당부하는 서신이다.

오랫동안 말씀을 접하지 못하여 생각이 간절하였는데 홀연히 서한이 이르니 대단히 기쁘고 위로가 됩니다. 저는 얕은 재주로 외람되이 이번 전역(戰役)을 맡아 실로 감당할 수 없는데 과하게 칭찬을 해주시니 더욱 진땀이 흐릅니다. 도설(圖說)[67]을 꼼꼼하게 살펴보니 군사가 매우 상세하게 분포되어 있고 적절하게 방어하고 있습니다. 중간의 세 가지 이야기는 더더욱 묘책이니, 그저 그대로 시행할 뿐

....

66 전주(田疇): 1544~?. 명나라 사람으로 산서 태원부(太原府) 문수현(文水縣) 출신이다. 자는 여치(汝治)이다. 임진왜란 기간에 산동해방병비안찰사(山東海防兵備按察使) 관직을 맡고 있었다.

67 도설(圖說): 설명이 첨부된 지도를 가리킨다.

입니다. 이대로 준비하고 방어한다면 왜노들이 비록 사납다 하지만 걱정할 만한 것이 못 될 것입니다.

　이 밖에 군량은 삼군의 운명이 걸린 것입니다. 이번에 조선에 일이 생겼는데 요동에 쌓아놓은 것이 매우 적어 적절히 보급하기 어려웠으므로, 마가(馬價) 5만 냥을 산동에 보내어 수고롭게도 쌀과 콩을 사들이도록 하였습니다만, 이는 하루라도 늦어지면 안 되는 일입니다. 문하(전주)께서는 시일이 늦어질까 걱정하여 임시로 창고를 빌려 그때그때 사서 보충하자고 하셨는데, 이는 양쪽의 이익이 모두 갖추어진 방법이니 진실로 묘안입니다. 그 제반 비용은 어쩔 수 없는 것으로, 이를 관(官)에서 다룬다면 어려움이 위에 있을 것이고 민(民)에서 다룬다면 어려움이 아래에 있을 것입니다. 생각하건대 5만 냥 가운데에서 이를 융통하여 처리한다면 거의 어려움이 없을 것입니다. 사들인 군량과 사료는 그 가격이 민간에 비해서 조금 더해진다고 하여도 또한 과오가 아닐 것입니다. 민간에 털끝만큼이라도 소란을 끼치는 일이 결코 없게 한다면 다행이겠습니다. 여순의 선박이 도착하면 즉시 내어 보내십시오.

　저희 병마가 비록 강을 건넜으나 앞으로는 어떻게 될지 알 수 없습니다. 동풍이 장차 불 터인데 관백은 현재 대마도(對馬島)에 주둔하고 있으니, 군사를 나누어 사방으로 나와 한편으로는 천진(天津)을 침범하고 한편으로는 등주·내주를 침범하는 것은 형세상 저들이 반드시 일으킬 일입니다. 이는 매우 긴급한 걱정거리로, 작년의 상황처럼 방비를 늦출 수 있는 일이 아닙니다. 다행히 문하께서 갑병(甲兵)을 정돈하고 군량을 저장하며 방어시설을 설치하여 대비하시니, 이는 곧 사직에 이익일 것이요, 어찌 저 한 사람만 감격할 뿐

이겠습니까. 군무(軍務)에 바빠 붓이 정갈하지 못하지만 지기(知己)
께서 양해해주시기를 빕니다.

요동순무 조요에게 보내는 자문

咨遼東撫院 | 권5, 18a-18b

날짜 만력 21년 정월 8일(1593. 2. 8.)

발신 송응창

수신 요동순무 조요

내용 요동순무 조요가 산동에서 사들인 미곡이 현재 어디에 있는지, 어떻게 운반하는 것이 좋을지 문의한 바 있었다. 이 문의를 산동에 전달하였다가 받은 답장을 다시 전달하여 현재 등주부(登州府) 등에 저장하고 있다고 알리면서 운반해올 것을 요청하는 자문이다.

성지에 따라 부신에게 전적으로 책임을 맡긴 일.

흠차순무요동도어사(欽差巡撫遼東都御史) 조요가 위의 일로 보낸 자문을 받았는데, 그 내용은 다음과 같았습니다. "당신에게[68] 자문을 보내니, 번거롭겠지만 산동의 군량과 사료가 현재 어디에 있는지, 요(遼)의 선박이 어디로 가서 실어 운반할지를 살펴 도에 문서를

----

68 당신에게: 원문은 "貴院"이다. 이 부분에 인용된 문서의 발신자는 요동순무이고 수신자는 송응창으로, 여기서 "貴院"은 수신자를 칭한다. 그러나 당시 송응창이 수행하고 있던 관직 가운데 도찰원(都察院)은 포함되어 있지 않다. 송응창이 도찰원 우도어사(右都御史)에 임명된 것은 귀환 이후의 일이다. 여기서 "貴院"은 "貴部"의 오기인 것으로 보인다.

보내 배들을 출발시켜 군량과 사료를 운반할 수 있도록 시행해주십시오."

이를 받고 살피건대, 앞서 이 일로 이미 마가은 5만 냥을 지출해서 산동해방도에 보내 쌀 7할과 콩 3할을 사들여 먼저 정문으로 보고하게 한 바[69] 있습니다. 그 후 근래에 그 도의 안찰사 전주의 정문을 받았는데 거기에 이르기를, "한 번에 쌀을 다 사들이기는 어려워 창고의 곡식을 방아 찧어서 쓰고 풍년에 곡식을 사들여 창고에 갚기로 하였습니다. 이 쌀은 등주부(登州府) 복산채(福山寨)·황손채(黃孫寨)·옥서채(玉徐寨)·해창순검사(海滄巡檢司)·해묘채(海廟寨)·낙안채(樂安寨)·수광채(壽光寨)·당두채(塘頭寨)에 쌓아두고 위관이 전담하여 관할하다가 배가 도착하기를 기다려 운반하겠습니다."라고 하였습니다.

비준하여 시행하는 외에, 이제 위의 문서를 받았으니 마땅히 회답 자문을 보내야 하겠습니다. 이에 당신에게 문서를 보내니, 번거롭겠지만 청하건대 해당 도에 문서를 전달하여 잘 살펴 운반하게 해주십시오.

....

69 보고하게 한 바: 만력 20년 12월 27일에 산동해방도에 격문을 보낸 일을 말한다. 「4-36 檄山東海防道 권4, 29a-29b」.

제독 이여송, 요동도사 장삼외에게 보내는 명령

檄李提督幷都司張三畏 | 권5, 18b-19b

날짜 만력 21년 정월 8일(1593. 2. 8.)

발신 송응창

수신 평왜제독 이여송, 요동도사(遼東都司) 장삼외

내용 조선의 군인 가운데서 가려 뽑은 약한 자 1만 명을 연도(沿道)에 10리마다 배치하여 군량과 무기 등의 운송 업무에 활용할 것을 지시하는 명령이다.

관련자료 이 문서는 『사대문궤(事大文軌)』 권3, 「요동도지휘사 장삼외가 조선국왕에게 보낸 자문」, 만력 21년 정월, 18a-19b에 인용된 송응창의 헌패(憲牌) 내용과 거의 같으나 뒷부분에 차이가 있다. 『사대문궤』 권3, 만력 21년 2월 1일, 「조선국왕이 요동도지휘사 장삼외에게 보낸 자문」, 19b-20a는 해당 문서에 대한 조선의 회답이다.

성지에 따라 부신에게 전적으로 책임을 맡긴 일.

위관 도사 장삼외의 보고를 받았는데, "조선의 우마(牛馬)는 겨우 500필만이 왕복하여 군량을 운반하고 있으며, 조선의 우마가 한 번에 실어 나르는 군량과 사료는 우리 병마가 하루에 쓰기에도 부족합니다."라고 하였다. 또 각 장관의 보고를 받았는데, "조선의 사람과 말은 파리하고 약하여 전투를 감당할 수 없습니다."라고 하였다.

살피건대 조선의 병마가 파리하고 약하며 군량을 운반하는 우마 또한 부족하다고는 하지만, 그 안에서 잘 헤아려 가려 뽑아 건장한 것은 전투에 내보내고 약한 것은 군량을 운송시켜 모두 군사 활동에 적절히 보급하도록 마땅히 나누어 보내라.

　하나. 제독 이여송에게 패문으로 지시한 일.

　패문을 보내니, 바라건대 그대는 즉시 조선의 병마 가운데서 가려 뽑은 약한 자 1만 명을 도사 장삼외에게 보내 연도의 촌락에 나누어 배치하여 급여 및 군량과 중요한 군화(軍火)와 장비를 운반하게 하라. 군사들에게 전달해서 운반을 완료하는 날에 일체 공적을 기록하게 하라. 늦지 않게 하라.

　하나. 도사 장삼외에게 패문으로 지시한 일.

　패문을 보내니, 바라건대 그대는 즉시 조선국왕에게 알려 그의 관원들에게 지시하여 제독 이여송이 가려 뽑아 돌려보낸 약한 군인 1만 명을 국왕의 위관과 함께 거리를 따져 그들을 배치하되 10리마다 군사 200명씩을 보내 500리에 1만 명씩 되게 하라. 100리마다 원래의 장령에게 맡겨 각 군사를 동원하여 나누어 맡은 운송 거리 내에서 군량과 급여 및 군화(軍火)와 장비를 왕래하며 운반하게 하라. 평양에서 서울까지의 길에서도 역시 이 법을 따르게 하라. 운송이 잘되도록 힘쓰고 정체되어 일을 그르치지 않게 하라. 운반을 완료하는 날에 각 관군 또한 우대하여 서훈할 것이다. 만약 이 일을 그르쳐서 군량이 부족하게 되면 담당 관원 및 운송한 군사는 반드시 군법으로 무겁게 처벌하고 용서하지 않을 것이다.[70]

....

70　성지에……것이다: 이 문서는 크게 세 부분으로 구성되어 있다. 첫 번째는 처음부터 "나

....
누어 보내라."까지로, 문서의 수신자인 이여송과 장삼외 모두에게 공통되는 부분이다.
두 번째와 세 번째는 각각 "하나[一]"로 시작하는 두 부분으로, 하나는 이여송, 다른 하나
는 장삼외에게 보내는 문서이다. 즉, 문서의 첫 부분은 공통으로 포함되고, 이여송에게는
앞에 등장하는 "하나"를, 장삼외에게는 뒤에 등장하는 "하나"를 이어서 보냈던 것이다.

참군 정문빈·조여매에게 보내는 서신

與參軍鄭文彬趙汝梅書 | 권5, 19b-20a

날짜 만력 21년 정월 10일(1593. 2. 10.)

발신 송응창

수신 참군 정문빈·조여매

내용 참군이 보낸 군중의 상황에 대한 보고는 잘 받았으며 평양에는 우물이 적으니 물길을 끊어 적을 고립시키라는 작전 지시를 하달하는 서신이다.

어제 손수 쓴 편지를 받고 이여송 장군이 왜적 15명을 베어 죽이고 3명을 생포하였음을 알게 되었습니다. 이제 우리 군사가 온다는 소리만으로도 그들의 담을 떨어뜨리기에 족할 것입니다. 또한 부하들 가운데 범법을 저질러 일을 그르친 자는 혹은 체포하여 처벌하고 혹은 효시(梟示)하여 군령(軍令)을 숙연하게 하고 사기를 고무시켰다고 들었습니다. 게다가 문하(정문빈·조여매)께서 이여송 장군을 그 사이에서 도와 모든 일을 강구하고 있으니 어찌 큰 공이 일찌감치 이루어지지 않을 것을 걱정하겠습니까. 평양성 안에는 우물이 매우 적으니 물길을 일단 끊으면 왜는 앉아서 죽게 될 것입니다. 저는 그저 날마다 승첩(勝捷) 소식이 오기만을 기다리고 있습니다.

5-27

제독 이여송에게 보내는 서신

與李提督書 | 권5, 20a-20b

날짜 만력 21년 정월 10일(1593. 2. 10.)

발신 송응창

수신 평왜제독 이여송

내용 평양 진공을 앞두고 있는 가운데, 자신의 심부름꾼이라는 이름을 빌어 조선군이나 명군 장령들로부터 재물을 뜯어내는 자가 있으면 조사해서 통보해달라고 부탁하는 서신이다.

어제 대장군(大將軍)께서 왜적 15명을 베어 죽이고 3명을 생포하였다고 들었습니다. 이제 우리 군사가 온다는 소리만으로도 그들의 담을 떨어뜨리기에 족할 것입니다. 또한 부하들 가운데 범법을 저질러 일을 그르친 자는 혹은 체포하여 처벌하고 혹은 효시하여 군령을 숙연하게 하고 사기를 고무시켰다고 들었습니다. 매우 위로가 되고 또 위로가 됩니다. 진공이 눈앞에 있는 것 같으니, 저는 그저 날마다 승첩 소식이 오기만을 기다리고 있습니다. 재차 번거롭지만 제 주위의 관원이나 역인(役人) 가운데 '근수(跟隨: 수행원)'니 '차견(差遣: 심부름꾼)'이니 하는 명색을 자칭하면서 조선국이나 각 장령에게서 재물을 속여서 빼앗은 자를 조사하여 즉시 사실대로 적어 알려주신다면 지극한 정의(情誼)에 딱 부합하겠습니다.

5-28

순무산동도어사에게 보내는 자문

咨山東撫院 | 권5, 20b-22a

> **날짜** 만력 21년 정월 10일(1593. 2. 10.)
>
> **발신** 송응창
>
> **수신** 순무산동도어사(巡撫山東都御史) 손광(孫鑛)
>
> **내용** 순무산동도어사가 산동의 해안 방어에 임하고 있는 군사의 수가 적다는 사실을 알려온 데 대하여, 왜군이 산동으로 직접 건너올 우려가 있으니 군사를 적절히 징발하고 배치하여 해안 방어에 만전을 기할 것을 당부하는 자문이다.

성지에 따라 부신에게 전적으로 책임을 맡겨 왜로 인한 환란을 경략하는 일.

흠차순무산동도어사(欽差巡撫山東都御史) 손광으로부터 위의 일에 관한 자문을 받았는데, 그 내용은 다음과 같았습니다.

"본부에서 원래 설치한 해안 방어 병마의 수량과 항목을 해방(海防)·청주(靑州)·무덕(武德) 세 도에 문서를 보내 명백히 조사해서 별도로 보고하는 외에 각 해구를 방수(防守)하는 관병을 조사해보니, 다만 등주 등 세 군영의 군병 및 등주·내주·무덕의 쾌장(快壯)[71]뿐이기에 동창(東昌) 등 각 도의 쾌장과 성성(省城)의 표병(標兵),[72] 임구(臨朐)의 창수(鎗手) 약간 명을 아울러 해구 방수를 위해 이동시켰습니다.

9월에 제가 해상(海上)에 문서를 보냈다가 동창도(東昌道) 등에서 이동시킨 쾌장 및 성성 표병 등으로부터 보고를 받았는데, '봄에 징발되어온 이래 몇 달 동안 방어하여 피로한 날이 오래되었습니다. 지금 날씨가 매우 춥고 왜의 소식이 조금 느슨하니, 바라건대 잠시 휴식을 주십시오.'라고 하였습니다.

즉시 징발되어온 창수들도 모두 놓아 돌려보냈습니다. 지금 세 군영 및 각 돈대(墩臺)의 관군과 등주·내주 두 부(府)의 쾌장과 회병(淮兵),[73] 무덕의 쾌병(快兵)은 이전과 같이 각자 본지에 머무르며 방수하게 하였습니다. 해풍(海豊)·점화(霑化) 일대의 향병(鄕兵)은 군량이 이어지지 않아 8월에 귀농하도록 놓아 보냈습니다. 마땅히 우선 대략을 갖추어 회답을 보냅니다."

살펴건대 앞서 이 일로 이미 자문을 보낸 바 있었습니다. 그 후 이제 위의 문서를 받고서 살펴건대, 제가 과거 산동성을 순무할 때 관병을 배치한 바 있습니다. 등주·문등(文登)·즉묵(即墨) 세 영에 관군 1만 6500여 명을 배치한 외에 또한 방어 병력 유지가 이어지지 않을까 걱정하여, 각 도의 보갑(保甲) 가운데서 장정(壯丁)을 가려 뽑고, 군위(軍衛)에서 여정을 가려 뽑고, 광산에서 창수를 가려 뽑은 것이 약 5만 명 남짓일 것입니다. 조련할 때에는 매달 은 6전을 지급하고, 징발해서는 매일 은 3푼을 지급하였습니다. 만약 교육하고 연습함에 법도가 있으면 모두 정예병이 될 것입니다. 경계할 일이 있

....

71 쾌장(快壯): 도적을 체포하는 일을 맡은 관아의 하급 아역(衙役)을 말한다.
72 표병(標兵): 지휘관의 직할부대를 말한다.
73 회병(淮兵): 강소성 북부 회수 유역에서 온 병사를 말한다.

으면 모여서 군사가 되고, 없으면 흩어져서 민인이 되는 것입니다. 다만 각 소속 관리들이 교대할 때 이들이 갑자기 숨어버려서 지방이 텅 비게 될까 걱정이었습니다.

지금 저는 이미 만력 20년 12월 13일 등에 제독 이여송에게 패문을 보내 대군을 통솔해서 강을 건너 조선의 평양 등으로 곧장 진격하게 하였습니다.[74] 만약 왜노들이 우리 대군이 모두 요동에 모여 있음을 안다면 이곳에서 뜻을 이루지 못해도 저곳에서 요행을 바라서 빈틈을 타고 산동으로 침범해 들어올 것입니다. 청주·등주·내주는 조선과 마주보고 있고 동풍이 점차 일어나고 있어 한 번 돛을 펼치면 닿을 수 있으니, 그 연해 지방의 방어는 진실로 마땅히 서둘러 준비해야 합니다.

근래에 무덕과 청주 두 도에서 해안을 방어하는 사안에 대해 올린 정문을 받았는데, 그 가운데 군사의 분포가 충분하지 못한 곳이 많다고 합니다. 해방도가 지금까지 보고하지 않은 것은 어떤 연유가 있는지 알지 못하겠습니다. 대개 근래에 걱정해야 할 것은 왜이고, 방어해야 할 것은 바다이며, 중요한 것은 군사입니다. 이에 저는 번잡함을 무릅쓰고 다시 자문을 보내 알려드립니다. 이에 당신에게 자문을 보내니, 번거롭겠지만 연해 각 도에 문서를 보내 원래 설치했던 군장(軍壯)과 향병, 그리고 논의하여 잔류시킨 반군(班軍)을 바닷가 지방 중 원래 군사가 적은 곳에 헤아려 증원하고, 원래 없던 곳에는 적당히 헤아려 분포시키며, 많고 적음이 균등하지 않은 곳에는

....

74 지금 …… 하였습니다: 이여송에게 평양으로 진격하라는 내용을 담은 격문이 만력 21년 정월 4일에 수록되어 있다. 「5-8 檄李提督幷袁劉二贊畫 권5, 5b-8a」.

헤아려 덜거나 더해주십시오. 일이 일어나기 전에 미리 방비하도록 힘써 준비를 해서 걱정이 없게 해주십시오. 해방도에 서둘러 논의하도록 재촉하고 청주·무덕에는 다시 한 번 모두 논의하도록 하여 아울러 보고해주시기 바랍니다.

요동순무에게 보내는 자문

咨遼東撫院 | 권5, 22a-22b

> **날짜** 만력 21년 정월 10일(1593. 2. 10.)
> **발신** 송응창
> **수신** 요동순무 조요
> **내용** 병부에서 내려보낸 마가은 20만 냥 가운데 2차분 10만 냥을 보내니, 수령한 후 분수도(分守道)에 보내 사용하게 할 것을 당부하는 자문이다.

왜정의 간사한 짓이 날로 늘어나 세력이 더욱 창궐하여 매우 우려스럽다는 일.

앞서 병부로부터 앞의 일로 자문을 받았는데, 그 내용은 다음과 같았습니다. "마가은 20만 냥을 병부의 판사(辦事) 진사(進士) 장삼극(張三極)과 경력(經歷) 고태성(顧台星)에게 맡겨 태복시(太僕寺)로 가서 수령해서 요동순무아문(遼東巡撫衙門)으로 운송하여 접수해서 저장하게 하는 외에 이에 자문을 보내니, 번거롭겠지만 준행하여 잘 살펴 시행하십시오."

이를 받고 살피건대, 이미 당신에게 자문을 보내 장삼극이 가지고 온 은량을 분수요해도로 운송해 보냈는데, 그것은 사용하여 거의 다 바닥이 나려 합니다. 고태성이 처음에 가지고 온 은량을 받아서 보내고자 하여 자문을 보내 알려드립니다. 이에 당신에게 자문을 보내니, 번거롭겠지만 경력 고태성이 가지고 온 마가은 10만 냥을 분수도에 보내 가까이에서 사용하게 하시기 바랍니다.

5-30

제독 이여송에게 보내는 서신

與李提督書 | 권5, 22b

날짜 만력 21년 정월 11일(1593. 2. 11.)
발신 송응창
수신 평왜제독 이여송
내용 정월 8일에 명군이 평양성 전투에서 승리하였다는 소식을 접하고
축하 인사를 전하는 서신이다.

기쁘게도 대장군께서 신비한 위력을 떨치시고 여러 장령이 협력
하여 8일 미각(未刻)[75]에 이미 평양에 진입하였다는 소식을 들었습
니다. 왜노를 진멸할 일이 분명 눈앞에 있으니, 이는 세상을 덮을 만
한 공이요 사직의 복입니다. 급한 보고를 받고 저는 더할 나위 없이
기쁩니다. 이에 먼저 경하를 드립니다. 이만 줄입니다.

....

75 미각(未刻): 오후 1시에서 3시를 지칭한다.

영원백 이성량에게 보내는 서신

與寧遠伯李寅城書 | 권5, 22b-23a

날짜 만력 21년 정월 11일(1593. 2. 11.)

발신 송응창

수신 영원백 이성량

내용 정월 8일에 명군이 평양성 전투에서 승리하였다는 소식을 전하는
내용이다.

황상(皇上)의 하늘 같은 위엄과 노장군(老將軍: 이성량)의 크나큰
비호에 힘입어 큰아드님이신 대장군(大將軍: 이여송) 및 여러 아드님
이 8일 미각에 평양을 공파하였으며, 여러 장병이 모두 이미 성으로
들어가 왜노를 무찔러 없앴습니다. 이는 사직의 복입니다. 참으로
훈대(勳臺: 이성량)께 서둘러 알리고 싶어 이에 급히 보고드립니다.
나머지 사정은 다시 말씀드리겠습니다.

5-32

내각대학사 조지고·장위·왕석작, 병부상서 석성에게 보고하는 서신

報三相公幷石司馬書 | 권5, 23a

날짜 만력 21년 정월 11일(1593. 2. 11.)

발신 송응창

수신 대학사 조지고·장위·왕석작, 병부상서 석성

내용 정월 8일에 명군이 평양성 전투에서 승리했다는 소식을 전하는 서신이다.

저는 한동안 전쟁하는 일에 정신이 없어 오랫동안 문안을 여쭙지 못하는 죄를 지었습니다. 이번에 황상의 하늘 같은 위엄과 여러분의 굳건한 계책에 힘입어 대군이 8일 미각에 다행히 평양을 공파하여, 제독 이여송과 여러 장령이 모두 성으로 들어가 왜노를 무찔러 없앴습니다. 이는 사직의 복입니다. 참으로 대하(조지고·장위·진우폐·석성)께 서둘러 알리고 싶어 이에 전투 보고서를 갖추어 서둘러 올립니다. 나머지 사정은 다시 말씀드리겠습니다.

병과급사중 허홍강에게 보고하는 서신

報許都諫書 | 권5, 23a-23b

> **날짜** 만력 21년 정월 11일(1593. 2. 11.)
> **발신** 송응창
> **수신** 병과급사중(兵科給事中) 허홍강(許弘綱)
> **내용** 정월 8일에 명군이 평양성 전투에서 승리하였다는 소식을 전하면서 그간 도와준 데 대해 고맙다는 뜻을 전하는 서신이다.

어제 문하(허홍강)가 올린 상주문을 받들어 읽어보니, 문하께서 저를 위하여 도와주시는 것이 지극하였습니다. 제가 변경에서 힘을 다하면서 중간에 남들의 부당한 간섭을 받지 않으리라 기대한 것은 모두 문하 덕분입니다. 가슴속에 은혜를 새김이 어떠하겠습니까. 이에 비록 무찔러 없애는 일은 다 끝나지 않았지만, 이미 평양을 얻었고 이곳은 우리 군사가 주둔하기에 충분한 곳이니 그 팔도(八道)와 서울도 서서히 도모할 수 있을 것입니다. 사직의 복을 굳게 유지하시는 것을 우러르며 이를 감사드립니다. 이루 다 말씀드리지 못합니다.

참군 정문빈·조여매에게 보내는 서신

與參軍鄭文彬趙汝梅書 | 권5, 23b-24b

> **날짜** 만력 21년 정월 14일(1593. 2. 14.)
> **발신** 송응창
> **수신** 참군 정문빈·조여매
> **내용** 고니시 유키나가 등을 생포할 기회를 놓친 것이 아쉽기는 하지만 평양성 전투에서 승리를 거둔 일을 치하하며 파죽지세로 공격을 이어가되 신중을 기할 것을 당부하는 내용이다.

　손수 쓴 편지를 받았습니다. 앙성공(仰城公: 이여송)께서는 한 번 북을 울려 평양을 함락하였으니, 이것이 세상을 덮을 만한 뛰어난 공임을 저는 기쁘게 알았습니다. 다만 존귀한 편지를 받아보건대 유키나가와 겐소 등 여러 수령(首領)을 거의 사로잡을 뻔하였는데 다시 그물을 빠져나갔다고 하니, 조금 유감이 있는 것은 어쩔 수 없습니다.

　듣건대 성을 공격할 때 사다리가 사방에서 모여들고 군사들이 용기를 떨쳐 먼저 올랐다고 하니, 이는 제가 생각하였던 공격하고 포위하는 방법과 정확히 맞아떨어졌습니다. 다만 유키나가 등이 형세가 막히자 성루(城樓)에 올라갔기에 사로잡을 수 없었다는 이야기에 대해서라면, 화기(火器)를 쏘는 것도 불가능하지 않았을 것인데 어찌하여 밤을 틈타 달아나게 되었다는 말입니까. 설령 몰래 숨었다 하더라도 수만의 군중에서 어찌 알아챈 사람이 한 사람도 없었다는 말입니까. 만약 내가 앞서 파견했던 정예병 두 부대를 대동문 좌우에 매복해두거나 대동강(大同江) 동안(東岸)에 매복해두었다가 그 장수가 이르기를 기다려 호령을 내려 맞아 공격하고 또한 대군이 그를 뒤따랐더라면, 그 장수는 앞뒤로 적을 맞이하게 되어 몸에 한 쌍의 날개가 생겨나도 결코 빠져나가지 못하였을 것입니다. 이를 멀리까지 추격하는 것과 비교하면 수고로움과 편안함의 차이가 어떠합니까.

이제 왜는 이미 간담이 서늘해졌을 터이고 형세는 파죽지세와 같으니, 이 기회를 타서 마땅히 신속히 병마를 정돈해서 곧바로 몰고 나가기를 한결같이 제가 앞서 정했던 방략(方略)과 같이 하십시오. 여기에 이여송 장군의 신비한 위력을 더하고도 다 무찔러 없애지 못한다면 믿을 수 없을 것입니다.

들건대 성루를 포위하였을 때 대장군포도 도착한 것이 있었다고 하니, 이것으로 공격하였더라면 분명히 성루가 가루가 되었을 것입니다. 그러나 경황이 없는 때에 이 한 수를 빠뜨렸으니, 비록 드높은 공훈에 누가 되지는 않겠지만 실로 마땅히 뒷일을 위해 준비해야 할 것입니다. 이제 장차 서울을 공격함에 다행히 문하(정문빈·조여매)와 앙성공께서 세세히 강구하고 만전에 힘써 적의 수괴를 붙잡는다면 다시 천고(千古)에 남을 위대한 공적이 될 것입니다.

왜노의 조총이 위력이 있어, 앙성공과 동생께서 기꺼이 먼저 몸소 나섰다가 한 발은 말의 배에 적중하고 한 발은 투구 꼭대기에 적중하였다고 합니다. 저는 이를 듣고 매우 가상히 여기고 또한 매우 놀랐습니다. 대개 형제들께서 나라를 위한 충심에 어려움과 험난함도 피하지 않았는데, 저는 일로써 한 배를 탔으나 꼭 골육과 같기에 마음속으로 간절히 걱정하지 않을 수 없습니다. 제 생각에 앞으로 무릇 전투를 할 때는 마땅히 왜의 진영에서 400여 보 떨어지는 것이 좋겠습니다. 우리가 먼저 대장군포를 도발해서 쏘면 저들은 반드시 조총으로 우리를 공격할 것이니, 그들이 다 쏘기를 기다렸다가 비로소 대군이 진격하면 분명히 온전한 승리를 거둘 수 있을 것입니다. 여러 공께서 어떻게 생각하실지 모르겠습니다.

제가 거듭 말씀드리고자 하는 것은 다만 이번에 많은 이들의 의심을 깬 데 기대어 결전하라는 것입니다. 저는 양성공과 함께 전쟁을 주관하니 지금 비록 매우 기쁘지만, 마땅히 더욱더 신중히 한다면 흘겨보던 자들도 자연히 의심을 풀 것입니다. 잘 헤아리고 잘 헤아리십시오.

제독 이여송에게 보내는 서신

與李提督書 | 권5, 24b-25a

날짜 만력 21년 정월 15일(1593. 2. 15.)

발신 송응창

수신 평왜제독 이여송

내용 평양성 전투의 승리를 축하하며, 전투에 참여한 장령들의 공적을 조사해서 보내주면 그대로 상주하겠다는 뜻을 전하는 서신이다.

서한으로 승첩 소식을 전해주신 것을 받았습니다. 저는 이를 받고 기쁨을 절제하지 못하겠습니다. 무릇 속국을 구원하여 중국[天朝]의 어짊을 이미 확실히 보이셨는데, 평양을 회복하고 손에 땀을 쥐며 세운 공적은 또한 세상에 드문 일입니다. 이제부터 팔도와 서울로 진공하는 일도 당연히 이와 다르지 않을 것입니다. 저는 용렬한 사람으로 신묘한 위엄에 힘입어 외람되이 이러한 융성한 때를 맞이하였으니, 얼마나 영광스럽고 행복한지 모릅니다. 삼가 가르침에 따라 사람을 시켜 황상과 책임 있는 여러 공(公)께 서둘러 보고하겠습니다.

이 밖에 형제분들의 충성과 용기, 사력을 다한 여러 장령과 공을 세운 군사들은 모두 대장군께서 조사하시기를 기다려 하나하나 기록해서 명령대로 모두 모아 제본을 올리겠습니다. 전사한 자들은 더욱 마땅히 두텁게 구휼하여 충의(忠義)를 표창할 것입니다. 대장군께서 서둘러 조사해주신다면 저는 편히 서훈을 기록할 수 있으리라 기대합니다. 커다란 공훈에 대해서는 이미 상주하였으므로 포상이 멀지 않을 것이니, 원하건대 심원한 계책을 펼치시어 모조리 평정하시길 빕니다. 저는 날마다 대장군을 생각합니다.

찬획 유황상·원황에게 보내는 서신

與劉袁二贊畫書 | 권5, 25a-25b

날짜 만력 21년 정월 15일(1593. 2. 15.)

발신 송응창

수신 찬획 유황상·원황

내용 평양성 전투의 승첩 소식을 제본으로 작성하여 보고할 예정이니 서둘러 평양으로 가서 공적을 세운 장령들을 조사해서 보고할 것을 부탁하는 서신이다.

11일에 제독 이여송께서 사람을 보내 구두로 통보하셨고 또 각 장관들이 연이어 통보하였는데 모두 이르기를, "8일에 평양을 공파(攻破)하였고 베어 죽인 왜노가 매우 많습니다."라고 하였습니다. 저는 이를 듣고 사직에 큰 경사라고 생각하였습니다. 무릇 여러 장병이 친히 화살과 돌을 무릅쓰고 순식간에 뛰어난 공을 이루었으니, 사안이 작지 않습니다.

제본을 갖추어 올릴 일이 당장 눈앞에 있으니, 수고롭겠지만 문하(유황상·원황)께서는 속히 평양으로 가서 몸소 조사하여 앞장서 성벽에 오른 자, 힘써 싸운 자, 부상을 입은 자는 누구인지 하나하나 상세히 드러내고 적절하고 정확하게 기록해서 제가 서훈을 기록할 수 있게 해주십시오. 이 한 가지 일은 격려와 권장이 달려 있는 것으로 관계된 바가 매우 무겁습니다. 특별히 문하께 부탁하는 것은 다른 사람을 함부로 참여시킬 수 없기 때문입니다. 공적인 마음을 붙잡고 하늘의 해에 맹세하여 훗날 사중우어(沙中偶語)[76]가 없도록 한다면 다행입니다.

....

76 사중우어(沙中偶語): 신하가 몰래 모반하려고 의논하는 일을 가리킨다. 한고조(漢高祖)가 공신 20여 명을 책봉할 때 여러 장수가 모래땅 위에 앉아서 수군거리는 것을 보고 수상히 여겨 장량(張良)에게 물었더니 장량이 그들은 논공행상에 불만을 품고 배반하려고 서로 의논하는 것이라고 한 고사에서 나온 말이다.

찬획 유황상·원황에게 보내는 명령

檄劉袁二贊畫 | 권5, 25b-26b

날짜 만력 21년 정월 15일(1593. 2. 15.)

발신 송응창

수신 찬획 유황상·원황

내용 평양성 전투에 참가한 장령들의 공적과, 적군과 아군의 피해 상황을 조사하고, 또한 앞으로의 군사 작전을 어떻게 펼칠지를 따져보고서 보고를 올리라는 명령이다.

대첩(大捷)을 신속하게 보고하는 일.

평왜제독 및 각 장령들의 보고를 받았는데, "8일 미시(未時)에 평양을 공파하였으며 사로잡거나 목을 벤 왜노는 그 수를 헤아릴 수 없습니다."라고 하였다.

이를 받고 살피건대, 대군이 한 번 싸워 평양을 빼앗고 목을 벤 것이 셀 수 없으며 공격하여 전승을 거두었으니, 이는 실로 하늘의 위엄을 떨친 것이요 찬획 및 각 장령들이 지혜와 용기로 이에 응한 소치이다. 그들이 거둔 공적과 순서를 마땅히 서둘러 조사해서 서훈하도록 제본을 올려야 할 것이다.

패문을 보내니, 바라건대 그대들은 즉시 평왜제독과 함께 평양을 공파할 때 어느 장령과 어느 군사가 솔선하여 성에 올랐는지, 사로잡은 왜노는 몇 명이며 그 안에 두목(頭目)은 있는지 없는지, 목을 벤 왜노는 몇이며 그 안에 두목은 있는지 없는지, 왜노의 군기(軍器)와 마필(馬匹) 등을 빼앗은 것은 모두 얼마인지, 어느 장령이 사로잡거나 목을 벤 것이 몇인지, 장사 가운데 전사한 자 및 중경상을 입은 자는 몇인지, 어느 진영과 부대로 어떻게 나누었는지, 후히 우대하여 구휼함으로써 사기를 고취하고 있는지, 조선 인민 가운데 투항한 자는 현재 어떻게 안전하게 배치하였는지 조사하라. 또한 한 번 북을 울려 평양을 깨뜨렸으니, 대동강 동쪽의 중화(中和)·황주(黃州)·봉산(鳳山)·개성과 서울에 이르는 일대의 왜노들은 분명 모두 간담이 떨어졌을 것이다. 병가에서 신속함을 귀히 여기듯 파죽지세를 타고 하늘의 토벌을 크게 떨쳐 힘써 무찌르기를 도모함이 옳을지, 아니면 외로운 군대가 깊이 들어가 여러 번 전투하며 피로가 쌓였으니 기회를 잘 살펴 진격하면서 만전을 기하는 것이 옳을지도 다시 살펴서, 하나하나 명백하게 조사하고 전진할 기회를 헤아려보도록 하라. 아울러 평양성에서 어느 길로 군사를 보낼지, 혹 조선의 군사들과 협동하여 나누어 지킴으로써 불의의 사태에 대비할지 등을 모두 정문으로 나에게 보고함으로써 내가 상주할 제본을 갖출 수 있게 하라. 지체하거나 그르치지 않게 하라.

5-38

병부에 보내는 자문

移本部咨 | 권5, 26b-27a

> 날짜 만력 21년 정월 15일(1593. 2. 15.)
>
> 발신 송응창
>
> 수신 병부
>
> 내용 평양성은 격파하였으나 서울 일대로 남하하기에는 병력이 부족하
> 니 앞서 요청하였던 유정과 진린의 군사를 서둘러 보내줄 것을 당부하
> 는 자문이다.

긴급한 왜정에 관한 일.

제독 이여송으로부터 보고를 받았는데, 그 내용은 다음과 같았
습니다. "평양을 이미 격파하였습니다. 그런데 앞서 요청했던 요동
의 3000명 병마는 총병 양소훈이 분명 조선으로 보내고 싶지 않은
듯합니다. 그러니 다시 빌건대 유정(劉綎)[77]과 진린(陳璘)[78]의 병마를

....

77 유정(劉綎): 1553~1619. 명나라 사람으로 강서 남창부(南昌府) 홍도현(洪都縣) 출신이
다. 자는 자신(子紳), 호는 성오(省吾)이다. 도독 유현(劉顯)의 아들로서, 음서로 지휘사
(指揮使)의 관직을 받았다. 임진왜란 때에는 어왜총병관(禦倭總兵官)으로서 참전하였으
며, 나중에 후금(後金)과의 전쟁에서 사망하였다.

78 진린(陳璘): 1532~1607. 명나라 사람으로 광동 소주부(韶州府) 옹원현(翁源縣) 사람이
다. 자는 조작(朝爵), 호는 용애(龍崖)이다. 무장으로서 광동(廣東)의 군사를 이끌고 부

신속히 재촉하여 이동해 와서 급한 쓰임에 도움이 되게 해주십시오.”

살피건대, 평양은 격파하였으나 서울 일대는 땅이 넓고 아군의 군사는 드물어서 동원해온 관군만으로는 충분히 믿기에 부족합니다. 요청하는 병마가 결코 적지 않으니, 마땅히 자문을 보내 청해야 하겠습니다. 이에 자문을 보내니 병부에서는 번거롭겠지만 앞뒤로 요청하였던 진린과 유정의 관군을 신속히 요동으로 출발시켜 적절히 이여송을 응원하는 데 도움이 되게 해주십시오. 만약 다시 지체했다가 설사 하나라도 그르침이 있으면 누가 그 허물을 책임지겠습니까. 이들이 아니고서는 별도로 동원할 수 있는 군사도 없으니, 속히 보내주시기를 희망합니다.

....

총병으로 임진왜란에 참전하였으며, 곧 어왜총병관(禦倭總兵官)으로 승진하였다.

5-39

관군을 위로하며 알리는 포고문

安撫官軍示約 | 권5, 27a-27b

날짜 만력 21년 정월 15일(1593. 2. 15.)
발신 송응창
수신 명군 전체
내용 평양성 전투에서 공로를 세운 장병들을 치하하고, 부상을 입은 장병들은 치료에 힘쓸 것을 당부하며, 앞으로의 전투에도 용감하게 임하도록 격려하는 내용의 포고문이다.

관군을 위로해주는 일.

살피건대, 평양의 왜노를 격파한 일은 너희 군사 각자가 충성과 용기를 떨친 데 힘입어 한 번 싸워 공을 세운 것이다. 공을 세운 일은 내가 들어 알고 기뻐하였으며, 친히 화살과 돌을 무릅쓰고 떨쳐 일어나 자기 몸을 돌아보지 않으며 전투하다가 부상을 입은 자에 대해서도 내가 들어 알고서 눈물이 줄줄 흐르는 것도 깨닫지 못하였다.

조사하기를 기다렸다가 제본을 올려 파격적으로 상을 내리고 구휼하도록 청하겠으니, 바라건대 부상을 입은 관병들은 안심하고 조리하는 데 힘써 그 상처가 다 회복되기를 기다렸다가 제독 이여송과 동쪽을 정벌하는 각 장령 및 군사들을 따라 서울과 여러 지역의 왜적에게 진격하여, 각각 더욱 충성과 용기를 떨쳐 모두 무찔러 없애서 큰 공을 함께 세우는 데 힘쓰라. 조정의 은전(恩典)은 결코 너희를 저버리지 않을 것이다.

지휘 황응양·유준언·오종도에게 보내는 명령

檄指揮黃應揚俞俊彦吳宗道 | 권5, 27b

날짜 만력 21년 정월 15일(1593. 2. 15.)

발신 송응창

수신 지휘(指揮) 황응양(黃應揚)·유준언(俞俊彦)·오종도(吳宗道)[79]

내용 투항하면 죽음을 면하게 해주겠다는 내용의 신첩 5000장씩을 보내면서 이를 서울 등의 조선 인민들에게 은밀히 나누어주도록 지시하는 명령이다.

긴급한 왜정에 관한 일.

표문을 보내니, 바라건대 그대는 즉시 발부한 신첩(信帖)[80] 각 5000장을 가지고 앞서 직접 이야기하였던 일의 이치를 잘 헤아려, 종적을 숨기고 몰래 서울 등으로 가서 왜에게 협력하여 따랐던 군

....

79 오종도(吳宗道): ?~?. 명나라 사람으로 절강 소흥부(紹興府) 산음현(山陰縣) 출신이다. 자는 여행(汝行)이고 호는 석루(石樓)이다. 만력 21년(1593)에 조선에 와서 군사업무를 수행하였다. 점차 조선 조정과 전략과 정세에 대한 의견을 나눌 정도로 역할이 확대되었다.

80 신첩(信帖): 이것을 가지고 오면 죽음을 면하게 되므로 면사첩(免死帖)이라고도 불리는 공신력을 갖춘 문서이다. 이 신첩의 내용은 「5-41 招降免死信帖 권5, 27b-28a」에 실려 있다.

민(軍民) 남녀에게 나누어주면서, 신첩을 가지고 투항하면 죽음을 면하게 해주겠다고 하라. 각자 마땅히 삼가고 신중히 해야 할 것이며, 만약 보고해야 할 사건이 있으면 은밀히 보고하라. 어기지 말라.

투항하면 목숨을 살려준다는 신첩

招降免死信帖 | 권5, 27b-28a

날짜 만력 21년 정월 15일(1593. 2. 15.)

발신 송응창

수신 조선인 전체

내용 평양에서의 명군의 승리를 알리면서 곧 서울 등을 공격할 예정이니 명군에 투항할 것을 권유하는 내용으로 조선인들에게 뿌린 신첩이다.

유시(諭示)하니, 조선 서울 등에서 왜에게 붙잡혔던 군민 남녀 등은 잘 알아두도록 하라.

너희는 왜로부터 고통과 위협을 겪으며 순종하도록 강요당하였다. 지금 천자의 병사가 정벌에 나서 한 번 싸워 평양을 빼앗았으며 왜노를 거의 다 죽였다. 평양의 군민 가운데 와서 투항한 자들이 1만여 명을 밑돌지 않는다. 이들을 너희 국왕에게 보내 구휼하고 안전하게 배치하였다. 이제 서울 등을 공격하여 빼앗을 일이 닥쳐왔다. 너희 왜에게 붙잡혔던 자들은 마땅히 서둘러 삿됨을 물리고 바름으로 돌아와 이 면사첩(免死帖)을 가지고 군전으로 와서 투항하면 죽음을 면하고 또한 안전하게 배치될 것이다. 만약 내응하여 왜노의 크고 작은 두목을 사로잡거나 목을 베어올 수 있는 자가 있다면 전례에 따라 크게 관작(官爵)을 더해줄 것이며 은량을 상으로 하사할 것이다. 결코 믿음을 잃지 말고 첩(帖)을 가지고 잘 살피도록 하라.

병부에 보내는 자문

移本部咨 | 권5, 28a-29a

날짜 만력 21년 정월 17일(1593. 2. 17.)

발신 송응창

수신 병부

내용 평양을 수복하였으니 조선국왕에게 선유(宣諭)하여 조선의 군민을 징발해서 스스로 평양을 방어하게 하도록 조치를 취해줄 것을 건의하는 자문이다.

　　하늘의 토벌을 펼쳐서 평양을 이미 수복하였으니, 마땅히 국왕에게 선유하여 군민을 징발하여 방어하게 함으로써 황상의 어짊을 넓히고 대의(大義)를 밝히는 일.

　　왜노가 난을 일으켜 조선을 빼앗아 차지하니, 삼한(三韓) 팔도가 갑자기 왜의 소유가 되었습니다. 떨어지지 않은 곳은 숙녕(肅寧)에서 의주까지 수백 리의 탄환과 같은 땅뿐이었습니다. 이에 중국에서는 그들이 대대로 충정(忠貞)을 두텁게 해왔고 애처롭게 비는 것이 매우 간절함을 생각하여 특별히 대군을 징발하여 구원하였습니다. 왕사(王師)가 바야흐로 움직이자 왜노를 사로잡거나 수급(首級)을 벤 것이 수천이고 평양을 회복하였으니, 이는 실로 하늘의 위엄을 떨친 일이며 속국의 사대(事大)하는 마음을 더욱 굳건히 하기에 족한 일입니다.

돌아보건대 평양은 조선의 중요한 요해처입니다. 국왕도 일찍이 이곳에 도읍하였으며, 대동강은 곧바로 해양으로 흘러 들어가 또한 왜노들이 중국으로 침범해 들어오는 길목이 됩니다. 이제 다행히 공격하여 빼앗았고 대군은 다시 서울 등 여러 곳으로 행군하여 두들길 것입니다. 만약 우리 외지에서 온 군대가 그들을 위해 방어한다면 비단 형세가 고립될 뿐만 아니라 또한 우리 중국이 그들의 난리를 틈타 그 땅을 점거하려는 것이 아닐까 도리어 의심이 생겨날까 우려됩니다. 마땅히 국왕에게 선유하여 그로 하여금 군민을 징발해서 방어하게 하고 그 옛 땅을 돌려줌으로써 황상의 어짊을 넓히고 대의를 밝히며 황상께서 멸망한 나라를 일으키고 끊어진 세대를 이어주려는 뜻을 알게 하는 것이 좋겠습니다.[81] 이에 자문을 보내니 병부에서는 번거롭겠지만 제청(題請)해주시기 바랍니다.

....

81 마땅히 …… 좋겠습니다: 이와 관련하여 조선국왕에게 보낸 자문이 「5-43 移朝鮮國王咨 권5, 29a-29b」에 실려 있다.

5-43

조선국왕에게 보내는 자문

移朝鮮國王咨 | 권5, 29a-29b

날짜 만력 21년 정월 17일(1593. 2. 17.)

발신 송응창

수신 조선국왕

내용 평양을 수복하였으니 군민을 징발해서 스스로 평양을 방어할 것을 당부하는 자문이다.

관련자료 이 문서는 『사대문궤』 권3, 「경략방해어왜군무 송응창이 조선국왕에게 보낸 자문」, 만력 21년 정월 24일, 25b-26b와 같은 문서이다.

하늘의 토벌을 펼쳐서 평양을 이미 수복하였으니, 마땅히 국왕께 알려드려 방어를 새롭게 함으로써 옛 강역을 회복할 일.

왜노가 난을 일으켜 조선을 빼앗아 차지하니, 삼한 팔도가 갑자기 왜의 소유가 되었습니다. 떨어지지 않은 곳은 숙녕에서 의주까지 수백 리의 땅뿐이었습니다. 중국에서는 국왕께서 대대로 충정을 두텁게 해왔고 슬프게 애처롭게 비는 것이 매우 간절함을 생각하여 특별히 대군을 징발하여 구원하였습니다. 왕사(王師)가 한 번 움직이자 목을 베거나 사로잡은 것이 매우 많았고 평양을 회복하였으니, 이는 실로 우리 성스러운 천자의 신이한 무공이 밝게 펼쳐지고 하늘의 위엄이 번쩍인 소치입니다.

돌아보건대 평양은 본국의 중요한 요해처로 사람과 물자가 많이 모이는 곳입니다. 마땅히 알려드려 정돈하고 수리하여 지킴으로써 옛 강역을 돌려놓아야 하겠습니다. 이를 위하여 제본을 올려 선유하시도록 성지를 청한 외에 먼저 국왕께 자문을 보내 청하니, 즉시 군민을 이끌고 평양으로 가서 자리 잡고 방어하십시오.

왕께서는 오늘날 강산을 잃었다가 다시 얻었고 선왕(先王)의 터전을 다행히 다시 차지하게 되었음을 잘 생각하시며, 나라의 운명이 어려움을 생각하고 또 생각하시고 다스림을 혁신하는 데에 신중하시고 또 신중하시어, 속히 백관을 두고 호걸을 불러모으며, 장수를 선발하고 군사를 조련시키며, 군량을 저축하고 병기를 마련해두며, 성과 해자를 수리하고 험한 곳을 파수하며, 부상병을 구휼하고 사민(士民)을 위로하십시오.

한편으로는 신속하게 인부와 거마(車馬)를 징발하여 의주[愛州]에서 서울에 이르기까지 중국 및 본국의 군량과 사료를 운반하게 하심으로써 서울로 진공하는 대군이 쓰기에 편하게 해주십시오. 한시도 늦출 수 없는 일입니다. 아울러 팔도의 군병들을 불러 모아서 협조하게 한다면 승세를 타고 왜노들을 거의 다 없앨 수 있을 것이며 일거에 서울을 수복할 수 있을 것입니다. 왕께서는 이에 힘쓰시며 소홀하거나 게을리하지 마십시오.

조선국왕에게 보내는 자문

移朝鮮國王咨 | 권5, 29b-30b

날짜 만력 21년 정월 18일(1593. 2. 18.)

발신 송응창

수신 조선국왕

내용 평양을 수복한 후 서울 공격을 앞두고 있으니 명군에 내응하도록 서울의 백성에게 영을 내려 그들을 고취시킬 것을 당부하는 자문이다.

관련자료 이 문서는 『선조실록(宣祖實錄)』권34, 선조 26년 정월 24일(기묘), "經略宋應昌移咨曰" 이하와 같은 문서이다.

진격하여 왜노를 무찌르는 일.

살피건대 평양은 이미 빼앗았으나 서울은 여전히 왜에게 점거당한 상황입니다. 또한 듣건대 각 도의 왜노들이 우리 군사의 위세를 두려워하여 서울로 달려와 모여들고 있다고 하니, 이는 하늘이 그들을 모조리 망하게 하려고 하기 때문일 것입니다. 그런데 서울은 본국의 도회(都會)로 그 안에 어찌 고가대족(故家大族)과 오랜 유신들[遺老], 의사(義士)와 충신(忠臣)들로서 옛 임금을 생각하여 회복을 도모함에 기여하고자 하는 자가 없겠습니까. 그러나 아직 내응하는 자가 없는 것은 실로 평양이 멀리 떨어져 있기 때문일 뿐입니다.

이제 평양을 이미 수복하고 대군이 이미 진격하였으니, 왜노들이 엎드려 숨어버릴 때이며 인심이 들끓을 날입니다. 왕께서는 속히 명령을 내려 군인과 민인(民人)에게 선포하시어 그들이 대대로 선왕의 은택을 받아왔으나 잠시 왜에게 붙잡혀 욕을 당하였을 뿐이니 진실로 사람의 마음이 있다면 서둘러 나라를 위해 분발해야 마땅하다고 깨우치십시오. 서울에 있는 자는 천자의 병사가 진공하기를 기다렸다가 성문을 열어 내응하게 하십시오. 각 도에 있는 자는 의병을 이끌어 왜의 목을 베는 데 도움이 되게 하십시오. 그들 가운데 친척이나 친구가 서울에 있는 자는 서로 은밀히 내응할 것을 약속하여 모두 간첩이 되어 왕사에 협조함으로써 공훈을 세우도록 힘쓰게 하십시오. 일이 이루어지면 중흥하고 개국한 일로써 공을 논하여 크게 상을 내려주십시오.

이와 같이 한다면 호걸과 영웅들이 무리지어 일어나 메아리처럼 응하여 흉적(凶賊)을 제거하고 치욕을 씻으며 옛 강역을 회복할 수 있을 것입니다. 이는 지금 당장의 일이니, 왕국의 군신께서는 마땅히 와신상담(臥薪嘗膽)하여 속히 도모해야 할 것입니다. 이에 자문을 보내니, 번거롭겠지만 잘 살펴 시행하십시오.

5-45

요동총병 양소훈에게 보내는 명령

檄遼東楊總兵 | 권5, 30b

날짜 만력 21년 정월 18일(1593. 2. 18.)

발신 송응창

수신 요동총병 양소훈

내용 해주(海州)와 개주(蓋州)에서 군량과 마초를 운반하게 하였는데 중간에 오랑캐들이 이를 가로챌 염려가 있으니 더욱 신중히 방비하라는 명령이다.

오랑캐의 정세를 전하여 알리는 일.

근래의 보고에 오랑캐들[虜賊]이 가까운 변경에 모여들어 다시 침범해오려고 한다고 한다. 해당 각 성보의 군민은 총병 양소훈의 지휘에 따라 나누어 포진하여 방어하게 하는 외에 살피건대 내가 근래에 해개도와 분수도에 문서를 보내 군량과 사료를 운반하게 하였는데, 오랑캐가 염탐하고서 가로챌까 매우 걱정되니 마땅히 보호해야 한다. 패문을 보내니, 그대는 만약 각 도에서 관원을 선발하여 그곳으로 군량과 사료를 운반하는 일이 있거든 긴요한 곳에 군사를 배치하여 방어하도록 하라. 명령을 어기거나 그르쳐 불편한 일이 없도록 하라.

분수도와 해개도에게 보내는 명령

檄分守海蓋道 | 권5, 30b-31a

> 날짜 만력 21년 정월 18일(1593. 2. 18.)
> 발신 송응창
> 수신 분수도와 해개도
> 내용 서울 공격을 앞둔 상황에서 군량과 마초가 부족하니 해주와 개주에서 마련해둔 군량과 사료를 서둘러 운송해올 것을 지시하는 명령이다.

긴급한 왜정에 관한 일.

살피건대 평양의 성과 해자는 근래에 비록 회복하였으나 서울로 향하는 길의 성보는 여전히 왜노들이 점거하고 있다. 그런데 군량과 사료는 전혀 없으며 대군이 진격하는 데 당장 급하게 쓸 군량과 사료의 운반도 이어지지 않고 있으니, 이는 작은 일이 아니어서 엄히 재촉해야 한다.

패문을 보내니, 바라건대 분수도와 해개도의 관리들은 즉각 해당 도에서 원래 사두었던 군량과 마초를 원래 고용했던 수레를 징집해서 신속하게 운반해서 장삼외에게 이르게 하여 군중의 급한 용도에 맞추어 보급하게 하라. 위임을 받은 관원과 인부로서 지체하여 일을 그르치는 자가 있으면, 가벼우면 헤아려서 때리거나 코나 귀

등을 벨 것이고 무거우면 체포해서 영기(令旗)나 영패(令牌) 앞으로 보내 당장 효수(梟首)하여 무리에게 보일 것이다.

그대는 반드시 착실하게 거행하여 군량과 사료가 적절히 보급되어 쓰임에 부족하지 않도록 힘써 각자 공을 세우도록 하라. 만약 내버려두었다가 일을 그르친다면 황제의 명령이 삼엄하니 결코 용서하지 않을 것이다.

요동도사 장삼외에게 보내는 명령

檄都司張三畏 | 권5, 31a-32a

날짜 만력 21년 정월 18일(1593. 2. 18.)

발신 송응창

수신 요동도사 장삼외

내용 군량을 효율적으로 운송할 수 있는 방책을 지시하는 명령이다. 조선의 군사를 징발하여 군량 운송에 종사하게 할 것, 평양에서 서울까지 해상 수송이 가능한지 조사할 것, 조선의 성보나 인가(人家)에 군량이 있으면 적절한 가격을 지불하고 사들일 수 있도록 조치할 것 등을 포함한다.

성지에 따라 부신에게 전적으로 책임을 맡긴 등의 일.

이미 장삼외에게 패문을 보내[82] 즉시 조선국왕에게 알려 그의 관원들을 독려하여 명 장수와 함께 제독 이여송이 가려 뽑아 돌려보낸 약한 군인 1만 명을 거리를 따져 배치하기를 10리마다 군사 200명씩을 뽑아 500리에 1만 명씩 되게 하였다. 100리마다[83] 원래

....

82 장삼외에게 …… 보내: 장삼외에게 보낸 패문은 「5-25 檄李提督幷都司張三畏 권5, 18b-19b」에 실려 있다.

83 100리마다: 원문은 "每百名"이나, 이는 "每百里"의 오기이므로, 바로잡아 번역하였다.

관할하던 장령에게 맡겨 각 군사를 동원하여 나누어 맡은 운송 거리 내에서 군량과 사료 및 군화(軍火)와 장비를 왕래하며 운반하게 하였다.

평양에서 서울에 이르는 일대는 강과 바다가 배를 운행할 만하여 육지로 운송하는 것에 비하면 훨씬 편리할 것이니, 마땅히 조사해보아야 할 것이다. 패문을 보내니, 그대는 즉시 써야 할 군량과 사료를 한편으로는 전과 같이 신속하게 운반하고 한편으로는 조선국 왕과 함께 평양에서 서울까지 해상 운송이 통할 수 있는지 여부를 조사하라. 만약 운행할 수 있다면 신속하게 배를 징집하고 고용해서 실어 나르라.

육로 또한 전과 같이 운송하여 차라리 남을지언정 부족하지 않게 하라. 만약 구석진 성보와 인가에 식량과 사료를 쌓아둔 곳이 있다면 위의 군량 등을 운반하는 군마(軍馬)들이 지나가는 곳으로 옮기도록 허락하되 가까이 옮길수록 더 편리하다. 응당 치러야 할 값은 조선의 왕과 논의하여 지급해도 좋다. 잘 조사하여 신속히 보고하여 시행할 수 있도록 하라. 지체하여 그르쳐 불편한 일이 없도록 하라.

5-48

분수요해도, 요동총병 양소훈에게 보내는 명령

檄遼東分守道幷楊總兵 | 권5, 32a-33a

> 날짜 만력 21년 정월 19일(1593. 2. 19.)
>
> 발신 송응창
>
> 수신 분수요해도, 요동총병 양소훈
>
> 내용 경리양향 애유신이 분수요해도에 군량 수송을 위한 수레를 징발해서 보내달라고 요구하였는데 거의 호응이 없다고 보고하였다. 이에 각 분수도와 총병관에게 문서를 보내 관내의 수레를 모조리 징발하여 강연(江沿)으로 보내 수송에 임하도록 할 것을 엄히 지시하는 명령이다.

긴급한 왜정에 관한 일.

주사 애유신으로부터 보고를 받았는데, 그 내용은 다음과 같았다.

"위관 도지휘(都指揮) 왕조무(王朝武)가 정문을 올려 보고하였는데, '요양의 수레가 한 량도 도착하지 않았으니, 군량 보급을 그르칠까 걱정입니다.'라고 하였습니다.

살피건대, 저는 작년 11월부터 각 도에 누차 문서를 보내 수레를 징발해서 보내라고 하였습니다. 유독 분수요해도가 지연하였으니 일을 그르친 위관에게 책임을 물었으며, 다시 분수도에 문서를 보내 신속히 보내오라고 재촉하였습니다. 그런데도 지금까지 한 대의 수레도 도착하지 않았으니, 이는 그 도에서 위관에게 문서를 보내기를 문서를 선반에 높이 버려둔 듯 태만하게 하였기 때문입니다. 바야흐로 지금 군량과 사료는 매우 긴급한 문제이니 조금이라도 결핍이 있으면 그 허물이 장차 누구에게 돌아가겠습니까. 징발해서 운반하는 것은 원래 해당 도의 직분이니, 어찌 진(秦)과 월(越)처럼 볼 수 있겠습니까."[84]

살피건대, 앞서 위의 일로 이미 해당 도에 패문을 보내 빈 수레를 강연으로 보내 사료를 운반하도록 재촉한 일이 있었다. 그 후 지금 위의 문서를 받고서 살피건대, 대군이 지금 이미 서울로 진격하였으니 군량은 삼군의 운명이 달린 문제이다. 그가 말하기를, "해당 도에 문서를 보내 재촉한 지 오래되었는데 끝내 한 대의 수레도 도착하지 않았습니다."라고 하였다. 만일 군중의 군량과 사료가 이어지지 않는다면 해당 도의 책임이 가볍지 않을 것이므로, 이에 강하게 재촉해야 하겠다.

패문을 보내니, 바라건대 본 도의 관리들과 해당 진은 즉각 분수도와 함께 해당 도에 소속된 수레를 모조리 징발하고 수십 명을 선발하여 수레 주인들의 집에서 편한 길을 따라 빈 수레를 서둘러 강연의 애유신 주사가 있는 곳으로 보내 명에 따라 사료를 운반하게 하라. 굳이 요양으로 가서 모두 모이기를 기다렸다가 비로소 가게 하는 식으로 해서 지연시켜 일을 그르칠 필요는 없다. 만약 어긴다면 황제의 명령이 삼엄하니 결코 용서하기 어려울 것이다.

....

84 진(秦)과 …… 있겠습니까: 진과 월은 중국 춘추시대의 두 나라 이름으로, 진나라는 서북쪽, 월나라는 동남쪽에 있어 거리가 극히 멀었다. 여기서는 사이가 소원한 것의 비유로 쓰였다.

　　문서가 도착한 지 7일 내에 빈 수레를 강연에 도달시키지 못한 곳은 해당 위(衛)의 장인지휘(掌印指揮)를 나에게 압송해오면 무겁게 처벌하고 용서하지 않을 것이다.

장추비어 부정립, 애양수비 양대관에게 보내는 명령

檄長酋備禦傅廷立幷靉陽守備楊大觀 | 권5, 33a-33b

날짜 만력 21년 정월 19일(1593. 2. 19.)

발신 송응창

수신 장추비어(長酋備禦) 부정립(傅廷立),[85] 애양수비(靉陽守備) 양대관(楊大觀)

내용 평양에서 서울까지 군량을 수운(水運)을 이용해 운송하고자 조선 각지에서 배 70여 척을 이동시키고 배를 수리하기 위해 목재를 사들이고자 하니 장인(匠人)과 역인(役人)을 징집하라는 명령이다.

성지에 따라 부신에게 전적으로 책임을 맡긴 일.

위관 도사 장삼외로부터 보고를 받았는데, 그 내용은 다음과 같았다. "조선에 예전에 있던 크고 작은 배 70여 척을 작년 7월에 동봉(東峰)으로 모두 이동시켰는데 지금은 널빤지가 부족하여 수리를 못하고 있습니다. 바라건대 애양수비와 장추비어에게 문서를 보내

....

85 부정립(傅廷立): ?~?. 명나라 사람으로 요동 광녕위(廣寧衛) 출신이다. 만력 21년(1593)에 군량을 관리하러 와서 평양에 머물렀으며, 뒤에 의주를 파수하러 다시 조선에 왔다.

장인과 역인을 징발해서 보수하게 하여 해상을 따라 군량과 사료를 운송하게 하십시오."

살피건대, 앞서 위의 일로 이미 장삼외에게 패문을 보내 즉시 강연과 평양에서 서울에 이르는 일대에 군량과 사료를 선박으로 운송할 수 있을지 조사하게 하였다. 그 후 지금 위의 문서를 받고서 살피건대, 조선에 이미 70여 척의 배가 있어 잘 보수하면 즉시 운용할 수 있다고 한다. 다만 그 나라 관민(官民)에게는 지금이 다사다난한 때로 책임을 지우기 어려우니 마땅히 관원에게 맡겨 감독하고 수리하게 해야 한다.

패문을 보내니, 바라건대 그대들은 즉시 관할하는 장인과 역인을 모두 징집해서 관으로 보내 도사 장삼외와 함께 적당히 헤아려 널빤지를 사들이고 장인과 역인의 공임과 식사는 마가은을 운용하여 지급하라. 장삼외가 징집한 뱃사공으로 하여금 군량과 사료를 실어 바다를 통해 서울로 운송하게 하라. 만약 감독하고 수리함에 성과가 있으면 반드시 우대하여 서훈할 것이다. 지체하여 일을 그르친다면 군법으로 다스릴 것이다. 사유를 갖추어 정문으로 보고하라.

분수도에게 보내는 명령

檄分守道 | 권5, 33b-34b

날짜 만력 21년 정월 19일(1593. 2. 19.)

발신 송응창

수신 분수도

내용 군량을 운송할 수레를 징발할 것, 수레를 관할할 차호(車戶)의 명단을 작성해서 보고할 것, 중간에 수레를 독점하여 사적으로 무역하는 행위를 금지할 것 등을 지시하는 명령이다.

성지에 따라 부신에게 전적으로 책임을 맡긴 일.

이미 그대에게 패문을 보내 정요오위(定遼五衛)[86]의 빈 수레를 속히 강연으로 보내 사료를 운반하게 하였다. 그 후 살피건대 사료 한 수레마다 운송비로 관은(官銀) 3냥 여씩을 지급하였는데, 수레 주인들이 패거리를 지어 은 4~5냥씩을 받는 외에 근래에는 듣건대 못된 대호(大戶)가 간사하고 교활한 수레 주인들과 작당하여 각각 열 몇 대의 수레를 독점하여 패거리를 이끌고 관으로부터 운송료 160여

....

86 정요오위(定遼五衛): 정요중위(定遼中衛), 정요좌위(定遼左衛), 정요우위(定遼右衛), 정요전위(定遼前衛), 정요후위(定遼後衛)를 합쳐 이르는 말이다.

냥씩을 받고 강연과 조선 등으로 가서 무역하는 바람에 사료가 부족해서 그 값이 올랐다고 한다. 만일 구매하고 운반하는 일이 미치지 못한다면 일을 그르치는 것이 작지 않다. 지금 도중에 간사하고 교활한 수레 주인을 체포하도록 하였는데, 수레는 위탁해서 팔아버리고 소를 몰아 도망쳐버렸다. 그러나 여전히 각 위의 수레들에 아직 수레 주인의 출신 지역과 성명이 없어 위관들이 조사할 근거가 없으므로 수레 주인들이 임의로 도망치거나 숨고 있으니, 마땅히 조사해야 한다.

패문을 보내니, 바라건대 분수도의 관리들은 즉시 정요좌위(定遼左衛) 등 다섯 위의 수레 1500량을 매 둔(屯)의 수레가 몇 대인지를 불문하고 두령(頭領) 한 명을 선발하여 관리하게 하여 강연의 주사 애유신이 있는 곳으로 가서 사료를 운반하게 하라. 그리고 곧바로 수레 주인들 중 우두머리의 성명을 책으로 작성해서 나에게 송달하여 강연의 위관 장접(章接)과 진이보(鎭夷堡)의 위관 사극(謝極)과 진동보(鎭東堡)의 위관 부정립에게 문서를 보내 수레가 모이도록 재촉하고 모이면 점고할 수 있게 하라. 만약 도망쳐서 돌아가면 군법에 따라 처리하라. 한편으로는 사료 매입을 맡아 관으로부터 은을 수령한 대호에게 문서를 보내 본지에서 서둘러 매입해서 운반하게 하며, 독점한 사람을 조사하여 공초(供招)를 받아 상세히 보고하도록 하라. 지연되지 않도록 하라.

5-51

제독 이여송에게 보내는 명령

檄李提督 | 권5, 34b-35a

날짜 만력 21년 정월 19일(1593. 2. 19.)

발신 송응창

수신 평왜제독 이여송

내용 평양성 전투에서 공로를 세운 자와 전사한 자를 조사하여 보고하여 포상하고 구휼할 수 있게 하라는 명령이다.

충성스럽고 용맹한 자를 조사하여 격려하고 권장함을 밝히는 일.

들건대 평양성 전투에서 각 장사와 군정들이 앞다퉈 용기를 내서 굳건한 성을 부수고 적의 예봉을 꺾었다고 한다. 혼자서 여러 왜노를 벤 자도 있고, 왜와 맞서 싸우다가 왜에게 죽임을 당한 자도 있으며, 줄을 잡고 성에 오르다가 왜에게 죽임을 당한 자도 있고, 성에 오르다가 왜에게 여러 사람이 연달아 베임을 당한 것을 눈으로 보고도 오히려 분격하여 자신을 돌보지 않고 줄지어 진격하여 곧바로 성에 오른 자도 있다. 비록 이들의 죽음과 삶이 같지 않으나 충성과 용기는 실로 아득하니, 마땅히 밝게 조사하여 특별히 더욱 위로하고 구휼함으로써 격려하는 뜻을 밝혀야 한다.

패문을 보내니, 바라건대 평왜제독 이여송은 즉시 중군·좌군·우군 부총병[副將]에게 문서를 전달하여 평양성 전투 때 여러 사람이 지켜보는 가운데 누가 용기를 내서 홀로 왜노를 3~5명까지 베었는지, 누가 성에 오르다가 왜노에게 죽임을 당하였는지, 누가 칼날이 눈앞에 있음을 보고도 몸을 빼서 두려워하지 않고 굳건히 성으로 곧장 올랐는지 각각 밝게 조사하여 정문으로 보고하라. 그 가운데 용맹한 자는 내가 특별히 더욱 위로하고 전사한 자는 특별히 더 무휼한다면 산 자의 사기를 고취시키고 죽은 자의 혼을 위로할 수 있을 것이다. 더디게 하거나 어겨서는 안 될 것이다.

5-52

삼협부장 양원·장세작·이여백에게 보내는 명령

檄三協副將楊元張世爵李如栢 | 권5, 35a-35b

날짜 만력 21년 정월 19일(1593. 2. 19.)

발신 송응창

수신 삼협부장(三協副將) 양원(楊元)[87]·장세작(張世爵)[88]·이여백(李如栢)[89]

내용 평양성 전투에서 공을 세운 세 부장(副將)의 공을 치하하면서 상으로 은 30냥을 내려보낸다는 명령이다.

충성스럽고 용맹한 장령들을 예로 우대함으로써 뛰어난 공적을 밝히는 일.

왜노가 해상에서 창궐해서 조선을 빼앗아 차지하니 하늘이 토벌

....

87 양원(楊元): ?~1598. 명나라 사람으로 정요좌위(定遼左衛) 출신이다. 호는 국애(菊厓)이다. 양원은 임진왜란이 발발하자 좌협대장으로 임명되어, 여러 명의 부총병과 참장, 유격 등을 인솔했다. 양원은 정유재란 당시 남원성 전투에서 패배하여 탄핵된 후 명나라로 송환되었고, 이후 참형에 처해졌다.

88 장세작(張世爵): ?~?. 명나라 사람으로 광동우위(廣東右衛) 출신이다. 호는 진산(鎭山)이다. 만력 20년(1592), 이여송 휘하에서 평양성 전투에 참전하였다. 평양성 전투에서 크게 활약해서 평양 수복에 주도적인 역할을 하였다. 만력 21년(1593)에 이여송과 함께 명나라로 돌아갔다.

89 이여백(李如栢): 1553~1620. 명나라 사람으로 요동 철령위 출신이다. 이성량의 둘째 아들이자 이여송의 동생이다. 임진왜란 당시 형과 함께 참전하여 평양성을 탈환하는 데 공을 세웠다.

하게 되었다. 바야흐로 그들의 정예가 평양성에 자리 잡고서는 높은 누각을 쌓아 스스로를 방위하고 담장에 구멍을 뚫어 총을 설치하며 모란봉(牡丹峰)을 지켜 서로 기각(掎角)으로 삼으니,[90] 형세가 산모퉁이를 등지고 있어 진실로 적에게 다가서기 어려웠다. 그러나 장령들이 몸소 군정을 독려하여 용기를 고취시키고 혈전(血戰)을 하며 몸소 화살과 돌을 무릅쓰고 고개를 들어 용감히 공격하여, 드디어 군건한 성을 떨어뜨리고 10만의 강한 왜노를 한 번에 거의 다 죽여버렸다. 이는 진실로 황제의 넓은 보살피심과 또한 그대들의 충성과 용기의 소치이다.

내가 한편으로 제본을 갖추어 파격적으로 우대하는 서훈을 크게 행하는 외에, 마땅히 먼저 예로 우대함으로써 뛰어난 공적을 밝게 해야겠다. 패문을 보내니, 바라건대 그대는 즉시 발송한 예은(禮銀) 30냥을 화폐(花幣) 대신으로 삼아 먼저 수령하여 내가 크게 우대하는 지극한 뜻을 보이는 데 써라. 너희가 서울로 진격하는 일이 임박하였으니, 마땅히 더욱 충성과 용기를 떨쳐 온전한 공적을 거두어 당대에는 기상(旗常)에 이를 새기고[91] 후세에는 사책(史冊)에 이를 밝히게 하라. 은을 받았다는 사유를 갖추어 회보하라.[92]

....

90 기각(掎角)으로 삼으니: 기각지세(掎角之勢)를 이른다. 달아나는 사슴을 잡을 때 뿔과 뒷발을 잡는다는 뜻으로, 적을 앞뒤에서 에워싸서 양면으로 공격하는 작전을 말한다.

91 기상(旗常)에 …… 새기고: 기상(旗常)은 왕후(王侯)의 깃발을 이른다. 기상에 이를 새긴다는 것은 공적을 거두어 그 상으로 왕후의 지위에 이르는 것을 의미한다.

92 은을 …… 회보하라: "사유를 갖추어[具由]"는 은 30냥을 수령하였다는 영수증을 작성하라는 의미이다. 아마도 영수증 서식을 은과 함께 보냈을 터이므로, 영수증을 보내는 행위를 "繳"라고 표현하였다.

5-53

참장 이방춘, 유격 오유충 등 장령에게 보내는 명령

檄各參將李芳春遊擊吳惟忠等衆將領 | 권5, 35b-36a

날짜 만력 21년 정월 20일(1593. 2. 20.)

발신 송응창

수신 참장(參將) 이방춘(李芳春),[92] 유격 오유충 등 장령

내용 평양성 전투에서 공을 세운 장수의 공을 치하하면서 상으로 은 20
냥을 내려보낸다는 명령이다.

충성스럽고 용맹한 장령들을 예로 우대함으로써 뛰어난 공적
을 밝히는 일.

왜노가 해상에서 창궐해서 조선을 빼앗아 차지하니 하늘이 토
벌하게 되었는데, 바야흐로 그들의 정예가 평양성에 자리 잡고서
는 높은 누각을 쌓아 스스로를 방위하고 담장에 구멍을 뚫어 총을
설치하며 모란봉을 지켜 서로 기각으로 삼으니, 형세가 산모퉁이
를 등지고 있어 진실로 적에게 다가서기 어려웠다. 그러나 장령들

....

93 이방춘(李芳春): ?~?. 명나라 사람으로 직례(直隷) 대명부(大名府) 평로위(平虜衛) 출신
이다. 자는 응시(應時), 호는 청강(晴岡)이다. 이성량(李成梁)의 가정(家丁)으로, 뛰어난
용맹으로 유명했다. 특히 평양 전투에서 크게 활약해서 평양 수복에 중요한 역할을 하
였다.

이 힘을 내서 혈전(血戰)을 하며 몸소 화살과 돌을 무릅쓰고 고개를 들어 성을 공격하였다. 중상을 입고서도 계속 달려갔으니, 옛날의 날랜 장수로서 상처를 싸매고 싸운 자라도 어찌 이보다 더할 수 있었겠는가.

내가 한편으로 제본을 갖추어 파격적으로 우대하는 서훈을 크게 행하는 외에, 마땅히 먼저 예로 우대함으로써 뛰어난 공적을 밝게 해야겠다. 패문을 보내니, 바라건대 그대들은 즉시 보낸 예은 20냥을 화폐 대신으로 삼아 먼저 수령함으로써 내가 크게 우대하는 지극한 뜻을 보이는 데 써라. 그대들은 더욱 주의하여 상처를 조리하고 다 낫기를 기다렸다가 힘을 합쳐 서울로 진격함에 더욱 충성과 용기를 떨쳐 온전한 공을 거두어, 당대에는 기상에 이를 새기고 후세에는 사책에 이를 밝히라. 은을 받았다는 사유를 갖추어 회보하라.

5-54

통판 왕군영에게 보내는 명령

檄通判王君榮 | 권5, 36a-36b

날짜 만력 21년 정월 20일(1593. 2. 20.)

발신 송응창

수신 통판 왕군영

내용 이여송 이하 장령들에게 상으로 지급할 은의 목록을 제시하면서 그에 해당하는 은을 교부할 것을 지시하는 명령이다.

충성스럽고 용맹한 장령들을 예로 우대함으로써 뛰어난 공적을 밝히는 일.

살피건대, 평양에서의 뛰어난 승첩은 모두 제독 및 찬획과 참군, 세 부총병의 지모(智謀)와 충용(忠勇)의 소치이다. 제본을 올려 서훈하는 외에, 마땅히 먼저 예로 우대해야 하겠다. 패문을 보내니, 바라건대 그대는 즉시 마가를 지출하여 평왜제독에게 100냥, 찬획 원외랑 유황상과 주사 원황에게 각각 50냥, 이상의 세 봉투에는 각각 붉은 쪽지에 "대의은(代儀銀) 얼마"라고 써서 붙이고, 부총병 양원·이여백·장세작에게는 각각 30냥, 참군 정문빈·조여매에게는 각각 12냥, 이방춘·전세정(錢世禎)[94]·척금(戚金)[95]·임자강(任自强)[96]·오유충·이여매(李如梅)[97]·낙상지(駱尙志)[98]·양소선(楊紹先)[99]·이녕(李寧)[100]·

이여오(李如梧)[101]·곡수(谷燧)[102]·방시휘(方時輝)[103]·방시춘(方時春)[104]에게
는 각 20냥을 모두 별도의 봉투에, 붉은 쪽지에 "화폐은(花幣銀) 얼
마"라고 써서 붙여서, 내가 선발한 관원이 가서 수령하기를 기다렸
다가 하나하나 명백하게 교부하게 하라. 일이 완료되면 등기(登記)

....

94 전세정(錢世禎): 1561~1644. 명나라 사람으로 직례(直隸) 가정현(嘉定縣)의 문인세가
출신이다. 자는 자손(子孫), 호는 삼지(三持)이다. 만력 17년(1589) 무과에 급제하여 여
러 관직을 거쳐 강서총병(江西總兵)으로 승진하였다. 임진왜란 때 유격장군으로 임명되
어 선봉으로 압록강을 건넜다.

95 척금(戚金): 1556~1621. 명나라 사람으로 산동 등주위(登州衛) 출신이다. 임진왜란이
발발하자 유격장군으로 조선에 들어와 평양성 전투에 참전하였다. 척계광(戚繼光)의 인
척으로 알려져 조선인의 관심을 받았다.

96 임자강(任自强): ?~?. 명나라 사람으로 대동(大同) 양화위(陽和衛) 출신이다. 자는 체원
(體元), 호는 관산(冠山)이다. 임진왜란이 발발하자 선부(宣府)의 병력 1천 명을 이끌고
참전하였다.

97 이여매(李如梅): ?~1612. 명나라 사람으로 요동 철령위 출신이다. 자는 자청(子淸), 호
는 방성(方城)이다. 이여송의 동생으로, 형을 따라 임진왜란에 참전하였다. 훗날 이여송이
사망하자 형의 관직을 승계하여 요동총병(遼東總兵)이 되어 요동을 방어하였다.

98 낙상지(駱尙志): ?~?. 명나라 사람으로 절강 소흥부(紹興府) 여요현(餘姚縣) 출신이다.
호는 운곡(雲谷)이다. 임진왜란 시 좌참장(左參將)으로 보병 3000명을 인솔하고 조선으
로 들어와 평양성 전투에 참가하였다. 용맹함과 청렴함으로 이름이 높았으며 조선에 협
조적이었다.

99 양소선(楊紹先): ?~?. 명나라 사람으로 전둔위(前屯衛) 출신이다. 흠차요동총병표하영
령이병 원임참장(欽差遼東總兵標下營領夷任參將)으로 마병 800명을 이끌고 제독 이여
송을 따라 조선에 왔다가 만력 21년(1593)에 명나라로 돌아갔다.

100 이녕(李寧): ?~?. 명나라 사람이다. 이여송의 표하에서 참장(參將)으로 병마 1000명을
거느리고 평양성 전투에 참전하였다.

101 이여오(李如梧): ?~?. 명나라 사람으로 요동 철령위 출신이다. 이성량의 아들이자 이여
송의 동생이다.

102 곡수(谷燧): ?~?. 명나라 사람으로 대동위(大同衛) 출신이다. 만력 20년(1592)에 마병
1000명을 이끌고 조선에 왔다가 만력 22년(1594)에 명나라로 돌아갔다.

103 방시휘(方時輝): ?~?. 명나라 사람이다. 만력 20년(1592)에 마병 1000명을 이끌고 조
선에 왔고, 이여백의 표하에 소속되어 평양성을 공격해서 공을 세웠다. 오래도록 상주
(尙州)에 주둔하다가 만력 21년(1593)에 명나라로 돌아갔다.

104 방시춘(方時春): ?~?. 명나라 사람이다. 이여송의 직할부대에 소속되어 있었다.

하여 지출 처리하고 은을 수령하였다는 사유를 갖추어 회보하게
하라.

5-55

통판 왕군영에게 보내는 명령

檄王通判 | 권5, 36b-37a

날짜 만력 21년 정월 20일(1593. 2. 20.)
발신 송응창
수신 통판 왕군영
내용 애유신에게 상으로 지급할 은 40냥을 교부할 것을 지시하는 명령이다.

충성스럽고 용맹한 장령들을 예로 우대함으로써 뛰어난 공적을 밝히는 일.

표문(票文)을 보내니, 바라건대 그대는 즉시 마가은 40냥을 지출하여 봉투로 감싸고 붉은 쪽지에 "대의은 얼마"라고 써서 붙여서 보낸 심부름꾼에게 교부하여 주사 애유신에게 보내 쓰게 하라. 어기지 말라.

찬획 유황상·원황에게 보내는 명령

檄劉袁二贊畫 | 권5, 37a-37b

날짜 만력 21년 정월 20일(1593. 2. 20.)

발신 송응창

수신 찬획 유황상·원황

내용 명군 지휘관의 명단을 보내면서 그들 각각이 평양성 전투에서 공을 세운 내용을 적어서 보고하라는 명령이다.

뛰어난 승첩을 서둘러 보고하는 일.

살피건대, 한 번 싸워 왜노를 격파하고 마침내 평양을 떨어뜨렸으니 실로 근세에 보기 드문 뛰어난 공적이다. 이는 실로 사직의 복이요, 동정한 장사와 재관(材官)[105]들이 계책을 세워 결전하고 용맹

....

105 재관(材官): 정식 관제에는 들어 있지 않지만, 순무(巡撫) 등의 상급 지휘관에 의해 채용되어 영중(營中)의 군사적 직무를 맡았던 기층 무관을 지칭하는 것으로 보인다(孫承宗, 『車營叩答合編』卷1, 「車營總說」, "計官. 主將一員, 主全營軍務. 中軍官一員, 主全營號令. 旗鼓官一員, 司全營旗鼓. … 材官十二員, 司全營傳宣, 備四衝緩急."). 이들은 기본적으로 파총(把總)보다 낮은 지위에 있었던 것으로 보이지만, 필요에 따라서는 정식 장령(將領)으로 승진할 수도 있었다(茅元儀, 『督師紀略』卷5, "關內各部有兵馬, 無信地營, 各將領一, 中軍一, 千總三, 把總六, 材官六, 兵百名, 百總一."; 沈國元, 『兩朝從信錄』卷21, 天啓 4년 3월, "貴州巡按侯恂, 按黔事竣, 敬陳奠安遐荒疏曰 … 盤江最險實爲盜藪, 一巡檢司不足, 有無應設勁兵, 建戒營于上下, 選材官二員, 加以守備職銜, 督兵巡緝.").

을 떨쳐 앞장서고 고심하며 힘을 쏟은 소치이다. 이제 공을 논하고 상을 올려줄 때이니 마땅히 분별하여 파격적으로 제본을 올려 서훈하여 격려하고 권장함을 밝혀야 한다.

패문을 보내니, 바라건대 두 찬획은 즉시 보낸 목록에 적힌 문무 참군·막관(幕官)·책사(策士)·기패(旗牌)[106] 등 관원과 역인에 대하여 모두 동정에서 거둔 공로와 공적의 경중을 조사해서 1명씩 따로 나누어 공훈을 열거해 적어라. 정문 내에 하나하나 서훈하여 천거할 만한 자는 본인의 이름 아래 사실대로 칭찬하는 말 몇 마디를 적어라. 여럿을 합쳐 서훈하여 천거할 만한 자는 각각의 이름과 역할 아래 칭찬하는 말 몇 마디를 합쳐서 적어라. 그 가운데 빠뜨려서 아직 기입하지 못한 자가 있으면 즉시 적어 넣어도 무방하다. 그 가운데 서훈해서는 안 되니 삭제해야 할 자가 있으면 명백히 정문으로 보고하여 삭제해도 무방하다. 이는 격려하고 권장하는 융성한 은전에 관련된 일이니, 지연하거나 그르쳐서는 안 될 것이다.

....

106 기패(旗牌): 기패관(旗牌官)을 뜻한다. 군중의 명령을 전달하는 책임을 맡은 군리(軍吏)를 가리킨다.

5-57

평왜제독 이여송에게 보내는 명령

檄平倭李提督 | 권5, 37b-38a

날짜 만력 21년 정월 20일(1593. 2. 20.)
발신 송응창
수신 평왜제독 이여송
내용 평양성 전투에서 전사한 명군의 시신을 수습하여 본국으로 송환할 준비를 하고, 수습하기 어려운 경우 현장에서 매장하며, 왜군의 시신도 임시로 매장할 것을 지시하는 명령이다.

전사한 관원과 군정의 유해를 거두어들여 충혼(忠魂)을 위로하는 일.

살피건대 평양의 전투에서 각 관원과 군정이 용기를 떨쳐 앞장서 올라가 드디어 뛰어난 공적을 이루었다. 다만 보고받기를 전사한 사람이 796명이라고 한다. 나는 이를 들어 알고서 눈물이 줄줄 흘렀다. 생각해보면 이들은 적을 섬멸하는 데 뜻을 두어 떨쳐 일어나 자기 몸을 돌아보지 않았던 것이다. 그 영웅다운 영혼은 진실로 하늘의 해를 꿰뚫을 것이요 귀신도 흐느껴 울게 할 것이나, 시신이 지금껏 전장에 버려져 있어 그 충혼을 위안(慰安)하는 지극한 뜻에 크게 어긋나니, 마땅히 서둘러 거두어들여야 한다.

내가 평양에 도착하는 날에 별도로 제사를 지내 조문하고 위로하고자 한다. 패문을 보내니, 평왜제독 이여송은 즉시 전사한 각 관원과 군정의 수효와 항목 및 그들이 남병인지 북병(北兵)인지를 조사하라. 또한 적당한 관원을 뽑아 마가를 주어 평양의 전장으로 가게 하라. 만약 각 관원과 군정의 시신에 혹 온전하지 못한 곳이 있어 정확히 확인하여 수습하기 어려운 경우에는 그곳에서 땅을 정해 매장하여도 무방하다. 그 가운데 친구가 따라와서 정확히 확인할 수 있는 경우에는 마가를 지출하여 관(棺)을 짜고 염해두었다가 개선할 때에 운송수단을 지급하여 함께 돌아갈 수 있도록 하라.

다시 살피건대 왜노는 하늘의 도리를 거슬렀으니, 그 가운데 우리 군사에게 죽임을 당하거나 불에 타서 죽은 자들은 그들이 자초한 것으로 본래 불쌍히 여길 것이 없다. 다만 그 유골이 서로 뒤섞여 있어 또한 측은하니, 모두 흙으로 덮어둠으로써 경관(鯨觀)[107]의 뜻을 밝히고 살기(殺氣)를 감추어야 하겠다. 일이 완료되면 지출한 은량의 액수와 묻어주거나 거두어 염한 연유를 갖추어 정문으로 보고하여 살피게 하라.

---

107 경관(鯨觀): 전쟁 중에 승자가 무공을 자랑하기 위해 적의 수급을 모아 땅에 묻어 높은 무덤을 쌓는 것을 말한다.

요동도사 장삼외에게 보내는 명령

檄都司張三畏 | 권5, 38a-39a

날짜 만력 21년 정월 20일(1593. 2. 20.)

발신 송응창

수신 요동도사 장삼외

내용 평양성 전투에서 겐소가 이여매가 쏜 화살에 맞아 전사하였고 조선 군이 그 시신을 탈취하였다는 보고가 있었으므로, 그것이 사실인지 여 부를 조사하여, 포로로 잡힌, 시신을 운반하던 왜군과 함께 보내오라는 명령이다.

왜노를 무찌르는 일.

참군 정문빈과 조여매의 정문을 받았는데, 그 내용은 다음과 같 았다.

"겐소가 앞서 평양 서문의 문루(門樓)에서 몸에 붉은 포와 금갑 (金甲)을 걸치고 여러 왜노를 독려하여 우리 군사들을 공격하였는 데, 좌영(左營)의 유격 이여매가 쏜 화살에 가슴팍을 맞아 그 자리에 서 죽었습니다. 8일 밤 유키나가가 가마 한 대에 겐소의 시신을 싣 고 진왜(眞倭) 4명과 조선인 4명에게 들게 하여 봉산(鳳山)으로 가게 하였으나 조선군이 겐소의 시신을 빼앗아 그 머리를 베었으며, 아울러 시신을 들고 있던 진왜 4명은 그들의 국왕에게 보냈습니다. 그 가마는 현재 길가에 있어 왕래하는 사람들이 모두 보았으며, 가마를 들었던 사람들의 여러 이야기도 매우 정확합니다."

이를 받고 살피건대, 겐소는 해외에서 난을 부르짖고 요술에 힘입어 왜를 위하여 모의하였던 주범으로, 근래에 황제의 뜻을 받들어 그를 잡아오는 자가 있으면 크게 상을 내리기로 하였다. 이제 화살을 맞고 죽은데다가 조선 군사들이 그 머리를 빼앗았으니, 마땅히 서둘러 조사해야 하겠다.

패문을 보내니, 바라건대 그대는 즉각 국왕에게 자문을 전달하여 위 사안이 사실인지 여부를 조사하게 하라. 만약 사실이라면 속히 겐소의 수급과 그것을 탈취한 연유 및 가마를 들고 가던 역인 등 관원을 선발하여 서둘러 압송해 오게 하고 나에게 정문으로 보고해서 제본을 갖출 수 있게 하라. 지연해서는 안 된다.

5-59

평왜제독 이여송에게 보내는 서신

與平倭李提督書 | 권5, 39a

날짜 만력 21년 정월 20일(1593. 2. 20.)
발신 송응창
수신 평왜제독 이여송
내용 자신이 요양에서 보급을 독려하다가 정월 16일에 첨수참(甛水站)에 도착하였고 며칠 내로 조선 땅으로 들어갈 것임을 알리는 서신이다.

말씀하신 군량과 사료에 관한 일은 저도 지체될까 걱정하여 이미 제 기패를 요양의 분수도·분순도와 해개도 3도에 나누어 보내서둘러 재촉해서 삼군의 쓰임에 적절히 보급하게 하였습니다. 조선의 군량 또한 문서를 보내 재촉하였으니, 그르치게 되지는 않을 것같습니다. 제가 요양에서 잠시 숨을 돌리는 것은, 병마나 화기나 군량 등의 일은 제가 직접 재촉하지 않으면 지체되지 않을 수 없기 때문입니다. 그러나 마음에 걸려 이미 16일에 첨수참에 이르렀으며며칠 내로 강을 건널 것입니다. 우선 대략 적어 회답으로 보냅니다.이만 줄입니다.

도사 전세정에게 보내는 서신

與都司錢世禎書 | 권5, 39a-39b

날짜 만력 21년 정월 20일(1593. 2. 20.)
발신 송응창
수신 도사 전세정
내용 평양성 전투에서 공로를 세운 일을 치하하며 서울 등에 대한 공격
에도 분발할 것을 응원하는 내용이다.

장군은 제가 아는 분입니다. 동쪽으로 행군함에 여러 장수에 비해 개인적으로 더욱 신경을 쓰고 있었는데 다행히 장군께서 몸소 화살과 돌을 무릅쓰고 드디어 평양을 함락하셨으니, 진실로 천거한 일을 저버리지 않았다고 할 만합니다. 조만간에 제본을 갖추어 파격적으로 우대하여 서훈할 것입니다. 지금 서울로 진공하니, 바라건대 장군께서 신묘한 위엄을 크게 떨쳐 서울을 함락하기를 평양을 함락한 것처럼 쉽게 하신다면 사직이 얼마나 크게 힘입게 되겠습니까. 이 밖에 공을 세운 장졸과 전사하거나 부상을 입은 자는 모두 조사가 완료되기를 기다려 분류하여 서훈하겠습니다. 이에 회답을 보냅니다.

병부상서 석성에게 보고하는 서신

報石司馬書 | 권5, 39b-40b

> **날짜** 만력 21년 정월 20일(1593. 2. 20.)
> **발신** 송응창
> **수신** 병부상서 석성
> **내용** 평양성 전투 이후의 군량 보급에 관련된 제반 사항을 보고하는 서신이다.

배려에 힘입어 이미 평양을 수중에 떨어뜨리고 곧 서울로 진격해 적을 무찌르려 합니다. 군중의 기의(機宜)를 잘 책임져주시기를 바라는 외에 군량이란 삼군의 운명이 달린 문제라서 제독 이여송도 재촉하고 있는데, 이는 근본을 논하는 것입니다. 조선 같은 경우는 양식은 원래 부족하지 않으나 다만 사료가 조금 부족하여 오래 버틸 수 없을 듯합니다. 저는 지금 요양의 사료 가운데 강 근처에 저장되어 있는 10만 이상을 누차 주사 애유신을 독려하여 서둘러서 운반하게 하고 있습니다. 또 사람을 시켜 기패와 영전(令箭)을 가지고 해개(海蓋)와 요양의 두 도(道) 및 의주에 머무르고 있는 관량도사(管糧都司) 장삼외에게 가서 각 지역의 군량과 사료를 모두 가져오도록 독려하였으니, 부족할 것이라 걱정하지 않습니다.

다만 평양을 깨뜨린 것은 너무 쉬웠으나 평양 동쪽의 중화나 개성 같은 곳에서 서울에 이르는 일로(一路)는 모두 왜적이 자리 잡고 있으므로, 설사 서둘러서 운반해온다고 한들 도리어 왜구들에게 양식을 보태줄 수 있으니 어떻게 하는 것이 좋겠습니까. 만약 서울을 도모하는 일을 결코 늦출 수 없다면 한 번에 운반하라고 재촉한들 어찌 때맞춰 보급할 수 있겠습니까. 이런 까닭에 단지 군량이 부족할까만이 아니라 제대로 보급되지 못할까 걱정한다고 말하는 것입니다.

일찍이 듣건대, 천 리에서 군량을 운송하면 군사들이 배불리 먹을 수 없다고 합니다.[108] 서울은 의주에서 천여 리 떨어져 있는데, 군량과 사료를 실어 나를 수 있는 수레와 말이 얼마나 됩니까. 평양을 떨어뜨리기 전에 이미 조선으로 하여금 건장한 정예 군사는 군영을 따라 다니며 정벌하게 하고, 감당할 수 없는 자 및 인근 무너진 고을의 백성은 10리마다 200~300명씩을 징발하여 그곳에서 군사가 왕래하는 대로(大路)의 경계까지를 두루 다니면서 정탐하고 운반하게 하였습니다. 소·노새·수레 등 짐을 실을 것들은 또한 위에서 언급한 징발 규모와 관련하여 그 범위 밖에 있습니다. 또한 조선에서 바닷길로 서울과 통할 수 있는 곳을 조사해서 그 지역으로 하여금 한편으로는 선박을 수습하게 하여 얼음이 풀리기를 기다렸다가 서울로 운반하게 하였습니다. 이렇게 하면 양식이 부족하지 않을 것입니

---

108 천 리에서 …… 합니다:『사기(史記)』회음후열전(淮陰侯列傳)에 나온 고사를 인용한 것이다. "천 리에서 양식을 운송하면 병사들에게 배고픈 기색이 있고 나무를 해서 밥을 지어도 군사들이 배불리 먹을 수 없다[千里饋糧, 士有飢色. 樵蘇後爨, 師不宿飽]."에서 나왔다.

다.

어제 전투 보고서를 갖추면서 이런 조치에 대해 언급하지 않았으나 사실 진정에서 나온 것입니다. 근래에 이미 두 찬획에게 평양으로 가서 제독 이여송과 회의하여 왜를 정벌하는 일과 군량을 운반하는 일에 대해 따져보며 양쪽 모두 지장이 없게 하는 데 힘쓰면 좋을 것이라고 지시하였습니다.

저는 이미 이달 16일에 요양을 떠나 강연으로 가서 잠시 머물며 애 주사와 함께 군량과 사료의 운반을 재촉하고 아울러 군화(軍火)와 장비를 감독하고 있습니다. 유감스럽게도 동쪽 오랑캐[東虜]가 변방에 머물며 흩어지지 않고 매일매일 엿보고 있으니 어찌할까요. 마음을 쓰고 계실까 걱정하여 이에 보고를 올리니, 바라건대 너무 걱정하지 않으시면 매우 다행이겠습니다.

5-62

제독 이여송, 찬획 유황상·원황, 참군 정문빈·조여매에게 보내는 서신

與李提督幷劉袁二贊畫鄭趙二參軍書 | 권5, 40b-41b

날짜 만력 21년 정월 20일(1593. 2. 20.)

발신 송응창

수신 평왜제독 이여송, 찬획 유황상·원황, 참군 정문빈·조여매

내용 왜군 장수들 가운데 회유할 만한 자를 끌어들여 도요토미 히데요시를 제거하는 수단으로 쓰자는 계책을 전달하는 서신이다.

들건대 중화와 개성 등의 왜노들이 모두 서울로 달아났다고 하니, 그 세력이 합쳐졌을 듯하나 그들의 간담은 실로 서늘해졌을 것입니다. 그러므로 그들을 공격한다면 크게 승리하지 못함이 없을 것이니, 대장군 등 여러분께서 얼마 안 있어 커다란 전공을 아뢰게 되리라 보장합니다.

다만 속국이 함락된 것과 중국이 군사를 수고롭게 하게 된 것은 관백이 화의 씨앗이기 때문입니다. 이 사람을 제거하지 않는다면 천하는 끝내 평안할 날이 없을 것입니다. 제 생각에는 이 사람을 제거하는 것은 힘써 싸우는 것으로는 안 되고 오직 지혜로써 취할 수 있을 뿐일 것입니다. 또한 왜노가 조선에 있는 것은 모두 본심이 아니

니, 그들은 이곳에 머무르고자 한들 대군이 토벌할 것을 두려워하고 남쪽으로 돌아가고자 한들 또한 관백이 주륙할 것을 두려워합니다.

저들이 진퇴양난에 빠져 있을 때를 틈타 우리가 오랑캐로써 오랑캐를 공격하는 모의를 펼친다면 서울의 왜노들이 형세가 궁박하여 돌아갈 것이니, 그들 가운데 누가 왜인(倭人) 가운데서 뛰어난 자인지를 살펴 살아서 돌아가도록 놓아두거나 막하에 묶어두어 은밀히 간첩으로 쓰고 작위와 관직으로 회유하십시오. 그가 온전히 살아남을 수 있으리라 기대한다면 그 마음에 또한 바라는 바가 있을 것입니다. 섬나라 오랑캐라고 하더라도 어찌 목숨을 아끼는 자가 없겠습니까. 운용하는 것은 마땅히 임기응변하십시오.

만약 이 괴수를 제거할 수 있다면 동남쪽은 영원히 왜노에 대한 근심을 끊어버릴 수 있을 것이니, 대장군의 공이 대단히 빼어난 것이 될 것입니다. 이처럼 구구하게 말씀드리니, 다행히 잘 생각해주신다면 어떠하겠습니까.

5-63

제독 이여송에게 보내는 서신

與李提督書 | 권5, 41b-42b

날짜 만력 21년 정월 21일(1593. 2. 21.)
발신 송응창
수신 평왜제독 이여송
내용 군량 수송 현황을 알리고, 이여송이 요구한 병력 증원에 대해서는
요동의 상황이 좋지 못하여 지연되고 있으나 유정과 진린의 군사 5500
명을 요구하였음을 알리는 서신이다.

저는 누차 주사 애유신을 독려하여 서둘러서 군량을 운반하게
하고, 또 요양과 해개의 두 도 및 의주에 주둔하고 있는 관량도사 장
삼외에게 기패와 영전을 보내 각 지역의 군량과 사료를 모두 가져
오도록 독려하였으니, 부족할 것이라 걱정하지 않습니다. 다만 평양
을 깨뜨린 것은 너무 쉬웠으나, 평양 동쪽의 중화나 개성과 같은 곳
에서 서울에 이르는 길은 모두 왜적이 자리 잡고 있습니다. 그러므
로 설사 서둘러서 운반해온다고 한들 도리어 왜구들에게 양식을 보
태줄 수도 있겠으니, 성공하지 못할까 걱정입니다.

일찍이 듣건대, 천 리에서 군량을 운송하면 군사들이 배불리 먹
을 수 없다고 합니다. 서울은 의주에서 천여 리 떨어져 있는데, 군

량과 사료를 실어 나를 수 있는 수레와 말이 얼마나 됩니까. 평양을 떨어뜨리기 전에 이미 조선으로 하여금 건장한 정예 군사는 군영을 따라 다니며 정벌하게 하고, 감당할 수 없는 자 및 인근 무너진 고을의 백성은 10리마다 200명씩을 징발하여 그곳에서 군사가 왕래하는 대로의 경계까지를 두루 다니면서 정탐하고 운반하게 하였습니다. 소와 노새, 수레 등 짐을 실을 것들은 또한 위에서 언급한 징발 규모와 관련하여 그 범위 밖에 있었습니다. 또한 조선에서 바닷길로 서울과 통할 수 있는 곳을 조사해서 그 지역으로 하여금 한편으로는 선박을 수습하게 하여 얼음이 풀리기를 기다렸다가 서울로 운반하게 하였습니다. 이렇게 하면 양식이 부족하지 않을 수 있을 것이니, 너무 염려하지 않아도 될 것입니다.

다시 서한의 교시를 접하니 요동의 군사를 빌어 일에 만전을 기하자는 것으로, 말씀하신 대로 징발하면 정말 좋겠습니다. 다만 오랑캐의 우두머리가 요양을 크게 침범하여 오래도록 흩어지지 않고 있으니 어찌 한 군대를 다시 징발할 수 있겠습니까. 어제 사람을 시켜 병부상서 석성[石老先生]에게 문서를 보내 유정과 진린의 군마 5500명을 보내줄 것을 재촉하였습니다. 제가 데리고 있는 시조경(施朝卿)의 군사 2000명은 머지않아 도착할 수 있을 것이고, 섭정국과 이응시의 훈련된 병사 1000명도 평양에 도착할 것으로 생각되니 또한 쓸 수 있을 것입니다. 또한 총병[總戎] 양소훈에게 맡겨 군사 3000명을 선발해서 오랑캐의 우두머리가 완전히 물러나기를 기다렸다가 군사를 거느리고 강연으로 가서 대응하게 하였습니다.

중화와 개성의 왜적은 거의 다 서울로 갔으니, 그들이 풍문을 듣고 간담이 서늘해졌음을 알 수 있습니다. 바라건대 장군께서는 신비한 위력을 크게 떨치시어 이 기회를 타서 북을 한 번 울려 적을 깨뜨리신다면 훈공의 초월함이 어떠하겠습니까. 행차가 급하여 회답을 하며 이루 다 말씀드리지는 못합니다.

평왜제독 이여송에게 보내는 서신

與平倭李提督書 | 권5, 42b-43b

> **날짜** 만력 21년 정월 21일(1593. 2. 21.)
>
> **발신** 송응창
>
> **수신** 평왜제독 이여송
>
> **내용** 이여송이 요동의 군사를 증원군으로 보내줄 것을 요구한 데 대해 오랑캐의 공격이 이어지고 있어 그들을 쉽게 동원할 수 없다고 해명하는 서신이다.

근일에 연달아 전투 보고서를 받아보니, 왜노를 참수한 것이 1620명이고, 사로잡은 자는 그 안에 포함되지 않았으며, 불화살에 불타 죽은 자는 1만여 명이어서 도망쳐 돌아간 자가 겨우 10분의 1이라고 하고, 부상 입은 자가 그 반이 된다고 합니다. 저는 대장군(이여송)과 편안함과 근심함으로 서로 관계되어 있으니, 신비한 위력에 힘입어 끝내 평양을 떨어뜨린 것은 대장군의 공이자 저의 공입니다. 서울로 진격하여 만전을 거두시기를 진실로 아침저녁으로 바랍니다.

그런데 대장군께서 말씀하시는 것은 혹 다른 사람의 말을 들으신 듯하니, 어떻게 이럴 리가 있겠습니까. 다만 왜는 수가 많으나 우리는 적고, 길은 멀고 군량은 지체되며, 평양을 얻은 후 군화(軍火)와 장비에 부족함이 없지 않습니다. 조금 늦추고자 하면 봄기운에 왜가 성해질 것이고, 서둘러 진격하고자 하면 위의 여러 일이 또 걱정스럽습니다. 저는 군량과 병마, 그리고 군화(軍火)와 장비를 제가 몸소 독려하지 않으면 누가 마음을 써서 우리를 위해 속히 모아주려 하겠는가 항상 생각합니다. 그래서 잠시 요양에서 숨을 돌리는 것도 모두 이를 위해서일 뿐입니다. 문하께 그 노고를 맡겨두고 제가 편안함을 누리고자 하는 것이 아닙니다.

시조경의 병마는 어찌 요양을 지키기 위해 머물게 하였겠습니까. 이는 제가 길을 가며 군량과 사료를 멀리 운반하는데 그때 마침 오랑캐의 병마[虜馬]가 가득하였고, 요양의 강역 안에 방호할 병력이 없어서는 안 되겠으며, 대군이 전진함에 뒤에 대응이 없어서는 안 되겠다 하여 이에 잠시 머무르게 한 것입니다. 그렇지 않았다면 앞서 대군이 모두 장군 휘하로 돌아갔을 때 홀로 이들만을 아껴두었겠습니까. 이에 재촉하시는 서한의 말씀을 듣고 삼가 명하신 대로 즉시 출발시켰던 것이니, 그가 감히 항명한 것이 아닙니다.

유정과 진린의 군사는 제가 이미 사람을 선발하여 재촉하였더니 2월 중순까지 도착할 수 있다고 약속하였습니다. 섭정국과 이응시의 군사는 이미 도착한 지 오래되었을 것입니다. 요양의 병마를 더 징발하는 일은 제가 오랫동안 총병 양소훈과 이야기하였으며 그도 또한 면전에서는 3000명의 정예병을 보내겠다고 허락하였습니다. 다만 지금 오랑캐의 우두머리가 두 차례 요양을 크게 침범하였기에 총병 양소훈이 군사를 이끌고 나가서 방어하고 있으며 순안어사 이시자(李時孶) 또한 매우 창황하여 스스로 성을 수비하고 있습니다.

저조차도 무기를 제조하는 장인·역인과 무기 제조 공정을 관리하는 인원을 모두 성에 오르게 하였으니, 1명의 병사라도 동원해 가고자 한들 얻을 수 있겠습니까. 오랑캐가 물러난 이후에야 비로소 동원할 수 있을 것입니다. 다만 그가 병력을 스스로 지휘하려고 한다면 제대로 된 사체(事體)가 아닐까 걱정입니다.

제가 생각하기에 앞서 평양의 왜노는 비록 수는 많으나 한 지파에 속해 있어 공격함에 마땅히 서둘러야 하였습니다. 지금 각 로(路)의 왜노들이 서울로 모두 모여 그 형세가 크게 합쳐졌습니다. 또한 의주에서 거리가 천 리나 되어 이전보다 오히려 더 신중히 해야 합니다. 반드시 우리의 사료·군량과 군화(軍火)와 장비가 모두 모여 여유 있게 갖추어지기를 기다린 연후에 진격해야만 만전을 기할 수 있을 것입니다.

군사에 시의가 있겠지만 멀리서 헤아릴 수 없으니, 완급 조절은 또한 스스로 잘 헤아려 행하십시오. 정(情)이 한 몸과 같아 말씀이 번거로울까 꺼리지 않으니, 고명(高明: 이여송)께서 양해해주시면 다행이겠습니다.

5-65

중군부총병 양원에게 보내는 서신

與楊中軍書 | 권5, 43b-44a

날짜 만력 21년 정월 21일(1593. 2. 21.)

발신 송응창

수신 중군부총병(中軍副總兵) 양원

내용 평양성 전투에서 전공을 세운 일을 치하하면서 서울을 공격하는 데에도 분발할 것을 격려하는 서신이다.

장군은 저를 따라 북경(北京)을 출발하셨으니 사귐이 깊고 믿고 맡김이 무겁다고 할 수 있습니다. 지난번에 동쪽으로 행군함에 제 마음에 걱정되는 것이 다른 여러 장수보다 더욱 심하였습니다. 다행히 장군께서 몸소 화살과 돌을 무릅쓰고 용기를 떨쳐 먼저 성에 올라 드디어 평양을 함락하셨으니, 사직에 큰 공을 세운 것입니다. 제가 이를 듣고 얼마나 기쁘고 위로가 되었는지 모릅니다. 이제 장차 서울로 진격함에 신묘한 위엄을 크게 떨쳐 서울을 함락하기를 평양에서처럼 쉽게 하시기를 바랍니다. 그렇다면 장군의 공이 대단히 빼어난 것이 될 것입니다. 며칠 내에 즉시 파격적으로 서훈하는 제본을 올릴 것이니 유시가 오면 잘 받드십시오. 나머지는 다 말하지 않습니다.

5-66

유격 척금에게 보내는 서신

與遊擊戚金書 | 권5, 44a-44b

날짜 만력 21년 정월 22일(1593. 2. 22.)
발신 송응창
수신 유격 척금
내용 평양성 전투에서 전공을 세운 일을 치하하면서 서울을 공격하는 데에도 분발할 것을 격려하는 서신이다.

집사(執事: 척금)께서는 제가 인재임을 알아 천거한 사람입니다. 지난번에 동쪽으로 행군함에 제 마음에 걱정되는 것이 다른 여러 장수보다 더욱 심하였습니다. 다행히 집사께서 용기를 떨쳐 한 번 북을 울려 드디어 평양을 함락하셨으니, 이는 세상에 드문 공입니다. 제가 이를 듣고 기쁨을 자제하지 못하였습니다. 이제 장차 서훈을 제본으로 올려 특별한 공훈을 표창할 것입니다. 그 공적 등차의 크고 작음을 사실대로 정확히 하는 데 힘쓸 것이니, 하늘의 태양에 맹세컨대 어지럽게 뒤섞어 장사들의 마음을 무너지게 하지 않을 것입니다. 집사께서는 오직 안심하고 진격하여 서울을 함락하기를 평양에서와 같이 쉽게 하시기 바랍니다. 이것이 이른바 백척간두(百尺竿頭)에서 한 걸음을 더 나간다는 것입니다. 저는 진실로 날마다 간절히 바랍니다.

병부상서 석성에게 보고하는 서신

報石司馬書 | 권5, 44b-45a

날짜 만력 21년 정월 23일(1593. 2. 23.)

발신 송응창

수신 병부상서 석성

내용 명군이 정월 18일에 남진(南進)을 개시하였음을 보고하고, 그들을 격려하기 위한 포상을 시행해줄 것, 응원군을 서둘러 파병해줄 것을 요청하는 서신이다.

평양에서의 승첩은 실로 대하(석성)께서 지시해주시고 주지해주신 데 힘입었을 따름입니다. 여러 장수가 사력을 다하여 한 번 움직여 공을 세우니 사직에 매우 다행입니다.

저는 의주에 머물 참인데, 공적을 기록한 제독 이여송의 문서가 이미 이르렀고 제 상주문 또한 며칠 내로 마땅히 서둘러 올릴 것입니다. 다만 두 찬획과 함께 대면하여 정확한지 따져보고자 하여 지체되었을 뿐입니다.

저는 한편으로는 제독 이여송에게 진군할 것을 재촉하여 그가 18일에 이미 서울로 향하였습니다. 다만 듣건대, 팔도와 서울에 있는 왜가 거의 20여 만이라고 합니다. 저들은 많고 우리는 적으며 외로운 군대[孤軍]가 깊이 들어갔으니, 우리 군사 한 사람당 열 사람을 당해내게 하고자 한다면 크게 격려하고 더욱 권장하지 않고서 장사들을 고무할 수 있겠습니까. 제 상주가 도달했을 때 대하께서 정부에 간절함을 전해주시어 파격적으로 상을 내려주신다면 이전의 공적을 일단 정리하고 이후의 공로 또한 기대할 수 있을 것입니다. 격려하는 계기가 바로 여기에 있습니다. 바라건대 대하께서는 신속히 제 상주에 대한 검토 상주를 올려주시어 서둘러 장사들의 마음을 위로해주시기를 지극히 기원합니다.

또한 의주는 서울로부터 서로 천 리나 떨어져 있어 앞서 군량과 사료를 미리 준비해둔 것이 평양에서라면 남은 것이 있었으나 서울에까지 전달해서 지급하기에는 부족하니, 군량과 전량도 다시 확충하여주시기 바랍니다.

대하께서 원래 청하신 각 로의 병마 수가 7만이었지만 실제로 도착한 것은 4만이 채 되지 않는데, 지난번 평양에서 부상을 당하거나 사망한 자가 1000명이 넘습니다. 제독 이여송이 요양의 정예를 빌려 그 수를 더해줄 것을 누차 청하고 있는데, 사정과 언사가 매우 간절하나 유감스럽게도 요양에도 오랑캐의 기마병들이 가득한 때이니 어떻게 징발할 수 있겠습니까. 유정과 진린의 군사는 진실로 속히 오기를 바랍니다. 산동에서 빌린 절강의 군사 3000명 역시 조선으로 동원할 대상에 듭니다. 이 밖에 징발할 수 있는 자가 있어 다시 바라건대 대하께서 속히 결정하신다면, 비단 변경의 장사들이 대하께서 크게 도와주신 은혜를 입을 뿐만 아니라 조정의 사체도 거기에 힘입는 바가 작지 않을 것입니다.

게첩을 올려 보실 수 있도록 하겠습니다. 나머지는 다 말씀드리지 못합니다.

5-68

제독 이여송에게 보내는 서신

與李提督書 | 권5, 45b

날짜 만력 21년 정월 23일(1593. 2. 23.)

발신 송응창

수신 평왜제독 이여송

내용 명군이 18일에 남진을 개시하였다는 소식을 접하고 이들을 격려하면서 필요한 물품을 알려주면 서둘러 마련해서 보급하겠다는 서신이다.

내려주신 존귀한 게첩을 받았습니다. 여러 장수의 공을 서훈하도록 제본을 올리는 것이 매우 마땅하겠습니다. 다만 저에 대해서는 칭찬하심이 너무 심하여 읽어보는 동안 저도 모르게 감격스럽고 부끄러움이 함께하였습니다.

또한 듣건대 18일에 대군이 전진하면서 군복을 벗기도 전에 다시 갈 길을 재촉하였다고 하니, 나라에 보답하는 절개가 세상에 짝할 것이 없습니다. 이 밖에 병마와 사료·군량은 제가 아침저녁으로 독촉하고 있으니 너무 염려하지 마십시오. 군화(軍火)와 장비 등이 군중에 충분한지 아닌지 그때그때 알려주시기 바랍니다. 큰 적이 앞에 있으니 오직 나라를 위해 신중하십시오.

순안요동감찰어사에게 보내는 서신

與遼東按院書 | 권5, 45b-46a

날짜 만력 21년 정월 23일(1593. 2. 23.)
발신 송응창
수신 순안요동감찰어사(巡按遼東監察御史) 이시자
내용 송응창이 요양에서 조선을 향해 이동하면서 요양에서 만났던 이시자에게 그간의 고마움을 표하며 안부를 전하는 내용이다.

문하(이시자)의 높은 덕은 제가 흠모해온 지 오래입니다. 이번에 동쪽으로 행군하는 편을 빌어 만나뵐 수 있었으니, 평생의 큰 소원이 하루아침에 이루어져 위안이 되었습니다. 또한 진격하는 기의는 모두 문하의 지시를 받들었으니, 평양의 승전도 문하께서 내려주신 지혜에서 나온 바가 매우 큽니다. 헤어진 후에 곧 채찍을 휘두르며 길에 올랐으나 감사하는 뜻을 제 마음에 품지 않았던 때가 없습니다.

변경으로 떠날 때 멀리 환송해주셨고 아직 도착하지도 않았는데 다시 서한을 내려주셨으니, 어찌 이리도 아름다운 정의가 은은합니까. 제가 이를 받들고 어찌 능히 감당하겠습니까. 두터운 의례로 삼가 서한을 가져온 사인(使人)을 대하여 절을 올립니다. 군마를 달리는 중이라 허둥지둥 감사 인사를 드립니다. 이만 줄입니다.

내각대학사 왕석작에게 보고하는 서신

報王相公書 | 권5, 46a-46b

> 날짜 만력 21년 정월 24일(1593. 2. 24.)
> 발신 송응창
> 수신 내각대학사 왕석작
> 내용 명군이 남진을 개시하였음을 알리면서 앞으로도 잘 부탁한다는 당부를 전하는 서신이다.

이국(異國)에서 저보(邸報)를 보고서 태자(台慈: 왕석작)의 수레가 이미 도문(都門)에 도달하였음을 알았습니다. 무릇 황상께서 굽어살펴 보시는 은혜가 매우 크고 상공(相公)께서 명을 좇으시는 것이 매우 충실하니, 폐하를 알현하는 날에 물고기와 물이 서로 기뻐하는 듯하여 천고에 이보다 더 밝고 기쁜 일이 없었습니다.

황상의 위엄에 힘입어 평양을 이미 떨어뜨렸습니다. 다만 서울에 왜가 매우 많은데 모두 섬멸하지 못하였으니, 봄기운이 다시 일어나면 그 피해가 만연할 것입니다. 18일에 제독 이여송을 독촉하여 군사를 이끌고 진격하게 하였습니다. 다만 외로운 군대가 깊이 들어가면 승부를 헤아리기 어려울 것이니, 태자께서 때때로 군중의 기의에 대한 지침을 내려주시어 제가 그것을 받들어 조그마

한 공이라도 세울 수 있다면 다행이겠습니다. 그 밖에 계첩을 갖추어 보시도록 올리니, 엎드려 빌건대 굽어살펴주십시오. 이만 줄입니다.

5-71

제독 이여송에게 보내는 서신

與李提督書 | 권5, 46b-47a

날짜 만력 21년 정월 25일(1593. 2. 25.)

발신 송응창

수신 평왜제독 이여송

내용 증원군과 군량이 곧 도착할 예정이니 서울로의 진격을 조금 늦추는 것이 어떻겠느냐는 의견과, 서울에 있는 조선인들을 회유하여 왜군을 협공하자는 제안을 전달하는 서신이다.

대장군께서는 군사를 이끌고 깊이 들어가시고 저는 아침저녁으로 군사와 군량 두 가지 일을 걱정하고 있어 모든 계책이 함께 시행되니, 분명히 군전의 급한 일을 해결할 수 있을 것입니다. 시조경의 군사는 며칠 내로 도달할 것이고 유정과 진린의 군사도 관원을 보내 재촉하고 있으니, 또한 곧 도착하기를 기대할 만합니다. 요동진[遼鎭]·관전(寬奠)·애양(靉陽) 등의 군사는 명령하신 대로 3000~5000명을 징발하였으니 긴급한 일이 생기는 것이 아니라면 뜻대로 될 수 있을 것도 같습니다.

군량과 사료는 가장 긴요한 일입니다. 제가 특별히 요해(遼海)의 두 도에 기패를 발송하여 주정 애유신 및 장삼외와 함께 밤낮으로 열심히 독촉하고 있으며 또한 마음을 쓰고 있습니다. 다만 길이 멀고 사람이 피곤하여 조금 지체될까 걱정입니다. 만약 군량과 사료가 이르지 않는다면 잠시 임진강(臨津江) 서안(西岸)을 지키면서 시기를 기다렸다가 한 번 북을 울려 떨어뜨리는 것만 같지 못할 것 같은데 어떻습니까.

제 생각에는 왜적이 임진강 동안(東岸)을 지키고 있으나 그 사이에 건널 만한 샛길이 없을까 싶습니다. 은밀히 민첩한 사람으로 하여금 몰래 동안으로 건너가서 조선의 신민을 불러 모아 서쪽을 향해 함께 공격하게 하여 피차가 협공한다면 그들이 앞뒤로 적을 맞이하게 될 것이니, 그들을 격파하는 일이 반드시 이루어질 것입니다.

제가 또 생각하건대, 요양과 의주의 군량 운송은 길이 멀어 지연될 것입니다. 듣건대 평양에 아직 쌓아놓은 것이 남아 있다고 하므로 부근으로 운반한다면 또한 매우 쉬울 것이니, 그것을 먼저 삼군에 지급하고 곧바로 요양과 의주의 것이 연달아 도달하면 부족하지 않고 적절히 보급할 수 있을 것입니다. 저는 한편으로는 주정 애유신에게 위임하여 서둘러 평양으로 운반하게 하고 한편으로는 각 로에 문서를 보내 가벼운 수레를 사들이고 선박을 모아 수로와 육로로 함께 보내 결코 시일에 늦지 않도록 하겠습니다.

5-72

경리양향 호부주사 애유신에게 보내는 서신

與艾主政書 | 권5, 47a-47b

날짜 만력 21년 정월 25일(1593. 2. 25.)

발신 송응창

수신 경리양향 호부주사(戸部主事) 애유신

내용 평안도와 황해도 일대에 남은 곡식이 있으니 조선 측과 논의하여 서둘러 운반해서 보급할 것을 지시하는 서신이다.

얼음과 눈이 산을 덮었는데 추위를 무릅쓰고 멀리 왔으니 정말로 나랏일에 노고가 많습니다. 제독 이여송이 개성으로 진군하여 주둔하고 있는데 서울의 왜노들은 큰 강의 동안을 막아 지키고 있으니, 우리 군사의 군수와 병량이 매우 시급하여 군중에서 재촉하고 요청하는 것이 하루에도 여러 번입니다. 저는 밤낮으로 마음을 쓰고 있으나 그래도 잘못됨이 있다면 그 관계되는 바가 작지 않을까 걱정입니다. 깊이 생각하건대, 가까운 곳의 것을 가까이로 옮긴다면 쉽게 보급할 수 있을 것 같습니다.

들건대 평양에 곡식을 쌓아놓은 것이 아직 많다고 합니다. 그렇다면 중화와 황주 등에인들 남은 곡식이 없겠습니까. 왜적이 이미 멀리 달아났으니 모두 모을 수 있을 것입니다. 문하(애유신)께서는 서둘러 국왕과 계책을 논의하여 수레, 소와 나귀, 인부들을 징발해 모아 신속히 운반하십시오. 또한 바라건대 요양과 의주의 것을 독촉하여 육로이든 수로이든 더욱 서둘러 보낸다면, 가까운 것을 먼저 보급하고 먼 것이 뒤에 이어져 군사들이 편히 자고 배불리 먹을 수 있어 왜를 모두 섬멸할 수 있을 것이니, 이 일은 모두 문하의 신묘한 운영 덕분일 것입니다. 바라건대 유의하시기를 간절히 기도합니다.

5-73

병부상서 석성에게 보고하는 서신

報石司馬書 | 권5, 47b-48a

날짜 만력 21년 정월 25일(1593. 2. 25.)
발신 송응창
수신 병부상서 석성
내용 전선의 상황을 보고하고 이여송이 요구하고 있는 증원군을 서둘러 보내줄 것을 당부하는 서신이다.

제독 이여송은 개성으로 진군하여 머무르고 있는데 앞에 큰 강이 있으나 건널 만한 배가 없습니다. 왜노들은 동안을 막아 지키고 있으니, 이는 우리 군사가 곧바로 진격할까 두려워하기 때문입니다. 저는 제독에게 서한을 보내 민첩한 군사를 가려 뽑아 몰래 동안으로 건너가서 조선의 신민들을 불러 모아 힘을 합쳐 서쪽으로 공격하게 하여 피차가 협공한다면 그들이 앞뒤로 적을 맞이하게 될 것이니, 왜를 분명히 깨뜨릴 수 있을 것이라고 하였습니다. 혹은 상류에 건널 만한 곳으로 몰래 정예 수천 기(騎)를 보내 뗏목을 타고 건너 뜻밖에 나타나서 화기를 마구 쏜다면 또한 그 견고한 예봉을 꺾을 수 있을 것이라고 하였습니다. 다만 군량과 사료의 운반이 아직 미치지 못하여 조금 모이기를 잠시 기다렸다가 이 계책을 행해야

하겠습니다. 고명(석성)께서 무어라 하실지 모르겠습니다.

또 듣건대, 왜의 무리가 20여 만이라고 합니다. 우리 군사로 조선에 건너온 자가 겨우 3만 6000명 남짓인데 평양에서 부상을 입거나 죽은 자가 또한 거의 1000여 명입니다. 제독은 중과부적일까 매우 걱정하며 요동의 군사를 동원할 것을 급하게 요청하고 있습니다. 그러나 요동의 군사는 오랑캐 때문에 이미 동원할 수 없게 되었습니다. 유정과 진린의 군사 및 산동에 있는 절강의 군사[浙兵]는 모두 보내오도록 속히 재촉해주시기를 바라는 외에, 이 밖에 만약 징발할 수 있는 병마가 있다면 대하(석성)께서 즉각 별도로 논의해주시기 더욱 바랍니다.

앞서 공을 쉽게 거두었다 하여 이후에도 공로가 반드시 이루어질 것이라고 생각해서 소홀히 하지 말아주시기 바랍니다. 간절히 기원하고 기원합니다.

5-74

서울과 개성을 공략하기 위해 논의한 내용을 올리는 상주

議取王京開城疏 | 권5, 48b-52b

날짜 만력 21년 정월 25일(1593. 2. 25.)

발신 송응창

수신 만력제

내용 평양성 전투 이후 남진하고 있는 전황에 대해 종합적으로 보고하는 상주이다. 왜군의 현황에 대해 수집한 첩보, 군사의 배치와 진공 계획, 군량 보급 계획, 증원군 파병 계획 등을 언급하고 있다.

대군이 승세를 타고 서울과 여러 지역으로 진격하는 일.

평양성 전투에서 우리 황상의 위엄에 힘입어 장사들이 사력을 다해 한 번 북을 울려서 드디어 뛰어난 승리를 이루었음은 이미 전투 보고서로 올렸습니다. 공을 세운 순서에 대해서는 현재 조사하고 있으므로 마치는 대로 서훈해주실 것을 제본으로 올리겠습니다.

생각하건대 이 왜노들은 해상에서 군사를 일으킨 이래로 곧바로 조선 팔도를 공격함에 향하는 곳마다 대적할 자가 없었습니다. 그들이 하늘의 도리를 크게 어기며 속으로 꿍꿍이를 도모한 것은 그들의 뜻이 탄환과 같이 작은 땅에 있지 않기 때문입니다. 그런 까닭에 평양의 왜는 다만 선봉을 담당한 정예였을 뿐입니다. 이제 왜는 하루아침에 크게 좌절을 당하였고 시체가 들판을 뒤덮었습니다. 며칠 내에 각 도에 주둔하고 있던 왜노들이 모두 멀리서 위세를 바라보고서 도망쳐 돌아갈 것이니, 이는 하늘이 실로 그들 모두를 망하게 하고자 함일 따름입니다.

신은 즉시 제독 이여송, 찬획 원외랑 유황상과 주사 원황, 참군 정문빈과 조여매 등과 각 장령에게 서둘러 격문을 보내 "평양이 이미 함락되었으니 대동강 동쪽의 중화·황주·봉산·개성과 서울에 이르는 일대의 왜노들은 분명히 간담이 떨어졌을 것이다. 병가에서 신속함을 귀히 여기는 것에 따라 파죽지세를 타고 하늘의 위엄을 크게 떨쳐 힘써 무찌르기를 도모함이 옳을지, 아니면 외로운 군대가 깊이 들어가 여러 번 전투하며 피로가 쌓였으니 기회를 잘 살펴 진격하면서 만전을 기하는 것이 괜찮을지 여러 가지로 따져보고 왜정이 어떠한지 함께 즉각 신속히 보고하라."라고 일러두었습니다.

그 후 곧이어 이달 20일 등에 제독 이여송의 보고를 받았는데, "평양에서 달아나 각각 흩어진 왜적들이 모두 서울로 모여 약 10만 명이 됩니다. 이들이 모여 있는 때를 틈타 즉각 공격해야지 그렇지 않으면 봄기운에 얼음이 풀려 홀연히 바다로 사라져버릴 것이니, 나누어 공격하기 어렵습니다."라고 하였습니다. 또 보고를 받았는데, "평양을 공격하여 취하던 날 장사들이 용기를 떨쳐 혈전을 벌이고 화포가 하늘에 연이어 날아 100리를 진동하고 놀라게 하니, 겐소의 요술이 하나도 듣지 않았습니다. 다만 지금 즉각 서울로 진격하고자 하나 조선의 군량이 운반된 것이 부족하니, 바라건대 재촉하여 운송해주십시오."라고 하였습니다.

또한 정문을 받았는데, "본월 17일, 군사를 거느리고 선봉인 유격 이여매의 병마가 행군하여 봉산에 이르렀습니다. 조선 통사(通事) 이해룡(李海龍)의 보고를 받았는데, '본월 16일, 조선의 배반자들이 왜노와 함께 도망치다가 앞길에 이르러 조선 관병에게 포획되었습니다. 그들이 공술하기를 요승 겐소는 소이츠(宗逸)와 함께 평양에서 화살에 맞아 소이츠는 참수되었고 겐소는 탈주하여 봉산에 이르렀다가 죽었으며 왜노들이 시신을 들고 갔습니다.'라고 하였습니다. 현재 제가 찬획 유황상 등에게 문서를 보내 조사해보도록 하였습니다."라고 하였습니다.

또 찬획 유황상과 원황의 보고를 받았는데, "함경도의 왜 2~3만이 평양 북쪽에 주둔하고 있습니다. 황해도의 왜 2만여 명은 그 남쪽의 개성부 및 배천(白川)과 강음(江陰)에 주둔하고 있습니다. 또한 왜 3~4만이 그 동쪽에 주둔하고 있습니다. 서울을 빼더라도 사면의 왜가 전부 10만이 넘습니다. 제가 연일 제독 이여송 및 정문빈 등과 긴밀히 상의해보니, 한편으로는 군량을 더해주기를 청하고 한편으로는 군사를 이끌고 강을 건너 개성부 외곽에 영을 쳐야 하겠습니다."라고 하였습니다.

또 참군 정문빈과 조여매의 보고를 받았는데, "평양을 공취할 때 지시해주신 방략을 준수하여 처음에는 간첩(間諜)을 이용하고 이어서 화공을 하여 뛰어난 승리를 거둘 수 있었습니다. 대군이 마땅히 즉각 출발해야 하겠으나 다만 앞길에 군량과 사료가 부족하고, 대동강·임진강·저탄강(豬灘江) 등 세 강이 얼음이 풀려 건너기 어렵습니다. 관원을 보내 조선을 독려해서 그들과 함께 신속히 군량과 사료를 운반하고 부교를 놓아야 하겠습니다. 평양의 왜노는 원래 정예였으나 지금 이미 패배하였으니, 팔도의 왜들 또한 장차 와해될 것입니다. 근래에 첩보(牒報)를 받았는데, 중화·황주·검수(劍水)·봉산 등 여러 군의 왜노들이 소문을 듣고 도망쳤다고 합니다. 왜 2명을 생포하였더니 그들이 말하기를, '함경도의 왜자(倭子) 1만이 기병하여 평양을 응원하러 오다가 행군하여 중도에 이르렀을 때 또한 모두 소문을 듣고 서울로 도망쳐 돌아갔습니다. 그 가운데 유키나가가 도주하였는데 어디로 갔는지는 알지 못합니다.'라고 하였습니다."라고 하였습니다.

또 보고를 받았는데, "13일에 좌영(左營) 부총병 이여백이, 17일에 우영(右營) 부총병 장세작이 군사를 거느리고 동쪽으로 출발하였습니다. 18일에 제독 이여송이 군사를 총괄하여 가운데 길을 따라 진군하여 서로 기회를 살펴 공격하기로 하였습니다. 다만 왜노는 지난 보고에서는 20여 만이 지금 서울과 개성 두 곳에 모여 있다고 합니다. 개성은 평양에서 400여 리 떨어져 있고, 서울에서는 100여 리 떨어져 있습니다. 우리 군사는 겨우 3만이고 또한 진중에 부상을 입거나 지치거나 약한 사졸, 마필이 곤핍한 자가 전부 약 3000여 명입니다. 이제 적은 수로 많은 수를 공격하니 오직 화공이 제일의 계책입니다. 만약 개성을 다시 깨뜨린다면 왜노는 간담이 떨어져 서울에 있는 자들도 의심할 여지 없이 분명히 달아날 것입니다."라고 하였습니다.

신이 살피건대, 대군이 이미 승승장구하고 있으나 사졸과 마필 가운데 상해를 입거나 피로한 자가 없지 않고 군화(軍火)와 장비에 비용이 모자라거나 빠진 것이 없지 않음이 또한 걱정되었습니다. 그래서 이여송과 유황상 및 원황 등에게 문서를 보내 잘 헤아려 만전을 기해 시기에 맞춰 진군하도록 힘쓸 것이며 전투에서 이겼다 하여 혹시라도 가볍고 경솔하게 굴지 말라고 하였습니다.

군량에 대해서는 앞서 제가 만력 20년 11월 24일에 도사 장삼외로 하여금 조선국왕에게 자문을 전달하게 하기를, "평양을 진공하는 데 군사 4만과 말 2만으로 각각 계산하여 조선에서 두 달치의 군량과 사료를 마련해서 의주로부터 평양에 이르는 일대에 쌓아두고서 명령을 기다렸다가 두 달 동안 지급하게 하십시오. 그 뒤로는 중국에서 보급한 군량과 사료를 지급할 것입니다. 평양을 극복한 이후라면 왜가 분명히 서울로 달아날 것이니, 그때에 군사들을 신속하게 움직인다면 반드시 취할 수 있을 것입니다. 다만 서울은 평양으로부터 멀고 강과 산이 험준하여 중국이 군량을 운반하기가 매우 어려울 것입니다. 그러나 손님으로 온 군대가 깊이 들어가도 군량과 사료는 여전히 지급되어야 하니, 조선 또한 이전의 병마 수대로 계산하여 두 달 동안 지급하도록 힘쓴다면 비로소 적절히 보급할 수 있을 것입니다."라고 하였습니다.

곧이어 국왕의 회답 자문을 받았는데, "의주에서 평양에 이르는 일대는 현재 본색미(本色米) 6만 5700여 석과 콩 6만 8400여 석, 꼴[剉草] 10만 4200여 석이 있습니다. 평양에서 서울에 이르는 일대의 군량과 사료의 수량과 항목 또한 대략 같습니다."라고 하였습니다.

신은 이미 원문을 병부에 봉해서 보내 검토하게 하였습니다. 그런데 지금 군량의 보급이 꽤 어렵다고 하는 것은 앞서 왜노들이 평양과 서울 일대를 장악하였을 때 거기에 쌓아놓았던 것을 불태워 텅 비워버렸기 때문이며, 중국과 조선의 군량이 그때 제대로 운반되지 못한 것은 왜가 중간에 길을 끊고 빼앗아갈까 걱정하였기 때문이었던 것이 사실입니다. 지금 평양을 재빨리 깨뜨리고 대군이 신속히 진군하면서 당장 먹을 군량이 여전히 있는데도 수송이 이어지지 않는 것은 무거운 것을 먼 곳까지 빨리 가져가기 어렵기 때문인 것 또한 사실입니다. 신이 이미 누차 조선국왕에게 자문을 보내 속히 각처의 인부와 우마·수레와 나귀를 징발하여 힘을 다해 운송하도록 하였습니다. 지금 국왕은 정주(定州)로 옮겨 주둔하며 독려하고 있습니다.

찬획 유황상이 다시 보고하기를, "대군이 즉각 전진하지 않으면 왜의 무리들이 사방에서 모여들어 다시 꺾기 어려울까 걱정입니다. 18일에 제독 이여송이 이미 군사를 거느리고 전진하였습니다. 다만 앞길에 군량이 부족할까 우려되니, 조선이 황해도의 인근 고을에서 징발하도록 독촉해주십시오. 한 성의 군량과 사료가 있으면 병마가 하루를 진군할 수 있습니다. 며칠 동안 군사와 마필의 사기가 자못 온전하니, 앞길의 군량과 사료가 대략 구비되면 장차 차례차례 성으로 진격하겠습니다. 대군이 이미 황주를 지났으니, 적과는 개성을 사이에 두고 떨어져 있습니다. 들건대 개성에는 성(城)이 없다고 하니 적은 분명 맞이하여 싸울 것입니다. 만약 싸워서 승리한다면 서울의 왜는 싸우지 않고도 도망처 흩어질 것입니다."라고 하였습니다.

찬획 원황이 또한 보고하기를, "살피건대 평양에 가까운 고을인 성천(成川)[109]·자산(慈山)·은산(殷山)·순천(順川)·개천(价川)·삼등(三登)과, 그 동쪽의 영유(永柔)·증산(甑山)·함종(咸從)·용강(龍岡)·강서(江西)·삼화(三和)·숙천(肅川)·순안(順安) 등 여러 곳에 각각 쌓아놓

....
109 성천(成川): 원문은 "成山"이지만, 이는 "成川"의 오기이므로 바로잡아 번역하였다.

은 식량이 있다고 합니다. 일단 군마를 움직이면서 따로따로 운반하게 하면 충분히 먹을 수 있을 것입니다. 또한 황해도는 서울과 가까우며 도정한 쌀 2만여 석과 콩 3만여 석이 있습니다. 조선국에서 현재 관원을 선발하여 이고 지고 운반하는 것이 도로에 잇따르고 있습니다."라고 하였습니다.

신은 또한 관량주사 애유신을 독촉하여 강연에 주둔하면서 광녕(廣寗)·요양·해개의 세 도를 오가며 운반한 군량과 사료 및 그가 구매한 군량과 사료를 의주로 운반하도록 하였습니다. 신은 또한 도사 장삼외로 하여금 정주와 평양 일대를 왕래하면서 독려하게 하였습니다. 또한 정요위(定遼衛) 등을 엄히 재촉하여 여러 곳에서 소달구지를 고용해서 밤낮으로 운반하며, 연도의 보(堡)와 참(站)에서 이어가며 관원을 선발해서 영기를 들고 운반하게 하였습니다. 또한 조선에 이전부터 있던 크고 작은 배 70여 척을 애양수비 양대관과 장추비어 부정립에게 보내 제작하고 수리하도록 독려하여 대기하다가 해로(海路)를 통해 서울 일대로 가서 군량과 사료를 운송하여 쓰일 수 있게 하도록 하였습니다.

모여 있는 왜노가 여전히 많은데 진공하는 우리 군사가 훨씬 적은 점에 대해서는 신이 이미 도착한 산서의 군사 2000명을 보내 대응하게 하였습니다. 아울러 납탄과 철탄, 명화전(明火箭)과 독화전(毒火箭), 낭선(筤筅)과 장창(長鎗) 등의 군기를 제작하는 일을 친히 감독하여 강을 건너 공급하게 하였습니다. 유정 등의 군사가 도착하기를 기다려 함께 응원한다면 온전한 공을 거둘 수 있을 것입니다. 이어지는 전투의 정황에 대해서는 별도로 작성하여 보고하겠습니다.

해개병비참정 곽성지에게 보내는 서신

與海蓋郭兵道書 | 권5, 52b-53a

날짜 만력 21년 정월 25일(1593. 2. 25.)

발신 송응창

수신 해개병비(海蓋兵備) 참정(參政) 곽성지(郭性之)

내용 육로와 해로를 모두 이용해서 군량 보급을 서둘러줄 것을 당부하는 서신이다.

문하(곽성지)께서는 오랑캐의 기병[虜騎]이 가득한 때임에도 위험을 무릅쓰고 몸소 각 향(鄕)을 두루 다니면서 수레를 모아오셨으니, 이는 인정(人情)상 어려운 바입니다. 이번에 손수 쓴 편지를 받고서 길은 멀고 사람은 지쳐 신속히 이르기 어려울까 걱정하였는데, 한편으로는 요양에서 힘을 빌고자 하고 한편으로는 일단 해상 운송을 기다리고자 하신다는 것을 모두 깊이 알겠습니다. 제가 어찌 하나하나 명하신 대로 하지 않겠습니까.

다만 제독 이여송이 개성으로 진군하여 머무르고 있으니, 군량을 수송하는 것이 매우 시급하여 하루에도 재촉하는 것이 여러 번입니다. 저는 밤낮으로 마음을 쓰며 오직 그르칠까 걱정하고 있습니다. 문하께서도 이미 발송한 것은 더욱 독려하시고 해로를 살펴 선박을 징발하여 수로와 육로로 함께 나가면 적절히 공급할 수 있을 것입니다. 만약 요양에서 운반해온 수레가 해개도가 관할하는 수레보다 더 많으면 저쪽에서 실어온 군량을 이쪽에서 받아 운반하기 어려울까 우려됩니다.

금일의 일은 오직 이것이 가장 시급합니다. 문하께서 그 일을 맡지 않으신다면 달리 부탁하여 맡길 데가 없습니다. 서둘러 유의해주시면 다행이겠습니다.

제독 이여송, 참군 정문빈에게 보내는 서신

與李提督幷參軍鄭文彬書 | 권5, 53a-53b

> 날짜 만력 21년 정월 26일(1593. 2. 26.)
>
> 발신 송응창
>
> 수신 평왜제독 이여송, 참군 정문빈
>
> 내용 임진강을 두고 왜군과 대치하고 있는 상황에서 방비를 강화할 것을 권유하면서 적의 배후를 치는 것이 어떻겠느냐고 제안하는 서신이다.

손수 쓴 편지를 받았습니다. 양군이 강을 사이에 끼고 떨어져 있은 지 여러 날이 되어 각각 마음이 해이해졌으므로 언제든지 피차가 서로 습격할 수도 있습니다. 저들이 우리를 습격할 수 있으니 마땅히 더욱 신경 써서 방비해야 합니다. 우리가 저들을 습격할 수도 있으니 또한 마땅히 기회를 보아 움직여야 합니다. 큰 강이 비록 가로질러 흐르고 있지만 통할 수 있는 길이 전혀 없지는 않을 것입니다. 만약 샛길이 있다면 영리하고 죽음을 무릅쓴 군사를 은밀히 보내 몰래 동안으로 건너가서 조선의 의리를 따르는 사(土)들을 불러모아 서쪽을 향해 함께 공격하게 한다면 진실로 하나의 책략이 될 것입니다.

또한 1만여 정예병으로 하여금 각각 화기를 들고 어두운 밤에 뗏

목을 타고 강을 건너 그들의 등 뒤에서 갑자기 나타나 대장군포와 호준포 등을 쏘되, 각 화기를 한 번에 쏘도록 하십시오. 장군은 군사를 강가에 배치하고서 뗏목을 타고 강을 건너려는 것처럼 보임으로써 저들을 교란하십시오. 다시 기회를 엿보다가 앞서 성을 함락하였던 이전의 계책을 쓴다면 저들은 앞뒤로 적을 맞이하게 되어 어찌할 바를 알지 못하게 될 것입니다. 문하(이여송·정문빈)의 신묘한 계책에 달려 있으니 어떻게 생각하십니까.

5-77

경리양향 호부주사 애유신에게 보내는 명령

檄艾主事 | 권5, 53b-54b

날짜 만력 21년 정월 26일(1593. 2. 26.)

발신 송응창

수신 경리양향 호부주사 애유신

내용 군량 보급을 위해 평양과 황해도에 남은 곡식을 서둘러 전선으로 보급할 것을 독려하며 아울러 요동에서 배를 띄워 의주와 평양으로 군량을 운송할 계획이니 그 해로가 운행할 만한지를 조선국왕에게 문의하고서 보고하라는 명령이다.

긴급한 왜정에 관한 일.

평왜제독의 보고를 받았는데, "대군이 승기를 타고 서울과 여러 지역을 공격하고자 하나 다만 군량이 이어지지 않으니, 바라건대 속히 운반해주십시오."라고 하였다. 이를 받고 살피건대 군량은 삼군의 운명이 걸린 일로 한시라도 늦출 수 없는 일이다. 패문을 보내니, 바라건대 그대는 육로 운송에 있어 조선국왕을 재촉하여 우선 평양과 황해도 등 여러 지역의 군량과 사료를 개성으로 보내 대군에게 공급하게 하라. 다른 한편 수레를 독려하여 강연 등의 군량과 사료를 의주에서 평양까지 운반하게 하라. 구간별로 운송하되 머리와 꼬리가 서로 맞물리며 끊임없이 순환하게 하면 보급이 잘 이루어질 것이다.

또한 나는 해개도를 엄히 재촉하여 선박을 정돈해두었다가 해로로 양식을 운반하여 조선으로 가도록 하였다. 곧이어 해개도가 정문으로 올린 보고를 받았는데, 선박이 이미 갖추어졌다고 한다. 다만 살피건대, 평양은 동쪽에 큰 강이 있고 개성은 서쪽에 큰 강이 있어 모두 바다와 통한다. 이제 군량을 실은 배는 여순과 금주 등 각 항구를 경유하여 바다로 나가 해안을 따라 동쪽으로 마두산(馬頭山)을 지나서 평양, 의주, 개성 등에 이르게 할까 한다. 조선인은 그 해로가 운행할 만한지 분명 잘 알고 있을 것이다. 그대는 또한 서둘러 국왕에게 자문을 보내 해상 운송 노선을 조사하여 그 결과를 나에게 정문으로 보고하여 해상 운송을 개시할 수 있게 하라. 사안이 매우 중요하니 절대 지체하지 말라.

요동총병 양소훈에게 보내는 명령

檄楊總兵 | 권5, 54b-55b

> **날짜** 만력 21년 정월 26일(1593. 2. 26.)
>
> **발신** 송응창
>
> **수신** 요동총병 양소훈
>
> **내용** 전선의 상황이 중과부적의 상태에 있으며 요동 일대에는 오랑캐의 침입이 조금 잦아들었으니, 요동에서 3000명 내지 5000명의 군사를 징발하여 응원군으로 파견하라는 명령이다.

긴급한 왜정에 관한 일.

앞서 평왜제독 이여송의 보고를 받았는데, "평양은 비록 함락하였으나 서울의 왜노가 여전히 많습니다. 우리 군사는 성을 공격하고 연이어 전투를 치르느라 군사와 마필에 손상이 없지 않으니, 바라건대 요동의 군사 3000명을 속히 출발시켜 응원해주십시오."라고 하였다. 그때 내가 살피건대 몽골 오랑캐[達虜]가 해개·요양 등에 침범해왔는데 요동진[遼鎭]은 오히려 군사가 없어 고생하고 있으니 어찌 저쪽에서 빼서 이쪽에 줄 수 있겠는가 하였다. 이에 시기를 보아가며 이전의 보고는 시행하지 않았다.

지금 제독 이여송으로부터 다시 보고를 받았는데, "서울 서쪽에 큰 강이 하나 있고 왜적 10여 만이 동안을 지키고 있습니다. 우리 군사는 개성에 근거하여 지키고 있는데 전투를 감당할 만한 군정이 2만이 되지 않습니다. 저들은 많고 우리는 적으니 반드시 군사를 증원한 뒤에야 진격할 수 있을 것입니다. 만일 시일을 오래 끌었다가는 대마도[對馬]에 있는 일본의 여러 왜가 와서 구원하고 응원할 것이니, 그렇다면 비단 서울을 함락시킬 수 없을 뿐만 아니라 요동[遼東] 또한 편안히 잠잘 수 없을 것입니다. 바라건대 관전보(寬奠堡)·애양보(靉陽堡)·청하보(淸河堡) 등 오랑캐 침공 경보가 없는 세 지방에서 모두 보병 5000명을 동원하여 속히 보내와서 대응하게 해주십시오."라고 하였다.

이를 받고 살피건대, 왜노들은 평양에서 패전하여 서울에 모두 모여 강을 가로막고서 굳게 지키고 있다. 이는 편안하게 쉰 군사로 피로한 적군을 기다리며[110] 우리 군사를 지치게 하려는 생각일 뿐이다. 외지에서 온 군대[客兵]가 깊이 들어왔으니 재빨리 싸우는 것이 이익일 것이다. 다만 저들은 많고 우리는 적으며 왜의 무리 또한 새로 패배를 당하여 분개하고 있는 때이니, 반드시 생기 있는 군병들을 얻어 전선에 보내 협조하게 해야 한다. 병력 증원은 그저 우리 군사의 위세를 과장함으로써 잠시 왜의 간담을 서늘하게 하기 위함이 아니다. 하물며 지금 침범해왔던 오랑캐들이 이미 물러나 관전 등의 지역에는 또한 오랑캐 침공 경보가 없으니, 위의 군사들을 마땅히 잠시 동원해야 한다.

....

110 편안하게⋯⋯기다리며: 편안하게 지내면서 기운을 돋운 아군을 거느리고 멀리서 오는 피로한 적군을 기다린다는 뜻으로, 『손자병법(孫子兵法)』 제7편 군쟁(軍爭)에 나오는 말이다.

패문을 보내니, 바라건대 그대는 즉각 관전·애양·청하 등 방어할 필요가 조금 느슨한 성보에서 신속히 보군 5000명이나 3000명을 선발하여 적당한 관원을 뽑아 맡겨 행량(行糧)[111]을 지급하고 밤낮으로 조선의 개성 지방으로 보내 제독 이여송의 지휘를 듣게 하라. 그대는 마땅히 나랏일이 무거움을 생각하여 피차를 나누지 말라. 공을 이루는 날 마땅히 첫머리에 서훈하도록 제본을 올릴 것이다.

....

111 행량(行糧): 병정이 출정할 때 진영에 지급되는 양식(糧食)이다.

제독 이여송에게 보내는 명령

檄李提督 | 권5, 55b-56a

> **날짜** 만력 21년 정월 26일(1593. 2. 26.)
> **발신** 송응창
> **수신** 평왜제독 이여송
> **내용** 군량 수송이 순조롭지 못하니 왜군에게서 탈취한 말 가운데 일부를 군량 수송에 동원할 수 있도록 조치를 취하라는 명령이다.

대군이 승세를 타고 서울과 여러 지역으로 진격하는 일.

제독의 보고를 받았는데, "대군이 승기를 타고 서울 일대를 공격하고자 하나 다만 군량과 사료의 운송이 이어지지 않으니, 바라건대 속히 재촉하여 운반해주시기 바랍니다."라고 하였다. 살피건대, 군량은 삼군의 운명이 걸린 일로 한시라도 모자라서는 안 된다. 그런데 평양을 새로 격파하고 대군이 급히 진격함에 한때 운송이 이어지지 못하였으니, 실로 형세에 구애됨이 있다.

살피건대 각 군정이 빼앗은 왜의 말이 약 3000필이다. 진중에서 다친 말을 가진 관군에게 보급해주는 외에 그 나머지 마필은 잠시 군량과 사료를 실어 나르는 데 쓰는 것이 좋겠다. 패문을 보내니, 바라건대 평왜제독은 즉각 각 관원과 군정이 획득한 왜의 말을 진군하는 데 사용하는 외에 나머지 말은 잠시 군량을 운반하는 데 협조하게 하였다가 군량과 사료가 조금 충족되면 군전으로 보내 쓰이게 하는 것이 좋을지 여부를 조사해보라. 만약 쓸 만하다면 즉각 이 말들을 관량관(管糧官)[112]에게 내어주어 줄지어 짐을 싣게 할 수 있을 터이니, 이 역시 운송함에 있어 형편에 따라 처리하는 계책이 될 것이다. 속히 의논하여 회보하라.

112 관량관(管糧官): 군량을 관장하는 관원을 말한다.

5-80

병부에 보내는 자문

咨本部 | 권5, 56a-56b

날짜 만력 21년 정월 26일(1593. 2. 26.)
발신 송응창
수신 병부
내용 전선의 상황이 중과부적의 상태에 있으니 약속하였던 유정과 진린의 군사를 비롯해서 동원 가능한 병력을 서둘러 증파해줄 것을 재촉하는 자문이다.

긴급한 왜정에 관한 일.

앞서 이달 15일에 제독 이여송의 보고에서 유정과 진린의 병마가 와서 서울을 공취(攻取)하는 데 협조하도록 재촉해달라고 한 일은 이미 병부에 자문으로 보내 징발해줄 것을 청한 바 있습니다.[113] 그 후 25일 다시 제독 이여송의 보고를 받았는데, "서울 서쪽이 이러저러합니다. 이제 진격하려는 참이니, 바라건대 이 병사들을 재촉하여 응원군이 되게 해주십시오. 만일 시일을 오래 끌었다가는 왜노들이 병력을 모으고 힘을 기르며 일본의 대마도 등 여러 섬에서 또

....
113 앞서 …… 있습니다: 해당 자문은 「5-38 移本部咨 권5, 26b-27a」에 실려 있다.

한 와서 구원할 것이니, 그때는 계책이 장차 어디에서 나오겠습니까. 사안이 지극히 긴박하여 시시각각 바라보고 있으니, 아뢰건대 서둘러 출발시켜 주시기 바랍니다."라고 하였습니다.

이를 받고 살피건대, 왜노들은 평양에서 패전하고 나서부터 각 도에 주둔하고 있던 자들을 모두 서울로 돌아오게 하였습니다. 지금 강을 가로막고서 굳게 지키고 있으니, 이는 앉아서 우리 군대가 지치게 하려는 것입니다. 외지에서 온 군대가 깊이 들어왔으니 재빨리 싸우는 것이 이익일 것입니다. 다만 많고 적음에 이미 차이가 나니 매우 걱정스럽습니다. 저는 요동의 군사 수천을 잠시 빌려 대응하고자 하였으나 몽골 오랑캐가 현재 크게 일어났으니, 형세상 저쪽에서 빼서 이쪽에 주기 어렵습니다. 공(功)이 거의 이루어졌으니, 사안은 지극히 중요합니다.

이에 다시 병부에 자문을 보내니, 번거롭겠지만 앞뒤 사리(事理)를 잘 살피시어 속히 유정과 진린의 관군을 더욱 서둘러 요동으로 가게 하여 제독의 군전으로 보내 응원하게 해주십시오. 또한 각 성(省)과 직례(直隷) 및 멀고 가까운 각 영과 로에서 앞서 목록을 적어 징발에 응하기로 한 7만 병마의 수량과 항목 가운데 아직 이르지 않은 자를 속히 재촉하여 수천을 징발해서 서둘러 오게 한다면 만전을 기할 수 있을 것입니다.

5-81

순무산동도어사에게 보내는 자문

咨山東撫院 | 권5, 57a-57b

날짜 만력 21년 정월 26일(1593. 2. 26.)

발신 송응창

수신 순무산동도어사(巡撫山東都御史)

내용 요동의 선박이 산동성 등주까지는 왕복할 수 있으나 현재 군량을 쌓아두고 있는 산동성 낙안(樂安)이나 수광(壽光) 등까지는 운행하기 어렵다고 호소하니 산동 각처에 흩어놓은 군량을 등주로 모아줄 것을 부탁하는 문서이다.

성지에 따라 부신에게 전적으로 책임을 맡긴 일.

흠차순무요동도어사 조요로부터 자문을 받았는데, 그 내용은 다음과 같았습니다.

"살펴건대, 요동의 배[遼船]는 등주까지 도달할 수 있습니다. 지금 산동의 쌀과 콩을 운반하여 복산채(福山寨)·황현채(黃縣寨)·왕서채(王徐寨)·해창순검사(海滄巡檢司)·해묘채(海廟寨)·낙안채(樂安寨)·수광채(壽光寨)·당두채(唐頭寨) 등에 이르러 각처에 쌓아두고 있으니, 서로 떨어져 흩어져 있습니다. 또한 낙안이나 수광 같은 곳은 등주로부터 수백 리 떨어져 있는데 요동의 선박으로 등주에 이르렀다가 다시 낙안 등 지역에 이르기에는 바다의 파도가 험난하고 멀어 평소에도 가지 않으니 어떻게 운반할 수 있겠습니까. 자문을 보내니, 당신께서는 번거롭겠지만 청컨대 참작하시어 산동해방도에 다시 문서를 보내 쌀과 콩을 모두 등주로 운송하게 한다면 운반하여 보급할 수 있을 것이며 또한 파도에 대한 걱정도 면할 수 있을 것입니다. 바라건대 산동에 자문을 보내주십시오."

이를 받고 살피건대, 앞서 당신에게 자문을 보내 운반하게 하였고 그 후 이제 위의 문서를 받았습니다. 살피건대, 낙안 등은 비록 바다로부터 멀리 떨어져 있지 않다고 하지만 등주까지의 거리가 수백 리가 됩니다. 낙안과 수광 등에서 운반하는 것은 매우 불편하다고 하고, 요동 선박이 평소에 이르지 않는 곳이니 왕래하며 실어 나르게 하는 것은 더욱 불편합니다. 지금 시기가 이미 봄철이 되어 얼음이 풀렸으며 또한 대군이 서울로 깊이 들어갔으니, 군사가 일어남에 양식이 뒤따르는 것은 더 늦추기 어려우므로 마땅히 짐작해서 시행해야 합니다. 자문을 보내니, 번거롭겠지만 해방도에 공문을 보내 원래 사두었던 쌀과 콩을 모두 등주부 근해 지방으로 보내 요동순무[遼東撫院]의 명에 따라 사람을 선발하여 바닷길로 운반하십시오. 바라건대 잘 알아두십시오.

5-82

제독 이여송에게 보내는 명령

檄李提督 | 권5, 57b-58a

날짜 만력 21년 정월 27일(1593. 2. 27.)

발신 송응창

수신 평왜제독 이여송

내용 적을 맞아 싸울 때 대장군신기(大將軍神器)를 쓰는 것이 좋으니 서둘러 운반해서 활용할 것을 지시하는 명령이다.

대군이 승세를 타고 서울과 여러 지역으로 진격하는 일.

살피건대, 평양의 전투에서는 왜노들이 각루를 쌓아 올렸다가 우리 군대가 쏜 명화전과 독화전 등에 맞아 거의 다 불에 탔다. 이를 보면 화공이 오늘날 최고의 계책이다. 다만 듣건대, 그때 대장군신기[114]가 아직 군전에 운반되지 못하였다고 한다. 지금 서울로 진격하는 일이 눈앞에 있는데 왜노들은 다만 우리 불화살의 위력을 알 뿐 우리 대장군포가 신처럼 빨라 한 발에 몇 리를 가고 형세가 벽력같아 맞으면 선 채로 가루가 된다는 것을 알지 못하니, 마땅히 서둘러

....

114 대장군신기(大將軍神器): 대장군포(大將軍砲)를 이른다. 대장군포는 무쇠로 주조한 대형 화포로, 가정 9년(1530)에 처음으로 제조되었다. 수레에 얹은 채로 발사할 수 있어서 위력이 컸다.

독촉해서 군전에서 쓰이게 해야 한다.

　패문을 보내니, 바라건대 제독은 즉각 대장군신기를 독촉하여 군중에 접수하라. 만약 서울로 진공할 때 먼저 대장군포를 포진하였다가 쏘고 대군이 그 뒤를 따라 이어서 진군한다면 왜는 분명 간담이 서늘해져 완전한 승리를 거두게 될 것이다. 부디 제독은 기회를 보아 잘 헤아려 시행하라.

5-83

중군부총병 양원에게 보내는 서신

與楊中軍書 | 권5, 58a-58b

날짜 만력 21년 정월 27일(1593. 2. 27.)

발신 송응창

수신 중군부총병 양원

내용 평양성 전투의 선봉에서 큰 공로를 세운 양원 등을 치하하면서 높은 서훈을 약속하는 서신이다.

지난번 평양을 함락시킨 것은 비록 여러 장수가 힘을 다한 덕분이지만, 용기를 떨쳐 먼저 올라간 것은 장군이 실로 으뜸입니다. 듣건대, 휘하의 가정(家丁)[115] 6명이 앞장서서 성에 올랐으나 곧바로 왜적 가운데 날랜 자에게 베임을 당해 죽었다고 합니다. 다른 사람들이 이에 간담이 서늘해져 물러날 생각을 하지 않는 자가 적었는

....

115 가정(家丁): 원래는 관원이 집에서 부리는 사람을 지칭하지만, 이 시기에는 장령(將領)들이 직속으로 거느린 병력을 지칭한다. 명대의 군제였던 위소제(衛所制)가 점점 해체되면서 일선 지휘관들은 항복한 비(非)한족(漢族)이나 변경의 민간인, 위소에 속해 있던 군호(軍戶) 등을 자기 수하에 거두어 가정으로 삼았다. 명 후기의 장령들은 많은 수의 가정을 거느리고 있었으며, 이들은 실제 전투에도 참전하여 장령의 수족처럼 활동하였다. 대표적으로 명 후기 요동의 실력자이자 이여송의 부친인 이성량이 거느린 가정은 일족을 합하여 수천 명에 이르렀다고 한다.

데, 장군께서 용기백배하여 머리를 마패로 가리고 가정 2명에 뒤따라 한달음에 올라가서 손수 왜장을 베고 척금과 전세정 두 장군이 그 뒤를 이었다고 합니다. 그런 후에 각 문의 장병들이 모두 올라 드디어 뛰어난 공적을 거두었습니다.

무릇 가정이 의연하게 몸소 순국한 것은 모두 문하(양원)께서 평일에 은의(恩義)를 굳게 맺으신 덕분이니, 높이 서훈할 만합니다. 게다가 문하께서 또한 앞장서신 공이야 어떠하겠습니까. 저는 제본을 갖추어 올림에 하늘의 태양을 우러러 맹세하기를 털끝만큼도 감히 사사로이 하지 않을 것이니, 문하께서 이미 뛰어난 공훈을 세우신 일을 어찌 감히 아래에 두겠습니까. 척금과 전세정 두 장군은 진실로 우대하여 서훈할 것입니다. 전사한 가정의 영예로운 혼령을 기릴 만하므로 문하께서 이름을 기록하시면 제가 장차 파격적으로 장례를 치러주고자 합니다. 생존한 두 사람은 충성과 용기가 충분하니 제가 몸소 얼굴을 보았다가 중용하고 싶습니다. 더욱 바라건대, 장군께서는 각 장병에게 전달해서 서울로 진격하여 토벌함에 더욱 기세를 날카롭게 하여 온전한 승리를 크게 거둔다면 사직에 다행이겠습니다. 나머지는 다 이르지 못합니다.

병부상서 석성에게 보고하는 서신

報石司馬書 | 권5, 59a

날짜 만력 21년 정월 28일(1593. 2. 28.)
발신 송응창
수신 병부상서 석성
내용 서울로 진격하며 왜군 149명의 목을 베었다는 전과를 보고하는 서신이다.

우리 군대가 서울로 진격하였으니, 이는 병부상서의 큰 계책에 힘입은 것입니다. 또한 왜노의 머리 149과(顆)를 베고 1명을 사로잡았으니, 왜는 분명 간담이 떨어졌을 것이며 그들을 모조리 섬멸할 수 있을 것입니다. 삼가 전투 보고서를 갖추어 아룁니다.

5-85

제독 이여송에게 보내는 서신

與李提督書 | 권5, 59a

> **날짜** 만력 21년 정월 30일(1593. 3. 2.)
> **발신** 송응창
> **수신** 평왜제독 이여송
> **내용** 평양성 전투 이후 남진을 계속하여 전승을 거둔 것을 축하하는 서신이다.

대장군의 신이한 용맹이 미쳐 순식간에 평양을 함락하였을 뿐만 아니라 개성의 여러 왜노 또한 모두 쓸어버리고 땅을 1000리나 넓혔으며 사이(四夷)¹¹⁶에 위엄을 떨쳤으니, 이는 천고의 뛰어난 공적입니다. 서울을 깨뜨리는 것 또한 눈앞에 있습니다. 소식을 기다리겠습니다. 이루 다 말하지 못합니다.

....

116 사이(四夷): 사방의 오랑캐라는 뜻으로, 중국 중심의 지리 관념에서 주위의 정치체를 낮추어 부르는 표현이다. 각 방위 별로 동이(東夷), 북적(北狄), 서융(西戎), 남만(南蠻)으로 불렀다.

5-86

찬획 유황상·원황에게 보내는 서신

與劉袁二贊畫書 | 권5, 59a-59b

날짜 만력 21년 정월 30일(1593. 3. 2.)

발신 송응창

수신 찬획 유황상·원황

내용 자신이 쓴 시 몇 수를 보내며 검토해줄 것을 부탁하는 서신이다.

어제 가르침을 청하려 보내드렸던 사투리[俚語]와 같이 촌스러운 시는 제가 길에서 우연히 완성한 것입니다. 박학 분[大方]께 보여드리는 것은 정말이지 공자 앞에서 문자를 쓰는 것과 같겠지만[117] 고쳐주신다면 다행일 것입니다. 제가 썼던 내용 가운데 혹여 한두 편이라도 채택할 만한 것이 있으면 목수에게 주어서[118] 오늘의 일을

....

117 공자 …… 같겠지만: 한(漢)나라 때의 직신(直臣) 왕준(王尊)이 일찍이 동평왕(東平王) 의 상(相)이 되었을 때 동평왕의 태부(太傅)가 왕 앞에서 『시경(詩經)』「상서(相鼠)」의 시를 강설하였다. 그러자 왕준이 태부에게 말하기를, "베로 메운 북을 가지고 뇌문(雷門)을 지나지 말라[毋持布鼓過雷門]."라고 하였던 데서 온 말이다. 뇌문은 곧 회계(會稽)의 성문(城門)을 가리키는데, 뇌문 위에 걸린 북은 소리가 커서 낙양(洛陽)에까지 들릴 정도이므로 소리가 나지 않는 베로 메운 북을 가지고 그 앞을 지나다가는 오히려 조소와 모욕만 당할 뿐이라는 뜻이다. 즉 고수(高手) 앞에서 작은 기예(技藝)를 과시하는 것을 비유한다.

118 목수에게 주어서[欲授梓人]: 목수란 책판(冊版)을 제작하는 사람을 말한다. 목수에게

조금 기록하게 하고자 하는데 어떠십니까. 그 밖에 다시 두 수를 드렸으니, 모두 고쳐주시면 감사하겠습니다.

....

준다는 것은 출판을 한다는 것을 뜻한다.

5-87

영평병비첨사 양호에게 보내는 서신

與永平道楊兵憲書 | 권5, 59b

날짜 만력 21년 정월 30일(1593. 3. 2.)

발신 송응창

수신 영평병비첨사(永平兵備僉事) 양호(楊鎬)

내용 자신이 쓴 시를 교정해줄 것, 그리고 시집의 서문(序文)을 지어줄 것을 부탁하는 서신이다.

오랫동안 소식을 접하지 못하였습니다. 또한 저는 당분간 이국에 머물 참이어서 지기(知己)와의 거리가 더욱 멀어지니 몹시 심란합니다. 어제는 평양을 함락하였다고 알려오더니 잠시 후에 다시 개성을 무너뜨렸다고 알려왔습니다. 계획을 짜고 병사와 군량 등을 조달하는 것에는 문하(양호)의 공이 큽니다. 이번 승리 소식은 문하께서도 또한 듣고 싶어하실 것입니다. 저는 감히 문하가 없는 곳에서 계책을 세우던 여가에 사투리와 같이 촌스러운 시 몇 수를 우연히 지었습니다. 시를 지어 오랑캐를 물리치는 일을[119] 제가 감히 바라겠

----

119 시를 …… 일을[賦詩退虜]: 송나라 진종(眞宗)이 거란을 피해 황하를 건널 때 장수 고경(高瓊)을 책망하며 "군들은 이런 때에 오히려 사람의 실례를 책하는데, 왜 시 한 수 읊어서 오랑캐를 물리치지 않는가?"라고 말하였다. 황하를 건너 전주(澶州)에 이르러

습니까마는 만약 분주히 돌아다니며 나라의 계획을 세우고 전쟁에
마음을 쏟는 일이라면 혹여라도 해당될 수 있을 것입니다.

　문하의 박학한 지식[大方]으로 정교히 고쳐주십시오.[120] 만약 채
택할 만한 것이 있으면 곧 목수에게 부치겠습니다. 시집의 첫머리에
다행히도 글을 한 편 내려주신다면 그 시집의 값어치가 삼도부(三
都賦)[121]보다 더 무겁지 않겠습니까. 제 요청 또한 옛 사람이 청운(靑
雲)에 의지하려는 뜻입니다.

....

　북성에 올라 황색 기치를 펼치자 모든 군사들이 다 만세를 부르니 그 소리가 수십 리에
　서도 들리고 거란군은 기가 꺾였다.

120　정교히 고쳐주십시오: 『장자(莊子)』 서무귀(徐无鬼)에, 영(郢) 땅의 사람이 친구의 코
　끝에다 흰 흙덩어리를 묻혀놓고는 도끼를 휘둘러 흙만 교묘하게 떼어내곤 하였는데,
　그 친구가 죽고 나서는 "나의 짝이 죽었다[臣之質死]." 라고 하면서 그 기술을 발휘하지
　않았다는 이야기가 나온다.

121　삼도부(三都賦): 진(晉)나라 좌사(左思)의 저작이다. 촉도부(蜀都賦)·오도부(吳都賦)·
　위도부(魏都賦)에 각 도읍의 풍물을 읊는 내용이다. 당시 문인들이 앞다투어 이 글을
　옮겨 적느라 낙양의 종이값이 올랐다고 한다.

5-88

밀운병비부사 왕견빈에게 보내는 서신

與密雲道王兵憲書 | 권5, 60a

날짜 만력 21년 정월 30일(1593. 3. 2.)

발신 송응창

수신 밀운병비부사(密雲兵備副使) 왕견빈(王見賓)

내용 평양에서의 승첩을 축하하는 서한에 대한 답장이다.

평양에서의 승첩은 황상의 위엄과 문하(왕견빈)의 큰 계획에 힘입은 것입니다. 제가 무엇을 하였다고 감히 축하를 받을 수 있겠습니까. 손수 쓴 편지에서 말씀하시기를 저의 관상이 비상하여 마땅히 반생(班生)[122]의 큰 공을 세울 것이라고 하셨습니다. 무릇 중승(仲升)이 서역(西域)에서 공을 세워[123] 정이(鼎彝)[124]에 새겨 남긴 것이 천고의 한때입니다. 그 풍채를 상상해보자면 제가 어찌 그 후배 자리[後

....

122 반생(班生): 여기서는 반초(班超)를 말하는 것으로 보인다.

123 중승(仲升)이 …… 세워: 반초가 서역을 경략한 일을 가리킨다. 반초는 반고(班固)의 동생으로, 자는 중승이다. 한나라 영평(永平) 16년(73)에 처음 서역으로 출정하여 30여 년간 서역 일대를 경략하여 큰 공을 세웠다.

124 정이(鼎彝): 정과 이로, 모두 고대의 제기(祭器)이다. 유공자(有功者)를 칭송하는 글이 새겨져 있다.

塵]에 끼길 바랄 수 있겠습니까. 문하께서 그렇다고 하신 것은 사랑함이 깊어 지나치게 말씀하신 것이 아니겠습니까. 그윽한 마음을 거두어주십시오. 감사드립니다. 이만 줄입니다.

5-89

경리양향 호부주사 애유신에게 보내는 서신

與艾主政書 | 권5, 60a-60b

날짜 만력 21년 정월 30일(1593. 3. 2.)
발신 송응창
수신 경리양향 호부주사 애유신
내용 명군의 보급을 책임지고 있던 애유신에게 그간의 공로를 치하하며 마가로 40금을 보낸다는 서신이다.

문하(애유신)께서 군량과 사료를 독촉하여 멀리 이국으로 보내셨으니, 삼군이 그 덕분에 편히 자고 배불리 먹을 수 있습니다. 한 번 싸워 평양을 함락하였고 두 번 싸워 다시 개성을 깨뜨린 것은 모두 문하께서 만들어내신 것입니다. 힘써 공을 세우신 것이 유독 현저하니 제 마음에 간절합니다. 삼가 마가 40금(金)을 올려 종자(從者)들에게 대신 한턱내려 하니 받아주시면 감사하겠습니다.

經略復國要編

권6

6-1

참군 정문빈, 동지 조여매에게 보내는 서신

與參軍鄭同知趙知縣書 | 권6, 1a-4a

날짜 만력(萬曆) 21년 2월 1일(1593. 3. 3.)

발신 송응창(宋應昌)

수신 참군(參軍) 정문빈(鄭文彬), 동지(同知) 조여매(趙汝梅)

내용 서울 공격을 앞두고 있는 명군 지휘부에 몇 가지 전략을 전달하는 내용의 서신이다. 서울에 거주하는 조선인들의 내응(內應)을 유도할 것, 왜군 응원부대가 올 것에 대비하여 길목을 막을 것, 조선 군졸을 활용할 것, 서울을 함락한 이후 조선인을 살육하는 일이 없도록 군의 기율을 엄히 유지하도록 힘쓸 것 등을 당부하는 내용이다.

손수 쓴 편지를 받았습니다. 강에 다가가자 얼음이 녹아서 병마(兵馬)가 건너기 어려운데 갑자기 물이 빠져서 얕은 곳을 밟고 건너서 다시 훌륭한 공을 거두었으니, 이는 하늘이 이여송(李如松) 장군을 돕는 것입니다. 게다가 겐소(玄蘇)·시게노부(鎭信)[1]·소이츠(宗逸)는 이미 목을 베었고 유키나가(行長) 1명만 남았습니다. 비유하자

....

1 시게노부(鎭信): 마쓰라 시게노부(松浦鎭信), 1549~1614. 일본 사람으로 전국시대부터 도쿠가와(德川) 초기에 걸쳐 활동한 무장이다. 히라도(平戶) 번의 번주로 임진왜란 때 병사 3000명을 이끌고 참전하였다.

면 물고기가 그물을 빠져나갔지만 간담은 이미 떨어진 것과 같아 두려워할 필요가 없을 것 같습니다. 그런데 이여송 장군은 또한 미리 매복을 해두었고 게다가 날랜 병사로 추격을 하고 있으니, 진실로 상책(上策)이라 하겠습니다. 천심(天心)과 인사(人事)가 양쪽 모두 잘 갖추어졌으니, 서울의 왜(倭)를 섬멸할 일이 바로 눈앞에 있습니다.

그러나 생각할 때는 만전을 다해야 하고, 일할 때는 신중해야 합니다. 우리의 화기(火器)는 매우 위력이 있으나 저들의 조총(鳥銃)도 만만치 않습니다. 처음 대치하는 때라면 마땅히 먼저 우리가 화기를 쏘아 군사를 진격시킬 것처럼 하다가 실제로는 진격하지 않아 그들이 조총을 다 쏴버리도록 유도한 연후에 북을 한 번 울리면 그들을 꺾기가 어렵지 않을 것입니다.

또한 왜의 세력이 수가 매우 많은데 이여송 장군께서 군사를 이끌고 깊이 들어가셨으니, 제가 하루라도 걱정하지 않는 날이 있겠습니까. 만약 요동(遼東)의 군사를 빌릴 수 있다면 제가 당연히 먼저 동원하지 어떻게 순순히 기다리겠습니까. 그러나 요양에는 오랑캐가 바야흐로 가득하여 저도 눈으로 직접 보았으니, 군사를 빌려달라고 말만 허비하였을 뿐 순무(巡撫)·순안어사(巡按御史)는 결코 따르려 하지 않았습니다. 그런 까닭에 앙성공(仰城公: 이여송)이 누차 반복하였으나 실로 부득이하였습니다. 그렇지 않았다면 어떻게 자기 일은 급하다 여기지 않으면서 다른 사람의 일에 급한 자가 있겠습니까. 형편이 되었다면 단연코 이처럼 안 도와주지는 않았을 것입니다. 앙성공이 여전히 이 군사들이 오기를 기대하다가 혹 일을 그르치게 될까 걱정되니, 문하(門下: 정문빈·조여매)께서는 제 뜻에 따라 그에게 회답해주시기 바랍니다. 저는 다만 날마다 유정(劉綎)을 재촉하여 육로(陸路)를 통해서, 진린(陳璘)의 군사는 수로를 통해서 신속히 와서 협공에 대비하게 할 뿐입니다.

생각하건대 시의(時宜)를 잘 헤아리고 장사(將士)를 격려하여 파죽지세를 타고 1명으로 100명을 당해내며 공을 세워 전승(全勝)을 거두는 것은 결코 군사의 많고 적음에 있지 않습니다. 만약 형세가 올라탈 만하지 않으면 잠시 서로 지키는 것도 가능합니다. 그 밖에 제 견해 한두 가지를 아래에 열거하니 바라건대 두 공께서는 앙성공과 함께 헤아려서 행하십시오.

하나. 병가에서 이간책을 쓰는 것은 마땅히 적이 양쪽으로 곤란에 처해 있을 때입니다. 지금 왜노(倭奴)들이 서울을 지키고자 한다면 우리 군사의 화공(火攻)을 두려워할 것이고, 일본으로 돌아가고자 한다면 또한 관백(關白)에게 일족이 주륙을 당할까 두려워할 것이니, 바로 지금이 진퇴유곡(進退維谷)의 때입니다. 이 기회를 틈타 이해(利害)를 말하고 봉작(封爵)으로 유혹하며 두터운 하사품을 먹인다면 기꺼이 따르지 않을 자가 없을 것입니다.

왕수(王洙)와 장대선(張大善)²은 진실로 부릴 만합니다. 민첩하고 세심한 것으로 말하자면 본부지휘(本部指揮) 황응양(黃應揚)³ 같은 자도 또한 조그마한 도움으로 쓸 수 있을 것입니다. 지금 이미 군전(軍前)에 있을 터이니, 만약 그를 쓰고자 한다면 모두 앙성공의 부림

2　　장대선(張大膳): ?~?. 명나라 사람으로 일본에서 통사 역할을 하였다. 만력 21년(1593) 평양성 전투 때 명나라 측에 사로잡혔다.

3　　황응양(黃應揚): ?~?. 명나라 사람이다. 조선이 일본에 합세하여 명을 침략하려는 의도를 가졌는지 확인하기 위해 조선에 파견되었다. 이후 조선에 남아 명나라 군대의 참모 역할을 수행하였다.

에 따르게 하십시오.

하나. 조선의 주민으로서 서울에 있는 자 4만여 명은 잠시 왜의 무리를 따르고 있으나, 그들이 임금을 위하는 진심과 집을 부순 데 대해 쌓인 분노로 한번 갚아주고자 생각하는 것은 4만 명이 정말로 한마음입니다. 또한 평양(平壤)에서 이미 승첩(勝捷)을 거두어 그들이 우리 군사를 바라보기를 마치 구름과 무지개를 우러르는 것과 같이 하는 것 또한 4만 명이 한마음입니다. 이 인심이 변화를 생각할 때에 은밀히 죽음을 무릅쓴 사람들을 시켜 몰래 성에 들어가 면사첩(免死帖)을 주면서 대군(大軍)이 일단 성 아래에 이르면 북산(北山)에 기대어 내응하도록 해서 피차가 협공한다면 설사 백만의 병마일지라도 모두 섬멸할 수 있을 것입니다.

다만 다른 나라 사람들이라서 그 마음을 헤아리기 어려우니 또한 미리 방비해야 합니다. 듣건대 평양을 공격할 때 조선의 부녀들이 성에 올라 우리 군사를 공격하는 것을 도왔다고 하니, 이 또한 뜻밖의 일입니다. 만약 서울의 주민들도 그러하다면 이 기밀을 누설하여 계략을 미리 알아 그것을 역이용하는 일이 반드시 없지 않을 것입니다. 그런 까닭에 그들을 믿지 않자니 앉아서 기회를 잃는 셈이고, 그들을 믿자니 다른 변이 있을까 걱정입니다. 이 역시 문하께서 대장군과 함께 깊이 생각하여 신중히 방비하셔야 할 따름입니다.

하나. 관백이 지금 대마도(對馬島)에 주둔하고 있는데, 저들 군사가 공격을 당한 것을 들으면 반드시 군사를 더해 구원할 것이니, 걱정하지 않을 수 없습니다. 만약 정찰을 해서 샛길이 있다면 정예 장병 한두 부대를 가려 뽑아 화기를 많이 가지고 곧바로 건너오는 길목으로 가게 하십시오. 만약 배가 그쪽 연안에 정박해 있다면 계책을 써서 불살라버리고, 배가 이미 떠나 구원하러 왔다면 그들이 연안에 다가오기를 기다렸다가 화기를 일제히 발사하십시오. 그러면 안으로는 그들이 돌아갈 길을 끊어버릴 수 있을 것이고, 밖으로는 그들의 원병을 물리칠 수 있을 것입니다. 솥 안의 물고기가 어찌 모두 살아남을 수 있겠습니까. 이것이 한 계책입니다. 이 역시 마땅히 깊이 생각하여 행하십시오. 제가 있는 곳에 화기가 매우 많으니, 연달아 모두 군전으로 보내 쓰실 수 있게 하겠습니다.

하나. 요동의 군사는 이미 빌릴 수 없게 되었으며, 유정과 진린의 군사 역시 갑자기 도달하기는 어렵습니다. 저들은 수가 많고 우리는 적으니 대장군께서 걱정하시는 것이 바로 이것입니다. 제 생각에 조선의 사졸(士卒)들은 비록 유약하여 쓰기 어려우나 적절히 고무하고 잘 조련한다면 약한 자들을 강하게 할 수 있고 적은 자들을 많게 할 수 있을 것입니다. 전방 부대에서 적과 부딪히는 것은 화포(火砲)가 먼저이나, 또한 반드시 정예한 군사를 선발해서 선봉으로 삼고 조선의 지친 군졸들은 다만 깃발이나 흔들고 고함이나 치는 데 쓴다면, 죽음을 무릅쓰는 자는 적을 깨뜨릴 것이고 겁먹고 나약한 자는 위세를 도와 보전할 수 있을 것입니다. 조선의 병졸을 굳이 다른 데로 징발하여 보낼 필요가 없습니다. 이는 양쪽에 유리한 방도이니, 또한 행할 만하지 않겠습니까.

또한 듣건대 조선의 병사 가운데 활을 잘 쏘는 자도 많다고 하니, 그들을 선봉으로 쓴다면 분명히 승리를 거둘 수 있을 것입니다. 이들 또한 지친 군졸들과 함께 모두 후방에서 써서는 안 됩니다.

하나. 서울의 주민들이 왜인들과 섞여 살아 피차를 구분하기 어렵습니다. 게다가 성을 깨뜨리는 날에는 사태가 창졸간에 벌어질 것이니 뒤섞여 죽이게 될까 걱정입니다. 만약 그런 일이 있다면 이는 중국[天朝]에서 와서 구원해주는 뜻을 잃는 것이요, 또한 속국(屬國)이 구원을 바라는 마음을 저버리는 일이며, 또한 대장군과 제가 황제께서 살리는 것을 좋아하시는 덕을 본받은 일이 아닙니다.

듣건대 군중(軍中)의 법령이 엄숙하다고 하니 제가 굳이 너무 걱정할 필요는 없겠으나, 다만 사안이 생명에 관련된 것이며 숨은 공덕이 관계된 바입니다. 양성공께서는 부귀가 이미 극에 달하였기에 마땅히 선을 행하고 덕을 쌓아야 하니, 지금 무겁게 여겨야 할 일이 바로 여기에 있습니다. 대적하는 자는 진실로 가벼이 용서하기 어려우나, 형세상 굽혀 항복하는 자는 바라건대 각별히 신경 써서 판별해야 합니다. 공과 제가 미리 면사첩 수천 장을 발부하여 그들에게 준 뜻 또한 이를 위해서입니다.

다시 바라건대, 바쁘신 가운데에서도 더욱 엄히 금령을 내려 마구 상해를 입히지 않게 한다면 공이 높을 뿐만 아니라 또한 덕도 성하게 될 것이고, 용맹함을 떨칠 뿐만 아니라 또한 어짊도 온전히 하게 될 것입니다. 바라건대 문하께서는 유의하십시오.

하나. 상은 원수라고 해서 피하지 않고 벌은 귀하다고 해서 피하지 않으니, 그래야 대중을 감복시킬 수 있습니다. 제독 이여송이 이녕(李寧)[4]은 아끼는 장수이지만 목을 베어 사람들에게 보이려 하였고[5] 움츠리며 물러나는 한 병사를 손수 베고 아깝게 여기지 않았으

----

4 이녕(李寧): ?~?. 명나라 사람이다. 이여송의 속하에서 참장(參將)으로서 병마 1000명을 거느리고 평양성 전투에 참전하였다.
5 이녕(李寧)은 …… 하였고: 이여송이 이녕을 처벌한 사건은 「7-7 叙恢復平壤開城戰功疏 권7, 7a-21b」에 나온다.

니,[6] 군령(軍令)을 알 만합니다. 만약 성을 함락시키는 날 헛된 주륙을 더 엄격히 금지하지 않는다면 음덕(蔭德)을 상하게 할 뿐만 아니라 공을 시기하는 자도 쉽게 모함하는 계책[萋菲][7]을 낼 것입니다. 앙성공께서 더욱 엄히 단속하여 범하는 자가 있으면 반드시 사형에 처하기를 더욱 바랍니다. 그러면 삼군(三軍)이 두려움을 알아 마구 상해를 입히지 않게 될 수 있으며, 우리 공의 후손 또한 분명히 크게 흥할 것입니다.

이에 구구절절함을 꺼리지 않았으나 혹 군중의 한 가지 계책에라도 도움이 되었으면 합니다. 길이 백 리나 떨어져 있으나 사안이 한집안에 관계된 일이며 조금이라도 얻을 바가 있을까 하여 감히 잠자코 있지 못하겠습니다. 바라건대 문하께서 저를 나무라지 않고 헤아려 잘 쓴다면 또한 한두 가지라도 도움이 될 수 있을 것입니다.

....

6 움츠리며 …… 않았으니: 이여송이 겁을 먹고 물러서는 병사를 벤 사건은 「7-7 叙恢復平壤開城戰功疏 권7, 7a-21b」에 나온다.

7 쉽게 모함하는 계책[萋菲]: "萋菲"는 『시경(詩經)』 「소아(小雅)」 편에서 유래한 말로, 남의 작은 허물을 모아 큰 죄로 얽는다는 뜻이다.

6-2

경리양향 호부주사 애유신에게 보내는 서신

與艾主政書 | 권6, 4b-5a

날짜 만력 21년 2월 1일(1593. 3. 3.)

발신 송응창

수신 경리양향(經理糧餉) 호부주사(戶部主事) 애유신(艾維新)

내용 서울을 향해 진군하는 명군에 군량과 마초(馬草)가 부족하지 않도록 운송에 만전을 기할 것을 당부하는 내용의 서신이다. 요동도사(遼東都司) 장삼외(張三畏)에게 지시하여 평양에 쌓아둔 군량을 운반하게 하였고 평양에서 서울에 이르는 길목에 위치한 강가에 교량을 설치하거나 선박을 모집해두도록 하였음을 알리며 애유신에게 협조할 것을 지시하는 내용이다.

군량과 사료에 관한 일은 노역이 무거운데다가 거리도 멀기 때문에 제 마음이 몹시 편안하지 못합니다. 최근 평양과 개성(開城)은 비록 이미 모두 수복하였으나, 왜노들이 서울에 모여든 것이 20여 만을 밑돌지 않으며 그 형세가 매우 성합니다. 제독(提督) 이여송이 군사를 이끌고 서울로 다가가 이미 큰 강의 동쪽 기슭에 있습니다. 군사가 필요로 하는 군량이나 말이 필요로 하는 사료는 대단히 중요합니다. 문하(애유신)께서 그 시급함을 목도하고 이에 유의하고 있으니 어찌 번거롭게 지나친 걱정을 하겠습니까. 다만 사안이 한 배를 탄 데 관한 일이라서 밤낮으로 걱정하고 있으며, 길이 천 리나 떨어져 있고 강으로 가로막히고 끊긴 곳이 많아 매우 걱정이 됩니다. 만약 미리 교량과 배를 준비해두지 않는다면 어찌 날아서 건널 수 있겠습니까. 시일을 끌다가는 군사들이 밥을 기다리며 원망하는 소리가 울리게 될 터이니 관계되는 바가 작지 않습니다.

알아보니 요양(遼陽)의 도사(都司) 장삼외가 자못 재간이 있다고 하기에 특별히 명하여 문하와 조선국왕을 찾아뵙고 상의하여 우선 평양에 저장해두었던 곡식과 사료를 신속히 운반하게 하였습니다. 또한 장삼외에게 명하여 미리 앞길로 가서 나루를 만나면 교량을 설치하고 배를 준비하게 하였습니다. 일단 군량과 사료가 이르면 탄탄대로를 걷는 것과 같을 것이니, 군사들은 분명히 배불리 먹어 이후의 공로를 기대할 수 있습니다. 그렇다면 문하의 공이 제일이 될 것입니다. 장관(將官) 가운데 민첩한 자가 있다면 공을 수행하게 하고 또 몇 사람에게 명하여 장삼외를 돕게 하면 더욱 잘 될 것입니다. 단지 독촉하며 간절히 기도하고 또 기도합니다.

6-3

요동양저낭중 왕응림, 요동도에게 보내는 명령

檄王郎中幷遼東道 | 권6, 5a-6a

날짜 만력 21년 2월 1일(1593. 3. 3.)

수신 요동양저낭중(遼東糧儲郎中) 왕응림(王應霖), 요동도(遼東道)

내용 요동의 정요위(定遼衛) 등과 봉황보(鳳凰堡) 등에서 납부해야 할 만력 20년분 둔량과 21년분 염량을 거두어 준비해두고 이를 경리양향 애유신에게 보고하여 조선 내지로 운반해서 명군의 군량으로 삼을 수 있도록 조치를 취하라는 명령이다.

왜정(倭情)에 관한 일.

경리양향주사 애유신으로부터 정문(呈文)을 받았는데, 그 내용은 다음과 같았다.

"강변(江邊) 등에 마련해둔 군량과 사료를 연이어 의주(義州)로 운반하고 조선의 사람과 가축에게 책임을 지워 운반하게 하였습니다. 대군이 지금 서울을 공격하려는 때에 군량과 사료를 써야 하겠으나, 다만 시일이 오래되면 장차 군량의 수송이 이어질 수 없습니다. 만약 다시 은(銀)을 풀어 사들인다고 해도 산동(山東) 일대에 땅은 넓고 사람은 드물어 백성이 고통스럽다고 하니 사들이기 어렵지 않을까 걱정입니다.

살피건대 앞서 병부낭중(兵部郎中) 왕응림(王應霖)[8]의 수본(手本)을 받았는데, 그 내용은 다음과 같았습니다. '요동도에 속한 정요좌위(定遼左衛) 등 각 위(衛)와 봉황보·탕참보(湯站堡)·강연보(江沿堡) 등에서 거두어야 할 만력 20년분 둔량(屯糧)[9]이 매우 많으니, 완납하도록 독촉하면 보급할 수 있을 것입니다.'라고 하였습니다.

어제 제가 각 보(堡)를 직접 돌아보니 그 창고의 관리들이 모두 말하기를, '보에 보내 상납한 것이 전혀 없습니다.'라고 하였습니다.

요양도(遼陽道) 및 낭중 왕응림에게 문서를 보내 독려하는 외에, 생각건대 시일이 지체되면 불편할 듯합니다. 당신에게 정문을 올리니, 바라건대 요양도 및 낭중 왕응림에게 패문(牌文)을 보내 만력 20년분의 둔량과 21년분의 염량(鹽糧)[10]을 서둘러 완납하도록 독촉해서 연달아 보급하도록 하여 군량이 부족해지지 않게 하는 것이 어떻겠습니까."

살피건대 대군이 깊이 들어가 서울을 공격하는 일이 오래 걸릴지 신속히 끝날지는 거꾸로 헤아리기 어려우니, 군량과 사료는 반드시 미리 준비하여야 보급할 수 있을 것이다. 앞서 그 관리들로부터 정문으로 보고를 받았는데, "정요위 등 각 위와 봉황성(鳳凰城) 등 각 보에 모두 징수해야 할 둔량과 염량이 있어 군량으로 충당할 만하니 곡물 매입 부담을 덜 수 있습니다."라고 하였다. 지금 주사(主

─────

8   왕응림(王應霖): 1548~?. 명나라 사람으로 순천부(順天府) 패주(霸州) 문안현(文安縣) 출신이다.
9   둔량(屯糧): 위소(衛所)의 군호(軍戶)들이 둔전에서 수확하여 납부하는 곡물을 가리킨다.
10 염량(鹽糧): 명대에는 변경의 군량 확보를 위하여 상인들이 변경에 곡물을 납부하면 소금 판매권을 대가로 부여하는 개중법(開中法)을 실시하였는데, 이렇게 납부된 곡물을 염량이라고 불렀다.

事) 애유신이 다시 이 사안에 대해 올린 정문을 살펴보니 마땅히 서둘러서 상납을 재촉해야 하겠다.

패문(牌文)을 보내니, 바라건대 해당 관리들은 즉각 요양도 및 낭중 왕응림과 함께 정요위 등의 위와 봉황보 등의 보에서 징수할 만력 20년분 둔량과 21년분 염량을 적당한 관원을 선발해서 나누어 보내 상납하도록 재촉하여 각 성보(城堡)에서 거두어 쌓아두라. 한편으로는 연달아 상납한 각 양곡의 수량과 종류를 즉시 주사 애유신에게 문서로 보내 알려줌으로써 수레를 보내 운반해서 대군에게 보급하는 데 편하게 하라. 그렇게 한다면 식량이 부족할 걱정이 없게 될 것이다. 지체하여 그르치지 말라.

요동순무에게 보내는 자문

咨遼東撫院 | 권6, 6a-6b

날짜 만력 21년 2월 1일(1593. 3. 3.)

발신 송응창

수신 요동순무(遼東巡撫) 조요(趙燿)

내용 앞서 요동순무 조요는 송응창에게 명군이 조선 땅에서 군량을 쉽게 마련할 수 있을 것이며 요동에서 준비한 것만 해도 두세 달은 쓸 수 있을 듯한데 현재 임청(臨淸)·덕주(德州)와 산동에 쌓아둔 곡식과 사료를 굳이 운반해야 하겠느냐는 질의를 한 적이 있다. 이 자문(咨文)은 그에 대한 회답으로, 현재로서는 군량이 충분하지 않으니 계획대로 모두 운반해올 것을 요청하는 내용을 담고 있다.

성지(聖旨)에 따라 부신(部臣: 송응창)에게 전적으로 책임을 맡긴 일.

흠차순무요동도어사(欽差巡撫遼東都御史) 조요(趙燿)의 자문을 받았는데 긴급한 왜정에 관한 일로, 그 내용은 다음과 같았습니다.

"근래에 듣건대, 대군이 강을 건너 이미 평양을 깨뜨렸으며 서울도 머지않아 수복할 수 있을 것이라고 합니다. 조선의 강토를 이미 회복하였으니 군량과 사료는 쉽게 마련할 수 있을 것 같습니다. 또 우리 진(鎭)에서 앞서 준비한 쌀과 콩과 사료만으로도 두세 달의 쓰임에는 충분할 것 같습니다. 임청·덕주와 산동에 쌓아둔 것을 그대로 운반해야 할지 말지 당신에게 자문을 보내니, 번거롭겠지만 바라건대 결정을 내려서 자문으로 회답해주시어 미리 조처할 수 있게 해주십시오."

이를 받고 살피건대, 요동진[遼鎭]의 군량과 사료가 비록 두세 달의 쓰임에는 충분하다고 하지만 겨우 관군(官軍)이 지나갈 때 쓸 양식으로 공급할 수 있을 뿐입니다. 만약 전부를 그쪽으로 운반하게 한다면 열흘을 수고해도 하루치 쓰임을 대기에 부족합니다. 지금 대군이 서울로 깊이 들어갔더라도 조선 각 도(道)의 군민(軍民)은 전에 왜적에게 노략질을 당하여 창고가 이미 비어버렸으니 군중의 군량과 사료는 항상 부족합니다. 설령 곧바로 서울을 깨뜨려 수복한다 하여도 운반한 군량은 왜를 정벌하러 간 관군에게 보급할 수 있을 만큼일 뿐만 아니라, 설사 요동에 여분의 군량이 생기더라도 이는 요동에서 오랑캐를 막는 군사에게 지급해야 할 것입니다. 위의 임청·덕주, 산동에 쌓아둔 쌀과 콩은 마땅히 운반해야 하기에 당신에게 자문을 보내니, 번거롭겠지만 청하건대 잘 살펴 시행해주십시오.

6-5

순안요동감찰어사에게 보고하는 서신

報遼東李撫院書 | 권6, 6b-7a

날짜 만력 21년 2월 2일(1593. 3. 4.)

발신 송응창

수신 순안요동감찰어사(巡按遼東監察御史) 이시자(李時孶)

내용 명군이 서울 진격을 눈앞에 둔 상황에서 군량 보급이 중요하니 요동으로부터의 수송을 독려해줄 것을 당부하는 서신이다.

저를 생각하시어 얼음과 눈을 무릅쓰고 멀리 와주셨으니, 깊이 감사하고 또 감사합니다. 어제 제독 이여송으로부터 전투 보고서를 받았는데, 개성에서 왜노를 다시 100여 명 참하였다고 합니다. 팔도(八道)에 있는 그들이 모두 서울로 달아났으니 이미 담이 떨어진 듯합니다. 그 세력이 크게 합쳐져서 듣건대 그 수가 20여 만을 밑돌지 않는다고 하는데, 우리 군사는 겨우 3만여 명입니다. 비록 태자(台慈: 이시자)의 위엄과 은혜에 기대어 공을 세우기를 바랄 수도 있겠지만, 외지에서 온 군대가 깊이 들어간데다 적군과 아군의 많고 적음이 현격히 다르니 뒷일이 어떻게 될지는 알 수 없을 따름입니다. 군중의 시의를 앞으로도 더욱 잘 지도해주시기를 기원합니다.

또한 군량까지 걱정하여 각 관원을 만나 운송을 재촉해주시니,

참으로 어진 사람의 마음 씀씀이라고 하겠습니다. 현재 장병들이 서울까지 겨우 100여 리 앞이니 의주[愛州]로부터는 1000여 리가 됩니다. 운반이 잠시라도 지연된다면 관계되는 바가 작지 않을 것입니다. 이런 까닭에 제가 길을 나누어 독촉하면서도 오히려 태만해지고 느슨해질까 걱정하여 밤낮으로 마음을 쓰고 있으니, 문하(이시자)께서도 다시 유의해주시기 바랍니다. 무릇 헌대(憲臺)가 한마디를 하면 관역(官役)이 공손히 따라서 삼군이 배불리 먹을 수 있을 터이니, 그에 기대는 바가 얼마나 크겠습니까.

중군도독 양원에게 보내는 서신

與中軍都督楊元書 | 권6, 7a-7b

날짜 만력 21년 2월 2일(1593. 3. 4.)

발신 송응창

수신 중군도독(中軍都督) 양원(楊元)

내용 중군도독 양원의 공로를 치하하며 공적을 보고하는 문서에서 이를 특기할 것임을 약속하며, 아울러 그 과정은 공명정대하게 시행할 터이니 휘하 장령(將領)들이 동요하지 말도록 위무해줄 것을 당부하는 서신이다.

문하(양원)는 척금(戚金) 장군 등과 함께 위험을 무릅쓰고 먼저 성에 올랐으니, 그 공이 첫 번째입니다. 보내온 편지를 보고서 피나는 전투에서 모진 어려움을 겪었음을 잘 알았습니다. 옛날의 명장(名將)이라도 어찌 이보다 더하였겠습니까. 제가 서훈(敍勳)을 아뢸 때에 마땅히 첫머리에 기록하겠습니다. 그 나머지 서훈의 순서도 공정한 마음을 지키는 데 힘쓰고 사사로운 청탁에 구애받지 않을 것입니다.

생각건대, 저를 위하여 장사들을 한 번 위무해주시어 삼가 분분히 쟁론해서 안으로는 조정의 체통을 잃고 밖으로는 속국의 웃음거리가 되는 일이 없도록 해주신다면 관계되는 바가 작지 않을 것입니다. 다시 빌건대, 문하와 각 장령들이 갈수록 용맹과 위엄을 떨쳐 완전한 공적을 거두어 백세(百世)가 지나도 기억하게 되었으면 합니다. 어찌 눈앞의 기록에만 그치겠습니까. 아침저녁으로 우두커니 서서 승첩 소식을 기다립니다. 이만 줄입니다.

요동도사 장삼외에게 보내는 명령

檄都司張三畏 | 권6, 7b-8b

날짜 만력 21년 2월 2일(1593. 3. 4.)

발신 송응창

수신 요동도사 장삼외

내용 군량 운송을 위해 교량을 수리하고 선박을 모집할 것, 왜군으로부터 수복한 평안도 일대의 관가와 민가에 남아 있는 양곡을 전쟁이 끝난 후에 갚아주기로 약속을 하고 우선 빌려 군량으로 보급하도록 할 것을 지시하는 명령이다.

대군이 승기(勝氣)를 타고 서울과 여러 지역으로 진격하는 일.

살피건대 대군이 개성 지방으로 깊이 들어가 서울로 진격하는 일이 임박해 있다. 다만 군량의 수송이 이어지지 않으니 서둘러 논의해서 처리해야 한다. 중국의 군량은 현재 연달아 운반하는 외에 평양 동쪽의 각 지방 가운데 왜노가 아직 함락하지 못하였거나 다 불태우지 못한 곳이 있으면 관가(官家)이든 민가(民家)이든 막론하고 반드시 쌓아놓은 곡식이 있을 것이니, 조사해서 그것을 빌려다가 군사들의 식량으로 보급해야 한다. 왜노를 평정하는 일이 끝나는 날을 기다렸다가 우리 땅에서 운반한 군량 중 남은 것을 수효대로 보충해서 지급한다면 군량을 옮기는 데 편익이 있을 것이다. 또한 봄기운이 따뜻해서 강의 얼음도 풀려 운반에 막힘이 없지 않으니, 서둘러서 교량을 수리하고 배를 모집하여 강을 건널 수 있게 해야 할 것이다.

패문을 보내니, 바라건대 그대는 즉시 평양 및 대군의 주둔지로 가서 길목 가운데 강으로 끊어진 곳 중 교량을 수리해야 할 곳은 즉시 국왕에게 자문을 전달하여 배신(陪臣)을 파견해서 함께 수리하도록 하고, 선박을 써야 할 곳이라면 즉시 그 나라의 선박을 조사하고 모집해서 강기슭에 마련해두었다가 군량을 운반해서 건널 수 있도록 하라.

그리고 평양 일대 지방에 곡식을 쌓아놓은 집이 있으면 관가이든 민가이든 빌려줄 것을 권하고, 곡식 빌린 일을 기록하여 관에 두고 일이 끝나기를 기다렸다가 보충해서 돌려주어라. 그리고 국왕에게 자문을 보내 상을 내려주도록 하라. 곡식을 쌓아두고도 내놓지 않거나 빌려주지 않겠다고 하는 자가 있어도 억지로 강요할 필요는 없다. 군량이 충족되어 대군이 굶주리지 않도록 힘써야 비로소 성공하였다고 할 수 있다. 그대가 원래 관할하던, 의주진(義州鎭)의 매일 운송하는 군량과 사료 및 연달아 수레로 운반한 데 대해 지급할 운송비 등은 내가 이미 별도로 주사 애유신에게 문서를 보내 관원을 위임하여 의주로 가서 대신 관장하게 하였다. 어긋나는 일이 없도록 하라.

6-8

병부에 보내는 자문

移本部咨 | 권6, 8b-9b

날짜 만력 21년 2월 2일(1593. 3. 4.)

발신 송응창

수신 병부(兵部)

내용 명군이 급속히 진군하는 바람에 평안도 일대의 방비가 허술해져서 함경도 일대에 있던 왜군이 남하하면서 후방을 교란할까 우려되는 상황이 연출되었다. 이에 병부에 자문을 보내 원래 동원하기로 하였던 유정 등의 군사를 서둘러 출동하도록 독려해주고, 아울러 요동진(遼東鎭)과 계주진(薊州鎭)에서도 추가로 정예병 수천 명을 선발하여 파병해줄 것을 요청하는 자문이다.

긴급한 왜정에 관한 일.

저는 자문을 보내 유정 등의 군병을 서둘러 동원해서 요동으로 가서 대응하게 해달라고 하였습니다. 그 후 근래에 조선국왕으로부터 자문을 받았는데, 그 내용은 다음과 같았습니다.

"군사를 진격시켜 위엄을 보임으로써 적에 대한 근심을 풀어버리는 일. 의정부의 장계(狀啓)를 받았는데, 그 내용은 다음과 같았습니다. '명군이 이미 개성 서로(西路) 일대에 도달하였는데 방비는 모두 텅 비어 있었습니다. 익수령(益水嶺)·동해령(東海嶺)·검산령(劍山嶺)과 같은 곳은 비록 우리나라의 관병(官兵)들로 하여금 길을 나누어 지키게 하였으나 병력이 적고 약하여 방비가 튼튼하지 못합니다. 게다가 근래에 봄눈이 녹고 샛길이 점차 열리고 있으니, 적들이 만약 지름길로 넘어가서 가득 찬다면 막기 어려울 것입니다. 경기도 일대가 재차 병화(兵禍)를 당하면 그 화는 예측하기 어려울 것이니, 진실로 작은 걱정이 아닙니다. 마땅히 병부에 자문을 보내 요청하여 원래 동원하려던 정예 관군 1000~2000명이나 혹은 포수(砲手) 600~700명을 그곳으로 파견해 보내 수비를 돕게 하여 군사의 위엄을 드러내게 해야 할 것입니다. 만약 토벌할 수 있다면 흉악한 적들이 혼비백산하여 진영을 수습하고 스스로 물러날 것입니다.'

이를 받고 살피건대, 명군이 빨리 지나가버려 서로의 방비가 중단되었으니 북쪽의 적들이 빈틈을 타고 장차 돌진해올 듯합니다. 번거롭겠지만 바라건대 당신께서는 각 해당 장령 등 관원에게 지시하여 곧바로 수하의 정예병 1000~2000명, 혹은 포수 600~700명을 나누어 동원해서 익수령 등으로 가서 군사의 위엄을 떨치게 해주십시오. 만약 토벌함으로써 흉악한 적들이 두려워 스스로 물러나게 한다면 서로는 걱정이 없게 될 것이니 참으로 다행이겠습니다. 이를 위하여 자문을 보내니, 청하건대 잘 살펴 지시해주시기 바랍니다."

살피건대 우리 군사가 서울로 깊이 진군하여 압록강(鴨綠江)으로부터 1000리나 되는 길을 지나왔습니다. 멀고 먼 곳에 부대 하나가 큰 적을 앞에 두고 있으니, 이미 병가에서 꺼리는 일을 저지른 것입니다. 만약 왜노들이 익수·검산을 거쳐 우리 군사의 후방을 교란하고 군량이 지나는 길을 끊어놓으며 빈틈을 타고 평양을 다시 차지해서 국왕이 말한 바와 같이 된다면 장차 어떻게 하겠습니까. 이는 깊이 고민하고 즉각 대처하지 않을 수 없는 일입니다. 다만 이를 담당할 군사가 전혀 없으니, 승부가 경각에 달려 있습니다.

이에 병부에 자문을 보내니, 번거롭겠지만 앞서 동원한 유정과 진린, 이승훈(李承勛)[11] 등의 군사를 매우 서둘러 요하(遼河)를 건너 응원하도록 독려해주십시오. 아울러 요동진에 전달하여 속히 정예병 3000~5000명을 선발하고 계주진에서도 속히 정예병 2000명을 선발하여 모두 저의 군전으로 와서 길을 나누어 전진하라는 명을 듣게 해주십시오. 매우 긴급한 일이니 신속히 거행해주시기를 희망합니다.

....

11 이승훈(李承勛): ?~?. 명나라 사람이다. 왜구 방어의 필요성이 높아지자 만력 23년 (1595) 북방의 중요 수비지역이었던 산동총병관(山東總兵官) 겸 도독첨사(都督僉事)에 추천되어 수륙의 관병을 제독하였다.

요동총병 양소훈에게 보내는 명령

檄遼鎮楊總兵 | 권6, 9b-10a

날짜 만력 21년 2월 2일(1593. 3. 4.)

발신 송응창

수신 요동총병(遼東總兵) 양소훈(楊紹勳)

내용 서울 근처까지 진군한 명군의 후방에 대한 방비가 우려되므로 요동의 각 성보 가운데서 군사 3000명을 선발하여 후속부대로 삼아 서둘러 압록강을 건너오게 하라고 독려하는 명령이다.

긴급한 왜정에 관한 일.

앞서 내가 요동진에 문서를 보내 지시하기를, 마군(馬軍)과 보군(步軍) 5000명 또는 3000명을 뽑아 왜군을 정벌하는 병마를 응원하라고 한 바 있었다. 그 후 지금 살피건대, 대군이 서울 등으로 깊이 들어갔으며 앞에는 큰 적이 있고 뒤에는 구원이 없으니 깊이 염려할 만하다. 동원한 군사는 마땅히 서둘러 움직여야 할 것이다.

관전부총병[寬奠副將] 동양정(佟養正)에게 문서를 보내 먼저 마군 500명을 선발하여 강을 건너게 하였다. 패문을 보내니, 바라건대 요동진에서는 즉각 동원한 군사들과 아울러 오랑캐에 대한 근심이 적은 각 성보에 원래 배치해둔 마군과 보군 가운데서 가려 뽑은 군사들을 위의 군사 500명과 합쳐서 총 3000명을 장관에게 책임을 맡겨 거느리고 있다가 내 지시를 기다려 강을 건너 왜군을 정벌하는 병마를 응원하게 하라. 요동진에서는 마땅히 조선이 부활하면 요동이 평안해질 것임을 생각하여 피차를 나누지 말고 서둘러 거행하라. 문서가 도착한 날로부터 2일 이내에 각 군사를 동원하여 출발시킨 연유를 그대로 정문으로 보고하라. 다시 지체하는 일이 있어서는 안 될 것이다.

6-10

관전부총병 동양정에게 보내는 명령

檄副將佟養正 | 권6, 10a-10b

권6

날짜 만력 21년 2월 2일(1593. 3. 4.)

발신 송응창

수신 관전부총병(寬奠副總兵) 동양정

내용 서울 근처까지 진군한 명군의 후방에 대한 방어가 우려되므로 관전로(寬奠路) 소속의 성보에서 마군 500명을 선발하여 익수·검산 등 함경도의 왜군이 평양을 습격하려 할 때 지나갈 길목으로 가서 방비할 것을 지시하는 명령이다.

긴급한 왜정에 관한 일.

살피건대 대군이 현재 서울 등으로 진공(進攻)하고 있는데 외지에서 온 군대가 깊이 들어갔으니 반드시 응원군이 뒤따라야만 만전을 기할 수 있을 것이다. 살피건대, 관전로 소속의 성보는 모두 험준하고 구석에 있어 오랑캐에 대한 근심이 적으므로, 원래 설치한 군병은 마땅히 헤아려 조선으로 동원해야 한다.

패문을 보내니, 그대는 즉시 서둘러 먼저 정예 마군 500명을 가려 뽑아 출발시켜 내가 뽑아 보낸 비어(備禦) 부정립(傅廷立)과 함께 통솔해서 익수·검산 등으로 가서 함경도의 왜노들이 평양을 습격

檄副將佟養正 • **235**

하는 것을 방비하도록 하라. 각 군이 행군하는 데 드는 군량과 사료
는 동쪽을 정벌하는 군사들과 동일하게 지급하라. 이는 긴급한 군기
(軍機)와 관계된 일이니, 문서가 도착한 날로부터 1일 이내에 군사
를 출발시킨 연유를 정문으로 보고하라. 한 시각도 어긋나거나 지체
해서는 안 될 것이다.

6-11

제독 이여송에게 보내는 명령

檄李提督 | 권6, 10b-11a

> **날짜** 만력 21년 2월 3일(1593. 3. 5.)
>
> **발신** 송응창
>
> **수신** 평왜제독(平倭提督) 이여송
>
> **내용** 명군이 소수의 병력으로 너무 깊이 진군한 상태에서 왜군의 세력이 강성하고 날씨 역시 명군에게 불리해지고 있으며 현재 후속 부대가 도착할 예정이니, 특별히 기회가 엿보이지 않는 이상 진군을 멈추고, 일단 잠시 주둔하면서 적의 동태를 잘 정탐하고 부대를 정비할 것을 지시하는 명령이다.

대군이 깊이 들어갔으니 두루 헤아려 나아갈지 멈출지 편하게 할 일.

알아보니 서울 일대 지방은 길 옆이 모두 논이라고 한다. 지금 날씨가 따뜻하여 얼음이 풀리고 땅이 녹아 전마(戰馬)가 달리기에 불편하다. 게다가 우리 군사가 깊이 들어갔는데 군량과 사료는 아직 모이지 않았다. 서울 등의 성은 왜노가 점거하고 있으며 또한 외지에서 온 군대가 멀리 추격하였으니 중과부적이므로, 마땅히 나아갈지 멈출지를 헤아려 논의해야 하겠다.

　한편으로는 요동의 군사[遼兵]를 재촉하여 유정 등의 병마와 함께 와서 협력하게 하는 외에 패문을 보내니, 바라건대 평왜제독은 즉각 각 장령들과 함께 편리한 곳을 선택해서 잠시 주둔하라. 적당한 관군을 여럿 뽑아 왜노의 정황을 정탐하게 하라. 군량과 사료와 병마가 모두 다 모이도록 재촉하였다가 올라탈 만한 기회가 있을 때 비로소 진공하라. 만약 진흙탕이 불편하다면 별도로 조치를 취하는 것도 무방하다. 신중히 하여 경솔하게 진격하지 말도록 하라.

　또한 듣건대 지금 비가 많이 내렸다고 하니, 일체의 군화(軍火)와 장비에 대해서는 각 장병들에게 지시하여 마음을 써서 수습하게 하여 파손되지 않게 하라. 만약 교전하게 되면 반드시 맑고 건조한 때에라야 겨우 가능할 것이다. 연유를 갖추어 우선 보고하라.

제독 이여송에게 보내는 서신

與李提督書 | 권6, 11b

날짜 만력 21년 2월 3일(1593. 3. 5.)

발신 송응창

수신 평왜제독 이여송

내용 명군이 소수의 병력으로 너무 깊이 진군한 상태에서 왜군의 세력이 강성하며 함경도의 왜군이 남하하면서 후방을 교란할 것도 걱정되니, 일단 진군을 멈추고 개성에 주둔하면서 군사와 군량이 모두 모이기를 기다리는 것이 좋겠다는 의견을 담은 서신이다.

대장군(大將軍)께서 승승장구하여 왜노를 모두 쓸어버리려고 하니, 사직(社稷)이 크게 기대고 있습니다. 다만 왜노는 예측하기 어려우며 왜의 세력이 매우 성합니다. 곧바로 쳐들어가면서 정탐도 하지 않고 방비도 하지 않다가 만약 저들이 군사를 나누어 매복해두었다가 우리가 예측하지 못한 데서 나오면 그 피해가 적지 않을 것입니다. 또 듣건대 함경도의 왜노들은 아직 흩어지지 않았다고 합니다. 만약 익수와 검산 등을 경유하여 우리 군사의 후방에서 나타나 다시 평양을 차지해버려 우리의 군량을 끊어버리고 우리의 외로운 군대를 요격한다면 크게 걱정할 만한 일입니다.

　저는 한편으로 군사를 동원하고 조선과 협력하여 그 요해처를 막아 왜노가 오는 길을 끊어버릴 테니, 대장군께서 개성에 군마를 주둔시켰다가 저들 군사가 해이해지는지 엿보고 우리 군사와 군량이 모두 모이기를 기다린 이후에 진격한다면, 이전에 세운 공은 이미 상주(上奏)하였으나 이후의 공로도 기대할 수 있을 것입니다.

　만전의 계책이 우리에게 달려 있습니다. 이는 중대한 시의에 관계된 일이라서 감히 말씀을 올리니, 대장군께서 마음을 써주시기를 온 마음으로 빌고 또 빕니다.

6-13

병부상서 석성에게 보고하는 서신

報石司馬書 | 권6, 12a-12b

날짜 만력 21년 2월 3일(1593. 3. 5.)

발신 송응창

수신 병부상서(兵部尙書) 석성(石星)

내용 현재의 군세만으로도 중과부적의 상황이 염려되는데 평양성 함락
이후 수집한 첩보에 의하면 왜군의 후속 부대가 조선으로 파병될 것이
라고 하므로, 이여송에게는 일단 개성에 주둔하면서 형세를 살펴보도록
하였다고 보고하고 응원부대가 서둘러 도착하도록 독려해줄 것을 당부
하는 내용의 서신이다.

찬획(贊畫) 원황(袁黃)이 장대선을 데려다가 밀실에서 왜의 형세
에 대해 물었더니 그가 말하기를, "일본 66개 섬에서 각각 군사 1만
씩을 뽑아 총 60만 무리가 되었는데 세 반(班)으로 나누어 1년에 하
나씩 교대하고 있습니다. 지금 옛 반이 이미 기한이 꽉 찼으므로 새
로운 반이 장차 올 것입니다."라고 하였습니다.

그가 듣건대, 평양이 공격을 당하고서 일단 옛 반을 멈추어두게
하고 다시 새로운 반을 더하였기에 그 형세가 더욱 성해졌다고 합
니다. 옹대(翁臺: 석성)께서는 평양에서 한 번 승리하였다고 우리 중

국이 걱정할 것은 없다고 하지 말아주셨으면 합니다. 하물며 제독 이여송은 매번 다른 사람이 왜가 성하다고 말하는 것에 화를 내며 단지 쉽사리 대적할 수 있다고 하면서 당장 곧바로 진군하자고만 합니다. 용맹은 진실로 칭찬할 만합니다만 만약 중과부적의 상황이 되고 후속 군대가 이어지지 않는다면 매우 걱정할 만한 일이 될 것입니다.

제가 문서를 보내 잠시 개성에 머무르면서 꼼꼼하게 정탐을 해서 그들이 해이해지는 것이 엿보이면 공격하고 우리 군사와 군량이 모두 모이기를 기다렸다가 그 후에 진군하면 분통한 일을 초래하지 않을 수 있을 것이라고 하였습니다. 다만 각 로(路)의 군사들을 독촉하여 군전을 돕게 하는 것이 대하(臺下: 석성)께서 하실 일입니다. 신경 써주시기를 간절히 빕니다.

병부상서 석성에게 보고하는 서신

報石司馬書 | 권6. 12b-13a

권6

날짜 만력 21년 2월 3일(1593. 3. 5.)

발신 송응창

수신 병부상서 석성

내용 서울에 결집한 왜군이 20여 만인데 명군은 3만 명 남짓에 불과하며 함경도 일대의 왜군이 남하해서 평양을 습격할지도 모르는 상황인데 누차 요청한 응원군이 제대로 파병되지 않고 있다는 사실을 호소하며, 요동 일대의 군사뿐만 아니라 다른 진에서도 여유 병력이 있으면 추가로 동원해줄 것을 요청하는 내용의 서신이다.

근래에 팔도의 왜노들이 서울에 모두 모여들어 그 수가 20여 만을 밑돌지 않습니다. 또 듣건대 대마도에서 다시 새로운 왜군을 더하여 와서 응원할 것이라고 하니, 그 형세가 더욱 거세질 것입니다.

제독 이여송의 외로운 군대가 깊이 들어갔으나 3만여 명을 넘지 못할 뿐입니다. 중과부적이니 사안이 매우 걱정스럽습니다. 요동의 군사를 간절히 청한 것이 하루에도 여러 번에 이릅니다. 제가 비록 총병(總兵) 양소훈에게 여러 번 격문을 보내 군사 3000명을 선발하여 아군에 응원 병력이 되라고 하였으나, 그의 뜻은 분명 오랑캐의 소란이 대체로 가라앉기를 기다렸다가 그 이후에야 움직이려는 것 같습니다. 무릇 개성에서 구원병을 기다림은 급하기가 불길에서 구하는 것과 같은데, 시일을 끌면 일에 보탬이 없게 될 것입니다. 만일 후속 군대가 응원하지 않는다면 앞의 군대도 지탱할 수가 없게 될 것이며, 평양에서의 공도 모두 무익하게 될 것입니다. 그 관계된 바가 어찌 작겠습니까.

또한 듣건대, 함경도의 왜노가 아직도 우리 군사의 동쪽에 있다고 합니다. 저들이 만약 우리 서로에 군사가 없음을 정탐하고서 한편으로는 해구(海口)를 거쳐 마침내 익수령(益水嶺)과 검산령(劍山嶺) 등을 침범하고 한편으로는 육로로 다시 평양을 빼앗아서 우리 군량과 사료를 끊어버리고 우리의 외로운 군대를 요격한다면 누가 그것을 막을 수 있겠습니까. 이에 국왕이 자문을 보내 요청하기를 군사를 더해 중로(中路)를 방비하자고 하였으니, 그 견해가 매우 좋고 그 사안은 매우 급합니다.

저는 이에 밤낮으로 걱정하면서 감히 자문으로 청합니다. 엎드려 빌건대, 대하(석성)께서는 서둘러 한편으로는 산동에서 빌린 절강의 군사[浙兵]에게 격문을 보내시고, 유정과 진린의 군대에 격문을 보내시어 서둘러 와서 구제하게 해주십시오. 아울러 바라건대, 다른 진 가운데 혹시 빌릴 만한 병마가 있으면 통솔해서 출발시켜주십시오. 이를 범상한 일이라 보아 이전에 세운 공이 모두 버려지지 않게 해주신다면 다행입니다.

요동순안어사 이시자에게 보고하는 서신

報遼東李按院書 | 권6, 13a-13b

날짜 만력 21년 2월 3일(1593. 3. 5.)

발신 송응창

수신 요동순안어사(遼東巡按御史) 이시자

내용 평양성 전투에서 벤 적의 목을 봉황성에 보내 공적을 조사하게 하였는데, 그 가운데 부녀자의 수급(首級)이 하나 나온 것이 문제가 되었다. 이는 왜장이 거느린 부녀자의 목일 것으로 생각된다고 해명하는 서신이다.

제가 태자(이시자)와 헤어지고서 얼마 되지 않았는데 태자의 보살핌을 너무나 많이 입어 구슬 같은 문장을 멀리 내려주시는 은혜가 정벌하는 길에 여러 번 미쳤습니다. 아름다운 정이 이와 같으니 감격함이 어떠하겠습니까.

평양에서 목을 벤 수급은 봉황성에 보내 제가 두 찬획[원황·유황상(劉黃裳)]에게 함께 아주 정확하게 살펴보라고 지시하였습니다. 다만 그 가운데 있는 부인의 수급 하나는 좌영(左營) 이정용(李廷用)이 벤 목입니다. 들건대 두 찬획이 말하기를, "왜장(倭將)이 각각 가무(歌舞)하는 왜인 부녀를 끼고 있었는데 전장에서 죽인 것이 매우 많다."라고 합니다. 생각건대 이여송 장군이 경황이 없는 가운데 한 때 분별하지 못한 것일 터이니, 다른 뜻이 있어서는 아닐 것입니다. 제가 이미 표식을 해서 내보냈습니다만 태자께서 어떻게 결정하실 지 모르겠습니다. 길에서 쓰느라 대강만 적고 자세히 말씀드리지 못 합니다.

제독 이여송에게 보내는 서신

與李提督書 | 권6, 13b-14a

날짜 만력 21년 2월 4일(1593. 3. 6.)

발신 송응창

수신 평왜제독 이여송

내용 명군이 개성에 주둔하였다는 소식을 듣고 요동에서 오는 응원군과 추가 군량이 도착하기를 기다렸다가 진군하는 것이 좋겠다는 의견을 밝히면서 화기 관리에 만전을 기할 것을 당부하는 서신이다.

듣건대 대장군께서 개성으로 돌아와 주둔하며 기회를 보아 진격하겠다고 하니 이것이 상책입니다. 군전에 군량이 부족한 사안은 중대합니다. 제가 밤낮으로 재촉하고 있으나 다만 형세상 곧바로 이르게는 할 수 없습니다. 지금 수로와 육로로 함께 진행하고 있으니 역시 조만간 연이어 오게 될 것입니다. 유정의 군대도 며칠 내로 도착할 것입니다. 만약 진군하고자 한다면 반드시 두 가지 일이 모두 갖추어지기를 기다려야만 비로소 최종적으로 승리할 수 있을 것입니다.

또한 조선은 모두 수전(水田)이라 얼음이 풀리고 땅이 녹으면 왜노들이 달리고 뛰기에는 좋지만 우리 말들은 달리기 어려울 것입니다. 문하(이여송)께서 상세한 계획을 세워 만전을 기하시기 바랍니다. 봄에는 눈비가 많으니 여러 화기에 대해서도 각 장수들에게 엄히 지시하여 신경 써서 수습하고 건조시켜서 때가 되었을 때 그르치는 일이 생기지 않도록 하십시오. 저는 몸은 이곳에 있지만 마음은 한시도 전장에 있지 않은 때가 없습니다.

제독 이여송에게 보내는 명령

檄李提督 | 권6, 14a-14b

권6

날짜 만력 21년 2월 4일(1593. 3. 6.)

발신 송응창

수신 평왜제독 이여송

내용 요동으로부터 응원군과 군량이 오고 있고 또한 각종 무기를 제작하고 있으니 준비가 완료될 때까지 잠시 대기하면서 경계를 강화하고 정탐을 실시할 것을 지시하는 명령이다.

대군이 깊이 들어갔으니 나아갈지 멈출지를 신중히 하며 군사와 군량이 모두 모이는 때에 맞추어 온전한 승리를 도모할 일.

알아보니 왜가 서울에 근거하여 성을 굳게 지키고 있다고 한다. 한 번에 갑자기 깨뜨리기는 어려울 것이며 우리 군사를 가볍게 진군시켰다가는 헛되이 관(官)과 군(軍)을 수고롭게 할 뿐일까 매우 걱정이다. 근래의 보고에 진린과 유정 등의 군사 수천 명이 며칠 내로 올 것이라 하여 병부에서는 두 차례 관원을 선발해서 그들을 맞이하며 행군을 재촉하고 있다. 나 또한 요동진의 병마를 동원하였고 또한 관원에게 맡겨 장인(匠人)들을 많이 모집해서 밤낮으로 독룡분화신통(毒龍噴火神筒)[12]이나 신화비아(神火飛鴉)[13] 등의 무기를 제작하고 있으니, 며칠 안에 완성할 수 있을 것 같다. 만약 군사와 군량이 모두 모이기를 조금 기다렸다가 한꺼번에 진공하면 승리하지 못할 수 없을 것이다.

패문을 보내니, 바라건대 평왜제독은 즉각 세 협(協)의 부총병[副將: 양원·장세작·이여백] 등 관원에게 지시하여 마음을 다해 강구하도록 하라. 만약 왜노들의 방비가 엄밀하면 급하게 한들 공격하여 깨뜨리기 어려울 것이다. 우리 군사들을 잠시 쉬게 하면서 한편으로는 대장군포(大將軍砲) 등의 포와 독화전(毒火箭)·열화전(烈火箭) 등의 전(箭)을 서둘러 마련하고, 한편으로는 군량과 사료를 운반하도록 하라. 사람을 뽑아 정탐하게 하면서 군사가 정돈되고 군량이 충족되기를 조금 기다리라. 저들이 우리 군사가 오래 주둔하는 것을 보면 분명히 나태해질 것이니, 힘을 합쳐서 진공하면 승리하지 못할 리가 만무하다. 먼저 왜노의 상황을 정탐한 내용을 갖추어 보고하라.

---

12 독룡분화신통(毒龍噴火神筒): 화기의 일종이다. 화염과 독연기, 독안개를 분출한다.

13 신화비아(神火飛鴉): 명대에 사용된 화기의 일종이다. 상단은 새처럼 생겼고 하단에 화약을 장치한 화살을 설치하였다.

제독 이여송에게 보내는 서신

與李提督書 | 권6, 14b-15a

> **날짜** 만력 21년 2월 6일(1593. 3. 8.)
>
> **발신** 송응창
>
> **수신** 평왜제독 이여송
>
> **내용** 전황이 예상할 수 없는 상황으로 전개되고 있으니 군사 행동에 신중을 기할 것을 당부하는 내용이다.

옛날 곽분양(郭汾陽)의 몸에 당(唐) 왕조의 안위가 걸렸던 것이 30년이었습니다.[14] 지금 문하(이여송)의 공적이 곽분양과 다르지 않으니, 문하의 몸이 곧 사직의 몸입니다. 용맹을 떨쳐 앞장서서 몸소 화살과 돌을 무릅썼으니, 영웅의 풍모와 위대한 뜻에 사람들이 더욱더 흠모하게 되었습니다. 그러나 적의 예봉을 가벼이 범하였다가 거의 예측하지 못한 화를 초래하였으니, 이는 사직을 위하여 자중하는 방법이 아닙니다.

....

14 곽분양(郭汾陽)의 …… 30년이었습니다.: 곽분양은 당(唐) 숙종(肅宗) 때 안녹산(安祿山)과 사사명(史思明)의 반란을 평정하고 분양왕(汾陽王)에 봉해진 곽자의(郭子儀)를 가리킨다. 곽자의는 덕종(德宗) 때부터 상보(尙父)의 호를 하사받았고 20여 년 동안 천하의 안위를 한 몸에 짊어졌다고 한다. 여기서는 이여송의 공적을 곽자의에 비유하고 있다.

저인들 이 나라에서 전역(戰役)을 수행함에 승승장구하여 서둘러 큰 공적을 거두기를 바라지 않겠습니까. 다만 사정이 문하와 임무를 함께하고 있는 것이기에, 오늘날의 사태 또한 사소한 일이 아니라 여깁니다. 제가 깜짝 놀라고 근심하는 것은 단지 대장군을 위해서만이 아니라 대개 조정을 위한 것이고 또 제 자신을 위한 것입니다. 앞으로는 제발 부탁건대 신중하십시오. 저는 문하에 대한 정이 있어 문하를 골육(骨肉)과 같다고 여기기 때문에 간곡히 말씀드리는 것입니다. 저를 알아주는 분께서 양해해주십시오.

그 밖에 화공의 세 가지 계책은 별지(別紙)에 기록해두었으니 살펴봐주십시오. 대장군께서는 유의해주십시오.

제독 이여송에게 보내는 서신

與李提督書 | 권6, 15a

날짜 만력 21년 2월 7일(1593. 3. 9.)
발신 송응창
수신 평왜제독 이여송
내용 이여송의 안부를 묻고 자신이 직접 방문하지 못하는 아쉬움을 전하면서 관원을 보내 위로한다는 서신이다.

대장군께서는 나라의 동량으로서 변경의 중요한 일을 맡고 있습니다. 대장군이 제게 주는 사랑의 정은 골육을 넘습니다. 지금 천 리 밖에서 군대를 거느리고 계시니 제가 밤낮으로 절절히 걱정하다가 갑자기 지난 소식을 들으니 기쁘고도 놀랍습니다. 차마 직접 군전에 가서 뵙지 못하고 계속 안부만 여쭈는 것이 마음에 차지 않아 관원을 대신 보냅니다. 차후에도 나라를 위해 진중하시기를 간절히 기원합니다. 간절히 기도합니다.

제독 이여송에게 보내는 명령

檄李提督 | 권6, 15b-16a

날짜 만력 21년 2월 7일(1593. 3. 9.)

발신 송응창

수신 평왜제독 이여송

내용 지난해 평양성 전투에서 비겁하게 도망쳤던 부총병 조승훈(祖承訓)이 올해 정월 27일에 벌어진 벽제관(碧蹄館) 전투에서도 왜의 많은 병력을 보고 두려워하여 먼저 도망쳐버렸다. 조승훈을 처벌하기 위해 이여송에게 당시의 병력과 교전 상황에 대한 자세한 정보를 조사하고 그 정황이 사실이라면 그를 탄핵하는 상주를 준비하라는 명령이다.

무능하고 나약한 장수를 조사하여 기율을 진작하는 일.

조사해보니, 지난해 6월에 요양부총병(遼陽副總兵) 조승훈[15]이 병마를 통솔하여 평양을 공격하다가 군이 이미 성 위에 올랐는데 갑자기 왜노에게 발각되어 성벽 끝에서 교전하였다. 마침 하늘에서 비

....

15 조승훈(祖承訓): ?~?. 명나라 사람으로 영원위(寧遠衛) 출신이다. 호는 쌍천(雙泉)이다. 이성량(李成梁)의 가정(家丁)으로 만력 20년(1592) 6월에 조선으로 파견되었으나 평양성 전투에서 패하여 파직되었다. 같은 해 12월에 이여송의 표하관으로 다시 참전하여 이듬해 정월의 평양성 전투에 참전하여 공을 세웠다.

가 내려 우리 군사가 불리하여 군영으로 돌아왔다. 찾아보니 조승훈이 보이지 않아 병사들은 그가 전장에서 다친 줄로 알았지 그가 패하기 전에 먼저 이미 백 리 밖으로 도망친 사실을 몰랐다.

올해 정월 27일 대군이 서울로 진공하였을 때 조승훈은 마땅히 공을 세워 이전의 죄를 씻었어야 하였다. 그러나 뜻밖에 조승훈이 유격(遊擊) 호란(胡鸞)[16]·고승(高昇)[17]과 함께 왜노의 군세가 많은 것을 보고 멀리서 바라만 보다가 먼저 스스로 달아나자 각 군이 퇴주하여 일을 망쳐버리고 말았다. 만약 부총병 양원(楊元)이 군사를 이끌고 구원하지 않았다면 크게 위태로울 뻔하였다.

이 소식을 받고 즉시 응당 법에 의거하여 처벌해야 하나 잠시 다시 조사하고자 패문을 보내니, 바라건대 평왜제독은 서울로 진격할 때 원래 거느린 관군이 얼마였는지, 왜노는 대략 얼마였는지, 어느 지방에서 교전하였는지, 조승훈이 먼저 도망친 적이 있는지 없는지, 각 군이 물러난 적이 있는지 없는지, 군대에 피해를 입히고 일을 그르친 사람이 누구인지를 즉각 조사하라. 만약 조승훈의 앞선 정황이 사실이라면 응당 군법에 의거해야 할 경우에 즉시 군법에 따르라. 탄핵 상주해야 할 경우라면 탄핵 정문을 보내 대신 상주할 수 있게 하라. 만약 적의 무리가 많아 대적하기 어려운 상황이었다면 명백히 조사하여 회답하라. 지연하지 말라.

16 호란(胡鸞): ?~?. 『상촌고(象村稿)』에 따르면 이여송의 청용관(聽用官)이다.
17 고승(高昇): ?~?. 명나라 사람이다. 만력 20년(1592) 흠차양하유격장군(欽差陽河遊擊將軍)으로 마병 1000명을 이끌고 조선에 왔다가 만력 21년(1593)에 명나라로 돌아갔다.

6-21

병부상서 석성에게 보고하는 서신

報石司馬書 | 권6, 16a-16b

> **날짜** 만력 21년 2월 8일(1593. 3. 10.)
> **발신** 송응창
> **수신** 병부상서 석성
> **내용** 벽제관 전투에서 제독 이여송 부대가 상당한 피해를 보았으나 어려운 포위 상황에서도 적지 않은 전공을 세웠음을 보고하는 서신이다.

정월 27일 제독 이여송은 서울의 전투에서 여러 겹의 포위에 빠져 유능한 가정(家丁) 2명과 병사 200여 명을 잃었습니다. 제가 듣고 매우 놀랐는데 실제로는 두려워할 일이 아니었습니다. 또한 듣건대, 이여매(李如梅)가 왜군 중 금갑(金甲)을 입은 대장 1명을 쏘아 죽였다고 합니다. 이여송·이여매 형제가 힘을 떨쳐 적들을 죽였고 또한 양원이 군사를 이끌고 호응하여 적들을 죽이면서 진중(陣中)에 들어가니 베어 죽인 왜노가 매우 많았습니다. 왜군 무리가 곡을 하면서 도망쳐 성으로 들어가 간담이 서늘해졌습니다. 이는 또한 사직의 행운입니다. 진신(陳申)이 군중에서 왔는데 그 일을 목격하였습니다. 대하(臺下: 석성)께서 친히 물어 알 수 있을 것입니다. 황망하게 급히 보고를 드립니다. 이만 줄입니다.

6-22

제독 이여송에게 보내는 서신

與李提督書 | 권6, 16b-17a

날짜 만력 21년 2월 10일(1593. 3. 12.)

발신 송응창

수신 평왜제독 이여송

내용 평양과 개성을 지키기 위해 부대를 나누어 주둔시키고 중국에서 운반해오는 군량과 사료, 화기 등과 유정·진린의 지원군이 도착하기를 기다려서 차후에 서울을 공략할 것을 기약하고 있다. 그리고 이여송과 약속한 굳은 맹세를 환기하면서 서로 간에 오해를 풀자고 제안하고, 이여송이 서신에 적은 포상 인원들을 모두 공적 서훈 상주에 잊지 않고 포함하였으며, 서울을 수복한 후에 여기에 포함되지 못한 인원을 전부 제본에 적어 올리겠다고 알리는 서신이다.

일은 완전함을 귀히 여기지 속히 처리함을 귀하게 여기지 않습니다. 지금 군량과 사료가 이어지지 않고 진창에 빠져 나아가기 어려우니, 문하(門下: 이여송)께서 반드시 잘 따져보아야 한다고 하신 말씀은 정확한 논의입니다. 만약 대군을 이동시켜 평양을 지키려 한다면 마땅히 강한 군사 두 부대를 남겨 개성을 굳게 지키고 공격을 막아야 합니다. 만약 대군을 개성에 주둔시키고자 한다면 마땅히 군사 한 부대를 보내 국왕을 도와 평양을 지키게 해야 하니, 모두 문하께서 결정해주십시오. 우리 각 지방의 사료와 군량이 도착하는 것을 기다리고 뒤이어 보내오는 화기를 갖추며, 새로 공성용 화룡(火龍) 등의 물품을 갖추는 것이 완전해지고 유정과 진린의 병마가 모두 모인 연후에 기회를 봐서 나아가 토벌해야 할 것입니다. 앞에 복병을 두고 뒤에서 화공하며 대장군의 신위(神威)를 더한다면 진실로 이기지 못할 것이 없을 것입니다.

문하께서 상주를 올릴 때 보신(輔臣) 두 글자를 따로 쓰셨는데, 그렇게 고쳐 바로잡으신 것은 지극히 타당합니다. 저와 문하의 일은 한 몸이고 마음으로 서로를 굳게 믿으니, 자기 멋대로 정하고 서로를 속인다는 의심이 어디 나올 데가 있겠습니까. 더구나 문하께서 하늘을 가리켜 스스로 맹세하셨는데, 어찌 저의 심사로 문하를 위해 양해하지 못하겠습니까.

서신의 내용을 받들어 각 관리 중 가급(加級)·승직(陞職)할 사람들을 모두 알려주신 대로 저의 상주문 안에 넣었습니다. 문하의 상주 안에서 따로 알려주시지 않은 경우에는 수급책(首級冊)과 대조하여 소소한 것은 지워버리고자 합니다. 이는 서훈 기록이 너무 많아 병부에서 황상(皇上)께 제본으로 답변하기가 어려울까 걱정이라 그렇습니다. 따로 그 이름을 게첩(揭帖)에 적어 병부에 추천한다면 아마도 양쪽 모두 지장이 없을 것입니다. 서울을 수복하는 것을 기다려 마땅히 전원을 제본에 써서 올리겠습니다. 양해를 바랍니다.

호부주사 애유신에게 보내는 명령

檄艾主事 | 권6, 17a-17b

날짜 만력 21년 2월 10일(1593. 3. 12.)

발신 송응창

수신 호부주사 애유신

내용 원정 중인 병사들에게 지급되는 군량과 은이 크게 부족하여 원망이 높다고 제독 이여송이 보고하자 보급 담당인 호부주사 애유신에게 조속히 군량과 은을 운송하여 여러 군영에 나누어 지급하라는 명령이다.

긴급한 왜정에 관한 일.

평왜제독 이여송의 품문(稟文)을 받았는데, 그 내용은 다음과 같았다. "관병이 외국으로 원정하여 강을 건넌 후에 행량(行糧)과 절은(折銀)[18]이 모두 없고 조선의 군량과 사료도 부족합니다. 병사들이 모두 굶주린 낯빛으로 입을 모아 원망하고 있습니다. 그리고 각 군이 명목상으로는 군량과 사료를 수취하였다고 하지만 조선의 군량과 사료는 실제로 전혀 도움이 되지 않습니다. 누차 혈전을 치르면서도 굶주린 배로 대적하여 목숨이 매우 위태로우니 그 정황이 매

....

18 절은(折銀): 실물의 가치로 환산한 은을 말한다.

우 안타깝습니다. 병사들이 받아야 할 행량과 절은을 응당 수에 맞추어 보급해주어야 합니다. 엎드려 바라건대 위관에게 은을 가지고 오게 하여 군영마다 나누어주기 바랍니다."

살펴보건대, 각 군이 군영에 있을 때는 월량(月糧: 월급)이 있고 정벌에 나설 때는 행량이 있다. 지금 멀리 외국에 나갔는데 조선에 시장이 없고 무역이 이루어지지 않고 있다. 이 때문에 쌀을 운송하여 월량과 행량을 모두 본색(本色: 현물)으로 지급하고 있다. 지금 제독 이여송의 품문에 따르면 각 군이 원정함에 노고가 안타까워 본색과 절색(折色: 은)을 함께 지급해달라고 청하니, 마땅히 허락하고 따라야 할 것이다. 패문을 보내니, 바라건대 주사 애유신은 즉시 각 군에 지급할 건량(乾糧)과 은을 위관이 가지고 해당 군영에 가서 나누어 지급하게 하라. 나누어준 수량과 항목과 일자는 정문으로 보고하라.

분수요해도·분순요해도·해개도에게 보내는 명령

檄分守分巡海蓋等道 | 권6, 17b-18a

날짜 만력 21년 2월 10일(1593. 3. 12.)

발신 송응창

수신 분수요해도·분순요해도·해개도(海蓋道)

내용 조선에 유행병이 돌아 병사들이 많이 병들었기 때문에 신속히 마가은(馬價銀)을 동원하여 약재를 사들이고 이를 환으로 제조하고 포장하여 군영으로 보내 지급하라는 명령이다.

왜정에 관한 일.

보고에 따르면 조선 지방에 온역(瘟疫)[19]이 유행하여 군사가 많이 병들었다고 한다. 마땅히 약재를 사들여 조제해야 할 것이다. 표문(票文)을 보내니, 바라건대 분수요해도·분순요해도·해개도의 관리는 즉시 본부(本部)의 마가은을 동원하여 단자에 열거된 약재를 사들여 곧바로 의생(醫生)으로 하여금 4000환(丸)을 제조하게 하라. 약을 포장하여 나에게 보내고 군영으로 보내 군사들에게 지급하라. 사용한 은의 수량과 항목은 따로 갖추어 보고하라.

....

19 온역(瘟疫): 유행성 급성 전염병을 총칭한다.

모든 관군에게 알리는 고시

通示諭帖 | 권6, 18a-19a

날짜 만력 21년 2월 11일(1593. 3. 13.)

발신 송응창

수신 원정에 참여한 대소 관군

내용 평양·개성·벽제관에서 분투한 관군에게 파격적인 승진과 포상을 대대적으로 행한다는 계획을 설명하고, 조선에서 지급하고 있는 군량과 사료 외에도 추가로 관향(管餉) 아문이 행량을 지급할 것이며, 전투 중 베어 얻은 왜의 수급에 대해서도 조사 후 은을 지급하고 현재 군영에 돌고 있는 전염병을 치료하기 위해 약을 제조하여 보내줄 것이라고 널리 알리는 고시문이다.

흠차경략병부(欽差經略兵部) 송응창이 고시하니 바라건대 동쪽을 정벌하는 대소 관군은 모두 잘 알아라.

살펴보건대 평양·개성·벽제관의 승리는 모두 너희가 용기를 떨친 덕분이다. 나는 지금 상주문을 갖추고 제본으로 청해서 파격적인 승진과 포상을 대대적으로 행하려 한다. 전장에서 죽은 자와 다친 자는 또한 후하게 구휼하는 외에 그 이전에 병부가 보내온 황상의 상은(賞銀) 6만 냥은 그때 즉시 제독 이여송의 군전에 보냈으나, 너희가 평양을 공격한 큰 전투를 치르던 때였기 때문에 그때 나누어 지급하기가 어려웠다. 지금 너희가 잠시 휴식하고 있다는 것을 듣고, 나는 이미 찬획 원외랑(員外郞) 유황상과 주사 원황을 보내 이 은 6만 냥을 전부 써서 빠짐없이 동쪽을 정벌하는 장사와 각 관리 등에게 나누어주게 하였다. 나의 직할부대 및 찬획·독향(督餉) 각 관원 아래의 인원 중에서 상을 받아야 할 사람 수는 모두 여기에 포함하지 않았다.

또한 관군이 조선에 이르렀을 때부터 이미 그 나라로부터 군량과 사료를 지급받았다. 따라서 관향 아문이 처리하는 행량은 응당 지급을 중단해야 한다. 하지만 지금 나는 또한 너희가 동쪽을 정벌하는 노고를 생각해서 조선이 지급한 군량과 사료는 셈하지 않는 외에, 거듭하여 관향 주사 애유신이 너희의 행량을 계속 보급해줄 것이다. 또한 너희가 베어온 적의 수급에 지급해야 할 은량은 지금 제본으로 보내주기를 청하여 나누어주도록 하였다. 또한 평양·개성 등을 수복하여 아주 쉽게 공을 이룬 것도 모두 너희가 힘쓴 바이다. 확실히 조사한 후에 내가 따로 포상을 행하겠다.

또한 들으니 너희가 이국(異國)에 들어와 물과 풍토가 맞지 않아 돌림병이 많다고 한다. 나는 매우 걱정이다. 지금 군전에서 성산자방(聖散子方)[20] 및 소독음약료(消毒飮藥料)를 제조하고 있다. 머지않아 제독에게 보내 나누어주게 할 것이다. 너희는 잘 간호를 받고 휴양하여 만전을 기하도록 하라. 고시하여 효유(曉諭)하니 바라건대 많은 이가 두루 알아라.

....

20 성산자방(聖散子方): 유행성 호흡기 감염 질환의 치료에 사용하는 처방이다.

병부상서 석성에게 보고하는 서신

報石司馬書 | 권6, 19a-19b

날짜 만력 21년 2월 12일(1593. 3. 14.)

발신 송응창

수신 병부상서 석성

내용 현재 원정군이 직면한 보급의 문제와 추위로 인한 피해 상황을 보고하고, 왜군의 추가 병력 파견에 관한 소문을 전하며, 유정과 진린의 군사가 지원군으로 하루빨리 도착할 수 있도록 독촉해주기를 요청하는 서신이다.

왜노가 누차 패하여 간담이 서늘해졌을 것이니, 마땅히 이 기세를 타고 진격해야 할 것 같습니다. 하지만 그 무리가 제법 많고 하물며 비도 계속 내려 육로(陸路)가 진창이 되어 수레와 말이 달리기 어렵습니다. 군량과 급여는 계속 도착하고 있으나 사료가 부족합니다. 왜노가 개성 등 지역의 주변 초지를 모조리 불살라버려서 어떻게 할 수도 없이 말들이 많이 죽어버렸습니다. 우리 병사들은 오래 얼음과 눈 속에 누워 냉역(冷疫)이 일어났고, 죽은 말고기를 먹고 정독(疔毒)[21] 또한 발생하였습니다. 병사들이 매우 고달파하기에 근래 개성과 평양에 나누어 주둔하여 곳곳에서 요양하며 휴식하고 있습니다.

듣자니 대마도에서 새로 참전하는 왜노를 보내와 돕게 하려 한다고 합니다. 아군은 관문을 나설 때 겨우 3만여 명이었고 앞선 세 번의 전투 끝에 왜노를 수많이 베어 죽였지만, 우리 병사 중 상한 자 또한 많습니다. 제독 이여송이 요동의 군사를 보내달라고 매우 급하게 청하였지만, 오랑캐의 위협이 한창 성하니 징발하여 이동시키기가 어려울 것 같습니다. 유정과 진린의 군사가 오기를 날마다 기다렸지만 갑자기 올 수 없었습니다. 다행히 대하(석성)께서 독촉하여 화급히 온다면 결코 시각에 늦지 않을 것입니다. 이 군사들은 아직 쓰기에 부족하지만 다른 곳에서 병마를 옮겨와 다시 한 번 구한다면 병세(兵勢)가 크게 오를 것입니다. 서울을 공격하는 것도 바랄 만할 것입니다. 그렇지 않으면 중과부적하여 승패를 헤아리기 어렵습니다. 저는 자나 깨나 그것을 걱정하고 있습니다. 하지만 대하께서 일을 주관하시니 크게 걱정할 필요가 없을 것 같습니다. 만약 일이 빨리 이루어진다면 군사는 더하지 않아도 될 것입니다. 제가 나라를 위하고자 하는 것이 아니라면 어찌 경비를 아끼며 이처럼 번거롭게 굴겠습니까. 대하께서 살펴주시기 바랍니다.

....

21 정독(疔毒): 피부병의 일종이다. 부스럼의 일종인 정창(疔瘡)이 악화된 것을 정독이라고 부른다.

병부상서 석성에게 보고하는 서신

報石司馬書 | 권6, 19b-20a

권6

날짜 만력 21년 2월 13일(1593. 3. 15.)

발신 송응창

수신 병부상서 석성

내용 지금까지 여러 전투에서 고생한 병사들의 희생과 어려움을 호소하면서 서울 수복을 위한 큰 전투를 앞두고 병부상서 석성이 이들을 위해 파격적인 승진과 포상을 내려줄 것을 황상께 청하되, 순안어사의 검토를 거치지 말고 내각대학사(內閣大學士)에게 바로 전달하여 성지가 하루라도 빨리 내려지도록 하여 공을 세운 자들을 격려하여 서울 진격에 힘을 실어달라고 요청하는 서신이다.

동쪽으로 정벌에 나선 장사들은 날마다 얼음과 눈에 눕고 혈전에 괴롭고 위태롭습니다. 평양을 수복한 것은 왜노가 쉬이 내어준 것이 아니라 실로 장사들이 분발하여 이룩한 것입니다. 지금 천 리를 추격하며 수차례 전투를 겪었습니다. 개성·서울에서도 또한 적의 목을 베고 사로잡았다는 보고가 있었습니다. 하지만 몸은 안장을 떠나지 못하고 음식은 목구멍을 내려가지 않으니 몸과 마음이 피폐해졌습니다. 강한 쇠뇌라도 마지막에는 노나라의 얇은 비단도 뚫기 어려운 것처럼 될까[22] 걱정입니다. 하물며 강한 적이 앞에 있는데 만약 파격적으로 승진과 포상을 해주지 않으면 어떻게 피곤한 병사들을 일으켜 완전한 공적을 이루어 황상께 보답할 수 있겠습니까.

저는 제본을 올리고 출발할 때 무리 앞에서 분향하고 하늘에 절하며 스스로 맹세하기를 감히 털끝의 사사로움도 없이 국법을 범하지 않겠다고 하였습니다. 더욱 바라건대, 문하(석성)께서 속히 제본을 올려 답해주시기 바랍니다. 만약 이전의 방식대로 순안어사의 검토를 기다린다면 시일이 지체될까 걱정입니다. 서울로의 진격이 당장 눈앞에 있습니다. 병사들을 고무할 기회는 전적으로 이 상주에 달려 있습니다. 문하께서 저의 뜻을 내각대학사에게 전달하여 수일내에 즉시 성지가 내려져 군중에 나누어주기를 바랍니다. 삼가 공이 크고 중요한 각 관원은 따로 열거하여 황제께서 친히 볼 수 있게 해주십시오. 엎드려 바라건대, 더욱 주의하시어 제가 상주에 올린 대로 서훈하자고 황상께 답을 하시어 인심을 격려하고 나중의 효과를 거두십시오. 간절히 빕니다.

....

22 강한 …… 될까: 『사기(史記)』 「한장유열전(韓長孺列傳)」에 나오는 말로, 마지막에 힘이 쇠약해져 고갈되는 것을 비유한다.

병부상서 석성에게 보고하는 서신

報石司馬書 | 권6, 20a-21a

날짜 만력 21년 2월 13일(1593. 3. 15.)

발신 송응창

수신 병부상서 석성

내용 서울에서 도망쳐온 한 조선인이 진술한 왜군 진영의 구체적인 동정과 방어 전술을 보고하고, 관백이 지원군으로 온다는 소문의 진위와 현재 비가 많이 내려 당장 진격이 어려운 명군의 상황을 알리는 서신이다.

참군 정문빈과 조여매(趙汝梅)의 보고를 받았는데, 그 내용은 다음과 같았습니다. "조선인 이대기(李大期)가 서울로부터 도망쳐와 진술하였는데, 그 내용은 다음과 같았습니다. '왜노 고니시 유키나가[平行長]와 소 요시토시[平議智]²³가 평양에서 패한 후에 새벽에는 멈추고 밤에는 이동하여 서울에 이르렀습니다. 그들은 의식(衣食)과 장비를 모두 잃었습니다. 서울의 대장 우키타 히데이에[平秀家]²⁴가

....

---

23 소 요시토시[平議智]: 소 요시토시(宗議智), 1568~1615. 일본 사람으로 대마도(對馬島)의 도주이다. 임진왜란이 일어나자 장인이었던 고니시 유키나가 휘하의 제1진으로 침입해왔으며, 두 차례에 걸쳐 조선 조정과의 강화를 요구하였으나 성사시키지 못하였다.

24 우키타 히데이에[平秀家]: 우키타 히데이에(宇喜多秀家), 1573~1655. 일본 사람이다. 도요토미 히데요시의 신임을 얻어 유시(猶子)의 연을 맺게 되었으며 히데요시의 양녀를

3일간 꾸짖으며 성에 들어오지 못하게 하다가 4일째 비로소 들어와 알현하게 하였습니다. 고니시와 소가 우키타에게 다음과 같이 말하였습니다. 「처음 뜻은 진공(進貢)을 명분으로 내세우며 평양을 넘겨 주겠다고 유인한 다음에 중원으로 향하려 하였습니다. 어찌 유격 심유경(沈惟敬)에게 속아 이렇게 크게 패하게 될 줄 알았겠습니까. 분함을 이기지 못하겠습니다.」 또한 이대기는 다음과 같이 말하였습니다. '평양·강화(江華)·함경(咸鏡)·황주(黃州)·봉산(鳳山)·개성 등 지역의 왜노가 모두 모여 서울을 지키고 있습니다. 성안의 북쪽에 있는 관원과 백성의 집은 모두 불태워 없애고 남쪽의 집들만 남겨 숙박하고 있습니다. 성의 위에는 나무를 베어 목책을 세우고, 성의 남쪽에는 돌을 쌓아 자성(子城)[25]을 만들어 대군의 공격을 방어하고 있습니다.'"

또한 조선에 퍼진 소문에 따르면 관백이 멀리 지원하러 장차 이를 것이라 하는데, 사실 여부는 아직 모르겠습니다. 2월 1일에 비가 이틀 밤낮을 내렸고 3일에 잠깐 개었다가 4일과 5일에 또한 이틀 밤낮으로 내렸습니다. 강물이 갑자기 불어나 길바닥에 물이 가득 괴고 진흙이 말을 배까지 빠뜨렸지만, 부교(浮橋)도 없을뿐더러 또한 배도 모자랍니다. 대군은 개성에 머물면서 잠시 하늘이 개고 땅이 마르는 것을 기다려 진격을 논해야 할 것입니다. 현재 상황을 대하(석성)께서 염려하실까 봐 삼가 이렇게 보고합니다. 이만 줄입니다.

·······

정실로 맞이하고 '고다이로(五大老)'가 되었다. 임진왜란 때는 일본군의 감군(監軍)으로 조선에 침입하였다.

25 자성(子城): 성안에 따로 쌓은 내성(內城)이나 성문을 보호하기 위해 반원형으로 쌓은 옹성(甕城)을 말한다.

내각대학사 왕석작에게 보고하는 서신

報王相公書 | 권6, 21a-22a

날짜 만력 21년 2월 16일(1593. 3. 18.)

발신 송응창

수신 내각대학사 왕석작(王錫爵)

내용 지금 바로 서울로 진격하지 못하는 명군의 열악한 상황을 보고하고 있다. 비가 많이 내리고 있고 도로가 좁고 진창이라 군대가 이동하기 쉽지 않으며, 전염병이 돌고 군량과 사료의 보급과 평양성 전투에 대한 포상이 제대로 이루어지지 않아 병사들의 사기가 많이 떨어져 있다는 것이다. 반면 서울로 모여든 왜군은 세력이 강하고 방어도 튼튼하며 함경도의 왜군이 명군의 후방을 공격할 우려도 있었다. 이에 대해 제독 이여송에게 개성을 지키면서 왜군의 공격에 대비하고 군량과 사료 및 소금을 운반해올 것을 지시하였다. 하지만 더욱 중요한 것은 부족한 병력을 충원하고 공을 세운 자들의 공적을 포상하여 사기를 올리는 일인데, 이를 위해 재상 왕석작에게 유정·진린의 군사가 조속히 도착하도록 독촉하고 자신이 올린 공적 서훈 상주에 대해 황상께 빨리 답하여 왜의 지원군이 오기 전에 속히 서울로 진격할 수 있도록 도와달라고 요청하는 서신이다.

누차 아름다운 글을 받았는데 칭찬까지 해주시니 미력한 재주로 감당할 만한 것이 아닙니다. 이를 받들고 부끄러워 몸 둘 바를 몰랐습니다. 지금 서울로 진격하여 단숨에 끝내버리는 것이야말로 우리 황상과 상공(相公: 왕석작)의 동쪽 근심을 풀어드리는 것입니다. 제가 맡은 일이 바로 그것인지 모를 리 없습니다. 다만 일시의 사정으로 저의 뜻대로 다하지 못한 점이 있습니다. 부득불 상공 앞에 간절히 아룁니다.

비가 연이어 내리는데 군대와 말이 노숙하여 흠뻑 젖고 있어 말은 털구멍이 쪼그라들어 벌벌 떨고 활도 느슨해졌습니다. 이는 천시(天時)가 우리에게 있지 않은 것입니다. 서울로 가는 산길은 밭 너비가 겨우 1~2척이며 평지는 진창이라 수레와 말이 달릴 수 없습니다. 이는 지리(地利)가 우리에게 있지 않은 것입니다. 천 리를 추격하면서 누차 전투에 힘이 다하고 전염병이 유행하니 말은 1000필이 죽었습니다. 군량과 사료는 운반이 어렵고 염채(鹽菜: 식비) 또한 모자랍니다. 더구나 평양에서 적들의 수급을 벤 큰 공에 아직 상을 주지 않아 각 군의 의지가 예전 같지 않습니다. 이는 인사(人事)가 우리에게 있지 않은 것입니다.

또한 서울의 왜노는 팔도에서 모여들어 그 기세가 매우 성합니다. 성 안에는 6개의 군영이 열을 지어 소굴로 삼고 성 밖에는 8개의 군영이 열을 지어 서로 호응하고 있습니다. 적진에 필시 병법을 아는 자가 있어 주관하는 것이니 가볍게 대적할 수 없습니다. 또한 함경도의 왜노는 평양의 동쪽, 개성의 후방에 위치하여, 만약 우리가 서울에 뜻을 모으면 그들은 우리의 후방을 따라 우리가 지키고 있는 평양을 빼앗아 군량과 사료를 불태우고 우리의 귀로를 막을 테니 결코 작은 일이 아닙니다.

지금 제독 이여송에게 격문을 보내 개성을 굳게 지키되 한편으로 군사를 보내 강가를 지켜 서울로부터의 습격을 방어하고, 다른 한편으로 군사를 보내 평양으로 돌아와 주둔시켜 함경도로부터의 습격을 방어하게 하였습니다. 한편으로 배를 징발하여 군량과 사료를 수운(水運)으로 개성에 닿게 하고 쌍산(雙山)의 소금을 보내 군대가 먹게 하였습니다.

하지만 우리 군사는 가뜩이나 많지 않은데 이들을 나누니 더욱 적어졌습니다. 개성에는 현재 2만 명도 되지 않아 적은 많고 우리는 적어 군세로 당해낼 수가 없습니다. 만약 다시금 1~2만의 병마와 수십만의 마가은을 보내지 않는다면 어떻게 우리 군위(軍威)를 돕고 우리의 사기를 높일 수 있겠습니까. 군사는 피로하고 재물은 다해가니 장차 어떻게 해야겠습니까.

엎드려 바라건대, 상공께서 주장하여 제가 청한 바를 윤허하고 앞서 제가 전공을 서훈하자고 올린 상주에 대해서는 속히 제본으로 황상께 답하여 주십시오. 병부를 독촉해 유정·진린의 군사가 속히 와서 힘을 합쳐 공격하도록 감독하고 명령하게 하신다면 완전한 승리를 거둘 수 있을 것입니다. 만약 재차 지연되어 새로 참전하는 왜노가 와서 적들의 병력이 늘어나 강약이 드러나게 되면, 진격하는 것이 어려워질 뿐만 아니라 후에 더욱 비용이 들까 걱정입니다. 그 책임은 단지 저와 여러 장수에게만 있지 않을 것입니다. 상공께서 신경을 써주시기 바랍니다. 이 밖에 가르침을 청하니 무능하고 두려워하는 제가 간절히 바랍니다.

병력과 군량의 증액을 청하여 서울로
진격하겠다는 내용의 상주

議乞增兵益餉進取王京疏 | 권6, 22b-26a

날짜 만력 21년 2월 16일(1593. 3. 18.)

발신 송응창

수신 만력제(萬曆帝)

내용 현재 원정군의 군량과 사료의 보급 상황이 좋지 않고, 조선 전장으로 이동하기로 한 지원군의 도착도 늦어지고 있으며, 봄비가 계속 내려 서울로 진격하기가 어렵고, 서울에 집결한 왜군의 세력이 만만치 않다는 요동도사의 보고를 인용하고 있다. 그러면서 현재 서울 진공을 앞둔 명군이 여러모로 불리한 상황에 처해 있으니 부족한 보급 물자와 지원군이 하루라도 일찍 도착할 수 있게 독촉하고, 은을 지급하여 공적을 세운 자와 죽거나 다친 이들을 구휼하여 군대의 사기를 올려달라고 요청하는 상주이다.

관련자료『명신종실록』권257, 만력 21년 2월 18일(계묘)에 유사한 내용이 보인다.『경략복국요편』에서 송응창이 병력을 추가로 요청한 내용은 이 문서에 최초로 있으므로 이 기사에 대응되어야 할 것으로 보이나, 2월 16일에 작성되었다는 문서와 2월 18일 기사의 일자가 너무 근접하고 실록의 내용이 너무 간략하여 확정하기 어렵다는 문제가 있다.

외로운 군대가 깊이 들어와 공적이 거의 이루어지려 하니 황상께 간절히 바라건대 군사를 보내고 급여[軍餉]를 더해 천자(天子)의 위엄을 떨치고 용감한 이들을 격려하는 일.

제독 이여송의 게첩을 받았는데, 그 내용은 다음과 같았습니다.

신은 앞서 요동도사의 정문을 받았는데, 그 내용은 다음과 같았습니다. "조선국왕의 자문을 받았는데, 그 내용은 다음과 같았습니다. '본국의 의주에서 평양에 이르는 일대에 저장된 군량과 사료는 쌀·좁쌀 합계 4만 5560석으로 5만 군병이 40여 일간 쓰기에 충분하고, 황두(黃豆) 3만 5565석과 초(草) 8만 8096속(束)으로 3만 마필이 30여 일간 먹을 수 있습니다.' 요양 소속의 각 창고에는 군량미 12만 2778석이 쌓여 있습니다. 계속해서 조선으로 운반해 가면 땔나무를 베어다가 밥을 짓는 걱정²⁶을 면할 수 있을 것입니다. 지금 병마가 평양을 공격하는데 조선의 군량과 사료는 수차례 독촉해봐도 소량만 운반되어 마련해 쓰기가 충분치 않습니다. 요동진에 저장해놓은 앞 항목의 쌀과 콩은 서울과 거리가 1500여 리 떨어져 있고 산을 넘고 물을 건너야 하며 소가 끄는 수레는 몹시 느리니 실어 보내도 나아가지 않습니다. 또한 병부의 문서를 조사해보니, 원래 논의하여 이동시키기로 한 각 진의 마보(馬步) 관병 7만 명 가운데 계주진 1만 1000명, 보정진(保定鎭) 5000명, 요동진 7000명, 대동(大同)과 선부(宣府) 두 진에서 각 5000명, 산서(山西) 2000명, 양응룡(楊應龍)과 유정의 병사 각 5000명, 연수진(延綏鎭) 방어에 들어갔던 3000명, 신

....

26 땔나무를 …… 걱정[樵蘇後爨之虞]: 『한서(漢書)』 「회음후열전(淮陰侯列傳)」의 "천 리 밖에서 군량을 보내면 병사가 주린 기색이 있고 땔나무를 베어다가 밥을 지으면 군대가 계속 배불리 먹지 못한다[千里饋糧, 士有飢色, 樵蘇後爨, 師不宿飽]."에서 나온 말이다.

과 각 관원 아래 가정 총 2637명, 이상 총 5만 637명에 그칩니다. 그 가운데 양응룡의 병사 5000명은 징발을 정지하였고, 유정의 병사 5000명은 아직 도착하지 않았으며, 연수(延綏) 유격 고철(高徹)[27]의 병사 1700명은 또한 남겨두어 오랑캐를 막기로 논의하였으니, 이를 제하면 이미 도착한 병정(兵丁)은 3만 8537명에 그칩니다. 이들은 세 영(營)의 부총병에게 나누어 배속시켰습니다. 또한 그 가운데 피로하고 허약하여 전장에 나설 수 없는 자들이 많아 선발한 정예는 2만 명에 지나지 않습니다. 평양을 공격하다가 전장에서 죽은 관군이 796명이고 다친 자가 1492명입니다. 현재 싸울 수 있는 병사는 많지 않습니다. 지금 외로운 군대가 깊이 들어왔으니, 응당 병사를 나누어 뒤를 잇게 하고 또한 강한 병사들을 써서 군량과 사료 운송을 방어하는 것이 완벽한 계책일 것입니다. 하지만 진공하기에는 여전히 병력이 미치지 못하고, 나누어 포진시키기에는 더욱이 두루 미치기 어렵습니다."

또한 보고를 받았는데, 그 내용은 다음과 같았습니다. "서울로 나아가려면 사방에 산림이 빽빽하고 평지는 모두 논입니다. 때마침 봄비가 연이어 내려 흙탕물이 깊어서 겨우 한줄기 작은 오솔길로 가야 합니다. 말과 수레와 보병이 함께 갈 수 없고, 관병이 막사를 치고 주둔하기에도 불편합니다. 또한 각 도에서 서울로 집결하고 대마도에서 뒤이어 오고 있는 왜적이 모두 약 20여만 명입니다. 적이 만약 견고한 성을 굳게 지킨다면 급히 공격

....

27 고철(高徹): ?~?. 명나라 사람이다. 흠차섬서유격장군(欽差陝西遊擊將軍)으로 만력 20년(1592) 12월에 군사를 이끌고 나왔다가 만력 21년(1593) 6월에 돌아갔다.

하여 얻을 수 없으니 반드시 서로 대치해야 합니다. 이제 적이 수가 많은 것을 믿고 미쳐 날뛰어 성을 나와 진을 펼치고 대적한 다면 관병은 속전(速戰)에 나서 기이한 계책을 내어 복병을 두고 기회를 보아 요격에 나설 수 있으니, 아군에게 유리합니다. 하지만 군량이 모자라고 병사들은 지쳐서 힘을 내기가 어렵습니다."

이여송에게 문서를 보내, 잠시 개성과 평양 일대에 머물러 사료와 군량을 호위하고 요충지를 지키면서 조금 휴식을 취하다가 군량과 사료가 운반되어 충족해지고 군화(軍火)와 장비가 운반되어 갖추어지는 것을 기다린 다음에 바로 기회를 봐서 서울로 진격하여 완승을 기하라고 지시하였습니다. 하지만 병사(兵事)는 흉하고 전쟁은 위험하니 관계된 바가 매우 큽니다. 서툴면 오래 끌고 교묘하면 빨리 끝내니 이해가 크게 다릅니다. 지금 황상께서는 왜로 인한 환란을 급히 여겨 토벌하기로 하고 각지의 군병을 징발하고 이동시켜 속국을 구원하였습니다. 다행히 첫 번째 싸워 평양을 취하고, 두 번째 싸워 개성을 취하였으며, 세 번째 싸워 벽제관에서 또다시 적들을 목 베고 사로잡았습니다.

비록 천자의 위엄은 이미 멀리 떨쳤지만 외로운 군대가 실로 이미 깊이 들어왔습니다. 지금 기세를 타고 진공하려 해도 그들은 많고 우리는 적으며, 그들은 편안하고 우리는 고단하며, 산은 높고 험한데 봄비가 내려 땅은 진창이고, 천 리 밖에서 군량을 보내 군대가 계속 배부르게 먹지 못합니다. 이 때문에 급작스럽게 나아갈 수 없는 것입니다. 지금 모든 군대를 물리려 해도 큰 적이 앞에 있고 지원은 이르지 않고 있습니다. 조선은 새로 회복되어 곤궁하여 지탱하기 어렵고 적은 다시 세력을 펼쳐 앞서 세웠던 공이 쓸모없게 되니, 이 때문에 가볍게 물러설 수도 없습니다. 지금은 바로 성공과 실패가 갈리는 시기로 중도에서 그만두고 손을 뗄 수 없는 상황입니다. 군사를 보내 지원해주지 않으면 어찌 군성(軍聲)을 크게 할 수 있겠습니까. 상을 제때 주지 않으면 어찌 사기를 높일 수 있겠습니까.

또한 최근 서쪽 전투(보바이의 반란)의 사례를 조사해보니, 베어온 수급 1개에 은 50냥을 즉시 상으로 내렸습니다. 지금 평양과 개성의 승전에서 벤 수급이 대략 2000과에 달합니다. 비록 모두 검토를 마쳤지만 즉시 상을 내릴 수가 없는 상황입니다. 작년에 보낸 마가은 40만 냥 가운데 5만 냥을 써서 산동해방도(山東海防道)에 보내 군량과 사료를 사들이게 하였고, 15만 냥은 밀운(密雲)·천진(天津)·계주(薊州)·영평(永平)·영전(寧前)·요해(遼海) 등 6개 도로 보내 또한 군량과 사료를 구입하게 하였습니다. 또한 군화(軍火)·장비·불화살·연철포탄(鉛鐵砲彈)·초황(硝黃) 및 명화(明火)·독화(毒火)·비화(飛火) 등 화약을 제조하게 하고 소·노새와 수레를 구매하고 운반비에 쓰는 등 대략 이미 절반 넘게 지출하였습니다. 지금 단지 20만 냥만 남아 군전에서 써야 합니다. 그 가운데 3만 냥을 보내 제독 이여송에게 주어 전투에 임할 때 쓰게 하였습니다. 나머지는 모집한 각 가정의 안가은(安家銀)[28] 및 군량과 사료의 비용으로 지급하고, 아울러 직할부대의 대소 장령과 문무 관리의 식비·급료·포상 비용으로 지불하겠습니다.

....

28 안가은(安家銀): 규정된 급여 이외에 추가로 지급하는 비용으로 액수가 정해져 있지 않 았던 것으로 보인다.

일이 완료되는 날에 신은 스스로 항목마다 명확하게 내역을 열거하여 보고하겠습니다. 지금 비록 여유가 있다고 만약 평양 등지의 공적에 상으로 다 써버린다면 군전에서 따로 쓸 게 없을 것입니다. 지원 병력을 만약 청한 대로 보내주면 또한 응당 많고 적음을 헤아려 미리 군량과 사료를 갖추어놓아야 합니다. 이것이 금일 군사와 급여에 대해 시급히 논의해서 처리해야 할 바입니다.

신은 이미 관량주사(管糧主事) 애유신과 도사 장삼외에게 명하여 각자 나누어 군량과 사료를 독촉하게 하였습니다. 또한 해개도참정(海蓋道參政) 곽성지(郭性之)[29]에게 문서를 보내 해선(海船)을 끌어모아 한편으로는 황성도(黃城島)로부터 등주(登州)·내주(萊州)로 가서 운반하고, 다른 한편으로는 여순구(旅順口) 연해로부터 조선 의주 임산도(林山島)로 운반해 가서 조선의 해선에 넘겨주어 개성 등 지역으로 운반하여 지출에 대비하게 하였습니다. 신은 지금 또한 제독 이여송에게 명하여 병사를 나누어 평양을 지켜서 습격을 막고 정예 병력을 뽑아 인근 역참에 주둔하게 하여 왕래하며 호응하게 하였습니다. 또한 군병과 포수를 보내 임진강변을 끊어 약탈을 막게 하였고, 아울러 길가에 군병을 파견하여 군량과 사료의 운반을 호위하게 하였습니다.

대저 외지에서 온 군대는 속전이 유리합니다. 하지만 이미 요충지에 깊이 들어왔으니 어쩔 수 없이 군사를 나누어 후방을 대비해야 합니다. 병력이 이미 나뉘었으니 군세가 더욱 부족합니다. 서울의 왜가 날마다 늘어난다면 우리 개성의 군사는 감히 나아가지 못

....

29 곽성지(郭性之): 1540~?. 명나라 섬서 서안부(西安府) 화주(華州) 사람이다.

할 것입니다. 왜는 20만 명에 달하고 우리 군사는 3만 명이 채 되지 못합니다. 만약 왜노가 차례대로 번갈아 휴식하는 방법을 써서 때때로 출격하여 우리 군대를 괴롭힌다면 아군은 나아가지도 못하고 퇴각하지도 못할 것입니다. 군량과 급여는 더욱 소모되고 군심은 더욱 괴로워질 것이니, 그때는 또한 장차 어떻게 처리하겠습니까.

엎드려 바라건대 황상께서 굽어살피시어 공적이 거의 이루어지려 하고 기회는 다시 오지 않을 것이니, 병부로 하여금 다시 논의하여 한편으로 유정과 진린의 군사를 하루빨리 요동으로 가도록 독촉하게 하십시오. 또한 계주와 요동의 오랑캐의 위협이 느슨한 곳에서 수천 명을 적절히 헤아려 이동시켜 조선으로 오게 해서 구원하게 하십시오. 아울러 바라건대, 혈전의 군공(軍功)을 헤아려주시어 다시 마가은 20만 냥을 보내 먼저 평양 등지에서 수급을 베어 상을 원하는 군사에게 예(例)에 따라 수급 하나당 은 50냥을 지급해주십시오. 전장에서 죽거나 다친 이들은 즉시 구휼해주십시오. 나머지는 군량을 매입하거나 서울을 공략했을 때 포상금으로 쓰게 하십시오. 이렇게 한다면 군위(軍威)를 떨치고 사기를 올릴 수 있을 것입니다. 지금의 동쪽 정벌은 차라리 병력을 여유롭게 써서 완전한 승리를 거두어야지 적은 수로 많은 수를 공격하면서 만에 하나 요행을 바라서는 안 됩니다. 신은 간절히 기원하며 황명(皇命)을 기다리겠습니다.

경력 심사현에게 보내는 명령

與委官經歷沈思賢諭帖 | 권6, 26a-27a

권6

날짜 만력 21년 2월 16일(1593. 3. 18.)

발신 송응창

수신 경력(經歷) 심사현(沈思賢)

내용 서울 공략을 위해 작성해 보낸 지도와 정보들을 검토한 뒤 앞으로의 전략에 대한 간략한 의견과 몇 가지 의문점을 전달하고 이후에도 계속해서 정탐 결과를 수집하고 방어 계책을 보고할 것을 지시하는 명령이다.

누차 보고한 내용을 받아 모두 살펴보았다. 또한 도첩(圖帖)과 글로 써서 묘사한 것이 명확하다. 그대의 마음 씀이 잘 보인다. 이후에 소식이 있으면 빈번하게 보고해도 무방하다. 보내온 그림을 보니 서문(西門)이 곧 우리가 진군할 정로(正路)이고 문밖에 산을 끼고 있어 매복할 만하다. 아군이 점거하여 머무를 수 있을지 여부는 모르겠다. 복병으로 서문을 공격하더라도 신문(新門)에 또한 도로가 있으니 반드시 적들이 돌격해오는 것을 막아야 한다. 북문(北門)은 악산(岳山)이 매우 험하여 아군이 이 산을 거점으로 지켜 성을 공격할 수 있을지 여부는 모르겠다. 아군은 서문을 공격해야 하지만, 이곳 북문에도 병마 한두 부대를 두어 지키게 해야 할 것이다. 만약 이 산의 높은 곳에 올라 점거하고 화기를 설치하여 발사한다면 포탄이 성안에 도달할 수 있겠는가. 용산관(龍山館)의 창고에 있는 군량을 불태울 수 있겠는가. 왜노가 도망쳐 돌아갔다는 소식은 진짜인가.

제독 이여송이 군영마다 50명의 포수를 보내 강변을 지키게 한 것은 매우 좋다. 혹시 적들이 상류와 하류를 몰래 건널 수 있으니 또한 그것을 자세히 살펴야 한다. 하나하나 관찰하고 탐문하여 정확한 것은 갖추어 보고하라.

황응양(黃應陽)이 황주(黃州)와 강화도(江華島)에서 백성을 안무한 것은 매우 옳다. 절대 단신으로 성에 들어가 자신을 호랑이 아가리 속에 넣어서는 안 된다. 정월 27일 교전 이후에 이 계책은 절대 행해서는 안 된다. 다만 마땅히 그대와 함께 한곳에서 정탐하고 성을 공격해야 한다. 아울러 모든 방어 계책을 빈번히 보고하는 것은 또한 반드시 매우 신중해야 한다. 이를 알리노라.

찬획 유황상·원황에게 보내는 서신

與劉袁二贊畫書 | 권6, 27a-27b

날짜 만력 21년 2월 16일(1593. 3. 18.)

발신 송응창

수신 찬획 유황상·원황

내용 현재 제독 이여송이 평양을 방어하는 전략의 허점을 지적하고 이를 고쳐 개성으로 옮겨 지키게 하여 서울과 함경도에서 올 수 있는 왜군의 습격을 대비하게 하였는데, 이러한 자신의 생각이 두 찬획의 의견과 같음을 알리고 자신이 요청한 군량 등의 보급품과 지원병이 개성에 도착하면 자신도 곧 개성에 이르러 함께 일을 처리하겠다는 서신이다.

서한을 잘 받았습니다. 제독 이여송이 돌아와 평양을 지키게 되면 서울의 왜노가 우리의 배후를 습격하고 함경도의 왜노가 우리의 측면을 습격하게 될 것입니다. 적이 양면으로 협공하는데 우리는 그 가운데 있는 것이므로 좋은 계책이 아닙니다. 제가 이 점을 헤아린 지 이미 오래입니다. 두 분의 견해도 저의 의견과 대략 같으니 매우 기쁩니다.

5일에 제독에게 서신을 보내 친히 개성에 주둔하여, 한편으로 군사를 보내 강을 따라 지켜 서울로부터의 습격을 막게 하고, 다른 한편으로 군사를 보내 평양을 지켜 함경도로부터의 습격을 막게 하였습니다.[30] 두 분이 말한 상책(上策)이 옳습니다. 저는 애유신[31]에게 문서를 보내 배를 징발하여 사료와 군량 및 식염(食鹽)을 모두 수로를 통해 개성에 도달하게 하였습니다. 또한 유정과 진린의 군사가 이르는 것을 기다려서 다시 요양의 군사 수천 명을 옮겨오게 했습니다.

제가 문하(유황상·원황)와 함께 직접 개성에 이르러 한마음으로 일을 처리하고 사기를 고무하면 왜노는 평안할 수 없을 것입니다. 대사마(大司馬) 석성에게 앞서 군량과 급여를 요청한 것은 서신 안에 이미 갖추어 통지하였습니다.[32] 지금의 형세는 잠시도 꾸물거릴 수가 없습니다. 제독이 근래 문서를 보내 두 분 중 한 사람을 불러 그의 군중에 이르게 하려 한 것은 아마도 이전의 작은 손실 때문에 대신 책략을 세우게 하고자 한 생각일 것입니다.

....

30 5일에 …… 하였습니다: 이와 관련하여 송응창이 이여송에게 보낸 문서는 다음과 같다. 「6-17 檄李提督 권6, 14a-14b」; 「6-18 與李提督書 권6, 14b-15a」.

31 애유신: 원문에는 "애심우(艾心宇)"라고 되어 있으나 경리양향(經理糧餉) 애유신(艾維新)을 이르는 것으로 보인다. 애유신의 호는 시우(時宇)인데 착각하여 심우라고 쓴 듯하다.

32 대사마 …… 통지하였습니다: 이와 관련하여 송응창이 석성에게 보낸 문서는 다음과 같다. 「6-14 報石司馬書 권6, 12b-13a」.

조선국왕에게 보내는 자문

移朝鮮國王咨 | 권6, 27b-28b

날짜 만력 21년 2월 17일(1593. 3. 19.)

발신 송응창

수신 조선국왕[선조(宣祖)]

내용 전쟁의 피해로 인해 명군에 조달해야 하는 조선 측의 군량과 사료 상황이 좋지 않다는 조선국왕의 문서를 받고서, 명군이 여러 전투에 참전하여 고생하고 있는데 밥도 제대로 먹지 못하는 열악한 상황에 대해 조선도 분명 책임이 있음을 강조하였다. 그리고 이처럼 절박한 상황 때문에 군량 보급을 맡은 관량주사 애유신이 조선의 신하들에게 험한 언행을 보인 것에 대해 양해해달라고 당부하였다. 아울러 향후 중국으로부터 군량이 운반되어오면 조선에서도 인부를 내어 수송에 협조할 것을 지시하는 문서이다.

관련자료 이 문서는 『사대문궤(事大文軌)』 권3, 「경략 송응창이 조선국왕에게 보낸 자문」, 만력 21년 2월 17일, 30a-31b와 동일하며 약간의 자구 차이가 있다. 본문에 인용된 조선국왕의 자문은 『사대문궤』 권3, 「조선국왕이 경략 송응창에게 보낸 자문」, 만력 21년 2월 8일, 29a-30a의 일부이다. 본문의 내용은 『사대문궤』 권3, 「조선국왕이 경략 애유신에게 보낸 자문」, 만력 21년 2월 10일, 31b-32b와 직접적으로 연관되어 있으며, 당시 상황은 『선조실록』 권35, 선조 26년 2월 1일(병술) 및 『선조실록』 권35, 선조 26년 2월 7일(임진) 기사를 참고할 수 있다.

작은 정성을 굽어살펴 힘써 너그러이 용서하는 일.

조선국왕의 자문을 받았는데, 그 내용은 다음과 같았습니다. "우리나라는 적에 의해 파괴되고 군민이 뿔뿔이 흩어졌습니다. 하물며 대로(大路) 근처는 황폐함이 더욱 극심합니다. 지금 명나라 군대가 급히 달려와 일각이 급한 상황입니다. 그런데 군량과 사료가 모자라 병사와 말이 모두 굶주리고 흉악한 잔당이 숨을 돌린 날이 오래되기에 이르렀습니다. 지금 당신의 큰 책망을 받으니 저는 부끄러움과 두려움이 교차합니다. 엎드려 바라건대, 황상께서 어루만져 편안하게 하시는 인자함을 생각하고 우리나라의 황폐함이 극심하다는 점을 고려하여 특별히 관용을 더하여 시종 구제해주십시오."

이를 받고 살피건대 앞서 위관 도사 장삼외의 정문을 받았는데, 그 내용은 다음과 같았습니다. "조선국왕의 자문을 받았는데, 그 내용은 다음과 같았습니다. '본국의 의주에서 평양까지 일대에 저장된 군량과 사료는 쌀과 좁쌀을 합쳐 4만 5500석 남짓으로 5만 군병이 40여 일간 쓰기에 충분하고, 황두 3만 5560석 남짓과 초 8만 8090속 남짓으로 3만 마필이 30여 일간 먹을 수 있습니다.'"

따라서 우리 대군은 조선에 사료와 군량이 이미 마련되었기 때문에 힘을 합쳐 전진하였습니다. 지금 다행히 첫 번째 전투에서 평양을 취하고, 두 번째 전투에서 개성을 취하였으며, 세 번째 전투 벽제관에서 포위를 깨뜨려 적들의 목을 베었습니다. 평안도·황해도·경기도·강원도와 중화(中和)·황주(黃州)·봉산(鳳山)·서흥(瑞興) 등의 군현이 모두 조선으로 돌아왔습니다. 마땅히 이 위세를 타고 추악한 무리를 모조리 멸해야 합니다. 그런데 조선의 군량이 떨어졌다 하고 중국의 군량과 사료 또한 운반되어 오지 않아서 군대가 개성에 머물러 병사 다수가 배를 굶게 되었습니다.

대저 사람이 살아감에 하루 두 끼니를 먹지 않으면 허기진다고 하였습니다. 하물며 갑옷을 입고 강궁(強弓)을 당기는 무리로 하여금 이렇게 바람 일고 서리 내리며 얼음 얼고 눈 내리는 때에 예리한 칼날을 무릅쓰고 용감히 혈전을 치르게 하여 전공을 이루고자 바라면서 배를 부르게 하지 않고 말을 뛰지 못하게 하면 어쩌하겠습니까. 만약 군심(軍心)이 원망하고 분개하여 끝내 그들이 두건을 벗게 되면[33] 어찌 대사를 그르치지 않겠습니까. 그 때문에 관량주사 애유신이 재무를 맡아 이렇게 천 리 길에 걸쳐 수송하는 군량이 제대로 보급되지 못하는 상황을 보고 그렇게 격렬한 말을 쏟아낸 것입니다.[34] 정황이 크게 부득이하였던 것입니다.

이제 중국으로부터 도정한 군량이 실려오고 있습니다. 조선 또한 마땅히 인부를 급히 통솔하여 두 나라가 힘을 합쳐 수송해서 힘써 모든 군사들이 먹음에 부족하지 않게 하고 제대로 보급될 수 있기를 바랍니다. 이에 마땅히 자문을 보내니 잘 살펴 시행해주십시오.

....

33 그들이 …… 벗게 되면[脫巾]: 탈건지변(脫巾之變)을 말하는 것으로, 군량이 다 떨어지는 변고를 뜻한다. 당 고종 때 관중(關中)의 군량 창고가 텅 비어서 금군(禁軍)이 모자를 벗고 길거리에서 식량을 호소한 고사에서 유래하였다.

34 그렇게 …… 것입니다: 말에 그친 것이 아니라 조선의 보급 담당 관원을 곤장 치기도 하였다. 『선조수정실록』 27권, 선조 26년 정월 1일(병진).

찬획 유황상·원황에게 보내는 명령

檄劉袁二贊畫 | 권6, 28b-29a

날짜 만력 21년 2월 18일(1593. 3. 20.)

발신 송응창

수신 찬획 유황상·원황

내용 서울 진공을 앞두고 지난 평양성 전투에서 공을 세운 자들에게 파격적인 승진과 포상을 내릴 것을 이미 조정에 요청한 바 있는데, 좀 더 구체적인 현황 파악을 위해 원정에 참여하고 있는 관군과 그동안의 전사자 및 부상자의 수를 명확히 조사하여 보고하라는 명령이다.

용감한 이들을 격려하여 군대를 위로하는 일.

평양의 승전은 모두 각 관군이 한마음으로 협력하고 용기를 떨쳐 곧장 앞으로 나아가 마침내 일거에 거둔 큰 공로이다. 성벽을 올라 문을 빼앗은 것, 우두머리를 사로잡고 수급을 벤 것 등의 공적에 대해서는 이미 제본을 갖추어 올려 파격적으로 공적을 서훈하여 크게 승진과 포상을 행하도록 하였다. 다만 각 관군이 오랫동안 이국에 머물면서 노고가 대단히 크다.

이제 다시 서울로 진격함에 나는 군사들을 매우 딱하게 여겨 마땅히 따로 포상을 행하여 무휼의 뜻을 보이고자 한다. 패문을 보내니, 바라건대 너희는 지금 동쪽 정벌에 나선 장령과 군정(軍丁)이 실제로 얼마인지, 전장에서 죽은 자는 얼마이고 다친 자는 얼마인지를 조사하여 영마다 나누어 따로따로 빠짐없이 열거하여 보고하라. 현재 있는 자에게는 마가은을 보내 포상하라. 전장에서 죽은 자와 다쳐서 돌려보낸 자는 각 도에 문서를 보내 그들의 집을 후하게 구휼하라. 관군이 더욱 감동하여 분발하기를 바란다. 지연하거나 어기지 말라. 문서가 도착한 5일 이내에 정문을 올려 보고하라.

요동총병 양소훈에게 보내는 서신

與楊總戎書 | 권6, 29a-29b

권6

날짜 만력 21년 2월 18일(1593. 3. 20.)

발신 송응창

수신 요동총병 양소훈

내용 앞서 지원군으로 요청한 유정 부대의 도착이 늦어지고 있는 상황에서 요동총병이 철기병을 보내준다는 소식을 듣고 이에 대해 감사하는 한편 자신도 서둘러 압록강을 건널 수 있도록 조속히 요동의 군사를 보내달라고 요청하는 서신이다.

앞서 서신을 보내 한번 와주십사 청한 것은 귀한 발걸음을 아끼지 않으시리라 생각해서였습니다. 처음에는 유정의 군사가 3월 초순이면 도착하리라 생각하고 저는 그들이 이르는 것을 기다려 문하(양소훈)와 함께 가고자 하였습니다. 다시 자세히 따져보니, 17일에 북경(北京)에서 출발하였다면 북경은 개성에서 3000리 남짓 떨어져 있으니 4월 중순은 되어야 비로소 도착할 것입니다. 이 군사가 도착한 뒤에야 간다면 오히려 분명 일을 그르치게 될 것입니다. 대장군의 뛰어난 위엄과 더불어 요동의 정예 기병을 겸한다면 족히 완전한 공적을 거둘 것입니다. 하필 앞의 말에 구애될 필요가 있겠습니

까. 하물며 제독 이여송은 거느린 장병에게 한 달여의 휴양을 주어 사기가 다시 올랐습니다. 저 또한 이를 접하고 파격적으로 노고를 포상하니 매우 훌륭한 모양새입니다.

저는 이미 26일을 택하여 압록강을 건너기로 하였습니다. 문하께서 다행히 서둘러 수천의 철기(鐵騎)를 보내주시어 특별한 공적을 이어가고자 하시니, 어찌 열장부(烈丈夫)라 칭하지 않을 수 있겠습니까. 기회가 코앞에 있으니 수천의 철기를 속히 전선으로 보내주시기를 간절히 바랍니다.

유격 오몽표에게 보내는 명령

橄遊擊吳夢豹 | 권6, 29b-30b

권6

날짜 만력 21년 2월 19일(1593. 3. 21.)

발신 송응창

수신 유격 오몽표(吳夢豹)

내용 전투에서 사용할 화약을 실험하고 제조하는 과정에서 밝혀진 여러 사실을 정리하고 이를 바탕으로 유격 오몽표에게 화약 제조법에 따라 여러 종류의 화약을 제조하고 운반할 것을 지시하는 명령이다.

군무(軍務)에 관한 일.

유격 오몽표가 보낸 지죽(紙竹)으로 만든 분통(噴筒)이 내게 도착해서 시험해보았다. 왕삼락(王三樂)의 화약 제조법으로 만든 화약은 죽통(竹筒)과 함께 각각 폭발하여 큰 소리가 났다. 내가 제작한 지통(紙筒)은 화염이 미세하여 모두 쓸 만하지 않았다. 근래 보니 요양의 화약 가운데 대리화(大梨花)·새월명(賽月明)·금선화(金蟬花)가 모두 화염이 곧바로 일어나고 연기와 열기가 오래 멀리 나니 쓸 만한 것 같다. 또한 조사해보니 내가 제작한 분통은 화약 안에 고운 모래를 넣고 섞어 오로지 날리는 모래로 적의 눈을 뜰 수 없게 만들 뿐이고 연기와 열기는 좋지 않다. 지금 각 장인이 이 뜻을 모르고 법대로 제조하지 않아 분명 초(硝)는 적게 황(黃)은 많이 넣고 있을 것이다. 대개 황의 성질은 사납고 폭발하여 큰 소리가 나니 응당 따로 제조해야 한다.

패문을 보내니, 바라건대 그대는 즉시 내가 전에 보낸 화약 제조법을 조사하여 만약 화약의 재료가 완전하지 않으면 잠시 정지하고, 요양의 화약 장인과 역인(役人)을 데려다가 각각 본장(本匠)의 자기 화약 제조법에 따라 대리화·새월명·금선화를 제조하라. 화약 안에 거친 모래를 제거하고 도정하여 볶아낸 고운 모래를 첨가하라. 손상된 낭선(筤筅)[35]을 죽통으로 삼거나 방화화목통(放花火木筒)을 쓰거나 지통을 쓰도록 하라. 매 통의 길이는 3소척(小尺)가량으로 하여 화염이 곧바로 일어나고 오래 멀리 날아가게 하여 날리는 모래로 적의 눈을 뜰 수 없게 하는 것을 위주로 하라. 연기와 열기는 모든 종류를 막론하고 먼저 몇 개를 제조해서 쓸 만한지 시험해보라. 총 6000통(筒)을 제조하여 계속 군전으로 운송하여 쓰게 하라. 만약 따로 쓸 만한 것이 있으면 낭선을 함께 제조해도 무방하다. 쓸 만한 것은 개조를 허락하지 않는다. 일을 그르치지 말라.

....

35 낭선(筤筅): 대나무 또는 쇠로 만든 자루에 세모꼴의 날카로운 쇠날이 달린 가지를 부착한 무기이다.

병부에 보내는 자문

移本部咨 | 권6, 30b-31a

날짜 만력 21년 2월 19일(1593. 3. 21.)

발신 송응창

수신 병부

내용 평양 등의 지역에서 베어 얻은 왜의 수급과 생포한 왜적이 자신에게 도착하여 이를 검토받기 위해 요동순안어사에게 보냈으나, 마침 순안어사가 교체되고 새 어사가 아직 도착하지 않았기 때문에 수급은 남겨두어 차후에 검토한 뒤 따로 보고하기로 하고 생포한 왜적은 먼저 병부로 압송하겠다는 문서이다.

천자의 위엄에 의지하여 속국을 구원함에 한바탕 싸움으로 평양 등의 지역을 수복하고 왜의 수급 수천을 베고 사로잡은 뜻밖의 승리를 급히 보고하는 등의 일.

제독표하(提督標下) 대중군사(代中軍事) 지휘첨사(指揮僉事) 왕희로(王希魯)가 평양 등의 지역에서 관군이 벤 수급과 생포한 왜적 길병(吉兵) 등 6명을 올려 보내 저에게 도착하였습니다. 이미 찬획 원외랑 유황상 등에게 문서를 보내 검토하여 보내게 하고 순안아문(巡按衙門)의 검토 답변을 기다리던 중이었습니다.

조사해보니 기존 요동순안어사 이시자는 이미 승진하여 다른 곳으로 부임하였고, 새로 파견된 어사 주유한(周維翰)[36]은 아직 임지에 도착하지 않았습니다. 따라서 벤 수급은 그대로 순안아문이 조사 검토하여 따로 보고하는 외에, 생포한 왜노는 응당 먼저 병부로 압송하겠습니다. 이에 길병 등 6명을 원래 온 관역(官役)으로 하여금 맡아 압송하게 하는 외에, 응당 병부에 자문을 보내니 번거롭지만 잘 살펴 시행해주십시오.

....

36 주유한(周維翰): ?~?. 명나라 사람으로 직례(直隷) 하간부(河間府) 부성현(阜城縣) 출신이다. 호는 도우(韜宇)이다. 만력 21년(1593) 2월에 흠차순안요동(欽差巡按遼東) 겸 관해방군무(管海防軍務) 감찰어사(監察御史)로 조선으로 와서 감군(監軍)하며 평양에 도착하였고 6월에 돌아갔다.

분수도, 호부주사 애유신에게 보내는 명령

檄分守道幷艾主事 | 권6, 31a-31b

날짜 만력 21년 2월 20일(1593. 3. 22.)

발신 송응창

수신 분수도, 호부주사 애유신

내용 지금까지 원정 중인 명군에게 군량과 사료를 지급할 때에는 조선의 되와 말을 사용해왔는데 이번에 양향 주사 애유신이 새로 되와 말을 제 작하여 군영에 지급하게 되었으니, 지금까지 써온 조선의 되와 말과의 차이를 조사하고 명군에게 이미 지급된 군량과 사료가 새로운 기준으 로 얼마나 되는지, 교체하는 과정에서 부정이 개입한 사례는 없었는지 등을 조사하여 보고하라는 명령이다.

되[升]와 말[斗]을 개정하여 모두 실제 혜택을 받는 일.

경리양향[37] 주사 애유신이 앞의 일로 정문을 올린 것을 받았는 데, 그 내용은 다음과 같았다. "저는 탕참(湯站)의 관두(官斗)[38]를 수 거하여 확인하였습니다. 규격에 따라 십수 개를 제조하여 글자를 새

....

37 경리양향: 원문에는 "경략양향(經略糧餉)"이라고 되어 있는데, "경리양향(經理糧餉)"의 잘못이다.

38 관두(官斗): 관에서 정한 규격의 말[斗]을 이른다.

기고 등록하여 사람을 시켜 제독 이여송에게 보냈습니다. 이 중 4개는 군전에서 지급할 때 쓰는 것이기 때문에 수량이 모자라면 안 됩니다. 나머지는 의주에 남겨 지급하겠습니다. 이러면 군마가 모두 실제 혜택을 받고 전곡(錢穀)[39]에 대한 조사가 편리해질 것입니다."

이에 곧바로 비준하여 시행을 마쳤다. 그런데 조사해보니 이전에 동쪽을 정벌하는 대군에 지급하였던 군량과 사료는 모두 조선의 되와 말을 썼다. 조선의 말은 작기 때문에 비록 더해주었다고 하더라도 원래 거두었던 창두(倉斗)[40]와 실제로 부합하는지 알 수 없다.

패문을 보내건대 그대는 즉시 분수도와 함께 해당 도에서 군량과 사료 지급을 담당하였던 위관들을 조사하여, 조선의 되와 말이 원래 거두었던 창두와 비교해서 한 말마다 대소 차이가 얼마나 나는지, 동쪽을 정벌하는 관군에게 이미 지급한 군량과 사료가 앞서 조선의 되와 말을 써서 지급한 것에다가 한 되와 한 말당 얼마를 더해준 것인지, 창두의 수에 충족하는지 아닌지, 원래 거두어 운반하였던 군량과 사료는 얼마인지, 지금까지 지급한 것은 얼마인지, 남은 것이 있는지 없는지, 되와 말이 아직 정해지기 전을 틈타 각 위관이 덜거나 더하거나 다른 데로 빼돌린 작폐가 있었는지를 하나하나 명확히 조사하여 정문으로 보고하라. 지연하거나 어기지 말라.

....

39 전곡(錢穀): 재정 수입·지출의 대상이 되는 돈과 곡식을 말한다.
40 창두(倉斗): 창고에서 거둘 때 사용하는 말[斗]을 가리킨다.

6-39

병부상서 석성에게 보고하는 서신

報石司馬書 | 권6, 31b-33a

날짜 만력 21년 2월 23일(1593. 3. 25.)

발신 송응창

수신 병부상서 석성

내용 현재 왜의 진영에 간첩을 보내 탐문하고 반간계(反間計)를 쓰는 등 다양한 노력을 기울이고 있는데, 자신이 아직도 압록강을 건너지 않은 이유는 화기가 부족하고 지원군이 도착하지 않아 이를 감독하고 독촉하기 위한 것이라고 해명하며, 서울 공략을 앞두고 공을 세운 병사들에게 아직 포상이 이루어지지 않고 군량 보급도 제대로 이루어지고 있지 않은 열악한 상황을 알리고 이를 해결하기 위해 도움을 요청하는 서신이다.

19일에 회신을 받아 모두 살펴보았습니다. 대하(석성)께서 동쪽의 일에 마음을 쓰고 또한 저의 부족한 견해를 버리지 않으시니 깊이 감사드립니다. 평양의 승전 이후 11일에 즉시 여러 차례 제독 이여송에게 서신을 보내서 장대선 등 여러 사람을 보내 몰래 반간계를 써서 관백을 도모하여 취하려 하였으나 아직 거행하지 않았습니다.[41] 그들은 또한 벽제관 전투에서 통한이 뼈에 사무쳤을 터이니, 이 계책은 시행하기 어려울 것 같습니다. 조선인과 몰래 약속하여 내응하는 것도 하나의 방법이었습니다. 그런데 듣자니 그 사람은 오히려 왜의 심복이 되었다고 합니다.

저는 이미 간첩을 파견했는데, 계속 개성에 머무르며 다시 적의 실상을 탐문하고 난 이후에 서울로 나아가 일을 벌이도록 하였습니다. 제가 지금 느릿느릿하며 아직도 압록강을 건너지 않은 이유는 평양성 전투 이후 군중에 화구(火具)가 거의 다 떨어졌고 진린과 유정의 지원병이 아직 이르지 않았기 때문입니다. 따라서 요양 관할 아래의 봉황성에 머무르면서 한편으로는 화구를 제조하고 한편으로는 지원병을 독촉하고 있습니다. 이제 일의 두서가 대략 잡혀 2월 26일에는 압록강을 건너 개성으로 가서 친히 장수와 병사들이 공격하는 것을 독려하기로 하였습니다.

아군은 천 리를 추격해 달리면서 누차 혈전을 겪어 힘과 사기가 크게 떨어졌습니다. 또한 하늘에서 비가 연이어 내려 진창에 빠져 달리기 힘들어서 잠시 군사를 나누어 각지에서 휴양하고 있습니다. 유정의 군사는 13일에 북경을 출발했습니다.[42] 북경은 개성과 3000여 리 떨어져 있으니, 노정을 계산하면 4월 중순에야 도착할 것입니다. 이 군사를 기다린다면 군대는 피로하고 재물은 다하여 오히려 일을 그르치게 될 것입니다. 저는 지금 친히 가서 군대의 위력을 고무시켜서 다시 사기가 진작되기를 바라고 있습니다.

앞서 제가 제본을 올렸을 때 대하께서 서울의 승전보를 기다렸

<hr />

41 평양의 …… 않았습니다: 관련 문서는 다음과 같다. 「5-62 與李提督并劉袁二贊畫鄭趙二參軍書 권5, 40b-41b」; 「6-1 與參軍鄭同知趙知縣書 권6, 1a-4a」; 「6-13 報石司馬書 권6, 12a-12b」.

42 유정의 …… 출발했습니다: 송응창은 앞서 유정의 출발 일자를 17일로 추측하였다. 「6-35 與楊總戎書 권6, 29a-29b」 참고.

다가 함께 제본을 올리자고 한 말씀은 본디 옳습니다. 하지만 장사들은 쏟아지는 화살과 돌을 무릅쓰고 견고한 성을 공격하는데 굶주린 채 팔도를 누비며 얼음과 눈 속에 앉고 누워 있습니다. 쓰러진 말이 만 필에 달하는데, 사람의 고통은 또한 어떻겠습니까. 약함을 강함으로 바꾸는 것은 전부 조정의 한결같은 고무에 달려 있습니다. 하물며 외국을 회복하고 수많은 수급을 벤 것이 서하(西夏)에서 반란을 일으킨 백성을[43] 벤 것과 비교해서 어디 높낮이가 있겠습니까. 지금 장사들은 밤낮으로 대하께서 주관하여 조속히 황상의 은혜가 베풀어지기를 바라고 있습니다. 혹시 늦어진다면 큰 적이 앞에 있어도 장사들은 명령을 따르지 않을 것이니, 앞선 공로가 모두 사라져 버릴 것입니다.

간절히 바라건대, 제본으로 황상께 답변하여 파격적으로 전공을 서훈하고 특히 내각대학사에게 전달되게 해주시기 바랍니다. 조선의 군량과 사료는 이미 다하여 전부 중국에 의지하고 있기 때문에 임청(臨淸)·덕주(德州) 등의 지역에서 운송을 그만둘 수는 없습니다.[44] 도요토미 히데요시는 지금 조선에 있지 않고 대마도에 있으니, 만약 주균왕(朱均旺)[45]이 앞의 일을 마칠 수 있다면 매우 절묘할 것입니다.

....

43 서하(西夏)에서 …… 백성을: 만력 20년(1590) 영하(寧夏) 지역에서 발생한 보바이(哱拜)의 난을 의미한다.

44 조선의 …… 없습니다: 관련 문서는 다음과 같다. 「6-4 咨遼東撫院 권6, 6a-6b」.

45 주균왕(朱均旺): ?~?. 명나라 사람으로 무주(撫州) 임천(臨川) 출신이다. 상인으로 장사를 하다 왜구에게 납치되어 일본에서 노비생활을 하다 구출되어 명으로 돌아왔다. 만력 19년(1591) 사쓰마(薩摩)에 머무르고 있던 허의후(許儀後)가 도요토미 히데요시가 장차 명을 습격하려 한다는 소문을 듣고 작성한 투서를 절강성에 전달하였다.

찬획 원황은 이국을 오가며 몸이 얼음과 눈 속에 있으니 노고가 또한 큽니다. 지금 이러한 일이 생겼으니 실로 난감합니다. 대하께서 신경을 써주시면 사속(司屬)들이 필시 보호해줄 것입니다. 저는 오랫동안 그와 함께 일을 해와서 더욱더 절절하지 않을 수 없습니다. 지금은 이미 미치지 못하였지만 만회할 수 있다면 바라건대 굽어살피시어 한번 처리해주심이 어떻겠습니까. 나머지는 나중에 다시 보고하겠습니다. 이만 줄입니다.

통판 왕군영에게 보내는 명령

檄通判王君榮 | 권6, 33a-33b

날짜 만력 21년 2월 23일(1593. 3. 25.)

발신 송응창

수신 통판(通判) 왕군영(王君榮)

내용 서울 공략을 앞두고 노숙하며 특히 계절병이 돌아 고생하는 병사들을 위해 약과 소·술 등을 보내 위로하고 포상하는 한편, 은을 포장하여 담아 군영으로 보내 각 관원과 군정들에게 나누어 지급할 것을 지시하는 명령이다.

용감한 이들을 격려하여 군대를 위로하는 일.

살펴보건대 누차 보고된 평양과 개성에서의 공적은 모두 군정이 용기를 떨치고 장사들이 마음을 같이하였기 때문에 이처럼 뜻하지 않은 승리를 이룬 것이다. 지금 각 군은 외국으로 원정하여 노숙하고 바람을 맞으며 밥을 먹고 있다. 지금 들으니 심지어 계절병까지 유행하고 있다고 해서 나는 매우 걱정된다. 관원을 위임해서 환(丸)과 산(散) 등의 약을 구매하여 따로 보내는 외에, 마땅히 소와 술을 지급하여 보내 위로와 포상의 뜻을 보이고자 한다.

패문을 보내니, 바라건대 그대는 즉시 마가은 2100냥을 동원하

여 700량마다 한 봉투에 담아서 파견되어 가는 관원 3명에게 넘겨
주고, 세 협(協)의 부총병이 있는 곳으로 나누어 지급하여 보내라.
원정 중인 관군은 천총(千總)[46] 1명당 술값으로 은 2전(錢), 파총(把
總) 1명당 술값으로 은 1전, 관대(管隊)와 첩대(貼隊),[47] 그리고 군정은
1명당 술값으로 은 5분(分)을 지급하라. 지급한 날짜를 갖추어 정문
으로 보고하라.

권6

....

46 천총(千總): 관직명이다. 명 초에는 북경에 주둔하는 경영(京營)을 삼대영(三大營)으로
   나누고 천총, 파총(把總) 등의 영병관(領兵官)을 두었으나, 시간이 흐를수록 지위와 직
   권이 낮아졌다. 명 말에는 천총은 대략 1천 명 정도를, 파총은 300~500명 정도를 지휘
   하는 직책으로 수비(守備)보다 아래에 있었다. 명 후기의 천총·파총 등에 대해서는 肖
   立軍, 『明代省鎭營兵制與地方秩序』, 天津: 天津古籍出版社, 2010, 235~243쪽; 曹循, 「明
   代鎭戍將官的官階與待遇」, 『歷史檔案』 2016-3; 曹循, 「明代鎭戍營兵中的基層武官」, 『中
   國史硏究』 2018-1을 참고.
47 관대(管隊)·첩대(貼隊): 파총(把總)보다 아래의 기층 무관으로, 50~100명 정도의 병사
   들을 관할하는 직책이었다. 曹循, 「明代鎭戍營兵中的基層武官」, 『中國史硏究』 2018-1,
   135~137쪽. 만력 연간 이들은 기본적으로 일반 군정(軍丁)과 같은 대우를 받고 있었던
   것으로 보인다. 『만력회계록(萬曆會計錄)』 권23, 진향액(鎭餉額), 봉량(俸糧), 「객병행량
   칙례(客兵行糧則例)」, "坐營千總官, 每員日支廩米伍升, 把總官, 每員日支米叁升, 管, 貼隊,
   官旗, 軍人, 每員名日支行糧壹升伍合."

제독 이여송에게 보내는 서신

與李提督書 | 권6, 33b-34a

날짜 만력 21년 2월 24일(1593. 3. 26.)

발신 송응창

수신 평왜제독 이여송

내용 이여송이 평양으로 옮겨 주둔하고 개성에 군사를 남겨 지키게 한
조치를 칭찬하고, 그의 건의대로 술과 음식으로 병사들을 위로하고 상
을 내려 격려할 계획임을 전하며, 서울 진격 결정과 군령을 범한 자의
처벌에 대한 의견을 전하는 서신이다.

　　대장군께서 평양으로 옮겨 주둔하고 장사를 뽑아 개성에 남겨
지키게 하여 사졸들을 휴양하게 한 것은 진실로 상책입니다. 서울의
왜노는 들판에 약탈할 것이 없어 곤궁해져 돌아갔습니다. 화살 하나
쓰지 않고 앉아서 완전한 공적을 거두었으니 참으로 기쁩니다. 그러
나 아군은 천 리를 추격해 달려와 누차 혈전을 겪어서 힘과 사기가
떨어졌으니 매우 염려됩니다. 문하(이여송)께서는 포상을 적절히 내
려 장사들을 격려하는 것이 실로 중요한 일이고 우리의 마음을 먼
저 얻는 것이라고 하셨습니다. 저는 며칠 전에 이미 두 찬획 유황상
과 원황에게 격문을 보내 상을 나누어 지급할 것을 논의하여 시행

하도록 하였습니다.

26일에 저는 압록강을 건너 먼저 평양에 이르면 문하를 직접 뵙고 의논하려고 하였습니다. 이미 기일을 정해 진공하기로 결정했으니, 서울은 함락하기 어렵지 않을 것입니다. 이 밖에 척금은 이미 군령을 범하였으니 견책하는 것이 실로 옳습니다. 이는 문하께서 혼자 처리해도 되는 것인데 굳이 서한으로 보일 필요가 있겠습니까. 이만 줄입니다.

계요총독 고양겸에게 보고하는 서신

報薊遼顧總督書 | 권6, 34a-34b

권6

날짜 만력 21년 2월 26일(1593. 3. 28.)

발신 송응창

수신 계요총독(薊遼總督) 고양겸(顧養謙)[46]

내용 계요총독의 보살핌에 감사의 마음을 전하는 한편 앞으로 있을 서울 공략에 대한 지침을 내려주기를 요청하는 서신이다.

멀리서 정절(旌節)과 모절(旄節)[49]을 받아 요해(遼海)에 위엄을 떨치고 모든 일에 그대의 전략을 삼가 빌릴 수 있으니, 이 동생의 기쁨은 보통의 만만 배 이상입니다. 삼가 나랏일을 맡아 머나먼 이역에 와 있어 직접 군전에 가서 뵙고 경하드릴 수 없으니 매우 마음에 걸립니다. 멀리서 엉성하게나마 미미하지만 초라한 선물을 드리오니, 바라건대 태자(台慈: 고양겸)께서 굽어살피어 받아주시기 바랍니다.

저는 지금 장차 개성에 이르러 서울을 공략하려 합니다. 승리의

---

48 고양겸(顧養謙): 1537~1604. 명나라 사람으로 남직례 통주(通州) 출신이다. 자는 익경(益卿)이다. 진사 출신으로 요동순무, 병부시랑, 계요총독 등을 역임하였으며, 송응창이 탄핵된 후 그를 대신하여 경략으로 임명되었다. 일본과의 강화를 추진하다 탄핵받아 관직에서 물러났다.

49 정절(旌節)과 모절(旄節): 군대의 의장(儀杖)에 사용된 깃발과 부절을 가리킨다.

계책이 딱히 없어 노년장(老年丈)의 한 수 가르침을 기다릴 뿐입니다. 감히 이렇게 간청하오니 지침을 내려주어 평생의 사랑을 여기에 보여주시기 바랍니다. 노년장께서는 제게 가르침을 주는 것을 아까워하지 않을 것입니다. 특별히 이번 일을 다시 한번 부탁드리고 다른 일은 이번에 말씀드리지 않겠습니다.

6-43

찬획 원황에게 보내는 서신

與袁贊畫書 | 권6, 34b

날짜 만력 21년 2월 26일(1593. 3. 28.)

발신 송응창

수신 찬획 원황

내용 모함을 받은 찬획 원황을 위로하고 이번 일에 개의치 말고 앞으로 더 열심히 일해주기를 부탁하는 서신이다.

공은 완벽을 기하다가 느닷없이 모함을 받았습니다. 열흘 전 저는 이러한 생각이 들자 미리 병부상서 석성 및 당국의 여러 공경(公卿)에게 서신을 보냈습니다.[50] 앞서 저보(邸報)를 보니 과연 생각하였던 것과 부합하였습니다. 하지만 해상(海上)의 일은 공이 계책을 내야만 완전한 공적을 거둘 수 있습니다. 일을 맡은 사람들도 이미 인정하였습니다. 저도 공에게 위촉한 일이 많습니다. 입으로만 공의 큰 덕을 칭송하기에는 부족할 것입니다. 부디 마음 편안히 맡은 일에 임하여 큰 계책을 펼쳐서 요사스러운 재앙을 모조리 쓸어내고 천고(千古)의 뛰어난 업적을 세우시기를 바랍니다.

....

50　열흘 전 …… 보냈습니다: 관련 문서는 다음과 같다. 「6-39 報石司馬書 권6, 31b-33a」.

저는 지금 막 압록강을 건너려 합니다. 전쟁이 바야흐로 한창이니 마음속 응어리 없이 황상께서 맡기신 중요한 임무를 다하기 바랍니다. 지극히 기도하고 기도합니다.

제독 이여송에게 보내는 서신

與李提督書 | 권6, 34b-35b

날짜 만력 21년 2월 26일(1593. 3. 28.)
발신 송응창
수신 평왜제독 이여송
내용 이여송의 건강을 염려하여 의사와 환약을 추천하며 조속한 회복을 기원하고, 개성과 벽제관에서 수급을 벤 공적에 대한 보고가 늦어지는 이유를 해명하면서 곧 일이 처리될 것이라고 달래는 서신이다.

문하(이여송)께서는 백전(百戰)의 몸이신데 갑자기 건강이 안 좋아졌습니다. 전쟁 중에는 특히 건강관리가 어려우니 제가 걱정이 매우 많습니다. 앞서 요양에서 용하다는 의사 1명을 찾긴 하였지만, 부처 없는 곳에서 존귀함을 칭한다는 말이 있듯이 그리 뛰어난 의사는 아닙니다. 다만 문하께서 참작하여 쓰십시오. 예전에 환약을 제조해서 군중에 보내 쓰게 하였는데 독화(毒火)의 증상에 아주 잘 맞았습니다. 이 독은 심폐 사이로 들어오니 이 약을 입에 넣고 머금고 있다가 삼키면 이것이 폐부에 들어가 해독할 것입니다. 한 환만 써야지 많이 복용하면 안 됩니다. 문하께서는 조정이 믿고 의지하는 사직의 몸입니다. 서울의 거사가 눈앞에 있으니 부디 의약을 잘 쓰고 식사를 잘해서 다시 눈부신 위엄을 떨쳐 완전한 공적을 거두시기 바랍니다. 이야말로 황상께서 관심을 두는 바이며 저 또한 간절히 바라는 것입니다.

그 밖에 개성과 벽제관에서 수급을 벤 공적은 제가 제본을 갖추어 올리지 않으려는 것이 아닙니다. 다만 앞선 상주에 관해 병부가 아직 황상께 답하지 않아 잠시 기다리고 있는 것입니다. 만약 계속 늦어질 것 같으면 마땅히 제가 상주를 올려 독촉하겠습니다. 그렇지 않으면 서울의 일과 함께 제본을 올려도 안 될 것 없습니다. 반드시 장사들이 치른 혈전의 수고가 끝내 허무하게 사라지지 않도록 하겠습니다.

6-45

찬획 원황에게 보내는 서신

與袁贊畫書 | 권6, 35b-36a

날짜 만력 21년 2월 27일(1593. 3. 29.)

발신 송응창

수신 찬획 원황

내용 함경도에 파견하였던 간첩의 활동이 성과가 있어 앞으로 서울에도 간첩을 파견하자고 제안하는 서신이다. 단 믿을 만한 사람을 써야 하고 그에게 파격적인 상을 내려 최선을 다할 수 있도록 당부하고 있다.

전쟁 중에 간첩을 쓰는 것은 실로 승리의 계책이지만 반드시 적당한 사람에게 맡겨야 비로소 성사시킬 수 있습니다. 지금 풍중영(馮仲纓) 등이 가서 함경도의 소식을 이야기하는데 확실히 두서가 있습니다. 이에 왕종성(王宗聖) 또한 서울에 가서 이야기하게 하고자 합니다. 왜노가 마침 간담이 서늘해지고 군량이 적어진 때여서 기회를 매우 노려볼 만합니다. 왕종성이 간다면 반드시 성공할 것입니다. 삼가 명령에 따라 패표(牌票)를 주어 그가 일을 행하기 편하게 하십시오. 만약 성공을 거둔다면 십만의 군대보다 나을 것입니다. 문하(원황)께서 영웅을 우리 편으로 끌어들인 공도 작지 않을 것입니다. 이에 왕종성에게 은 100량을 주고 가정 4명에게는 1명당 은

30량을 주어 그 뜻을 격려하십시오. 풍중영과 김상(金相) 등도 조사한 것이 실로 정확하니 또한 파격적인 상을 내려야 합니다. 일이 끝나는 날 함께 포상하십시오. 중간에 가서 이야기하는 일에 대해서는 특히 문하께서 신신당부하여 만전을 기하게 하십시오.

제독 이여송, 찬획 유황상·원황에게 보내는 명령

檄李提督并劉袁二贊畫 | 권6, 36a-37b

날짜 만력 21년 2월 28일(1593. 3. 30.)

발신 송응창

수신 평왜제독 이여송, 찬획 유황상·원황

내용 앞선 서신에서 찬획 원황에게 제안한 서울의 간첩 파견과 관련된 내용을 이여송과 두 찬획에게 공식적으로 지시하는 명령이다. 여러 번의 패배로 기세가 꺾인 왜군이 지금 서울에 집결해 있는 상황을 노려 적장인 고니시 유키나가 등에게 간첩을 보내 이간책으로 유세하기로 하고 여기에 쓸 적당한 후보들을 언급하고 있다. 이들을 보내 왜군을 철수하게 만들고 관백을 설득하게 한다면 명과 조선, 그리고 일본 모두에게 이익이 될 것이라고 강조하면서, 이번에 파견되는 유격 심유경을 호송하여 그가 공을 이룰 수 있도록 돕고 이에 대한 내용을 보고하라고 지시하고 있다.

대군이 승세를 타고 서울과 여러 지역으로 진격하는 일.

살펴보건대 하늘과 땅이 한 해를 이룸에 생살(生殺)을 함께 쓰되 치우치지 않듯이, 제왕(帝王)은 군대를 일으킴에 인의(仁義)를 함께 행하되 어그러짐이 없다. 『논어(論語)』에 이르기를, "가을의 죽음을 거치지 않고 어찌 봄의 생육이 있겠는가."라고 하였다. 또한 "차라리 인(仁)에 과(過)하지 의(義)에 과하지 말라."라고 하였다. 대개 하늘의 조화와 성스러운 도는 모두 무심(無心)에서 나오니 치우치지 않고 올바를 뿐이라고 하였다. 관백은 본래 한낱 장사치 소인으로 일본 66개의 섬을 습격하여 탈취하고선 한창 교만해졌다. 조선이 눈에 안 들어올 뿐만 아니라 중국이 있음도 알지 못하고 있다. 파견한 두목 고니시 유키나가 등의 무리를 보아하니, 군대를 이끌고 평양과 서울을 빼앗아 군대를 나누어 팔도를 약탈하고는 중원의 근본을 몰래 범하려 하고 있다. 간사한 속임수와 음흉한 모략으로 스스로 무적이라 칭하고 있다.

지난해 겨울 말에 만약 내가 너희 찬획 및 제독과 함께 일전을 결의하여 먼저 적들의 예봉을 꺾지 않았다면, 중국의 정대한 위엄을 드러내지 못할 뿐만 아니라 도리어 왜노의 횡포한 뜻을 더 키울 뻔하였다. 지금 다행히 평양의 큰 승리로 천자의 토벌이 이미 베풀어지고 왜노의 간담이 서늘해졌다. 승냥이가 날뛰고 멧돼지가 돌진하듯이 서울로 개미 떼처럼 모여들어 돌아가지도 싸우지도 못하고 있다. 이처럼 적들이 진퇴유곡에 빠진 때에 갑병(甲兵)이 토벌하는 기세를 펼쳐 멀리 달려가 곧장 공격하자고 하면 그 누가 안 된다고 하겠는가. 다만 경계해야 할 바가 심하니 만전을 기해야 할 것이다.

이 때문에 평양의 승전 후에 나는 즉시 제독에게 격문을 보내 고니시 유키나가 등의 여러 두목에게 이간책으로 유세해서 항복을 권유하고 죽이지 않는 대신 몰래 관백을 도모하게 하여 영원히 화근을 없애려고 하였다. 공을 이루기가 쉬울 뿐만 아니라 살상 또한 심하지 않다. 이야말로 하늘과 땅의 생살의 시기를 드러내고 천자 군대의 인의의 거사를 펼치는 것이 아니겠는가. 하물며 평정하여 안정시키는 것은 성인이 우선시하는 것이고, 간첩과 모략을 쓰는 것은 병가에서 폐하지 않는 것이다. 다만 간첩을 보낼 때 적당한 사람을 구하기가 힘들기 때문에 이렇게 오랫동안 꾀하며 결단을 내리지 못하였다.

지금 평왜제독 이여송과 두 찬획 유황상·원황이 보고해온 바에 따르면, 각각 "왜노가 패배하여 세력이 궁핍하니 간첩을 쓰는 일이 지금의 급선무입니다."라고 하였다. 마침 내가 격문을 보내려고 한 처음의 마음과 꼭 들어맞는다. 또한 나와 제독 및 찬획의 각 직할부대 관원들과 책사들, 예를 들어 심유경·황응양·오종도(吳宗道)·왕종성·유전언(俞悅彦)·김상·풍중영·오대수(吳大受) 등은 모두 각자 침착하고 꾀가 많으며 충성스럽고 용감하게 임할 자들이니 파견해보낼 만하다.

패문을 보내니, 바라건대 평왜제독은 즉시 한편으로 두 찬획 유황상·원황과 함께 논의하고 다른 한편으로는 심유경 등에게 문서를 전달하여 왜의 소굴로 나아가 이익과 손해를 설명하고 재앙과 복록(福祿)을 일깨워서 관백에게 보고하게 하라. 그리하여 잘못을 고치고 올바름으로 돌아와 조선과 서로 원한 없이 피차가 군대를 철수하고 영원히 동맹을 맺게 하라. 또한 상주문을 올려 조정에서 관원을 파견하여 책봉하고 영원히 속국이 되기를 청하게 하라. 만약 이렇게 따르게 한다면 중국에서는 뛰어난 무용으로 살상하지 않는 공적을 드러내는 것이고, 조선에서는 분쟁과 싸움을 해결하는 이득을 얻는 것이며, 일본에서는 책봉을 받는 영광이 있는 것이다. 일거삼득이니 진실로 좋은 계책이다. 만약 끝까지 잘못을 뉘우치지 않고 흉악한 마음을 드러낸다면, 우리는 반드시 조선의 군대와 함께 힘을 모아 협공할 것이다. 추악한 무리를 멸하는 데 힘써 단 한 명도 살려 두지 않을 것이다.

유격 심유경은 사람을 보내 호송하여 나아가게 하라. 또한 각 관원에게 널리 알려 하나 된 마음과 바른 도리로 너와 나를 가리지 말고 협력하고 지혜를 모아 나라의 일을 함께 도모하게 하라. 공을 이루는 날에 함께 파격적으로 포상하겠다. 만약 그렇게 하지 않으면 군법이 엄연히 있으니 조금도 가차가 없을 것이다. 먼저 간첩을 위임하여 파견하는 날짜와 연유를 정문으로 보고하라.

6-47

산동해방도안찰사 전주에게 보내는 서신

與山東防海道田憲使書 | 권6, 37b-38a

날짜 만력 21년 2월 28일(1593. 3. 30.)

발신 송응창

수신 산동해방도안찰사(山東海防道按察使) 전주(田疇)

내용 명군에게 보낼 중국의 군량은 산동의 등주부(登州府)와 내주부(萊州府)에서 사들이는데, 그중 3만 석은 이미 구매가 완료되어 현재 운반 중이고 아직 구매하지 못한 2만 석에 대해서 조속한 처리를 요청하는 서신이다.

오랜 벗이 하늘 멀리에 있어 때로 간절히 생각만 하다가 이렇게 함께 일하게 되는 행운을 얻었습니다. 서신을 받아 봉투를 열고 펼쳐 읽으니 마치 안색을 직접 보는 것 같았습니다. 이를 빌어 그동안의 간절했던 회포를 조금이나마 위로하였습니다.

군량을 사들이는 일은 매우 수고로운데다가 등주부와 내주부의 고충이 더욱 걱정됩니다. 다만 포악한 적들이 난동을 부리고 삼군은 군량만을 기다리니 어찌할 도리가 없습니다. 3만 석은 이미 사들여 지금 곧바로 여순구(旅順口)로 보내 배에 실어 운반하고 있습니다. 나머지 사들이지 못한 2만 석은 그대의 말처럼 그만두려 한 것이 아닙니다. 다만 서울이 아직 함락되지 않아서 제가 직접 가봐야 적들이 얼마나 창궐하고 있는지 알 수 있을 것입니다. 또한 문하(전주)께서 예전에 이미 허락하였으니 결코 다른 조치가 아닙니다. 만약 시일이 지연되어 혹시라도 병사들이 배를 곯게 된다면 그 허물이 장차 누구에게 돌아가겠습니까.

간절히 바라건대, 문하께서 맡아 조속히 완결지어 주십시오. 만약 이로써 공을 거두게 된다면 문하의 공로가 작지 않을 것입니다. 이에 덧붙여 간절히 바랍니다. 이만 줄입니다.

제독 이여송에게 보내는 서신

與李提督書 | 권6, 38a-38b

날짜 만력 21년 2월 28일(1593. 3. 30.)

발신 송응창

수신 평왜제독 이여송

내용 병사와 급여를 추가로 보내달라고 요청한 이여송에게 앞으로의 병력 보충 계획을 전달하고, 특히 요동순무에게 요청하여 확보한 요동 지역의 군사에 관해서도 설명하는 서신이다. 추가 병력이 도착하기 전까지는 최대한 방어에 힘쓰고 간첩을 활용할 것을 제안하며 자신은 30일에 의주를 출발하여 곧 만날 수 있을 거라는 내용도 전하고 있다.

사로잡은 왜가 말한 왜정에 근거하여 서신으로 말씀해주시기를, "응당 제본을 갖추어 올려 병사와 급여를 더해달라고 청해야 합니다."라고 한 것은 매우 좋은 생각입니다.[51] 삼가 가르침대로 하겠습니다. 개성의 군사는 적어서 지탱할 수 없을까 두렵습니다. 다시 1000~2000명을 뽑아 협조하게 하는 외에 유정의 군사가 이미 도성에서 출발하였는데, 거리를 따져보니 분명 4월 중순은 되어야 비로

....

51 사로잡은 …… 생각입니다: 관련 문서는 다음과 같다. 「6-53 移本部咨 권6, 40a-42b」.

소 도착할 것입니다. 진린의 군사도 아마 이와 같을 것입니다. 앞서 다시 요동 지역의 군사를 이동시켰는데, 요동순무 조요는 오랑캐의 위협이 한창 커져서 청한 대로 허락하지 않고 오가며 해명만 하다가 이제야 2000명을 보냈습니다. 이제 다시 간청하여 3000명을 채우기를 바라고 있습니다. 이 이상은 달리 옮기려 해도 해내지 못할 것입니다.

또한 바라건대 문하께서 여러 장수에게 효유하여 유의해서 방어하되 싸울 수 있으면 싸우고 지킬 수 있으면 지키며 간첩을 쓸 수 있으면 쓰게 하십시오. 대장군께서 기회를 봐서 잘 쓰기만 한다면 왜노는 평정될 것입니다. 30일에 저는 의주를 출발하니 곧 만나뵐 것입니다. 그러니 나머지는 더 언급하지 않겠습니다.

6-49

요동순안어사 주유한에게 보고하는 서신

報遼東周按院書 | 권6, 38b-39a

날짜 만력 21년 2월 28일(1593. 3. 30.)

발신 송응창

수신 요동순안어사(遼東巡按御史) 주유한(周維翰)

내용 안부를 묻는 한편 제독 이여송이 평양, 개성, 벽제관 등에서 베어 얻은 왜의 수급을 보내왔는데 이에 대한 진위와 세부 사항을 검토받기 위해 따로 사람을 파견한다고 알리는 서신이다.

앞서 옥절(玉節: 주유한)께서 요동을 순시할 때 제가 짧은 서신을 보내 축하드린 적이 있는데, 이를 받아보셨을 것으로 생각합니다. 지금 서울이 함락되지 않은 채 저는 멀리 이역에 가서 전쟁의 업무가 분분합니다. 때때로 태좌(台左: 주유한)에게 은근한 마음을 전할 길 없어 얼마나 유감인지 모르겠습니다. 이 밖에 제독 이여송이 평양, 개성, 벽제관 등에서 베어 얻은 왜노의 수급이 이미 제게 도착하였습니다. 이를 문하께 검토받기 위해 따로 사람을 보내 말씀드립니다.[52] 다른 사항은 덧붙이지 않겠습니다.

....

52 이를 …… 말씀드립니다: 관련 문서는 다음과 같다. 「6-37 移本部咨 권6, 30b-31a」.

6-50

영평병비첨사 양호에게 보내는 서신

與永平楊兵憲書 | 권6, 39a

날짜 만력 21년 2월 28일(1593. 3. 31.)

발신 송응창

수신 영평병비첨사(永平兵備僉事) 양호(楊鎬)

내용 서신을 보내 평양성 전투의 승리를 축하해준 것에 대해 감사를 표하고 차후 서울 공략에 대한 가르침을 구하는 서신이다.

이국의 강산이 눈에 보일 때마다 감정은 더해지고, 오랜 벗은 하늘 멀리에 있어 저는 멀리서 더욱 그리워합니다. 바야흐로 생각에 빠져 있는 사이 의주에서 갑자기 아름다운 문장을 받아 봉투를 열고 삼가 읽어보았습니다. 마치 안색을 직접 보는 것만 같아 얼마나 기쁘고 안심이 되었는지 모릅니다. 아름다운 옥 같은 말씀에 진심이 구구절절 드러나 있었습니다. 마음 깊이 담아둔 감사함이 더욱 깊어졌습니다.

평양의 작은 승리는 황상의 위엄과 문하(양호)의 지시에 따랐을 뿐입니다. 제가 이렇게 과한 칭찬을 받으니 소인이 어떻게 감당하겠습니까. 저도 모르는 사이에 얼굴이 붉어지고 얼굴과 등에 땀이 흐릅니다. 지금 서울이 아직 함락되지 않아 좋은 계획이 심히 부족합니다. 저를 사랑하는 문하라면 저에게 어떤 가르침을 주시겠습니까.
저는 아침저녁으로 고대하고 있습니다.

분수요해도·분순요해도·해개도에게 보내는 명령

檄分守分巡海蓋三道 | 권6, 39b

권6

날짜 만력 21년 2월 30일(1593. 4. 1.)

발신 송응창

수신 분수요해도·분순요해도·해개도

내용 병사들이 전투를 겪으면서 신발과 버선이 많이 해어져서 새로 구매하여 보내달라고 제독 이여송이 요청하자, 분수요해도·분순요해도·해개도 등에 지시하여 즉시 달화(達靴)와 신발[兀喇]을 구매하여 운송하고 각 군에 지급하라는 명령이다.

왜정에 관한 일.

제독 이여송의 품문을 받았는데, 그 내용은 다음과 같았다. "각 군이 험준한 산을 뛰어넘고 누차 혈전을 겪다가 흙탕물에 젖고 신발과 버선이 해어져서 맨발이 되어 견디지 못하고 있습니다. 바라건대, 관부의 은을 동원하여 달화와 신발을 구매하여 군영으로 보내 군사에게 지급해주십시오."

살펴보건대, 각 군이 속국을 구원하러 2000여 리를 멀리 나와 신발과 버선이 해졌는데 구매할 곳이 없어서 보내달라고 요청하고 있다. 마땅히 이를 허락하고 따라야 할 것이다. 표문을 보내니, 바라건대 분수요해도·분순요해도·해개도의 관리는 즉시 본부의 마가은을 동원하여 달화와 신발 총 1만 2000쌍을 구매하고 계속해서 본부로 운송하여 각 군에 지급해 보내라. 일이 끝나면 사용한 은의 수량과 항목을 조사하여 갖추어 보고하라. 지연하지 말라.

천진도·영평도·산동도·요해도 등 13도에 보내는 명령

檄天津永平山東遼海等十三道 | 권6, 39b-40a

날짜 만력 21년 2월 30일(1593. 4. 1.)

발신 송응창

수신 천진도(天津道)·영평도(永平道)·산동도(山東道)·요해도(遼海道) 등 13도

내용 봄철 물이 불어나는 시기에 대비해 연해 지방에 군사와 병장기 등을 서둘러 배치하고 평소 경계를 철저히 하여 왜군의 침입을 막으라고 지시하는 명령이다.

긴급한 왜정에 관한 일.

제독 이여송의 정문에서 ……[云云]을 받았다.[53] 제독 이여송과 함께 기회를 보아 진공하는 외에 지금 2월이 끝나가 봄철에 물이 불어나는 시기가 다다르고 있으니, 이여송이 언급한 대로 연해 지방에 마땅히 다시금 단단히 타일러야 할 것이다.

차문(箚文)을 보내니, 바라건대 13개 도의 관리들은 요약해 보낸

....

53 제독 …… 받았다: 관련 문서는 다음과 같다. 「6-53 移本部咨 권6, 40a-42b」.

문서의 내용에 따라 즉시 장령과 유사(有司) 등의 관원에게 엄히 문서를 보내 배치할 병마와 설치할 군화(軍火), 장비, 망루, 정탐 어선을 서둘러 갖추어 배치하라. 경보가 없으면 때때로 자세히 조사하고, 경보가 있으면 힘을 합쳐 막아내라. 왜노가 와서 약탈하지 못하게 하고 만나면 크게 쳐부수라. 이를 어기지 말라. 반드시 책임을 물을 것이다.

병부에 보내는 자문

移本部咨 | 권6, 40a-42b

날짜 만력 21년 2월 30일(1593. 4. 1.)

발신 송응창

수신 병부

내용 서울을 정탐하러 간 무리가 동문 밖에서 우연히 왜인을 만나 교전하여 1명을 생포하였다. 그를 심문한 결과 얻어낸 현재 왜군의 정황과 이를 바탕으로 새로 구상한 서울 공략을 위한 전략을 설명하고 여기에 필요한 보급품과 지원병의 추가 지원을 제독 이여송이 요청해왔다. 사실 지원군과 보급에 대한 요청과 독촉은 예전부터 계속 이루어져왔는데, 어느 정도 성과를 거두기도 하였지만 향후 본격적인 서울 공략을 위해 병부가 힘써 이 사안을 추진해주기를 다시 한번 요청하고 아울러 생포한 왜인을 압송한다고 알리는 문서이다.

관련자료 이 문서에 인용된 사대수(查大受)의 보고는 『사대문궤』 권3, 「경략 송응창이 조선국왕에게 보낸 자문」, 만력 21년 3월 7일, 81b-83b에도 인용되어 있다. 「7-14 移朝鮮國王咨 권7, 29a-30a」에 대한 해설 참고.

긴급한 왜정에 관한 일.

제독 이여송의 정문을 받았는데, 그 내용은 다음과 같았습니다.

올해 2월 23일에 전봉부총병(前鋒副總兵) 사대수의 품문을 받았는데, 그 내용은 다음과 같았습니다. "이번 달 18일에 가정 사경(査慶), 송호한(宋好漢), 김자귀(金子貴)와 조선의 통사(通事) 6명을 파견하여 서울에 가서 정탐하게 하였습니다. 동문 밖에 이르러 우연히 왜노 4명이 풀을 베고 있는 것을 보았습니다. 각 가정이 즉시 전진하며 활을 쏘고 베었습니다. 적 3명은 도망쳐 성으로 들어갔고 신입라(愼入羅)라는 왜노 1명을 생포하여 저에게 압송해 보냈습니다. 수행중군참장(隨行中軍參將) 방시춘(方時春)이 신입라를 통역하여 심문하였는데, 다음과 같이 진술하였습니다. '왜병은 누차 전투를 치르면서 다치거나 상한 자가 매우 많습니다. 하지만 관백의 법도를 두려워하여 감히 돌아가지 못하고 있습니다. 서울 도성 안에는 현재 3~4만 명이 있어 8개 영을 연결하였습니다. 성 밖에 용천관(龍泉館)에는 고니시 유키나가가 세 곳에 군영을 지었습니다. 또한 관백에게 가서 지시를 내려달라고 하였더니 관백이 말하기를,「평양과 개성을 작년에 이미 취하였는데 어찌 가볍게 버리겠는가. 여러 왜에게 전달하여 서울을 사수하게 하라. 3월 즈음에는 반드시 내가 스스로 군사 20여만 명을 이끌고 절반은 서울로 와서 병력을 합쳐 적에게 대항하고 절반은 연해로 가서 나누어 중국을 침범하겠다.」라고 하였습니다."

이를 받고 살펴보건대, 왜노가 막아 지키면서 움직이지 않은 채 구원병을 기다린다는 것은 확실히 맞는 이야기입니다. 저는 군사를 이끌고 전진해서 왜들이 와서 모이기 전에 공격하고 싶지만, 도로가 진흙탕이고 사료와 군량이 충분하지 않아 만전의 계책이 아닌 것 같습니다. 지금 경략(經略: 송응창)의 명확한 문서를 받들어 군사를 남겨 개성을 지키고 있습니다. 만약 견고히 지킨다면 실로 적의 침입을 막을 수 있을 것입니다. 그러나 성 주위 40리는 담장이 무너져 있어 마치 성이 없는 것과 마찬가지라서 수천의 관병이라도 막아낼 수가 없습니다. 만약 병력 전체를 머물게 하여 서로 세력을 연계한다면 지켜낼 수 있을 것입니다.

또한 군량과 사료가 부족해서 오래 주둔하기가 어렵습니다. 평양은 목구멍과 같은 요충지입니다. 반드시 근본을 굳게 지킨 후에 진격을 도모해야 합니다. 왜노의 정황이 이와 같은데, 아군은 오래 외국에 주둔하면서 날마다 변변치 못한 음식으로 버티고 채소와 장(醬)은 먹지 못하고 있습니다. 사람은 모두 피폐해지고 말은 과반이 쓰러졌습니다. 지금 서울에 주둔하고 있는 적은 11개 영으로 6~7만 명 이상입니다. 함경도의 왜노 2~3만 명이 모두 서울로 돌아와서 총 10여만 명이 성을 점거하여 사수하고 있습니다. 관백이 군사 20만을 일으켜 방자하게 미친 듯이 날뛰는 의도는 중국을 나누어 침범하기 위함입니다. 그 꾀가 매우 교활합니다.

우리는 오랫동안 피로해진 외로운 군사로서 중과부적이니 심히 걱정입니다. 반드시 병사를 늘리고 마필을 보충하며 군량과 사료 및 화기를 많이 갖추어 만전을 기해야 합니다. 청하여 바라건대, 논의하여 제본을 올려 대군을 징발하고 군량과 사료 및 화기를 대대적으로 운송해와서 적들을 추격하여 소탕하게 해주십시오. 아울러 사로잡은 왜적 신입라를 압송하여 보냅니다.

최근에 저는 외로운 군대가 깊이 들어와 공적이 거의 이루어지려 한다는 등의 일로 이미 제본을 갖추어 올렸습니다. 유정 등의 군사를 요동으로 가도록 독촉하고, 계주·요동의 오랑캐의 위협이 느슨한 곳에서 수천 명을 적절히 헤아려 이동시켜 조선으로 와서 구원하게 하며, 아울러 마가은 20만 냥을 보내 공적을 포상하는 데 쓰게 해달라고 빌었습니다.[54] 그리고 나서 다시 앞 내용의 문서를 받았습니다.

살펴건대, 병가의 일은 한 번 이겼다고 적을 가벼이 여기면 안 되고 요행을 바라고 일을 도모하면 안 됩니다. 처음부터 끝까지 꾀하고 헤아려야 하며, 앞뒤를 재면서 신중하게 생각해야 합니다. 평양·개성·벽제관을 점령한 이래 아군은 이미 요충지에 들어와서 실로 서울을 취하여 조선을 보전하고 추악한 무리를 멸하여 화의 근본을 끊으려 하고 있습니다. 그런데 지금 왜노는 패했는데도 돌아가지 않고 오히려 잔당을 끌어 모아 결집하고 있습니다. 안으로는 성벽을 지키고 밖으로는 병영을 세워서 관백의 구원병을 기다리고 있습니다. 지금 왜인을 사로잡아 심문하니 정황이 더욱 명확해졌습니다. 적의 무리는 나날이 늘어나고 우리 군사는 더욱 적어지고 있습니다. 실로 마땅한 계책을 세워야 합니다.

관군의 음식이 열악하여 저는 현재 소 264마리, 식염 3만 근, 마가은 2100량을 보내 제독의 군전에 이르게 해서 노고를 포상하고 군심을 평안하게 하였습니다. 아울러 주사 애유신으로 하여금 군량과 사료를 해상 운송으로 의주의 남쪽 임산도(林山島)와 미곶보(彌

54　최근에 …… 빌었습니다: 관련 문서는 다음과 같다. 「6-30 議乞增兵益餉進取王京疏 권6, 22b-26a」.

串堡)로부터 바다를 돌아 동쪽으로 가서 곧바로 평양의 대동강(大同江)과 개성의 임진강(臨津江)에 도달하게 해서 대군을 구제하게 하였습니다. 한편으로는 산동에서 사들인 군량과 사료를 독촉해 보내게 하였습니다. 저는 2월 24일에[55] 강을 건넜고 곧장 평양 등의 지역에 가서 제독 이여송과 함께 기회를 보아 진격하려 합니다. 이 밖에 절대 응원 병력이 때를 놓쳐서는 안 됩니다.

이에 다시 병부에 자문을 보내니, 번거롭겠지만 왜로 인한 환란이 한창 커지고 있음을 헤아려 요전에 제가 올린 병사를 더 보내고 급여를 더해달라는 상주[56]를 조속히 논의하여 황상께 답해주십시오. 계주진 등의 지역에서 군병 수천 명을 이동시켜 속히 구원을 오게 하십시오. 아울러 호부(戶部)에 자문을 보내 임청창(臨淸倉)·덕주창(德州倉)의 군량을 요동으로 보내게 하되 연해 지방에 단단히 경계시켜 더욱 주의하고 방어하여 만전을 기하도록 하십시오. 지금 사로잡은 왜노 신입라를 압송하니, 바라건대 통역하고 심문하여 지금 왜정의 긴급함을 확인하고 제가 원조를 청하는 것이 매우 부득이함을 살펴주십시오.

----

55 24일에: 송응창의 도강 날짜는 26일인데 여기서는 원문의 오류로 보인다.
56 요전에 …… 상주: 관련 문서는 다음과 같다. 「6-30 議乞增兵益餉進取王京疏 권6, 22b-26a」.

제독 이여송에게 보내는 서신

與李提督書 | 권6, 42b-43a

> **날짜** 만력 21년 2월 30일(1593. 4. 1.)
>
> **발신** 송응창
>
> **수신** 평왜제독 이여송
>
> **내용** 건강상의 문제로 이여송에게 접대를 제대로 하지 못하였음을 사과하고, 서울에서 철수한 왜군의 동정을 조정에 공식적으로 보고하기 전에 사람을 보내 병부상서에게 따로 전하자고 제안하며, 이여송은 빨리 수하 병력을 이끌고 왜군을 추격하라고 촉구하는 서신이다.

하늘에서 비가 세차게 내려 존가(尊駕: 이여송)께서 멀리서 오시는 데 어려움이 많았겠습니다. 평소에 간절히 생각하다 다행히 밝은 빛을 가까이하니 신을 거꾸로 신고 마중하고 싶었습니다. 그런데 갑자기 치질로 통증이 심해져서 접대에 결례를 저질렀습니다. 대장군을 무겁게 여기는 행동이 아니었습니다. 밤새 통증이 조금 가라앉으면 내일 아침에 계속해서 말씀드리겠습니다.

두 참군이 진술하기를 서울의 왜노가 모두 이미 도망쳐 돌아갔다고 합니다. 이는 모두 대장군의 대단한 위엄을 두려워해서입니다. 즉시 조정에 급히 보고하고 싶지만 확실하지 않을까 걱정됩니다. 다만 만약 병부상서 석성 선생께 미리 보고하지 않았다가 이 일이 이미 알려져서 혹시나 다른 사람이 먼저 보고하면 사리와 체면에 맞지 않을까 걱정입니다. 지금 제가 한 사람을 파견하여 서신을 가지고 가게 하였습니다. 문하(이여송) 또한 사람을 보내 서신을 써서 같이 가게 하십시오. 또한 반드시 밤에 마땅한 사람을 보내 문하의 아우와 각 장수 및 관원에게 알려 군사를 이끌고 추격하게 하면 훗날 공을 세울 수 있을 것입니다. 문하께서 내일 아침 서로 만나본 후에 또한 반드시 급히 보내 독촉해야 할 것입니다. 큰 공적은 이미 아뢰었으니 수고로움을 사양하지 마십시오. 간절히 바랍니다.

經略復國要編

권7

7-1

병부상서 석성에게 보고하는 서신

報石司馬書 | 권7, 1a-2a

날짜 만력(萬曆) 21년 3월 1일(1593. 4. 2.)

발신 송응창(宋應昌)

수신 병부상서(兵部尙書) 석성(石星)

내용 명군의 공적에 대한 서훈(敍勳) 내용을 작성한 상주문에 전투를 직접 수행한 무관들이 많지 않고 오히려 문관들을 많이 적어 올린 것에 대해 병부상서 석성이 우려를 표하였다. 이에 대해 송응창이 전투를 수행하면서 보급과 조달, 운반과 제작 등에서 문관들이 많은 공을 세웠고 특히 서울 공략을 앞두고 부족한 것이 많은 현재 상황을 여전히 그들에게 의지하고 있는 바가 크다며 자신의 요청대로 공적 서훈이 이루어질 수 있도록 도와달라고 요청하는 서신이다.

제가 상주(上奏)하여 공적에 대한 서훈을 제정한 것에 대해 대하(臺下: 석성)께서 말씀하기를, 문관이 너무 많고 전투에 참가한 무관은 빠져 있어 대성(臺省)[1]에서 말이 있을까 걱정되니 돌려보내 고치

<hr>

1 대성(臺省): 명대 도찰원(都察院)과 육과(六科)의 통칭이다. 도찰원은 서대(西臺), 육과는 동원(東垣)이라고 불렸기에 합쳐서 대성이라고 칭하였다. 도찰원은 중앙 감찰기관이며, 육과는 육과급사중(六科給事中)을 이르는 것으로 육부(六部)의 사무를 감찰하는 직

라고 하셨습니다. 골육과 같은 사랑을 우러러 깊이 감사드립니다. 하지만 제가 경략(經略)으로 파견된 것은 글 잘 쓰는[邊腹]² 평범한 총독(總督)·순무(巡撫) 아문의 임무와는 다릅니다. 총독과 순무는 지방[封疆]의 관원으로, 온갖 군화(軍火), 장비, 양저(糧儲: 군량 저축), 병마(兵馬) 등의 업무는 모두 각 관원이 매일 본분으로 하는 일입니다. 그래서 공적을 서훈할 때는 장수들에게만 하고 다른 관원은 예에 따라 많이 적지 않습니다.

제가 작년 9월 26일에 황상(皇上)께 하직하고 정월 8일에 이르기까지 길을 떠난 지 겨우 100일밖에 지나지 않았습니다. 왜의 수는 많고 아군은 적은데 만약 병마, 병장기, 화기(火器), 군량과 급여 등 여러 일이 제대로 갖추어지지 않았다면 어떻게 갑자기 평양(平壤)과 팔도(八道)를 함락할 수 있었겠습니까. 모두 제가 피하거나 원망하지 않고 더욱 엄히 무(撫)·진(鎭)·사(司)·도(道)에 딸린 관원들에게 문서를 보내서 기한 내에 완료하게 하고 만약 어긋남이 있으면 반드시 처벌하였습니다. 이로 인해 각 관원이 약속을 지켜 밤낮으로 독촉하여 함께 큰일을 이룬 것입니다.

지금 먼저 승전을 보고하면서 비록 여러 장사가 혈전을 치렀지만 전쟁에 필요한 여러 물건을 조달한 것은 모두 각 관원이 함께 모은 공적입니다. 또한 병사 한 명, 말 한 필도 모두 빌려서 옮겨온 것

....

임을 수행하였다.
2   글 잘 쓰는[邊腹]: 글을 잘 쓰는 사람을 비유한 말이다. 후한(後漢) 때 변소(邊韶)는 문학으로 매우 이름이 높았는데, 하루는 그가 낮잠을 자는 척하고 누워 있자 그의 제자가 혼잣말로 "변효선(邊孝先)은 배[腹]는 비대해 가지고 글은 안 읽고 낮잠만 자는군." 하고 조롱하였다. 그가 그 말을 듣고는 즉시 응답하기를, "변효선의 비대한 배는 곧 오경(五經) 상자이다."라고 하였다.

이라 총독과 순무가 자기 휘하에 두고 있는 것과는 아주 다릅니다. 만약 서훈하는 중에 여러 장수만 언급하고 각 관원을 언급하지 않는다면, 잘못한 자에게 벌만 주고 힘써 고생한 자에게는 공적이 없게 됩니다. 이는 소위 물고기를 잡고 나면 통발은 잊는다는 것으로, 실로 제가 불안해하는 것입니다. 하물며 그날 서울이 함락되지 않아서 온갖 부족한 것들을 아직도 각 관원에게 의지하고 있습니다. 이들을 먼저 격려하지 않으면 어찌 장래에 힘쓰게 하겠습니까. 또한 속국(屬國: 조선)을 구원하는 것은 평소의 일이 아니므로, 과거의 전례에 얽매여서는 안 될 것입니다.

각 관원이 나누어 맡은 안건에 대해서는 이미 병부에 자문(咨文)을 보냈습니다. 출진한 장사(將士)들도 이미 모두 서훈 대상에 넣었습니다. 다만 그중에 천총(千總)과 파총(把總) 등 하급 관원이 너무 많아서 검토 중에 탄핵당하고 반박당할까봐 걱정되어 따로 자문과 게첩(揭帖)을 갖추어 대하께 세세히 보고하여 결정을 청한 것입니다. 이는 국가의 대전(大典)이니 두 찬획(贊畫)과 제독(提督) 이여송(李如松) 등 여러 장수가 함께 하늘에 맹세하여 추호도 감히 사사로운 뜻을 섞지 않았습니다.

만약 대하께서 이역에 원정을 온 사람들이 반년 동안 얼음과 눈속에서 보내고 밤낮으로 마음 졸이며 수고한 것을 생각해주어 일을 맡은 사람들에게 대신 이러한 사정을 전해주신다면, 그들은 만회의 힘을 크게 낼 것입니다. 만약 일을 맡은 사람들이 굳이 항례(恒例)에 구애된다면, 저는 이미 전에 게첩으로 이곳의 원정과 관련된 총독·순무와 순안어사(巡按御史) 아문에 알렸기 때문에 실로 내용을 바꾸기가 어렵습니다. 이제 대하의 비호에 의지하여 서울의 일은 곧 갈

피가 잡힐 것입니다. 황상과 대하께 승전보를 알릴 수 있다면 그것으로 족합니다. 남들이 저를 비난하는 것은 그저 들을 뿐입니다. 보낸 사람으로 하여금 속히 저의 상주를 올리게 하여 변경에 있는 장사들의 마음을 위로해주시기 바랍니다. 모든 일을 주관해주시기를 바라며, 나머지는 이만 줄이겠습니다.

7-2

제독 이여송에게 보내는 서신

與李提督書 | 권7, 2a

날짜 만력 21년 3월 2일(1593. 4. 3.)
발신 송응창
수신 평왜제독(平倭提督) 이여송
내용 이여송 휘하의 책사와 관원들의 노고를 위로하는 성의를 보낸 서신이다.

대장군께서 거느린 휘하의 책사(策士)와 재관(材官)이 모두 이국에 건너와 노고와 공적이 많습니다. 제가 삼가 작은 성의를 보내 위로하고자 하니 살펴봐주시기를 바랍니다.

병부상서 석성에게 보고하는 서신

報石司馬書 | 권7, 2b-4b

날짜 만력 21년 3월 2일(1593. 4. 3.)

발신 송응창

수신 병부상서 석성

내용 원정 중인 명군이 겨울철 추위에 떨고 있고 조선에서 무역이 이루어지지 않아 제대로 된 음식을 먹지 못하고 있는 현실에 대해 안타까워하고 있었는데, 이번에 병부상서 석성의 도움으로 포상에 대한 황제의 검토 허락을 받은 것에 대해 감사를 표하는 서신이다. 아울러 앞서 요청하였던 지원군의 도착 상황을 보고하고 여전히 많은 군사가 아직 전장에 투입되고 있지 않다며 왜의 지원군이 합세하기 전에 병력이 조속히 이동할 수 있도록 독촉해주기를 바라고 있다. 또한 비가 많이 내려 당장 서울 공략이 어려운 상황에서 적절한 방어 전략에 대한 자문을 구하고 면포와 군량 등을 빨리 들여오게 하여 군사의 사기를 올려주기를 바라고 있다.

　29일에 서신을 받았는데, 제가 공적을 서훈하고자 올린 상주를 황상께서 즉각 검토하라고 하셨다고 합니다. 이는 사직(社稷)의 행복이요, 저와 여러 장사의 행복만이 아닐 것입니다. 병사들이 오랫동안 얼음과 눈 속에 처해 있고 또한 조선에서는 언어가 통하지 않고 무역이 좀처럼 이루어지지 않았습니다. 우리나라의 상인들을 누차 불러오게 하였지만 사람들이 모두 전쟁터를 두려워하고 있습니다. 게다가 도로가 아득히 멀어 응하는 자가 없었습니다. 이 때문에 아군은 강을 건넌 이후로 채소 한 줌, 고기 한 점, 그리고 염장(鹽醬) 같은 부류를 하나도 먹어보지 못하였습니다. 제가 비록 소와 소금을 보내고 은을 보내어 술을 대신하는 등 크게 위로하려 하였지만 아침저녁으로 이어지지 않아 실로 난감합니다. 만약 크게 승진과 포상을 추가하지 않는다면 어떻게 사기를 격려할 수 있겠습니까.

이는 제가 지금까지 간곡히 말씀드린 것입니다. 다행히 대하(석성)께서 먼저 이미 성지(聖旨)를 청하시어 널리 상을 베풀었습니다. 어진 사람의 마음과 고무의 기술을 우러러보니 매우 감격스럽습니다.

앞서 사로잡은 왜인(倭人)이 말하기를, "관백(關白)이 반드시 올 뜻이 있습니다."라고 하였습니다. 이치와 형세를 따져보건대, 이 말은 속이는 것이 아닙니다. 아군을 많이 모아야 합니다. 유정(劉綎)은 출발한 지 이미 오래고 심무(沈茂)의 군사 3000명은 제본(題本)을 올려 속히 오게 하였으니, 매우 절묘합니다. 연수진(延綏鎭)의 방어를 위해 들어온 군사 1700명과 천진(天津)의 부총병(副總兵) 송삼성(宋三省)이 모집한 군사 3000명·역사(力士) 500명은 모두 힘써 제본으로 청하여 연이어 보내주시기를 바랍니다.

앞서 요동의 군사를 옮겨온 것은 실로 부득이하였습니다. 제독 이여송이 함경도의 왜노(倭奴)가 평양을 습격하려 하자 독촉해서 매우 급하게 구원을 요청한 것이었습니다. 유정·진린과 총병(總兵) 양소훈(楊紹勳)이 이동을 허락한 병마 3000명은 아직 모두 이르지 않았습니다. 또한 요하(遼河)의 얼음이 녹아 오랑캐가 분명 동쪽으로 건너오기 힘들 것이므로, 부득이하게 해주(海州)와 개원(開原) 등 지역의 군사 2100명을 겨우 옮겨왔습니다. 원래 이동 예정이었던 3000명의 군사가 도착하면 즉시 돌려보낼 것입니다. 감히 3000명 이상의 병력을 달라는 것이 아닙니다.

요동순무 조요(趙燿)가 저를 매우 특별히 대우하여 부임한 지 사흘 만에 직접 요양(遼陽)으로 가서 친히 정예병 7000명을 뽑아 넘겨주었습니다. 평양의 승리는 그의 힘에 크게 의지하였습니다. 마부와 말을 빌려 옮겨온 일도 무척이나 번거로웠기에 저는 무척 감복하였습니다. 어떻게 유독 요동에만 신세를 지겠습니까. 다만 다른 곳의 병력은 거리가 멀어 도착이 느린지라 일을 도울 수 없기 때문에 부득이하게 요청하는 것입니다. 바라건대, 대하께서 서신을 보내 저를 위해 대신 사정을 전해주어 제가 큰 죄를 얻지 않도록 해주신다면 매우 다행일 것입니다.

저는 지금 먼저 평양으로 가서 여러 방면으로 정탐하고 있습니다. 만약 관백이 오지 않아 새로 참전하는 왜노가 더해지지 않고 오직 서울의 왜에 그친다면 상대하기가 또한 쉬울 것입니다. 그들이 갑자기 돌아가지 않는 이유도 모두 관백의 위력을 두려워해서입니다. 지금 이미 그대로 시행하여 누차 지시하고 여러 방면으로 간첩을 쓰고 있으니 반드시 이루어질 것으로 기대합니다. 만약 그들이 명을 따르지 않는다면 오직 나아가 토벌할 뿐입니다.

지금 비가 많이 내려 땅이 진창이 되어 진흙물이 말의 배까지 차올라 전진하기가 매우 어렵습니다. 하늘이 개고 십수일 후에 도로가 마르면 사기를 진작시켜 병마를 배치하고 화기를 설치하여 생사를 걸고 성 아래에서 전투를 펼치겠습니다. 관백이 정말 오면 아군은 천 리 밖에 고립되어 중과부적이 될 것입니다. 따라서 서울 동쪽에 거주하는 백성을 수습하여 들판에 약탈할 것이 없게 하고, 서울 서쪽의 임진강(臨津江) 일대는 요충지이므로 장졸들과 대장군포(大將軍砲) 등의 화기를 많이 배치하여 지키겠습니다. 만약 다시 전세(戰勢)가 급해지면 지탱하기 어려울 것입니다. 마땅히 개성(開城), 평양, 의주(義州) 등 강을 접한 지역에 병력을 나누어 배치하여 주둔해 지키겠습니다. 이는 곤경에 빠졌을 때의 계책입니다. 태대(台臺: 석성)께서는 어떻게 여길지 모르겠으니, 따로 가르침을 청합니다.

조선의 민간에서는 다만 곡식과 비단만 쓸 뿐 은과 동전을 쓰지 않습니다. 대하께서 병사들을 포상하는 은량을 청해주신다면, 저는 그중에 1~2만 냥을 빼서 북경(北京)에서 청포(靑布)·홍포(紅布)·남포(藍布) 10여만 필을 구매하고 수레와 운송인을 고용하여 운송하게 해서 병사들이 쓰기 편하게 하겠습니다. 이렇게 하면 실로 장사들이 매우 기뻐할 것입니다. 임청창(臨淸倉)·덕주창(德州倉)의 군량은 곧바로 이르기 어려울 것입니다. 천진에 저장해둔 군량을 먼저 보내 그것으로 임시로 임청(臨淸)·덕주(德州)의 것을 보충하게 하면 매우 편할 것입니다. 산동(山東) 도원(道員) 전주(田疇)가 아뢰기를, 겨우 군량 3만 석만 사들였다고 합니다. 저는 급히 격문(檄文)을 보내 이전의 수에 맞추도록 하였습니다. 이야말로 지금 가장 중요하고 시급한 일입니다. 더욱 유의해주시기 바랍니다.

저는 황상의 중하게 발탁해주심과 대하의 애지중지 도와주심을 입었기에 지금 마음과 힘을 다해 구구한 제 몸 하나를 돌보지 않고 노력하고 있습니다. 하물며 어찌 말로만 이러쿵저러쿵 따지겠습니까. 그저 말씀을 따를 뿐입니다. 다만 대하가 황상께 답하여 올리는 상주 중에 절대로 저의 미미한 수고는 언급하지 마시어 정적들이 꼬투리를 잡을 소지를 없앴으면 합니다. 이는 간절하게 한마음으로 바라는 것이니, 빈말이라 소홀히 여기지 마십시오. 간절히 바랍니다.

7-4

내각대학사 왕석작·조지고·장위에게
보고하는 서신

報王趙張三相公書 | 권7, 4b-5a

날짜 만력 21년 3월 3일(1593. 4. 4.)

발신 송응창

수신 내각대학사(內閣大學士) 왕석작(王錫爵)·조지고(趙志皐)·장위(張位)

내용 왜군이 군량 창고로 쓰고 있는 용산창(龍山倉) 등에 저장된 군량을 남김없이 화공(火攻)으로 불태운 전과를 보고하는 서신이다. 하지만 계속 비가 내리고 있는 상황에서 당장 명군도 서울을 공격하기가 힘들기 때문에 잠시 개성과 평양 등을 나누어 지키면서 기회를 엿보겠다고 보고하고 있다.

　　누차 상공(相公)의 서신을 받고 아직 때가 아니라는 말씀에 따라 또한 마땅히 굳게 지켰습니다. 제가 가르침을 받들고 따르면서 생각해보건대, 왜노가 이국에 멀리 와 머물면서 믿을 것은 오직 군량과 급여뿐입니다. 그들은 용산(龍山) 13개 창고에 군량을 쌓아놓았습니다. 저는 제독 이여송에게 명하여 장사들을 보내 명화전(明火箭) 등을 가지고 가서 그것을 불태우게 하였습니다. 20일에 그곳에 가서 화살로 남김없이 불태워버렸습니다. 왜노가 비록 군영을 줄 세우고 나누어 지키고 있었지만 감히 구하러 오지 못하였습니다. 또한 함경도의 왜노는 우리가 습격할 것을 두려워하여 모두 서울로 돌아갔습니다.

그들의 군량이 적다는 것을 따져보면 오래 버티기 힘들 것 같지만, 하늘에서 비가 내려 땅이 진창이라 아군 또한 나아가 토벌하기 어렵습니다. 잠시 개성과 평양 등 지역을 나누어 지키면서 기회를 기다려야겠습니다. 삼가 전황에 대한 보고를 갖추어 아뢰니 열람해 주십시오. 나머지는 이만 줄이겠습니다.

병부상서 석성에게 보고하는 서신

報石司馬書 | 권7, 5a-6a

날짜 만력 21년 3월 3일(1593. 4. 4.)

발신 송응창

수신 병부상서 석성

내용 앞서 공적을 서훈하고자 올린 자신의 상주문은 현재 서울과 함경도 공략을 앞두고 문관과 무관을 모두 포상하여 격려하려는 뜻이고 이에 대해 이미 황제에게 검토를 허락받았는데, 지금 와서 또 그 내용을 일부 수정하고 삭제하라는 병부상서의 제안은 현실적으로 이행하기 어렵고 또 병사들의 사기를 위해서도 그렇게 할 수 없다는 고충을 토로하는 서신이다. 앞으로 병부상서가 좀 더 적극적으로 자신의 서훈 제청이 그대로 통과될 수 있도록 힘써주기를 애원하고 있다.

저는 대하(석성)께 무거운 임무와 친밀한 사랑을 받았습니다. 붓으로는 차마 감사함을 모두 표할 수 없습니다. 지금 다행히 가르침에 의지하여 평양의 승전을 아뢸 수 있게 되었습니다. 앞서 제가 상주하여 서훈을 제청한 것은 제가 감히 공을 탐낸 것이 아닙니다. 지금 서울과 함경도 등의 지역은 아직 함락되지 않았습니다. 문관에게는 장수를 선발하고 병사를 훈련하며 급여를 운송하고 병장기를 제작하는 것을 의지해야 하며, 무관에게는 갑옷을 입고 무기를 들어 위험을 무릅쓰고 성벽에 먼저 오르는 것을 기대해야 합니다. 따라서 미리 승진과 포상을 요청한 것은 앞날을 격려하고 완전한 공적을 거두기를 기도해 황상과 대하께 보답하기 위해서였습니다.

직함을 더해달라고 한 것은 제독 이여송이 장사들을 격려하고자 여러 번 품문(稟文)으로 청한 것입니다. 또한 조사하여 옛날 경략(經略)의 상규(常規)를 살펴보니 감히 맹랑한 것은 아닙니다. 앞서 제가 게첩으로 아뢰었고 이미 회신을 주어 즉시 제본으로 검토하라는 황상의 명에 답할 것이라 하셨습니다.[3] 저는 두 손을 모으고 머리를 조아린 채[4] 사직의 행운이라 말하였습니다. 이미 게첩을 총독·순무와 순안어사[按院][5]의 각 아문으로 두루 보냈습니다. 지금 만약 다시 고쳐 삭제하고 중지해버리면, 저의 체면이 온전치 못할 뿐만 아니라 각 문무(文武) 관원 또한 와해될 것입니다. 제가 또한 무엇을 믿고 그들을 고무하겠습니까.

지휘 감독을 맡은 이래 대하께서는 날마다 가르침의 서신을 내려 장사들을 파격적으로 후하게 대하지 않음이 없었습니다. 지금 제가 서훈을 제정한 제본은 여러 사람이 간절히 바라는 것입니다. 대하께서는 어찌 유독 이를 아까워하여 긴급히 착수해야 할 일인데 도리어 늦추고 계십니까. 만약 문관의 수가 너무 많다면 제가 또한

---

3 앞서 …… 하셨습니다: 관련 문서는 다음과 같다. 「7-3 報石司馬書 권7, 2b-4b」.
4 두 손을 …… 조아린 채[拱手加額]: 상대방에게 경의를 표하는 행동을 가리킨다.
5 순안어사[按院]: "안원(按院)"은 순안어사(巡按御史)의 별칭으로, 명대 감찰어사(監察御史)를 파견하여 각 성을 순시하고 이치(吏治)를 정돈하게 하였는데 이를 순안이라 하였다. 영락 연간 이후 1성(省)을 1도(道)로 삼아 도에 따라 순시를 나갔는데, 비록 품급은 낮았지만 성의 최고장관인 순무(巡撫)와 동등한 예를 차렸고 지부(知府) 이하는 순안의 지시를 받았다.

따로 상주문을 올려 각 관원의 노고를 밝힐 것입니다. 이는 다른 지방의 총독·순무 아문에 비할 것이 아닙니다. 또한 지금의 상황은 예전 영하(寧夏)에서 1개의 성만 점령해버리면 곧바로 개선할 수 있었던 것에 비해 또한 크게 다릅니다.

엎드려 바라건대, 대하께서 힘써 이번 서훈 제청 건을 주관해서 속히 위로 전달하여 올리게 해주시기 바랍니다. 더욱 간절히 바라건대, 대하께서 서둘러 제본으로 황상께 답하여 나중의 공을 기약하시기 바랍니다. 병부(兵部)와 이부(吏部) 두 아문에서 또한 저를 위해 분명하게 이야기해서 언관들의 탄핵과 반박을 면할 수 있다면 매우 다행일 것입니다. 만약 탄핵과 반박을 도저히 면할 수 없다면, 저는 그래도 역시 이번 서훈 제청 상주를 올리는 것 외에는 달리 어찌할 수 없습니다. 지금의 사안에서 제 몸도 저의 것이 아닐진대 어찌 다른 것을 따지겠습니까. 이렇게 만 리 밖에서 애원하는 것은 단지 이번 나랏일을 완결하기 위해서입니다. 대하께서 시종 가엾게 여기시고 배려해주신다면 매우 다행이겠습니다.

7-6

병부상서 석성에게 보내는 서신

又 | 권7, 6a-7a

날짜 만력 21년 3월 3일(1593. 4. 4.)

발신 송응창

수신 병부상서 석성

내용 앞 서신에 이어 자신이 작성한 공적 서훈 제청 상주문의 배경을 구체적으로 설명하고 있다. 전장에 직접 나가지 않은 문관들의 공적을 하나하나 설명하는 동시에 그 과정에서 추호의 부정도 개입되지 않았음을 강조하면서 이 상주문이 무사히 통과될 수 있도록 병부상서 석성이 힘써주기를 간절히 바라는 서신이다.

또한 말씀드립니다. 제가 상주를 올릴 때 하늘에 대고 스스로 맹세하여 추호도 사사로움이 없었습니다. 삼군(三軍)의 장사들 외에 저와 제독 이여송, 두 찬획의 각 표하(標下: 직할부대)의 재관, 책사, 잡위(雜委)[6] 및 승차(承差)[7]·이판(吏辦)[8]의 부류들은 비록 전장에 직

------

6 잡위(雜委): 관직명이다. 주현(州縣) 관서 내에서 관리를 돕는 좌이(佐貳), 수령(首領), 잡직(雜職)의 통칭.

7 승차(承差): 관직명이다. 각 아문에서 서사(書寫)·초고 등의 일을 담당하는 이서(吏胥)의 총칭. 경승(経承)이라고도 한다.

8 이판(吏辦): 관직명이다. 잡무를 처리하는 이역(吏役)을 말한다.

접 나간 것은 아니지만 조목조목 진술하고 함께 의논하거나, 길흉을 따지고 점을 치거나, 혹은 막힘없이 변론하는 말재주가 있거나, 장비를 잘 다루고 일을 잘 처리하거나, 용감히 목숨을 걸고 기꺼이 적의 소굴에 들어갔습니다. 모두가 군중에 유익한 자들이라 자격에 얽매이지 않고 아는 대로 골라내 문장 속에 집어넣고 상주문 속에 열거하였습니다. 하지만 또한 그중에 공이 뛰어난 한두 명만 뽑은 것이니 실제로는 넘치게 언급한 것도 아닙니다. 이 밖에는 이름이 진중(陣中)에 있더라도 조사하여 실제 공적이 없으면 감히 거짓으로 꾸며 서훈 명단에 끼워넣지 않았습니다.

예전에 제가 본부에 있을 때 사(司)에 있는 한두 명의 서리(書吏)나 권세에 의지한 장수들이 누누이 제게 자신들의 이름을 끼워주기를 간청하였지만, 저는 차라리 원한을 살지언정 절대 따르지 않았습니다. 지금 대하께서 이미 앞서 황상의 검토 윤허를 받들고서는 곧이어 황상께 답하는 것을 멈추셨습니다. 혹시 이들 무리의 비방을 들어서가 아닙니까. 지금 군중(軍中)에서 장사들을 지휘하고 시기에 맞게 고무하는 방침은 전적으로 이번 상주문에 달려 있습니다.

만약 문관들에 대해 검토 제본에서 승진과 포상을 결정하기 어렵다면, 제가 이미 상주를 갖추어 황상께 요청하였으니 이를 검토하실 때 단지 한 구절만 밀어넣어 이부에서 따로 서훈 관련 제본을 올리도록 하셔도 존대께는 아무 지장이 없을 것입니다. 지금 답변 상주를 보류해놓고 올리지 않으시면, 장사들에게 의심과 나태한 마음이 생기게 될 뿐만 아니라 제가 무슨 낯으로 여러 관원의 위에 서겠으며 삼군을 호령할 수 있겠습니까. 지금 군량 보급이 어렵고 병사는 약하며 하늘에서는 비가 오고 땅은 진창이 되어 나아가 토벌하지 못하고 있습니다. 하지만 대하께서 크게 파격적인 포상을 힘써 주관해주시기를 바랍니다.

저의 본성은 우직하고 시류에 영합하지 않습니다. 이번 만 리 밖의 외로운 여정은 모든 것을 대하 한 분께 의지할 뿐입니다. 마음속에 담은 자세한 사정을 어찌 하나하나 풀어놓을 수 있겠습니까. 혹시 실제와 약간 다를지라도 대하께서는 자상하게 주선해주시리라 믿습니다. 만약 그렇지 않다면 다만 떠날 뿐입니다. 저는 감히 협박하는 것도 아니고 남의 공을 탐하는 것도 아닙니다. 다만 상황이 중대하니 어쩔 수 없이 옹대(翁臺: 석성)께 간절히 바라는 것뿐입니다. 바라건대, 시종 가엾게 여기시어 저의 뜻을 헤아려주신다면 큰 성과가 있을 것입니다. 간절히 빕니다.

평양과 개성을 수복한 공적의 서훈을 아뢰는 상주

敍恢復平壤開城戰功疏 | 권7, 7a-21b

날짜 만력 21년 3월 4일(1593. 4. 5.)

발신 송응창

수신 만력제(萬曆帝)

내용 상주의 전반부에는 지금까지 이루어진 모든 명군의 이동·작전 상황과 특히 평양, 개성, 벽제관(碧蹄館)에서의 전투 경과를 날짜순으로 하나하나 세밀하게 설명하고 있다. 구체적인 전투의 전개 과정과 그 사이에 오간 여러 보고 내용, 생생하게 묘사된 전투 장면과 그 속에서 눈부시게 활약한 여러 장수와 병사들의 공적, 적군의 피해와 아군의 성과, 적군의 도망과 아군의 추격, 처절한 살육과 비장한 희생 등 전장에서 확인된 많은 정보가 긴 지면에 걸쳐 상세하게 적혀 있다. 그리고 후반부에는 이를 종합하여 작성한 송응창의 서훈 제청 내용이 또다시 긴 지면에 걸쳐 실려 있는데, 무관과 문관, 고급 관료와 하급 관료, 전장의 관원과 조정의 중신, 지방 총독·순무와 어사(御史), 생존자와 사망자, 부상자에 대한 승진·가함(加銜: 관품을 높임)·포상·구휼 등의 내용을 자세히 언급하고 있다.

천자의 위엄에 의지하여 속국을 구원함에 세 번 싸워 세 번 이겨 평양과 개성 등의 지역을 회복하고 왜의 수급 수천을 베어 얻어 삼가 뜻밖의 승리를 보고하고 공을 세운 장사들을 서훈하고자 하니, 황상께 간절히 바라건대 파격적이고 후한 포상을 내려 인심을 격려하는 일.

찬획 병부원외랑(兵部員外郞) 유황상(劉黃裳)과 주사(主事) 원황(袁黃)이 함께 정문(呈文)을 올렸는데, 그 내용은 다음과 같았습니다.

저희가 조사하여 따져보니, 앞서 만력 20년 12월 내에 여러 차례 경략 아문의 가르침을 받들어 저희 방략위직(方略委職) 두 사람은 제독 이여송과 함께 군대를 따라 동쪽을 정벌하면서, 언제 어떤 상황에서 나아가고 멈출 것인지에 관한 방침을 모두 한마음으로 서로 논의하였습니다.

또한 비밀 지시를 받들어 저희는 평양에 도착해서 병력을 세 부대로 나누었습니다. 선두에는 화기를, 후미에는 전차와 보병(步兵)을 벌여놓고 기병(騎兵)을 잇따르게 하였습니다. 교묘히 좌우 진영을 내어 강 동쪽에 복병을 두고 견고한 곳을 공격하는 척하면서 그사이 약한 곳에 도달하여 명화전(明火箭)과 독화전(毒火箭), 장군포(將軍砲)와 멸로포(滅虜砲) 등으로 불태우고 박격하였습니다. 모두 경략의 명령에 따라 아침저녁으로 강구하였습니다.

그달 16일 등에 친히 대군을 따라 동진(東進)하였습니다. 25일에 장병들을 모아놓고 훈계하고 맹세한 뒤 강을 건넜습니다. 29일에는 조선의 양책관(良策館)이라는 곳에 이르렀습니다. 정탐을 나갔던 가정(家丁) 채문수(蔡文秀)가 제독의 군전(軍前)에 이르러 보고하기를, 왜가 10여만 병력을 일으켜 의주까지 쇄도하려 한다고 하였습니다. 또한 화살 막는 방패를 제조하여 대명(大明)의 군사와 교전하려 한다고 하였습니다.

같은 날에 또한 도사(都司) 전세정(錢世禎)의 보고를 받았는데, "왜적이 긴 사다리를 많이 만들고 성 위에서 야간에도 불을 지펴 경계하여 수비하고 있습니다."라고 하였습니다. 또한 유격(遊擊) 심유경(沈惟敬)과 왜의 진영에서 초무 역할을 하는 통사(通事) 장대선(張大膳)이 보고하여 말하기를, "왜장이 말하기를, 관백이 문서를 보내 병마를 재촉하여 먼저 요동으로 보내 군영을 짜 주둔하게 하고 일본 지방에서 큰 배를 무수히 만들어 2월에 군사를 보내 도처에서 상륙하려 합니다."라고 하였습니다.

제독 이여송이 살펴보건대, 왜의 두목이 미쳐 날뛰어 반드시 침범해올 것이라 하였습니다. 예전에 서울에서 물러나겠다고 맺은 약속은 실제로 그들이 아군의 출병을 늦추게 하려는 계책이고, 군사를 독촉하여 급히 나아가야 한다고 하였습니다.

만력 21년 정월 4일 안정관(安定館)에 이르렀습니다. 왜의 선봉 고니시 유키나가(小西行長)가 길병(吉兵), 패삼랑(霸三郎)과 통사 장대선을 파견하여 왜인 총 23명을 데리고 왔습니다. 심유경과 만난다는 이유를 댔지만 실제로는 아군의 허실을 염탐하려 한 것이었습니다. 제독이 즉시 명을 내려 길병, 패삼랑, 장대선에게는 안에서, 나머지 20명에게는 밖에서 연회를 베풀었습니다. 원래는 그들을 사로잡으려 하였으나 뜻밖에 이녕(李寧)과 뇌응곤(雷應坤) 등의 수하 가정들이 주장(主將)의 뜻을 모르고 마음대로 살육하였습니다. 길병과 패삼랑은 생포하고 나머지는 목을 베었습니다. 도망친 7명의 왜는 성안으로 돌아가 보고하여 더욱 엄히 방비하였습니다. 하지만 뜻밖에 그들의 선봉을 살육하니 왜장의 마음은 이미 창졸간에 놀라게 되었습니다.

제독 이여송은 이녕과 뇌응곤의 죄를 물어 군영의 문에 그들을 꽁꽁 묶어놓고 목을 베려 하였습니다. 그러자 이여백(李如栢)이 여러 장수와 함께 울며 사형을 면해달라고 하였습니다. 이에 이녕은 곤장 15대, 뇌응곤은 곤장 30대로 무겁게 처벌하였습니다. 또한 이여백 등에게 고하기를, "너희가 나를 거스르면 나는 장령 또한 반드시 효수할 것이다. 결코 너희를 용서하지 않을 것이다."라고 하였습니다. 장사들이 이를 듣고 모두 벌벌 떨며 얼굴빛이 창백해졌습니다.

6일에는 군사를 이끌고 곧바로 평양으로 진격하여 성 근처에 군영을 펼쳤습니다. 여러 장수 및 심유경과 함께 성을 둘러보며 서로 살피고 헤아려보았습니다. 평양의 동쪽과 남쪽 두 면은 강에 접해 있고 서쪽은 산을 끼고 있어 높고 험준하였습니다. 북쪽 모란봉대[牡丹峰臺]는 높이 솟아 있어 가장 중요한 요충지였습니다. 왜가 사방에 웅거하여 기병을 막는 울타리와 지포(地砲)를 설치해두고 군사를 배치하고 기다리면서 배회하고 관망하니 급히 진공(進攻)하기 어려웠습니다. 이에 남병(南兵) 한 부대와 조선의 군사를 파견해서 모란대[牡丹臺]를 공격하여 그 예봉을 시험해보았습니다. 하지만 점령하지 못하였고 군영으로 퇴각하는 척하였습니다. 그날 밤 왜병은 갑자기 나와 몰래 삼대영(三大營)을 습격하였는데, 우리가 대비하고 있는 것을 알고는 퇴각하였습니다. 제독은 장대선을 파견하여 성으로 들어가게 해서 화복(禍福)의 말로 왜장을 타이르게 하였습니다.

7일, 안개가 사방을 뒤덮었습니다. 오시(午時)에 장대선이 돌아와 보고하기를, "왜장이 군대를 30리 물리고 항복하는 글을 써서 투항하기로 약속하였습니다.”라고 하였습니다. 제독 이여송은 그것이 속임수인 것을 알았습니다.

8일, 오경(五更)에 밥을 지어 여명에 여러 장수에게 나누어주었습니다. 양원(楊元)이 중군을 이끌고 소서문(小西門)을 공격하였고, 이여백은 좌익을 이끌고 대서문(大西門)을 공격하였으며, 장세작(張世爵)은 우익을 이끌고 서북성각(西北城角)을 공격하였습니다. 동문 한 쪽은 일부러 내버려두어서 포위하는 병력이 모자라 보이게 하였습니다. 즉시 호령을 전하여 성 위에 먼저 오르는 자에게 상은(賞銀) 1만 냥과 지휘사(指揮使)를 세습해주기로 하고 수급만 다투어 베는 자는 목을 벤다고 하였습니다. 제독이 성 아래를 오고 가다가 한 병졸이 조금 물러나자 곧바로 그를 베어버렸습니다. 이에 삼군이 모두 분발하여 고함 소리가 하늘을 뒤흔들었습니다. 한 사람이 열 사람을 대적하지 않음이 없었습니다. 앞의 군사가 죽으면 뒤의 군사가 뒤따랐습니다.

그때 왜노는 모두 성 위에 늘어서 있었고 기치(旗幟)로 둘러싸인 것이 약 20여 리였습니다. 조총 탄환이 날아와 비처럼 내려서 맞은 자는 곧바로 죽었습니다. 탄환 한 알이 두 사람을 꿰뚫고 지나가기도 하였습니다. 여장(女墻)[9]과 성가퀴에서는 애기살을 쏘고 돌덩이를 집어던졌습니다. 각 장사는 모두 분발하여 몸을 돌보지 않고 힘을 합쳐 공격하였습니다. 묘시(卯時)에서 미시(未時)까지 전장의 기운은 더욱 고취되었습니다.

부총병 양원은 친히 본영(本營)의 장사들을 이끌고 먼저 명화

....

9   여장(女墻) : 성 위에 낮게 쌓은 담을 말한다.

전, 독화전과 여러 화포를 일제히 발사하며 기세를 타고 성을 공격하였습니다. 가정 정경록(丁景祿)이 조총 탄환을 맞고 죽었습니다. 양원이 용기를 내어 뒤돌아보지 않고 소서문으로부터 성위에 먼저 올랐습니다. 척금(戚金)이 뒤를 이었고, 곧바로 가정 파총(把總) 양세륭(楊世隆) 등으로 하여금 소서문을 부수어 열게 하였습니다. 장세작과 전세정은 북성으로부터 먼저 올랐습니다. 이여백, 이녕, 이여매(李如梅), 방시휘(方時輝), 곡수(谷燧), 양소선(楊紹先)은 모두 대서문에서 적을 죽이며 들어갔습니다. 이때 성이 무너져 내린 곳이 있어 많은 군사가 디디고 올랐습니다.

벽돌이 떨어져 내린 곳에서 뛰어올라 성으로 올랐는데, 바로 낙상지(駱尙志)가 그러하였습니다. 가슴에 탄환을 맞아 피가 흥건히 발꿈치까지 흐르는데도 군사를 독려하기를 멈추지 않았는데, 바로 오유충(吳惟忠)이 그러하였습니다. 이방춘(李芳春)은 목에 화살을 맞고 오른팔을 관통당하였습니다. 이여오(李如梧)는 탄환이 왼팔을 관통하였습니다. 방시춘(方時春)은 독화전에 맞았습니다. 이상 5명은 모두 상처를 입었음에도 돌보지 않고 적을 죽이며 성안으로 들어갔습니다.

제독 이여송은 타던 말이 조총에 맞아 죽자 곧바로 말을 갈아타고 전장으로 다시 달려갔습니다. 독화전의 영향으로 콧구멍에서 피가 흐르는데도 오히려 좌우를 지휘하고 왕래하며 군대를 지휘하는 등 기색이 변하지 않았습니다. 이여백은 투구에 총을 맞았으나 다행히 투구 안에 덧댄 솜이 두꺼워 중상에 이르지는 않았습니다.

대성(大城)이 깨지자 아군이 사방에서 모여들었습니다. 구름과 바람처럼 신속하게, 천둥과 번개처럼 재빠르게, 건장한 말은 치달리고 창과 칼을 든 병사들은 맞붙어 싸웠습니다. 적들은 모두 목책 아래서 제압되었습니다. 불화살이 날아와 맞은 자는 불타고 닿은 자는 죽었습니다. 그런데 왜장 두목은 적 6000~7000명을 이끌고 자성(子城)에 지어놓은 풍월루(風月樓) 안으로 숨었습니다. 또한 왜적 5000~6000명이 관역대(館驛臺) 뒤 산비탈 두 곳에 모여들었습니다.

제독 이여송은 즉시 조선의 사로잡힌 남녀 1000여 명을 구원하여 평안도 포정사(布政使) 이원익(李元翼)[10]에게 보내 안착시켜 집으로 돌려보내게 하였습니다. 이날 불화살과 화포가 일제히 터져 누대와 가옥이 크게 불탔고, 왜 중에 불에 타고 포격과 불화살에 맞아 죽은 자가 각각 셀 수 없었습니다.

다시 사대수(査大受)의 가정 사응규(査應奎)의 구두 보고를 받았는데, 그 내용은 다음과 같았습니다. "9일에 모란대 옆 옹성 안에서 불화살에 타죽은 왜 200~300명이 발견되었습니다. 평양성 안에서 불타 죽은 자는 무수히 많았습니다. 고약한 냄새가 하늘을 찌르고 흉흉한 소문이 십 리에 퍼졌습니다. 평양의 동쪽 강을 마주한 성 아래에는 성에서 도망쳐 달아나다가 강에 빠져 죽은 왜가 또한 그 수를 셀 수 없습니다." 곧 날이 어두워졌기 때문에 잠시 군영을 거두게 하였습니다. 헤아려보니 전장에서 베어 얻

....

10 이원익(李元翼): 1547~1634. 조선 사람으로 본관은 전주(全州)이며 한성부 출신이다. 자는 공려(公勵), 호는 오리(梧里)이다. 임진왜란이 발발하자 평안도 관찰사 겸 순찰사가 되어 평양성 탈환 등에 참전하여 일본군 토벌에 공을 세웠다. 선조가 환도한 뒤에도 평양에 남아서 군병을 관리하였다.

은 왜의 수급은 1285과(顆)였고, 탈취한 말은 2985필, 왜의 무기는 452건이었습니다.

제독 이여송은 적의 계책이 이미 궁해져 밤에 반드시 도주할 것이라 헤아렸습니다. 경략이 은밀히 알려준, 강 동쪽에 매복을 두라는 계책에 따라서 은밀히 부총병·참장(參將) 등 관원 이녕, 장응충(張應种), 사대수, 조승훈(祖承訓), 손수렴(孫守廉), 갈봉하(葛逢夏) 등을 파견하여 정병 3000명을 이끌고 강 동쪽으로 달려가 좁은 길에 매복하게 하였습니다.

왜가 과연 부상자들을 부축하고 좁은 길로 밤에 도망쳐왔습니다. 제독 이여송이 양원, 이여백, 장세작 등을 이끌고 함께 큰 길에서부터 추격하였으나 미치지 못하였습니다. 하지만 좁은 길에서 매복이 나와 362과의 목을 베고 왜적 득아반(得兒半), 재순(在順), 이랑(二郞) 등 세 명을 생포하였습니다. 나머지 적들은 갑옷과 무기를 버리고 도망쳤습니다. 관병(官兵)은 여기저기서 싸우다가 말이 약해져서 끝까지 추격하지 못하고 적들이 남기고 간 병장기를 거두어들였습니다.

모두 합쳐 전후로 총 1647과의 수급을 베어 얻었습니다. 그 중에 25과는 왜장 두목으로 밝혀졌습니다. 그 안에는 성지 안에 이름이 언급되었던 수령도 3명 있었습니다. 유격 이여매가 종일사정(宗逸舍丁)이라는 자를 베었고, 양학상(楊鶴祥)은 평수충(平秀忠)이라는 자를 베고 단화전포(團花戰袍) 한 벌을 거두었으며, 가정 장광선(張光先)은 평진신(平鎭信)이라는 자를 베었습니다. 모두 유격 심유경이 가려내 확인하였습니다. 사로잡은 수령 5명은 길병, 패삼랑, 득아반, 재순, 이랑이고, 왜 진영의 통사 1명은 장대선이었습니다. 불에 타고 물에 빠져 죽은 자는 약 만여 명이었습니다.

제독 이여송은 평양을 새로 수복하였다는 것을 경략에게 보고하고 군법을 범한 자를 추호도 용서하지 않겠다고 호령하자 삼군이 모두 숙연해졌습니다. 저희는 또한 조선의 배신(陪臣) 이원익과 김수옹(金守顒) 등 장수에게 패문(牌文)을 보내 각 시신을 매장하기를 마쳤습니다. 전장에서 다친 장관(將官) 이방춘, 오유충, 낙상지, 이여오, 방시춘이 원래 거느리던 관병은 잠시 위관(委官)이 맡게 하고 각 관원의 상처가 회복되면 교대하게 하였습니다. 각 영에서 전사한 관정(官丁)을 조사해보니 796명이었고, 다친 관군은 1492명이었으며, 전장에서 죽은 말과 노새는 576필이었습니다. 아울러 공적을 세운 인원과 베어 얻은 수급은 저희가 경략 본부와 함께 검토하여 예에 따라 요동순안어사(遼東巡按御史)에게 보내 검토를 마쳤습니다.

또한 제독 이여송의 게첩을 받았는데, 평양을 점령하고 각 장사가 공적을 세운 연유에 대해 열거하여 보고한 것을 보았습니다. 앞서 두 찬획이 보고한 내용과 대략 서로 비슷하였습니다. 뒤이어 제독 이여송이 게첩으로 보고하였는데, 그 내용은 다음과 같았습니다.

저는 선봉으로 정탐을 보낸 원임(原任) 부총병 사대수가 품문으로 보고한 것을 뒤이어 받았는데, 그 내용은 다음과 같았습니다. "평양에서 도망치거나 황해도 등에서 흩어져 간 왜적 20여만이 서울로 모여들었습니다. 정예 수만으로 개성을 점거하고 지키면서 아군을 맞아 싸우려 합니다. 그 기세가 매우 걷잡을 수 없습니다."

신은 봄바람이 점점 남쪽에서 불어오는 것을 걱정하였습니다. 조선 땅은 따뜻해서 정월 초순이라도 늦은 봄과 같아 강물의 얼음이 녹습니다. 만약 얼음이 더 녹기 전에 힘을 모아 소탕하지 않으면 그들이 바람을 타고 갑자기 해양으로 나갈 터이니 그 우환이 매우 컸습니다. 제가 평양을 점령하여 이미 천자의 위엄을 떨쳤으니, 서울로 진격하기를 파죽지세로 해야 했습니다. 곧바로 부총병 이여백으로 하여금 자신의 군영과 부총병 양원·장세작의 군영에서 총 정예병사 8000명을 선발하게 하였습니다. 이여백을 파견하여 선봉을 통솔하여 먼저 보내고 저는 여러 장수를 이끌고 뒤이어 전진하였습니다.

얼마 지나지 않아 이여백이 품문으로 보고한 것을 받았는데, 그 내용은 다음과 같았습니다. "19일에 곧바로 개성에 접근하였습니다. 불을 놓아 산을 수색하고 군사를 배치하고 군영을 세웠습니다. 성안에 있던 적의 무리가 동정을 살피다가 도망쳤습니다. 저는 성을 점거하고 군사를 이끌고 진격하였습니다. 앞에 큰 강이 있었는데 땅이 따뜻하고 얼음이 녹아서 종적을 찾아 추격하며 강을 건넜습니다. 적의 무리는 정예부대로 후방을 추스른 후에 군영을 뽑고 아군과 대적하였습니다. 적군은 많고 아군은 적었기 때문에 저는 용기를 내서 세 영의 병정을 이끌고 야습하여 적들을 베니 적의 기세가 크게 무너졌습니다. 전장에서 베어 얻은 수급은 165과였고, 탈취한 왜의 말은 2필이었으며, 투구·갑옷·칼·총 등 왜의 무기는 총 87건이었습니다. 전사한 군정은 풍중열(馮仲說) 등 6명, 다친 병정은 고득공(高得功) 등 67명이었습니다. 사살된 말은 35필, 다친 말은 44필이었습니다."

제가 살펴보건대, 개성은 비록 수복되었으나 그 부근 서울과 동서의 각 도는 모두 왜의 두목이 점거하여 지키고 있습니다. 저는 부총병 양원과 장세작을 파견하여 각자 원래 거느린 장수 등 관원을 이끌고 군사를 통솔하여 나누어 습격하게 하였습니다. 저는 가운데에서 지휘하고 공격하였습니다. 각 도의 적들이 개성이 함락되었다는 소식을 듣고 서울로 도망쳐 돌아왔습니다. 평양으로부터 개성에 이르기까지 500여 리 경계 내의 평안, 황해, 경기, 강원 등 4개 도와 중화(中和), 황주(黃州), 봉산(鳳山), 서흥(瑞興), 평산(平山), 우봉(牛峰), 강음(江陰), 백천(百川), 장단(長湍), 풍덕(豐德), 파주(坡州), 교하(交河), 김포(金浦), 통진(通津), 양천(陽川), 인천(仁川), 원주(原州), 춘천(春川), 금화(金化), 철원(鐵原), 금성(金城), 회양(淮陽) 등 22개 부·군·현이 모두 조선에 돌아왔습니다. 산택(山澤)으로 도망쳐 피하였던 백성도 서로 이끌며 생업에 복귀한 자가 수십만 이상입니다. 저는 경략의 가르침에 따라 관군이 추호도 민간을 범하지 못하게 엄금하였습니다. 베어 얻은 수급과 탈취한 왜의 무기 등은 따로 올려보내 검토를 받는 외에…….[11]

또한 제독 이여송이 보고한 게첩을 받았는데, 그 내용은 다음과 같았습니다.

이달 26일에 저는 먼저 원임 부총병 손수렴, 조승훈과 유격 이녕 등을 파견하여 정예병력 3000명을 뽑아 거느리고 선봉으로서 서울의 도로를 정탐하여 진군하고 매복하며 공격하는 데 편

....

11 외에……: 원문은 "~외"로 끝났는데, 이는 그 뒤의 내용을 옮기지 않은 것으로 보인다.

하게 하였습니다. 그 후 27일에는 부총병 양원, 이여백, 장세작 등을 이끌고 병정 2000명을 뽑아 대동하여 친히 가서 답사하였습니다. 서울에서 90리 떨어진 마산관(馬山館)에 이르러 양원이 거느린 군사 1000명을 남겨두어 뒤따르게 하였습니다. 저는 이여백, 장세작 등과 함께 군사 1000명을 이끌고 앞으로 나아가 서울에서 50리 떨어진 벽제관에 이르렀습니다.

아군과 적이 대적하고 있다는 소식을 듣고 즉시 병사들을 독려하여 급히 달려갔습니다. 각 장군이 적의 세력이 많은 것을 보고 주저하고 있었습니다. 저는 즉시 장사들을 힘써 꾸짖어 만약 두려워하여 앞으로 나아가지 않는 자는 목을 베겠다고 하였습니다. 그리하여 관병이 용기를 내어 일제히 적을 한데서 베어 죽였습니다.

사시(巳時)부터 오시까지 적의 무리는 계속 점점 늘어났습니다. 산 주변과 들판 전체에 나누어 퍼져 두 산으로부터 공간을 끼고 아군을 포위하였습니다. 그중에 적의 우두머리 1명이 금갑(金甲)을 입고 병사들을 지휘하면서 저를 몇 겹으로 포위하였습니다. 곧 이여백, 이여매, 이여오, 이여남(李如楠), 이녕 등이 저의 신변에 바짝 붙어 힘을 모아 쏘고 베었습니다. 이여매가 금갑을 쏘아 맞히자 적의 우두머리가 말에서 떨어졌습니다. 적의 무리가 부축해 가면서 곡소리가 땅을 울렸습니다. 적은 아군이 용맹한 것을 보고 감히 충돌하지 않았습니다. 또한 부총병 양원이 참군 정문빈(鄭文彬) 등 각 친정(親丁)의 병마를 이끌고 급히 달려와 지원하였습니다. 두꺼운 포위를 뚫고 들어오니 적이 비로소 조금씩 물러났습니다.

저는 난전을 틈타 양원, 이여백, 장세작 등과 중군기고관(中軍旗鼓官) 왕희로(王希魯) 등을 이끌고 죽음을 무릅쓰고 돌격하여 적을 많이 죽였습니다. 적이 너무 많아서 수급을 베어 챙기지는 못하였습니다. 곧 유격 이녕이 앞에서 싸우며 적을 죽이다가 왼손을 베여 다쳤고 총알이 왼쪽 갈비뼈 갑옷의 미늘을 뚫고 지나갔으나 중상은 아니었습니다. 손수렴은 오른팔을 베여 다쳤습니다. 저의 친정인 지휘(指揮) 이유승(李有昇)은 여러 명의 적을 베어 죽였으나 적에게 유인되어 가다 갈고리에 걸려 말에서 떨어져 갈기갈기 찢어졌습니다. 제가 관병에게 크게 소리쳐 앞으로 나가 베어 죽이니, 적이 곧 초목이 쓰러지듯이 크게 무너졌습니다. 아군은 승세를 타고 추격하였습니다. 전장에서 베어 얻은 수급이 167과였는데, 그중에는 우두머리 7명의 것도 있었습니다. 이는 유격 심유경과 통사 장대선이 가려내 확인한 것입니다. 왜의 말 45필과 무기 91건을 탈취하였습니다. 곧 적이 퇴주하였는데 논두렁에 깊이 빠져 말들이 달려 나가기 힘들어 끝까지 추격하지 못하였습니다. 군사를 거두어 군영으로 돌아왔습니다.

조사하여 세어보니, 전사한 관병은 이세화(李世華), 가대빙(賈待聘) 등 264명이고, 다친 관병은 49명이며, 사살된 말은 276필이었습니다. 제가 말한 대로 이번 전투는 원래 지형을 살펴보기 위해 답사를 나갔다가 불의에 갑자기 큰 적을 만난 것이었습니다. 저는 5000명의 외로운 군대로 수만의 강한 적들과 충돌하여 작은 공을 세웠습니다. 하지만 이것은 저희의 힘이 아니라 실로 우리 천자의 위엄이 멀리 떨친 바에 의지한 것입니다.

또한 뒤이어 정탐 보고를 받았는데, "이날 밤 서울 도성 안에 곡소리가 끊이지 않았습니다. 대장이 화살에 맞아 죽었기 때문이고 또한 살상된 적의 두목이 매우 많았기 때문입니다."라고 하였습니다.

이여송이 모두 따로 제본을 갖추어 올린 외에, 저는 이여송이 보고한 개성과 벽제관에서의 공적과 공을 세운 인원에 대한 게첩을 두찬획에게 보내 검토하게 하였습니다. 그 결과를 각자 저에게 보고해 왔습니다. 또한 베어 얻은 수급은 모두 제가 검토하였고, 예에 따라 요동순안어사에게 보내 다시 검토하는 것을 마쳤습니다.

제가 상세히 조사해보니, 여러 신하가 선후로 보고한 내용은 서로 같고 모두 각각 사실이었습니다. 이번 전투에서는 적은 수로 많은 수를 공격하는 것, 피로한 병력으로 편안한 병력을 공격하는 것, 천 리를 달려 이익을 추구하는 것, 병사들을 고립된 땅에 머무르게 하는 것 등 병법에서 매우 꺼리는 것들을 모두 범하였습니다. 하지만 뜻밖에 한 번의 전투로 평양을 얻고 두 번째 전투로 개성을 얻었으며, 세 번째 전투로 벽제관에서 또한 다시 적의 목을 베었습니다. 경계 내 평안도와 황해도, 중화, 황주, 봉산 등 20여 군현이 모두 조선에 돌아왔습니다. 적의 대장을 섬멸하고 추악한 무리를 살육하였습니다. 비록 벽제관의 전투에서는 아군 또한 피해가 있었지만 창졸간에 벌어진 일이고 이여송이 친히 장수들을 이끌고 용감히 혈전을 치렀습니다. 적은 수로 많은 수를 공격하여 왜의 두목을 사살하고 많은 왜를 베어 죽이니 그들이 실로 패퇴하였습니다. 전후로 모두 합쳐 왜의 수급 1979과를 베어 얻었고 우두머리 5명을 사로잡았습니다. 왜의 말 3032필과 왜도(倭刀), 조총(鳥銃), 투구·갑옷 등 무기 630건을 탈취하였습니다.

백 년 동안 교화되지 않은 흉악한 적을 징벌하고, 여러 대에 걸쳐 공순하였던 속국을 회복하였습니다. 어찌 인력으로 이렇게 할 수 있었겠습니까. 참으로 우리 황상께서 선황(先皇)을 본받고 하늘을 공경하며 현자를 가까이하고 정치에 힘쓰시며 동쪽 정벌의 어려움을 걱정하여 크게 탕은(帑銀)을 베푸시고 서쪽 정벌의 공훈을 생각하고 빨리 공적을 서훈하여 올려 보내도록 독촉하셨기 때문입니다. 이 때문에 모든 장수가 감격하여 마음을 합치고 전군이 환호하고 사력을 다해 싸웠습니다. 망한 나라를 일으키고 끊어진 대를 잇게 하여 위엄을 화이(華夷)에 크게 떨치고, 흉포한 이를 토벌하고 잔악한 이를 제거하여 뛰어난 무용을 고금(古今)에 널리 퍼뜨렸습니다. 제가 무거운 책임을 맡았으니 어찌 이 기쁨을 감당할 수 있겠습니까. 조정의 좋은 책략과 보신(輔臣)의 계획으로 미리 토벌의 계책을 주시어 숙청의 공을 거두게 되었습니다. 신은 예에 따라 감히 자신의 공적에 대한 서훈은 말하지 않는 외에, 보고 받은 바에 따라 차례대로 공을 세운 인원들에 대해 응당 공적을 서훈하고자 합니다.

주장(主將)인 제독 이여송은 몸이 날래고 용맹함이 뛰어나며 순수한 충의를 대대로 이었습니다. 군사를 부림이 비바람과 같이 맹렬하여 능히 조벽(趙壁)[12]의 단정(丹旌)을 옮길 수 있고,[13] 호령이 천둥

....

12 조벽(趙壁): 원문은 '趙璧'이지만 문맥에 따라 趙壁으로 수정하여 번역하였다.
13 능히 …… 옮길 수 있고: 뛰어난 병법으로 승리를 거둔다는 의미이다. 『사기』 회음후열전(淮陰侯列傳)에 나오는 내용이다. 회음후 한신(韓信)이 조나라를 칠 때 거짓으로 패하는 척하면서 조나라 군사들을 성 밖으로 유인한 후 성이 비어 있을 때 조나라 성으로 들어가서 조나라의 깃발을 모두 뽑고 붉은 기[赤幟] 2천 개를 꽂아 두었더니 한신을 쫓다가 포기하고 돌아온 조나라 군사들이 한나라의 붉은 기를 보고 조나라의 왕과 장수들이 모두 붙잡혔다고 생각하고 어지럽게 달아났다는 내용이다.

소리와 같이 근엄하니 어찌 당가(唐家)의 백마(白馬)를 부러워하겠습니까. 영하에서 막 위업을 거두고 나서 조선에서도 다시 뛰어난 공훈을 아뢰게 되었습니다. 응당 특별히 서훈하여 여러 장수의 으뜸으로 삼아야겠습니다.

병사를 거느린 장수로 예컨대 중영부총병 서도독첨사(中營副總兵 署都督僉事) 양원은 두 손이 용과 같고 몸 전체가 담(膽)입니다. 강한 선봉을 무릅쓰고 피하지 않으며, 죽기를 각오한 군사들을 독려하여 먼저 성 위에 올랐습니다. 좌영(左營)부총병 서도독첨사 이여백은 장군 가문의 장군 자손으로 용기가 있고 지모도 있습니다. 수염을 휘날리며 전장을 누비고 용검을 휘두르며 성문을 빼앗았습니다. 우영(右營)부총병 서도지휘첨사(署都指揮僉事) 장세작은 재능이 많고 침착하여 명실상부한 효웅(驍雄)입니다. 몸은 사졸보다 먼저 멀리 달려가고, 발은 성루를 기어올라 곧바로 올랐습니다. 이 세 신하는 뛰어난 공적을 앞장서 세웠으니 응당 후하게 서훈해야겠습니다. 양원과 이여백은 모두 도독동지(都督同知) 직함을 더하고, 장세작은 도독첨사 직함을 더해야겠습니다. 또한 모두 소여훈(蕭如薰)의 예[14]를 적용하여 진수(鎭守) 총병(總兵)에 결원이 생기면 발탁해야겠습니다.

보좌한 장수로 예컨대 이방춘, 척금, 전세정, 오유충, 임자강(任自强), 이여매, 낙상지, 고책(高策), 양소선, 이녕, 이여오, 곡수, 방시휘, 방시춘은 무리를 독려하여 성을 올라 용감히 적을 죽였습니다. 화살과 돌을 무릅쓰고 다투어 나아갔으며, 포화를 끌어안고 돌격하였습

....

14 소여훈(蕭如薰)의 예: 소여훈은 영하(寧夏)의 반란을 평정한 공로로 도독동지(都督同知)로 승진하였다.

니다. 그중에 이여매는 우두머리를 사살하였고 이방춘, 오유충, 낙상지는 각각 중상을 입었으니 특히 원래 등급을 뛰어넘어 서훈해야 하고, 척금, 전세정, 임자강, 고책, 이녕 등과 함께 모두 부총병 직함을 더해야 할 것입니다. 방시춘과 이여오 또한 중상을 입었으니, 양소선, 곡수와 함께 모두 참장 직함을 더해야겠습니다. 방시휘는 유격 직함을 더하여 격려함을 보여야 할 것입니다. 유격 심유경은 수차례 왜의 소굴로 들어가 속국을 위해 공을 세웠습니다. 왜가 납공(納貢)한다는 이야기는 비록 증거 없이 나온 것이지만 출병을 늦추게 한 계책은 정확하고 근거가 있었습니다. 응당 함께 서훈하여 참장 직함을 더해야 하겠습니다.

군사를 나누어 통솔한 장수 등 관원으로 왕유익(王有翼), 장응충, 소국부(蘇國賦), 조문명(趙文明), 양심(梁心), 고승(高昇), 주홍모(周弘謨), 왕문(王問), 왕유정(王維貞), 손수렴, 조승훈, 사대수, 오희한(吳希漢), 곽몽징(郭夢徵), 갈봉하, 진방철(陳邦哲), 섭방영(葉邦榮), 동양중(佟養中), 호란(胡鸞), 조지목(趙之牧), 왕필적(王必廸), 서휘(徐輝), 주역(周易), 장기공(張奇功), 장접(章接), 이도(李都), 누대유(婁大有), 시조경(施朝卿), 곽구고(霍九臯) 이상 여러 장수는 모두 나라에 충성을 다해 견고한 성을 깨뜨렸습니다. 죽기를 각오한 군사들을 거느리고 앞다투어 사력을 다해 싸웠으며 상관의 명령을 받들어 적진을 쳐부수었으니, 모두 응당 함께 서훈해야 하겠습니다. 현임(見任)인 경우에는 응당 승급(陞級)하고, 원임인 경우에는 응당 복직해야겠습니다. 그중에 왕유정은 원임 부총병이고 동양중과 조지목은 원임 유격이었으나 사안 때문에 유배 보내져 일반 병사로 참전한 것입니다. 지금 각각 수급 3과를 베어 공이 죄보다 크니, 응당 일반 병사의 대오에서 풀어 복직시켜야겠습니다. 관전(寬奠) 부총병 동양정(佟養正), 요동도사(遼東都司) 유응기(劉應祺), 장삼외(張三畏), 수정유격(隨征遊擊) 송대빈(宋大斌), 도사 오몽표(吳夢豹)는 적의 소굴에서 왜정을 정탐하거나 이국에서 군량을 모아 운송하거나 진군 중에 병장기를 정리하였습니다. 이 다섯 신하는 고생이 많고 공적이 높으니 응당 공적에 따라 직함을 더해야 하겠습니다.

종군한 참군으로 예컨대 원임 노안부동지(潞安府同知) 정문빈, 원임 호관현지현(壺關縣知縣) 조여매(趙汝梅), 취용후선현승(取用候選縣丞)[15] 왕여현(王汝賢)은 임기응변에 뛰어나고 모략이 시의적절하였습니다. 원래 문관의 능력을 기대하였으나 기세가 드높아 장사들을 거두고는 몸소 친히 혈전을 치렀으니, 모두 마땅히 후하게 서훈해야겠습니다. 그중에 정문빈과 조여매는 응당 관례를 깨 모두 원래의 관직에 복직시키거나 승진하고 발탁하여 변경을 방비하는 인재로 선발해야겠습니다. 왕여현은 응당 헤아려 승급하고 부(部)에 돌아가는 날에 주판(州判)의 직을 제수해야겠습니다.

종군하여 독전한 중군기고관(中軍旗鼓官) 등으로 원임 유격 왕승은(王承恩)[16], 원임 수비(守備) 장구경(張九經), 왕희로, 호택(胡澤), 허국충(許國忠), 시등과(柴登科), 오대적(吳大績)과 천총·파총 관원 고가교(顧可敎), 당요신(唐堯臣) 등은 자질이 본래 웅장하고 뜻이 모두 원대합니다. 적기에 책략과 모략을 활용하고 전투에 임해 깃발을 뺏

....

15 취용후선현승(取用候選縣丞): 관직에 정식으로 임명하지 않은 채로 직임을 맡고 있으나 이후에 현승(縣丞)으로 임명할 예정임을 뜻한다.
16 왕승은(王承恩): ?~?. 명나라 사람으로 대녕전위(大寧前衛) 출신이다. 중군(中軍) 소속으로 송응창을 따라 조선에 왔다.

고 적을 참수하였습니다. 모두 응당 후하게 서훈하여 원래의 직에 복직하거나 헤아려 가급(加級)해야겠습니다. 고가교 등은 먼저 응당 위진무(衛鎭撫)[17]의 직을 제수하고 담종인(譚宗仁) 등과 함께 수비·파총의 결원이 생기면 발탁해야겠습니다.

종군한 책사 오종도(吳宗道)와 여영명(呂永明)은 술수가 뛰어나고 전략에서 많은 효험을 보았습니다. 문학은 기실(記室)[18]에 충당할 만하고 권모(權謀)는 장수가 될 만한 재능을 갖출 만하니, 또한 응당 함께 서훈하여 알맞은 무직(武職)을 제수해야겠습니다.

나머지 이번에 종군하여 부대 지휘와 조련을 책임지거나 위임받은 수비 관직의 무관과 기패(旗牌)를 맡은 천총·파총, 무거(武擧) 등의 관원과 부정립(傅廷立), 양대관(楊大觀) 등 이상 각 관원은 견고한 적을 격파하거나 위험을 무릅쓰고 돌격하거나 전차를 제작하거나 화기를 제조하였습니다. 대부분 왜의 수급을 베어 얻은 공이 있거나 군대의 놀라운 공적에 기여하였으니 모두 응당 두루 서훈해야겠습니다. 그중에 왕도(王道), 조득록(趙得祿), 조응작(趙應爵), 장여익(張汝翼), 진희증(秦希曾)은 모두 병부에 자문을 보내고, 이원상(李元相), 조양성(曹養性), 장옥첨(張玉詹), 국양(鞠養), 정일도(鄭一道), 조지벽(趙之璧), 이여남, 조여호(趙汝瑚)와 함께 모두 헤아려 가급해야겠습니다. 방응과(方應科), 두구덕(杜九德), 시봉춘(柴逢春), 위장대(魏將大), 우세과(于世科), 양문철(楊文哲), 호응원(胡應元), 여응기(余應機),

....

17 위진무(衛鎭撫): 관직명이다. 위(衛)에 소속된 진무(鎭撫)로서, 관품은 종5품이다. 옥사(獄事) 등의 업무를 담당한 것으로 추정된다.

18 기실(記室): 후한(後漢) 대 제왕(諸王)·삼공(三公)·장군부 등에 설치된 관부이다. 황제에게 올리는 문서를 작성하는 임무를 맡았다.

왕응빈(王應斌), 심무시(沈懋時)는 모두 헤아려 진무(鎭撫) 직함을 제수해야겠습니다.

작전을 지휘한[19] 조정의 중신들에 대해서 제가 나서서 서훈하지 않는다면, 어떻게 내외 문무관원의 마음을 격려하고 동쪽을 정벌하는 사졸들의 기운을 북돋을 수 있겠습니까. 살펴보건대, 태자소보(太子少保) 병부상서 석성은 진심으로 나라를 위하고 확고한 의지로 변경의 일을 계획하였습니다. 왜와 오랑캐를 막으며 밤낮으로 고심하고 장사를 믿으며 강개하여 눈물 흘렸습니다. 밖으로는 토벌을 펼쳐 기회가 현도(玄菟)의 성까지 통하였고, 안으로는 은밀한 전략을 주관하여[20] 병기를 청천(淸川)의 물에 씻었습니다. 또한 제가 매일 서신을 받았는데 모두 기묘한 책략과 심오한 계획에서 나온 것으로, 저는 그의 방략(方略)을 따라 행하기만 하였습니다. 오늘의 승전은 실로 석성에게서 나온 것입니다. 신이 무슨 공이 있겠습니까.

명령에 따라 싸우는 자는 본래 장사들이고, 명령을 관장하는 자는 실로 군량과 관련이 있습니다. 호부상서 양준민(楊俊民)은 호쾌하고 큰 계획을 가지고 있으며 정직하고 세상에 드문 기질을 가지고 있습니다. 가문에 전해져온 용병의 책략으로 재정을 담당하여 장사들의 기쁨을 샀으며, 나라의 울타리로서 군량을 운송하여 바다와

----

19 작전을 지휘한[發縱指示]: 계책을 내어 지시하는 자가 직접 그 일을 수행하는 자보다 공로가 더 높음을 비유하는 말이다.

20 안으로는 …… 주관하여[中主陰符]: "음부(陰符)"는 서주(西周) 시기 강태공(姜太公)이 저술하였다고 알려진 『태공(太公)』 중 모략 부분을 말한다. 『한서(漢書)』 「예문지(藝文志)」에 따르면 『태공(太公)』 237편 중 「모(謀)」가 81편, 「언(言)」이 71편, 「병(兵)」이 85편인데, 이 중 「모」는 「음부」를, 「언」은 「금궤(金匱)」를, 「병」은 「태공병법(太公兵法)」을 가리킨다.

육지로 모두 나아가게 하였습니다.

병과도급사중(兵科都給事中) 허홍강(許弘綱)은 기민하고 영묘한 재능을 품었으며 민첩하고 호방한 기운으로 움직입니다. 병과 업무에서는 군사 관련 논의에 밝으면서도 매미 잡듯이 민첩하고, 군사 전략 업무에서는 편안하게 곡예를 하는 것 같으면서도 의견을 내면 조화가 잘 이루어집니다. 황상께서 발탁을 마음에 두고 계실 것입니다. 저 또한 예에 따라 감히 망령되이 논의하지 않겠습니다.

직방청리사(職方淸吏司) 낭중(郎中) 양응빙(楊應聘)은 삼가는 태도로 매우 진지하고 영민한 재능으로 좋은 꾀를 많이 내놓았습니다. 내외가 진실로 그의 방책에 의지하였고 문무가 그의 기획에 따랐으니 가장 눈에 띄게 발탁해야겠습니다.

찬획 병부 원외랑 유황상은 경륜이 충실하고 문무가 드넓습니다. 병장기를 구매할 때는 마음을 다해 절묘하게 운영하였고, 책략을 세울 때는 천 리 밖에서 승리를 거두었습니다. 이역으로 급히 달려와 힘을 다해 군공을 많이 세웠습니다. 마땅히 파격적으로 원래 등급을 뛰어넘어 경직(京職)으로 승진시켜야겠습니다.

경리양향(經理糧餉) 호부주사(戶部主事) 애유신(艾維新)은 하나하나 법을 지키고 성실하게 중용을 지켰습니다. 이역에 있으면서 여러 지역을 돌아다니느라 매우 힘들었고 군량과 급여 조달을 맡아 바쁘게 정신없이 홀로 고생하였습니다. 다양한 계책으로 경영하여 삼군이 이에 의지하였습니다. 응당 후하게 서훈해야겠습니다.

해은(解銀) 병부주사(兵部主事) 황걸(黃杰)은 사명을 받들어 부지런하고 처신이 청렴하고 유능합니다. 황은(皇恩)을 널리 퍼뜨려 변경을 기쁘게 하였고, 전사들을 떨쳐 일으켜 속국을 회복하였습니다.

또한 응당 함께 서훈해야겠습니다.

표하 관리전량(管理錢糧) 하간부통판(河間府通判) 왕군영(王君榮)
은 재주가 영민하고 지모가 총명합니다. 군량과 급여를 감독함에 출
납이 항상 공정하였고, 적을 어떻게 상대할지 논의할 때에는 방침이
더욱 뚜렷하였습니다. 마땅히 승급하여 동지 직함을 제수하고 변경
의 쓰임에 대비해야겠습니다.

상공경력(賞功經歷) 진훈(陳勳), 심사현(沈思賢), 장충(張忠), 도종
(都鍾)과 도사경력(都司經歷) 육응경(陸應庚), 해은주부(解銀主簿) 등
명역(鄧明易)은 계산이 공정하고 재물을 지킴에 사사로움이 없습니
다. 이역에 있으면서 바삐 다님을 꺼리지 않았고, 병기 제작을 맡아
모두 직접 처리하였습니다. 또한 응당 나누어 따로따로 승진하고 포
상해야겠습니다.

네 진(鎭)의 총독(總督)·순무(巡撫)와 사도(司道)²¹ 등의 신하들은
모두 한마음으로 힘을 합쳐 성공을 함께 도왔습니다. 예컨대 원임
계요총독(薊遼總督)이자 지금은 협리융정시랑(協理戎政侍郞)으로 전
임(轉任)한 학걸(郝杰)²²은 위엄이 이역을 뒤흔들어 산천이 모두 그
의 지휘에 속하였습니다. 의지와 성실함이 함께 도와 병마가 실로
그의 조정과 파견에 의지하여 때에 맞추어 적을 제압하여 승리하였
습니다. 마땅히 으뜸으로 서훈해야겠습니다.

....

21 사도(司道): 포정사(布政司)·안찰사(按察司)·도사(都司)와 도원(道員)을 함께 이르는
    말이다.
22 학걸(郝杰): 1530~1600. 명나라 사람으로 산서 울주위(蔚州衛) 출신이다. 자는 언보(彦
    輔), 호는 소천(少泉)이다. 1589년부터 1592년까지 요동순무(遼東巡撫)로 재임하다 계
    요총독(薊遼總督)으로 승진하여 임진왜란 때 군무(軍務)를 감독하였다. 일본에 대한 자
    료를 수집하여 『일본고(日本考)』라는 책을 편찬하기도 하였다.

요동순무 조요는 위급한 때를 구하고 웅대한 계획을 지닌 시대의 걸출한 인재입니다. 오랑캐 방어의 급박함에도 특별히 왜(倭) 토벌의 어려움을 고려하여 병력을 나누어주고 특히 군량·급여 운송에 힘썼습니다.

순천순무(順天巡撫) 이이(李頤)[23]는 소박하고 온유한 문(文)의 재능과 아끼며 쓰지 않고 있는 무(武)의 재능이 있습니다. 서로 도와 긴밀한 양상으로 기마병과 보병을 보내 구원해주었습니다.

산동순무(山東巡撫) 손광(孫鑛)은 기백이 산악을 흔들고 가슴은 얼음처럼 맑습니다. 많은 수만 명의 병사 중에서도 걸출한 한 시대의 호걸입니다.

보정순무(保定巡撫) 유동성(劉東星)[24]은 연해 방어에 급한 뜻을 두면서도 군사를 모으는 데 힘써 노력하였습니다. 책상과 자리에서 마음을 다하는 가운데 해도(海島) 밖에서 공적을 거두었습니다.

이상 네 신하의 공은 응당 함께 서훈해야겠습니다. 그중에 조요는 왜로 인한 환란이 막 닥쳐온 때와 오랑캐의 기병이 창궐한 때에 침착하게 계획을 정해 왕래하며 여러 방책을 짜냈으니, 특히 다른 사람보다 후하게 서훈해야겠습니다.

요동순안어사 이시자(李時孳)는 변경의 날카로운 병기이며 준조(樽俎)[25]의 기이한 영재입니다. 군무(軍務)가 매우 번다해도 목소리

....

23 이이(李頤): 1541~1601. 명나라 사람으로 강서 여간현(餘干縣) 출신이다. 자는 유정(惟貞)이다. 만력 연간 초기에 어사로 발탁되었다. 하남우포정사(河南右布政使), 순천순무(順天巡撫) 등의 관직을 역임하였다.

24 유동성(劉東星): 1538~1601. 명나라 사람으로 직례(直隷) 심수현(沁水縣) 출신이다. 자는 자명(子明), 호는 진천(晉川)이다. 임진왜란 기간에 순무보정도어사(巡撫保定都御史)를 맡았다.

와 얼굴빛이 추호도 흔들리지 않았고, 오랑캐의 정황을 앉아서 훤히 내다보며 홀로 천 리 밖에서 명성을 떨쳤습니다. 비록 예에 따르면 서훈할 기록은 없지만, 공적은 실로 현저합니다.

요동총병(遼東總兵) 양소훈은 지혜로움이 사물의 변화에 부응하고 용감함이 중요한 진(鎭)을 감당할 만합니다. 장성(長城)을 대신해 북으로 교활한 오랑캐를 쳐부수고, 정예 병력을 나누어 남으로 강한 왜를 방어하였습니다. 이 신하는 홀로 어렵고 막중한 임무를 맡아 성공을 도왔으니, 응당 후하게 서훈해야겠습니다.

요동 양저낭중(糧儲郎中) 왕응림(王應霖), 영평(永平) 양저낭중 진명화(陳鳴華), 계주(薊州) 양저낭중 진리(陳履), 밀운(密雲) 양저낭중 진일간(陳一簡)은 마음을 다해 군량과 사료를 관리하고 힘을 합쳐 운송하였습니다. 덕분에 사람은 콩 반쪽의 걱정도 없었고, 말은 세 종류의 사료를 갖추었습니다.

산해관주사(山海關主事) 장동(張棟)은 관문의 수비를 맡아 간사한 도적을 막아 평안하게 하였고 책략을 세워 바다에서 온 적이 신속히 소탕되었습니다.

요해분수우포정(遼海分守右布政) 한취선(韓取善), 산동해방병비안찰사(山東海防兵備按察使) 전주, 해개병비참정(海蓋兵備參政) 곽성지(郭性之), 개원병비부사(開原兵備副使) 장계고(張稽古), 밀운병비부사 왕견빈(王見賓), 천진병비부사 양운룡(梁雲龍), 분순요해참의(分巡遼海參議) 풍시태(馮時泰), 계주병비첨사(薊州兵備僉事) 양식(楊植), 영평

·······

25 준조(樽俎): 연회 석상을 뜻하는 말로, 무력을 쓰지 않고 연회 석상에서 외교적으로 담판을 벌여 타협하는 일을 맡은 문관을 가리킨다.

병비첨사 양호(楊鎬), 영전병비첨사(寧前兵備僉事) 양시예(楊時譽), 원임 분수요해참의(分守遼海參議)로서 지금은 섬서부사(陝西副使)로 승진한 형주준(荊州俊) 등 이상의 여러 신하는 비록 다른 지역의 관원이지만 모두 신속하게 한마음으로 정성과 지혜를 다해 연해 방어를 처리하거나 책략을 내고 지도를 그려 도성 밖의 변화를 감지하였습니다. 병사들을 단속하고 정돈함에 모두 고생하였습니다. 그중에 형주준은 비록 이미 승진하였지만 군량을 모으고 병장기를 관리하며 앞장서 군수 공급을 도왔습니다. 한취선은 비록 신임이지만 급여를 운송하고 병사들을 보내며 홀로 중임을 맡았습니다. 모두 응당 후하게 서훈하고 나누어 따로따로 승진시키고 상을 내려야겠습니다.

수대서리(隨帶書吏) 오왈승(吳曰昇), 찬획서리(贊畫書吏) 오계주(吳繼周), 제독서리(提督書吏) 전학역(錢學易)은 긴급한 격문이 급하게 오가고 군대의 문서가 복잡하게 왕래할 때 이국에 있으면서 고생이 더욱 심하였습니다. 응당 각 역(役)의 삼고(三考) 기한[26]이 다 찬 뒤에 시험에 합격하면 거두어 선발하는 경우에 준하여 등용해야 하겠습니다.

다시 살펴보니, 지휘동지(指揮同知) 이유승은 평소 용맹을 떨치고 수차례 전공을 세워 이제 막 서훈되어 승진할 때였습니다. 그런데 하루아침에 전사하여 정황이 매우 안타깝습니다. 응당 파격적으로

....

26 삼고(三考) 기한: 세 차례에 걸쳐 관리의 성적을 평가하여 승진과 상벌을 결정하던 중국 고대의 인사 관리 제도이다. 『서경(書經)』 「순전(舜典)」에 "3년에 한 번씩 성적을 고핵하고, 세 번 고핵한 다음에 무능한 자를 축출하고 유능한 자를 승진시켰다[三載考績 三考 黜陟幽明]."라는 말이 나온다.

후하게 구휼하여 충혼(忠魂)을 위로해야겠습니다.

엎드려 바라건대, 황상께서 동쪽을 정벌한 장사들이 비상한 공적을 세운 것을 생각하시어 지금 전장에서 사력을 다해 싸우는 이들을 더욱 격려해주시기 바랍니다. 병부에 칙서(勅書)를 내려 즉시 파격적으로 나누어 따로따로 승진을 서훈하고, 논의 후 답변한 것을 군중에 나누어주어 각 장사가 이를 알고 더욱 용맹을 떨치도록 해주십시오. 수급을 베어 공을 세운 인원 중에 승진시키거나 포상할 이들은 한편으로 요동순안어사가 예에 따라 검토한 후 따로 거행하게 하십시오. 전사하거나 다친 관정(官丁)은 모두 후하게 구휼해주십시오. 사로잡은 왜장 등은 이미 병부로 압송하였으니, 헌부(獻俘)[27] 여부는 논의한 바에 따라 시행하도록 하십시오. 부디 은혜와 위엄이 함께 도와 바다에서 온 적을 모조리 소탕하기 바랍니다.

권7

....

27 헌부(獻俘): 전쟁이 끝난 후에 포로를 종묘(宗廟)에 바치는 의례를 말한다.

7-8

제본 중 문무관원의 서훈을 분명히 아뢰는 상주

題中明文武並敍疏 | 권7, 21b-24b

날짜 만력 21년 3월 4일(1593. 4. 5.)

발신 송응창

수신 만력제

내용 앞서 자신이 올린 공적 서훈 제청의 내용에 무관과 더불어 여러 문관의 내역이 많이 들어가게 된 점을 해명하고 있다. 이들의 공을 치하하고 격려하는 것이 앞으로의 전쟁에 큰 도움이 될 터이기 때문에 속히 자신이 작성한 서훈 내용대로 포상해줄 것을 청하는 상주이다.

문신과 무신이 함께 공적을 세워 응당 함께 서훈하고자 하니, 삼가 거듭 자세히 해명하여 공평한 도리를 밝히고 완전한 승리를 거두는 일.

최근 저는 평양에서 공적을 거둔 연유와 공을 세운 각 관리를 분명하게 조사하고 상주문을 갖추어 그들의 공적을 서훈하고자 올린 바 있습니다. 친히 갑옷과 무기를 들고 전투에 나선 공적은 무신에게 있고, 전세를 살피고 계책을 결정한 공적은 문신에게 있습니다. 무는 눈과 귀로 보고 들음이 명확하여 쉽게 보이는 반면, 문은 사무가 은밀하고 세세하기 때문에 알기 어렵습니다. 요컨대 문덕(文德)

과 무공(武功)은 양자가 서로 협력하여 돕는 것입니다.

저는 지금 평양 등의 공적을 서훈하면서 총독·순무와 사도 등의 문신을 함께 언급하였습니다. 이는 은혜를 사적으로 주고받는 것처럼 보이고 명예를 부당하게 구하는 것처럼 비칩니다. 외람되지만 다시금 자세히 해명하지 않는다면 만에 하나 저의 상주가 서훈을 남발한다고 여기는 사람이 있을지도 모릅니다. 이렇게 되면 저의 마음을 스스로 해명할 수 없을 뿐만 아니라 각 관원의 공적 또한 드러낼 수 없을 것입니다.

저는 지난해 경략을 명받아 9월 26일에 황상께 하직하고 북경(北京)을 떠났습니다. 하지만 모든 군화(軍火), 후량(餱糧),[28] 병마, 장비 등을 하나도 갖추지 못하였습니다. 그리고 계문(薊門)에 이르렀는데, 속국이 구원을 바라는 것이 매우 급하였고 성지로 출발을 엄히 독려함이 매우 심하였습니다. 저는 한편으로 총독·순무에게 문서를 보내 각 지방의 군병을 빌려 옮겨오고, 다른 한편으로는 계주(薊州)와 보정(保定) 두 진에서 즉시 계주, 밀운, 영평, 패주(霸州), 천진 등 도에 문서를 보내 염초(焰硝)와 유황(硫黃) 각 수만 근을 조달하고, 불화살 각 10여만 발을 감독하여 만들게 하였습니다. 또한 명화(明火)와 독화(毒火) 등의 화약과 반묘(班貓)와 조뇌(朝腦) 등의 재료, 납탄과 철자(鐵子), 마름쇠[鐵蒺藜][29] 등의 물건을 구매하도록 나누어 위임하였는데, 많게는 수십만 근, 적어도 수만 근 이상이었습니다. 그리고 대장군포와 멸로포 등은 모두 제조하여 군전에 보내

....

28 후량(餱糧): 먼 길을 가는 사람이 지니고 다니는 마른 양식을 말한다.
29 마름쇠[鐵蒺藜]: 철질려라고도 한다. 끝이 송곳처럼 뾰족한 서너 개의 발을 가진 쇠못을 말한다.

쓰게 하였습니다. 하지만 연해의 방어를 점검하고 육상의 요충지를 파수하게 하는 바람에 앞의 항목 무기들의 수량보다 한참 넘게 사용하였습니다.

요동진(遼東鎭)에서는 영전(寧前)·해개(海蓋)의 분수도(分守道)와 분순도(分巡道) 등이 다시 급여를 마련하고, 마패(馬牌)를 깁고, 전차를 만들며, 해선(海船)을 건조하고, 쇠와 나무로 된 편곤(鞭棍)을 구매하며, 병마의 군량과 사료를 수송하였습니다. 하지만 연해 방어 또한 매우 급한 일이었습니다. 산동도(山東道)와 등래도(登萊道)는 은을 보내 군량을 구매하고 군사를 훈련시켜 바다를 방비하는 등 멀리서 지원하였습니다. 호부(戶部)에 저장된 군량으로는 산서(山西), 선대(宣大), 계주(薊州), 요동, 보정(保定) 및 절강(浙江), 남직례(南直隸), 사천(四川), 광동(廣東) 등의 군사를 지원하였습니다.

군량·급여·사료가 삼군의 생명을 좌우한다는 것은 또한 일일이 말할 필요가 없습니다. 이를 총괄하여 주관한 이들이 바로 여러 총독과 순무입니다. 적을 헤아려 나아가거나 멈출 시기를 진언하고 계획을 정해 싸우거나 지킬 책략을 명확히 하는 것에 대해서 저는 모두 겸허하게 받아들이고 상황을 보아 시행하게 하였으니, 또한 하나하나 열거할 필요가 없을 것입니다.

이 밖에 저의 막료와 직할부대 중 참군, 재관, 책사 등의 경우에 본인이 스스로 이번 원정에 나가 나라의 은혜를 갚겠다고 제본을 갖추어 올린 뒤 병부에서도 쓸 만하다고 검토 의견을 냄으로써 온 자도 있고, 제가 직접 그 재능을 조사하여 각 아문에 요청하여 보내 온 자도 있으며, 검을 매만지며 계책을 들고서 종군하겠다고 군전에 찾아왔기에 그 기예를 시험 보아 머무르게 한 자도 있습니다. 이들은 지모가 여섯 번의 기묘한 계책[30]을 숨기고 있거나, 지혜가 칠서(七書)[31]의 심오함을 운용하거나, 목숨을 바쳐 적의 소굴로 곧장 들어가거나, 체구가 장대하여 다른 사람을 압도하거나, 말재주가 있어 말을 교묘히 잘하거나, 기계를 잘 다루거나, 왜정을 잘 헤아리거나, 길흉을 점치는 등 여러모로 각각의 장점을 다하였습니다. 비록 그 출신이나 지위는 미천하지만, 식견은 그 누구보다 뛰어났습니다. 저는 모두 재능과 기량에 따라 동쪽 정벌을 돕게 하였습니다. 하지만 또한 그중에 우수한 자만 골라 서훈하여 격려하려 하였던 것이지, 실로 감히 서훈이 실제 공보다 넘치게 언급하지는 않았습니다.

저는 또한 왜를 쳐부수는 것을 반드시 추운 계절에 끝내기 위해 각 사도 등 관원이 임무를 맡고도 지연시키고 그르칠까봐 누차 기패관(旗牌官)을 파견하여 기한에 맞추도록 독촉하였습니다. 기한보다 앞선 이는 반드시 추천하며 칭찬하고 기한을 넘긴 이는 확실히 탄핵 처벌하자 각 관원이 밤낮으로 고심하여 겨우 수십 일 만에 모두 끝냈습니다. 앞선 안건은 겨우 100일 만에 평양에서 거둔 승전보로 진실로 장사들이 용기를 떨쳐 세운 공적이지만, 그 이유를 깊이 헤아려보면 만약 장비를 제대로 갖추지 않고, 군량과 사료가 충분

....

30 여섯 번의 …… 계책[六出之奇]: 한나라 진평(陳平)이 고조 유방을 따라다니며 계책을 내었는데 모두 여섯 번 기이한 계책을 낼 때마다 식읍이 더 늘고 여섯 차례 봉해졌다는 고사에서 나온 말로, 후에는 전쟁에서 승리하는 기묘한 계략을 지칭하는 말로 사용되었다.

31 칠서(七書): 춘추시대 제(齊)나라 손무(孫武)가 쓴 『손자(孫子)』, 전국시대 위(魏)나라 오기(吳起)의 『오자(吳子)』, 제나라 사마양저(司馬穰苴)의 『사마법(司馬法)』, 위나라 위료(尉繚)의 『위료자(尉繚子)』, 당(唐)나라 이정(李靖)의 『이위공문대(李衛公問對)』, 한(漢)나라 황석공(黃石公)의 『삼략(三略)』, 주(周)나라 여망(呂望)의 『육도(六韜)』를 말한다. 송(宋)나라 원풍(元豐) 연간에 이 일곱 가지 책을 무예를 익히는 전거로 삼고 '칠서'라고 부른 데서 유래하였다.

하지 않고, 여러 사람이 책략을 내지 않고, 여러 사람이 힘을 떨치지 않았다면, 마치 맨손으로 갑자기 호랑이를 때려잡기가 어렵고 솜씨 좋은 부인이라도 쌀 없이는 요리하기 힘든 것과 같았을 것입니다. 문무가 피차 서로 도왔기에 결국 공을 이루어낸 것입니다.

지금은 한창 논공행상을 하는 때입니다. 만약 이전 방식에 얽매이고 혐의를 교묘하게 피하려고 공적을 서훈하는 데 장수들만 언급하고 각 문신 관원들은 언급하지 않으면, 어기고 그르친 자를 벌할 뿐 열심히 고생한 자에게는 공이 돌아가지 않습니다. 이는 소위 물고기를 잡고 나서 통발을 잊는 것입니다. 후한 상을 내리는 대전에 흠이 될 뿐만 아니라 지금은 서울의 왜들이 여전히 결집하여 서로 의지하는 때라 한창 각 관원이 계속 협력해야만 온전한 공적을 거둘 수 있는 상황입니다. 만약 지금 이렇게 믿음을 저버린다면 어떻게 장래의 마음을 격려하겠습니까. 또한 어찌 서훈 보고에 무신을 먼저 넣었을 뿐이고 문신은 다음에 넣어주겠다는 말로써 훗날을 위해 격려하는 효과를 거둘 수 있겠습니까.

또한 다른 나라를 회복시키고 수급 수천을 베는 것은 보통 내지에서 거둔 공적과는 확실히 다릅니다. 이러한 이유로 서훈을 제청하는 상주문 중에 문·무를 따로따로 나누어 열거하고 수록함으로써 공정한 도리를 밝히려 하였습니다. 비록 한두 서훈이 조금 후할 수는 있겠지만, 결국 승진시키는 것이나 관함(官銜)을 더하는 일은 제가 감히 마음대로 할 수 있는 것이 아닙니다. 저는 그들이 실제로 세운 공을 헤아려 응당 이와 같이 처리하였을 뿐입니다. 또한 서정(西征)[32]의 경략을 조사하고 근년 이래 하나하나 밝혀 살펴본 예들과 서로 같게 하였습니다. 따라서 감히 열거하여 보고한 내용은 하늘에서 해가 비치듯이 확실한 것입니다. 제가 감히 국가의 작위와 벼슬을 가지고 인심에 영합하여 공이 없는 자를 몰래 끼워넣으려 한 것이 결코 아닙니다. 지금 저의 행적만 보고 저의 마음은 살피지 않아 의론이 발생하기에 이르렀습니다. 따라서 저는 천자의 질책을 피하지 않고 거듭 자세히 해명하여 보고드립니다.

엎드려 바라건대, 황상께서는 문·무가 함께 공을 세웠다는 점을 굽어 살펴주십시오. 병가(兵家)에서 매우 중요한 것이 고무하는 방침이고 그것이 바로 여기에 있다는 점을 알아주십시오. 서울의 여러 왜가 지금 기회를 보아 진격하려 하니, 병부로 하여금 제가 올린 서훈 제청 상주문 안의 문·무 관원에게 크게 파격적으로 상을 내릴 수 있도록 속히 논의하여 답변을 올리고 시행하게 하여 인심을 더욱 분발시키고 온전한 공적을 거두게 하십시오. 신은 황송함을 견디지 못하고 간절히 기원할 뿐입니다.

권7

....

32 서정(西征): 영하(寧夏) 보바이(哱拜)의 반란을 진압한 원정을 가리킨다.

7-9

제독 이여송에게 보내는 서신

與李提督書 | 권7, 24b-25a

날짜 만력 21년 3월 4일(1593. 4. 5.)
발신 송응창
수신 평왜제독 이여송
내용 이여송이 보낸 서신에 감사를 표하면서 앞으로도 서로를 의심하지
말고 계속 협력하며 충성스러운 마음을 가지고 함께 일해 나가자고 다
짐하는 서신이다.

앞서 멀리 내다보는 생각이 담긴 그대의 서신을 받고 깊이 감동
하였습니다. 뵙고서 자세히 말씀드린 일은 모두 진심에서 나온 것입
니다. 저는 평생 우직하게 살며 추호도 다른 사람을 속이지 않았습
니다. 겉으로는 옳다 하고 속으로는 그르다 하는 것을 부끄러워합니
다. 지금 다행히 그대와 함께 일하면서 부자나 형제와 같이 깊고 돈
독한 정을 맺고 있습니다. 어찌 지금 당장의 이해관계를 따지며 두
마음을 품는 일이 있겠습니까.

지금 마침 영하의 공적 서훈에 관한 제본과 상주를 보았더니 문
하(이여송)에게 크게 불공평하였습니다. 제가 생각하기에는 훗날 당
연히 문하의 서훈을 높이라는 공론이 있을 것입니다. 만약 이번 일

이 우리 두 사람밖에 없어 훗날 천자의 위엄에 의지하여 완전한 공적을 거두게 된다면, 저는 응당 힘을 다해 그대를 추천하여 그 공을 기상(旗常)[33]에 새김으로써 공을 거둔 이들의 피와 땀에 보답할 것입니다. 결단코 이 말을 어기지 않겠습니다. 전투가 눈앞에 있으니 노력해주시기 바랍니다.

....

33 기상(旗常): 기(旗)는 교룡을 그린 기이고 상(常)은 해와 달을 그린 기로, 기상은 곧 왕후(王侯)의 기를 말한다. 기상에 명신(名臣)의 이름을 썼다.

내각대학사 왕석작·조지고·장위, 병부상서 석성에게 보고하는 서신

報三相公幷石司馬書 | 권7, 25a-26b

날짜 만력 21년 3월 5일(1593. 4. 6.)

발신 송응창

수신 내각대학사 왕석작·조지고·장위, 병부상서 석성

내용 서울 진격을 앞둔 상황에서 모여든 왜군의 세력이 만만치 않고 당장 진격하기가 어려워 지금 개성과 평양에 군사를 나누어 주둔시키고 있는데, 이마저도 가옥이 모두 불타 노숙하고 제대로 된 음식을 먹지 못하는 병사들의 열악한 상황을 보고하고 있다. 이에 잠시 병력을 철수시키고 향후 조선에서 은광 개발을 통해 보급 상황을 개선하자는 의견에 대해 조정의 결정을 내려달라는 서신이다.

저는 상공(相公)의 존귀한 위임을 받았으니 몸을 바쳐 보답하더라도 전혀 아깝지 않습니다. 앞서 상공의 가르침에 의지하여 다행히 평양을 함락시켰고, 더불어 개성과 여러 지역의 왜들이 모두 서울로 도망쳐 기회가 온 듯하였습니다. 하지만 여러 왜가 모여들어 그 기세가 도리어 드세졌습니다. 서울의 백성 또한 그들의 심복이 되었습니다. 게다가 산길이 험준하고 논밭이 진창인데 하늘에서 비가 계속

내려 진창에 말의 배까지 잠기니 나아가 소탕하기가 매우 어렵습니다.

지금 비록 군사를 나누어 하나는 개성에, 하나는 평양에 주둔시켜 사졸들을 휴양시키고 있지만, 성안의 가옥이 절반 넘게 불타버려 병사들은 모두 노숙하고 있습니다. 또한 조선에서는 언어가 통하지 않고 무역도 통하지 않아 은전(銀錢)이 있더라도 소용이 없습니다. 하물며 전쟁의 피해를 보아 불황이 이미 심합니다. 많은 병사가 강을 건넌 이래 지금까지 채소와 고기, 염시(鹽豉)³⁴ 같은 것을 먹어본 적이 없습니다. 갑옷과 투구에 이가 생기고 옷과 신발은 찢어지고 해어졌습니다. 하늘에서 비라도 한번 내리면 온몸이 흠뻑 젖어 서로 껴안고 울부짖습니다. 말이 쓰러져 죽은 것만도 1만 6000필이니, 병사들의 피해 또한 알 수 있습니다. 제가 비록 돈을 보내 상을 지급하고 급히 요양에 문서를 보내 포(布)와 소, 술을 구매하여 병사들을 위로하고 머물 집을 지어주었지만, 지급해줌에 한계가 있거나 너무 늦어 도움이 안 되고 있습니다. 인심이 불안해져서 크게 우려됩니다.

앞서 찬획, 제독 이여송, 세 협(協)의 편비(偏裨)가 모두 인신품첩(印信稟帖)³⁵을 갖추어 청하기를, 잠시 철병하여 가을과 겨울에 천시(天時), 지리(地利), 인화(人和)가 우리에게 오기를 기다린 후에 곧장 서울로 진격하자고 하였습니다. 이는 기대해볼 만한 좋은 계책입니다. 다만 지금 다행히 평양과 개성에서 누차 승리를 거두었는데 하

<hr>

34 염시(鹽豉): 두시(豆豉)를 말한다. 콩을 쪄서 발효시켜 만든 장류이다.
35 인신품첩(印信稟帖): 관인을 날인한 상신서(上申書)를 말한다.

루아침에 갑자기 철수하여 아군이 원래 소속된 각 진으로 돌아가 흩어져버린다면, 적들이 몰래 역모를 꾸며 다시 기회를 엿볼 것입니다. 아군이 이미 멀어지면 일시에 대처하기 힘듭니다. 그리고 조선은 최근에 패하여 황폐해졌기 때문에 이치와 형세를 헤아려보건대 분명 지켜낼 수 없을 것입니다. 그렇게 되면 앞서 세운 공적을 모두 버리는 꼴이니 어찌해야 하겠습니까.

또한 생각해보건대 아군은 오랫동안 외국에 머무르기 때문에 급여 은을 반드시 다른 병사들에 비해 배로 더해주어야 합니다. 하지만 조선은 피폐한 나머지 지급하기가 힘에 부칩니다. 우리나라가 다른 나라를 지켜주기 위해 헤아릴 수 없이 많은 비용을 내는 것도 좋은 계책은 아닙니다.

탐문해보니 이 나라에는 은광(銀礦)이 매우 많아 은을 채굴할 수 있을 것 같습니다. 또한 이 나라에서는 은전을 절대 사용하지 않으니, 비록 이러한 이윤이 산출된다 해도 백성은 채굴을 행할 줄 모를 것이고 또한 다투지도 않을 것입니다. 광산노동자들의 절도와 약탈에 대한 걱정도 할 필요가 없을 것입니다.

제가 지금 논의하여 얻은 이 좋은 계책에 대해 조선의 재상들로 하여금 일을 주관하게 할 것입니다. 여기서 얻은 이익을 새로운 군대에 나누어 지급하여 군량과 급여로 삼게 할 것입니다. 이렇게 되면 위로는 나라의 세금을 번거롭게 하지 않을 것이고, 가운데로는 작은 나라를 괴롭히지 않을 것이며, 아래로는 사졸들을 격려할 수 있을 것입니다. 심지어 이 기회에 상품의 값을 후하게 쳐주고 요양 등 여러 곳의 객상(客商)을 불러들여 그곳으로 가서 장사를 하게 하면, 이 기회를 살려 나아가 적들을 소탕하는 것도 좋은 계책일 것입니다. 상공께서는 어떻게 생각하실지 모르겠습니다.

용산창의 군량이 이미 불타버렸으니, 왜노는 오래 머물기 힘들 것입니다. 하지만 왜의 계략은 헤아릴 수가 없으니, 꼭 그럴 것이라고 할 수도 없습니다. 앞에서는 대의명분을 내세우고 뒤에서 퇴각하는 것은 모두 병가의 중요한 원칙입니다. 제가 감히 마음대로 처리할 수 없어 급히 달려 여쭙니다. 엎드려 바라건대, 상공께서 병부 및 병과(兵科)와 속히 논의하고 지시를 내려주어 병력의 이동과 철수를 편하게 해주십시오. 간절히 바랍니다.

찬획 유황상·원황에게 보내는 명령

檄劉袁二贊畫 | 권7, 26b-27a

날짜 만력 21년 3월 5일(1593. 4. 6.)

발신 송응창

수신 찬획 유황상·원황

내용 평양과 개성 등 지역에 주둔하고 있는 명군의 열악한 상황을 보고 받은 뒤에 군사의 사기를 진작하기 위해 관원과 병사들에게 각각 차등 적으로 은을 나누어 지급할 것을 지시하는 명령이다.

관군이 원정에 나서 노고가 안타까우니 헤아려 포상을 행하여 군대의 사기를 격려하는 일.

탐문해보니 평양에서 개성에 이르는 일대의 성보(城堡)와 가옥은 전에 왜노에 의해 불타버렸다. 아군이 편안히 머물 곳이 없어 들판에 노숙해야 하니 매우 안타깝다. 근자에 각 관원이 품문을 올려 이르기를, "군사들이 정벌에 나선 이래 매일 소금기 없는 음식만 먹고 있습니다. 염장과 고기 요리는 전혀 먹지 못하니, 각자 돌아갈 생각만 하고 있습니다."라고 하였다. 이미 소와 소금을 사들이고 아울러 백주(白酒)를 살 은을 마련해서 군영에 보내 노고를 위로하게 하였다.

또한 살펴보건대, 각 영의 관군은 외국을 구원하여 수차례 큰 승리를 거두고 지금 서울을 수복하여 완전한 공적을 거두려 하고 있다. 하물며 유정의 병마가 이미 이르러 지금 막 진격하여 승진과 포상을 내릴 즈음에 어찌 갑자기 이러한 걱정을 하는가. 관원을 위임하고 사람을 보내 돼지를 사고 술을 빚게 하며 포(布)를 사들여 군사들에게 주어 무역하게 하는 외에 마땅히 후하게 포상해야 할 것이다.

패문을 보내니, 바라건대 너희는 즉시 은 2만 냥을 보내 천총관(千總官)과 동급인 자는 1명당 은 3냥, 파총관(把總官)과 동급인 자는 1명당 은 2냥, 관대(管隊)·첩대(貼隊)·군사 중에 개성에 주둔하고 있는 자는 1명당 은 7전, 평양에 주둔하고 있는 자는 1명당 은 5전을 지급하고, 나머지 관원은 헤아려 차등적으로 상을 지급하라. 먼저 개성의 관군에게 지급할 은량은 관원을 파견해 보내 해당 관할 장관과 함께 대면하여 지급하게 하라. 일이 끝나면 내역을 열거하여 보고하라. 영수증을 먼저 보내 검토할 수 있도록 하라.

7-12

제독 이여송에게 보내는 서신

與李提督書 | 권7, 27a-27b

날짜 만력 21년 3월 5일(1593. 4. 6.)

발신 송응창

수신 평왜제독 이여송

내용 원정 중인 군사를 포상하기 위해 내린 조치를 알리고 향후 대군을 운용하는 방안에 대해 이여송의 의견을 묻는 서신이다.

방금 서신을 받았는데, 왜노의 정황이 서쪽으로 향할 것 같다는 내용이 적혀 있었습니다. 보산로(寶山路) 쪽은 대장군(大將軍)이 장병을 파견하여 지키기 바랍니다. 군량과 사료가 충분하지 않으니 잠시 서로(西路)로 나누어 취식하게 하십시오. 수송하는 데 편할 뿐만 아니라 군량과 사료가 부족해질 걱정을 덜 수 있으니 아주 좋은 방책입니다. 다만 각 병력의 연락이 끊어지지 않게 해야만 지휘에 편할 것입니다.

삼군이 노숙하고 소금기 없는 음식에 고생하고 있다고 하니, 저는 매우 안타깝습니다. 지금 요양에 문서를 보내 즉시 포필을 구매하고 군사들에게 나누어주게 하였습니다. 아울러 소, 술, 돼지, 소금 등 물품을 구매하게 하여 매매에 편하게 하였습니다. 두 참군이 돌아오는 날에 마땅히 직접 만나 이러한 뜻을 전달하겠습니다.

　진공과 관련한 일에 대해서는 비록 대군이 이미 도착하였지만 기회가 없으니 또한 가볍게 나서기가 어렵습니다. 지금의 계획으로는 다만 정예를 뽑아 조를 나누어 조선의 병마와 함께 각자 여러 지역을 지키게 하는 것이 그나마 상책입니다. 전투를 감당할 수 없는 장사들은 남겨놓아도 무익하니 일찍 철수하는 것만 못할 것 같습니다. 이는 대장군께서 결정해주십시오. 화기는 위임받은 장관이 수습하게 하고 특히 주의해야 합니다. 감사드립니다.

병부상서 석성에게 보고하는 서신

報石司馬書 | 권7, 28a-29a

권7

날짜 만력 21년 3월 6일(1593. 4. 7.)

발신 송응창

수신 병부상서 석성

내용 현재 봄이 되어 날씨가 풀리면서 서울에 집결한 왜를 한꺼번에 공격하기가 어려운 아군의 여러 열악한 상황들을 보고하고 향후 보급 계획과 새로운 병력 배치를 건의하는 서신이다. 특히 앞서 자신이 올린 문관에 대한 공적 서훈을 수정하라는 제안에 대해 한편으로는 계속 해명하면서도 이제 어느 정도는 수용하는 모습이 보인다.

6일에 서신을 받았습니다. 제가 공적을 서훈하고자 올린 상주문에 문관이 너무 많으니 서울 수복이 끝나기를 기다려 그때 문관들을 함께 써넣으라는 말씀을 접하였습니다. 이는 아마도 병과에서 탄핵당하고 반박당하지 않을까 걱정하셔서일 것입니다. 저를 이렇게 사랑해주시니 얼마나 감동하였는지 모릅니다. 하지만 그렇게 하면 지금부터 서울 수복까지 중간 상황이 모두 제 뜻대로 되지 않을 것입니다. 이에 감히 대하(석성)를 위해 진술합니다.

앞서 평양과 팔도(八道) 등지에서 왜를 이기기 쉬웠던 것은 하늘의 기후가 한랭하였고, 땅의 상태가 진창이 되지 않았으며, 군화(軍火)와 장비가 모두 갖추어졌고, 대장이 직접 임하고 각 병사가 새로 모여 용기가 백배하였기 때문입니다. 따라서 군대가 머뭇거림 없이 북소리 한 번으로 평양 등을 함락하기에 어려움이 없었습니다.

하지만 지금은 때가 그렇지 않습니다. 팔도의 왜노가 모두 서울로 돌아왔고, 근자에는 함경도의 왜노도 한꺼번에 도망쳐왔습니다. 그들의 간담이 비록 서늘해졌지만, 병력은 실로 많습니다. 또한 봄이 되어 바다가 습해 비를 만들어 계속 그치지 않고 내려서 논밭이 침수되고 물이 넘쳐 말의 배까지 차올랐습니다. 이 때문에 잠시 군사를 나누어 휴양시키고 있습니다.

군량과 급여는 비록 충분하지만 병사들이 맛있는 음식을 먹은 적이 없습니다. 집은 적고 병사들은 많아 들판에 노숙하고 있습니다. 말들은 모두 쓰러져 죽고 병사들은 모두 허약해졌습니다. 적들을 쫓아 섬멸하려 해도 앞으로 나아갈 수가 없습니다. 여러 장수는 즉시 철병하고 싶어 하지만 때를 기다린 후에 거행해야 합니다. 제가 생각하기에 아군을 모두 철수시키면 개성과 평양 등의 지역에 왜가 다시 진출할 것입니다. 앞서 세운 공이 모두 버려질 것이니, 그것은 누구의 책임이 되겠습니까.

지금 또한 잠시 전략을 조정하여 마가은(馬價銀)을 상으로 지급하여 먹을 것을 구매하게 하고 머물 집을 짓게 하여 군대의 사기를 안정시켜야겠습니다. 개성의 병마 한 부대는 이녕 등의 장관으로 하여금 지키게 하고, 평양의 군사 한 부대는 제독 이여송 및 각 장관으로 하여금 지키게 하며, 의주의 군사 한 부대는 제가 직접 장관을 거느리고 지키겠습니다. 그 가운데 병들고 피폐해져 돌아가기를 원하는 병사들은 우선 원래의 군영으로 돌려보내겠습니다.

바라건대, 대하께서 급히 유정, 진린, 송삼성을 재촉하여 새로운 병사들이 일단 도착하면 나누어 보내 지키게 하는 것이 확실히 좋은 결정일 것입니다. 제가 곧바로 상주문을 갖추어 청한 것은 특히 대하의 귀한 말씀을 얻어 내각대학사와 병과가 힘써 그 일을 주관하게 하여 후회를 면하기 위함입니다. 서울의 일은 분명 갑자기 결판 짓기가 힘들 것 같습니다. 만약 문관에 대해 서울의 수복을 기다린 후에 제본을 갖추어 공적을 보고한다면 그날이 언제가 될지 모릅니다. 만약 지금 문관을 빼고 공적을 서훈한다면 후에 군사를 이동시키고 군량을 운송하며 기물을 사들이려 한다 해도 누가 기꺼이 명을 따르겠습니까.

하지만 존대(尊臺: 석성)의 의견 또한 타당한 면이 있습니다. 지금 평양, 개성, 벽제관 세 곳의 승전을 하나의 제본에 한꺼번에 쓰고자 하면 그중에 문관은 군중에서 실제 복무한 사람만 기입하고 나머지는 빼버리겠습니다. 이 두 가지 사안에서 모두 존대의 결정을 청합니다. 부디 유념하여 속히 가르침을 내려주시기 바랍니다. 간절히 바랍니다.

7-14

조선국왕에게 보내는 자문

移朝鮮國王咨 | 권7, 29a-30a

권7

날짜 만력 21년 3월 6일(1593. 4. 7.)

발신 송응창

수신 조선국왕[선조(宣祖)]

내용 현재 서울을 굳게 지키고 있는 왜군은 곧바로 공격하기도 힘들고 계속 기다리기도 힘들며 이들이 일단 돌아가면 재침(再侵)의 우려가 있고 그렇다고 명군을 계속 머무르게 하는 것도 여의치 않으니, 앞으로 조선은 이에 대비하여 자체적인 대응 방안을 강구해놓고 있어야 한다는 문서이다. 송응창은 조선국왕 선조에게 자문을 보내 조선군의 방어 전략, 군량과 사료의 보급, 명군에게 지급할 은량의 확보 등의 현실적인 문제를 고민한 뒤 그 계획을 회답하라고 요청하고 있다.

관련자료 이 문서는 『사대문궤(事大文軌)』 권3, 「경략 송응창이 조선국왕에게 보낸 자문」, 만력 21년 3월 7일, 81b-83b와 동일하다. 하지만 본문에는 이여송의 보고가 매우 간략한 데 반해 『사대문궤』의 해당 자문에는 이외에도 다른 보고가 수록되어 있으며, 송응창의 의견부에도 약간의 자구 차이가 있다. 『사대문궤』 권3, 「조선국왕이 경략 송응창에게 보낸 자문」, 만력 21년 3월 19일, 83b-84b는 이 문서에 대한 조선의 회자(回咨)이다.

왜정에 관한 일.

제독 이여송의 품문을 받았는데, 그 내용은 다음과 같았습니다. "2월 18일에 가정 사경(査慶) 등을 파견하여 조선의 통사와 함께 서울의 동문 밖을 정탐하게 하였습니다. 우연히 왜노 4명이 풀을 베고 있는 것을 보고 각 가정이 즉각 앞으로 나아가 활을 쏘고 베었습니다. 적 3명은 도망쳐 달아났고, 신입라(愼入羅)라는 왜노 1명을 생포하여 제게 보냈습니다. 통역하여 심문하였습니다."

살펴보건대, 저는 황상의 명을 받들어 군사를 통솔하여 속국을 구원함에 평양을 공격해 빼앗은 이래 개성 및 벽제관에 이르기까지 전투마다 승리하였습니다. 파죽지세로 서울을 점령하여 조선을 보전하고 추악한 무리를 멸하여 화의 근본을 끊어버리고자 하였습니다. 하지만 때마침 하늘에서 비가 내려 도로가 진창이 되어 병마가 빨리 달리기 불편하기 때문에 잠시 날이 개어 땅이 마르기를 기다리고 있습니다.

지금 왜노가 서울에 모여들어 내외를 굳게 지키는 것은 관백의 구원병을 기다리고 있기 때문입니다. 만에 하나 이렇게 된다면 그들은 많고 우리는 적으니 군사를 나누어 지킬 수밖에 없습니다. 그러면 시일이 오래 걸리고 소요되는 비용을 헤아릴 수 없을 것입니다. 혹시 왜노가 세력이 다해 도망가거나 조공 바치는 것을 허락받고 돌아가게 된다면, 조선은 땅이 넓고 군사는 적으니 방어하기가 무척 어려울 것입니다. 만약 중국의 관병을 머무르게 하려 한다 해도 조선의 군량과 사료는 충분하지 않고 포상을 내리기에도 부족합니다. 구원하러 온 이래 중국은 이미 수십만 금을 지불하였지만 군사는 여전히 소금기 없는 음식만 먹고 있습니다. 만약 그들을 억지로 머무르게 하면 분명 변란이 발생할 것입니다. 만약 중국의 군사가 모조리 철수하여 돌아간다면 왜노가 혹 이를 알아채고 다시 귀국을 침범할 것입니다. 병력은 부족하고 전투 무기도 갖추어 있지 않으니 멀리 내다보지 않을 수 없습니다.

이에 마땅히 자문을 보내니, 번거롭겠지만 조선의 배신들로 하여금 대소 관원들과 함께 마음을 다해 강구하여 여러 사람의 의견을 널리 모으십시오. 지금 만약 왜노의 구원병이 온다면 중국의 병마가 나누어 지키는 외에 조선의 병마는 어떠한 방법으로 적들을 막아낼지, 군량과 사료는 어디에서 구해 운반할 것이며 부족함은 없는지, 만약 왜노가 도망쳐 간 후에 아군이 개선하여 귀국한다면 서울, 평양, 개성 등의 지역은 어디에서 관군을 내어 어떻게 방어할 것인지, 만약 왜의 무리가 다시 갑자기 침범해온다면 어떻게 막아 지키고 군병은 믿을 만한지, 병장기는 완비되어 있는지, 국토를 능히 보전할 수 있는지, 만약 중국의 군사가 머무르도록 청하려 한다면 필요한 군량과 사료, 무기와 갑옷, 군장은 어떻게 마련하고 지출에 필요한 은량은 어떻게 마련할지, 만약 군량과 사료가 충분하지 않고 병장기가 마련되지 않아 중국의 군사를 머무르게 하기 힘들다면 팔도의 관병을 소집할 것인지 여부 등을 하나하나 멀리 보고 헤아려 명확히 밝히십시오. 문서가 도착한 5일 이내에 자문으로 답신을 보내어 헤아려 처리하고 시행할 수 있도록 해주십시오.

7-15

제독 이여송, 찬획 유황상·원황에게 보내는 서신

與李提督幷二贊畫書 | 권7, 30b

날짜 만력 21년 3월 8일(1593. 4. 9.)

발신 송응창

수신 평왜제독 이여송, 찬획 유황상·원황

내용 서울에 포위된 왜장이 조건을 내걸면서 귀국하게 해달라고 간절히 원하고 있음을 확인하고 왜의 진영에 선유(宣諭)를 보내 그들의 퇴로를 열어줄 계획을 알리는 서신이다. 최근의 성유(聖諭)에 따르면 명 황제는 여전히 왜군을 모두 소탕하는 것을 원하고 있지만, 현재 명군의 병력이 교체되지 않고 있는 상황에서 전쟁을 할 수도 없고 그렇다고 함부로 물러날 수도 없기 때문에 현재로서는 어쩔 수 없는 선택이라는 것을 제독 및 두 찬획에게 호소하는 듯 보인다.

앞서 듣건대, 고니시 유키나가가 심유경에게 서신을 보내 조공을 바치고 책봉을 받아 동쪽으로 돌아갈 뜻을 간절히 요청했다고 합니다. 이는 진짜인 것 같습니다. 따라서 저는 특별히 선유를 보내 그들이 살 길을 열어주고자 합니다. 이는 천자의 호생지덕(好生之德)[36]을 해치지 않는 것일 뿐만 아니라 왕자(王者)의 인의를 병행하는 도리를 잃지 않는 것이기도 합니다. 이 선유를 문하께서 즉시 서울로 보내기 바랍니다. 만약 왜가 이를 따른다면 싸우지 않고도 다른 군사를 굴복시키는 것이니, 공이 또한 적지 않을 것입니다.

마침 저보(邸報)를 받아 성유를 삼가 읽어보니, 황상의 뜻은 적을 모두 소탕함에 있습니다. 우리 군사는 피로하고 약해져 새로운 병력으로 교체해야만 겨우 황상의 뜻을 따를 수 있습니다. 황상의 뜻이 이러할진대 저희가 어찌 물러날 생각을 하겠습니까. 다만 여러 군사를 조정하는 것은 뜻한 바대로 하십시오. 부디 한마음으로 함께 아름다운 공적을 이루기를 기대합니다.

---

36 호생지덕(好生之德): 『서경』「대우모(大禹謨)」편에 나오는 말로, 인애롭고 자비로워 차마 생명을 죽이지 못하는 미덕을 의미한다. 또한 사형에 처할 죄인을 특사하여 살려주는 제왕의 덕을 의미하기도 한다.

고니시 유키나가에게 알리는 선유

宣諭平行長 | 권7, 30b-32a

날짜 만력 21년 3월 8일(1593. 4. 9.)

발신 송응창

수신 고니시 유키나가[平行長]

내용 서울에 모여 있는 왜군의 수장인 고니시 유키나가에게 선유를 보내 군사를 물리고 돌아가 사로잡은 조선의 왕자 및 배신들을 돌려보내고 관백이 사죄하는 글을 올린다면 일본국왕에 봉해주겠다고 제안하는 문서이다. 한편으로는 천자의 위엄과 명군의 많은 병력을 앞세우면서 협박하는 동시에, 다른 한편으로는 현상 유지와 이익을 구실로 철수를 설득하는 내용이다.

흠차경략계요·보정·산동등처방해어왜군무(欽差經略薊遼保定山東等處防海禦倭軍務) 병부우시랑(兵部右侍郞) 송응창이 고니시 유키나가 등에게 유시(諭示)하여 알게 한다.

최근 태자소보 병부상서 석성의 자문을 받았다. 살펴보건대 중국[天朝]은 건국한 이래 국경 밖의 오랑캐에게까지 위력을 널리 떨쳤다. 조제(雕題)·착치(鑿齒)[37]의 나라더라도 신하로 복종하지 않음이 없었다. 일본은 오랫동안 남해(南海)에 거하면서 황상의 덕을 받들지 않았으니 이미 부도(不道)하다. 지금 오히려 조선을 크게 노략질하여 강토를 침략하여 점거하고, 재화를 약탈하며 부녀를 더럽히고 가옥을 불태웠다. 심지어 여러 왕의 묘를 파헤치고 왕의 두 아들을 사로잡으니, 하늘의 도리에 위배되어 사람과 신이 함께 분노하고 있다.

조선은 중국의 200년 속국으로 의리상 당연히 구원해주는 것은 물론이고 천지간에 이렇게 흉악한 이들이 있으니 왕자(王者)로서 부끄러운 일이다. 때문에 우리 성천자(聖天子) 만력제께서 진노하여 특별히 병부의 중신을 파견하고 군사 100만 명을 보내 조선을 구원하고 천자의 토벌을 보이셨다. 군사로 평양을 제압하는 것이야말로 바로 폭도를 제거하고 백성을 구원하는 방법이었기 때문에, 심유경이 전한, 너희가 조공을 바치기를 애걸하는 말을 곧바로 물리치고 오로지 나아가 소탕하려 하였다. 얼마 지나지 않아 죽이거나 사로잡고 불태우거나 물에 빠뜨린 자가 셀 수 없고, 군사를 몰아 개성과 팔도 등에 진격함이 파죽지세와 같아 중국의 신성한 위력을 또한 조금은 보여주었다.

지금 너희가 서울로 도망쳐 모여 감히 저항도 하지 못하고 있으니 매우 가엾다. 아아, 가을에는 죽이고 봄에는 태어나니 하늘의 조화가 폐하지 않았구나. 일본과 조선을 모두 사랑하니 어찌 나누겠는가. 지금 당장 지난 잘못을 뉘우치는 일본은 곧 훗날 순종하는 조선처럼 될 것이다. 하늘은 높고 땅은 두터워 포용하지 못함이 없다. 차마 너희 같은 무리를 모조리 없애버릴 수 있겠는가.

....

37 조제(雕題)·착치(鑿齒): 남만(南蠻)의 오랑캐를 가리킨다.

너희가 진실로 이전의 잘못을 씻고 조선의 옛 땅을 모두 반환하고 두 왕자 및 배신 등을 돌려보내며 돌아가 관백에게 보고하여 사죄하는 문서를 올린다면, 나는 즉시 상주하여 너희 관백을 일본국왕으로 봉해줄 것이다. 너희가 속히 군장을 싸고 귀국한다면, 마치 가마 속의 물고기가 살아 돌아가는 것처럼 행운일 것이다.

만약 혹시 끝내 잘못을 고치지 않는다면 우리 성천자의 뛰어난 무용으로 천벌을 내릴 것이고, 장상(將相)과 대신이 결코 너희를 용서하지 않을 것이다. 곧이어 복건(福建)·광동·절강·남직례의 정예 군대와 계주·보정·연조(燕趙)³⁸의 용맹스러운 군대를 보내고, 또한 유구(琉球)와 섬라(暹羅)³⁹ 등 여러 속국에 격문을 보내 수많은 화룡(火龍)·신아(神鴉)·비밀(秘密) 등의 병기를 갖출 것이다. 우리 용맹한 장수와 지모가 뛰어난 신하가 모이고, 곡식과 은전이 산처럼 쌓여 있으며, 곰과 호랑이처럼 사나운 병사들이 구름처럼 융성하니, 너희 소굴에 곧바로 쳐들어가 모조리 죽여 없애겠다. 그때 가서 잘못을 뉘우치면 무슨 소용이 있겠는가. 마땅히 조속히 결정하라. 이에 선유한다.

---

38 연조(燕趙): 옛 연나라와 조나라 지역으로, 당시 구변(九邊) 지역과 산서(山西)를 가리킨다.

39 섬라(暹羅): 현재의 태국을 가리킨다.

제독 이여송에게 보내는 명령

檄李提督 | 권7, 32a-32b

권7

날짜 만력 21년 3월 9일(1593. 4. 10.)

발신 송응창

수신 평왜제독 이여송

내용 현재 조선의 군량과 사료가 이미 동나버렸고 중국에서 끌어 운반해오는 것도 한계가 있는 상황에서, 급한 대로 이여송에게 평양에 주둔하고 있는 병력을 군량이 조금이라도 남아 있는 각 지역에 분산 배치하고 허약한 자들은 아예 돌려보내라고 지시하는 명령이다. 군량 운송을 담당하는 애유신에게 운반을 독촉하는 한편 군량이 넉넉해진 후에 병력을 다시 집결시키라 할 만큼 당시 보급 상황이 좋지 않았음을 알 수 있다.

이미 운반된 쌀과 콩을 지급하여 대군의 군량과 급여를 이어지게 하는 일.

제독 이여송이 보낸 정문을 받았는데, 그 내용은 다음과 같았다. "조선국왕의 자문을 받았는데, 그 내용은 다음과 같았습니다. '본국의 군량과 사료는 이미 모두 지급해버렸습니다. 비록 조금 남아 있더라도 서로 멀리 떨어져 있어 급한 필요에 도움이 되기 어렵습니다.'"

살펴보건대, 조선의 군량과 급여는 이미 모두 지급해버렸다. 중국에서 일시 끌어 운반해오는 것도 미치지 못하여 각 군이 배를 곯으면서 신음하고 있다. 오래 기다리기가 힘드니 응당 군사를 나누어 배치해야겠다.

패문을 보내니, 바라건대 제독 이여송은 즉시 두 찬획과 함께 논의하여 개성의 병마는 움직이지 않는 외에 평양의 군사 중에 하나하나 골라 건장한 자는 평양에 남겨두고 조금 떨어지는 자는 안주(安州)와 정주(定州) 등 군량이 있는 성보로 보내 머무르게 하라. 나머지 허약한 자들은 의주로 돌려보내라. 한편으로 주사 애유신을 독촉하여 운반해오게 하고, 군량과 사료가 조금 넉넉해지는 것을 기다려 따로 흩어진 병력을 이동하게 하여 집결시키도록 하라. 지연시키지 말라.

해개도에게 보내는 명령

橄海蓋道 | 권7, 32b-33b

날짜 만력 21년 3월 10일(1593. 4. 11.)

발신 송응창

수신 해개도(海蓋道)

내용 산동에서 확보한 군량은 배에 실어 일단 요동의 마두산(馬頭山)으로 가서 인계하는데 마두산에는 군량을 저장해둘 건물도 없고 최근 비가 계속 내려 축대가 무너질 우려가 있기 때문에, 시간과 비용을 절약하기 위해서 요동 마두산을 경유하지 말고 곧바로 평양으로 향해 운송할 것을 지시하는 명령이다. 단 늘어난 거리와 시일에 따라 항해한 선박 주인들에게 적절한 보상을 해주고 최대한 신속하게 하역하여 선박을 빨리 귀환하게 하도록 하고 있다.

성지에 따라 부신(部臣: 송응창)에게 전적으로 책임을 맡겨 왜로 인한 환란을 경략하는 일.

관량주사 애유신이 보낸 정문을 받았는데, 그 내용은 다음과 같았다. "해개도의 수본(手本)을 받았는데, 그 내용은 다음과 같았습니다. '임청창·덕주창의 군량은 천진에서 고용한 민간의 해선(海船)과 청강창(淸江廠)⁴⁰에서 새로 건조한 배에 실어 요동의 마두산으로 운반해 가서 인계합니다. 번거롭겠지만 청하건대, 관원을 파견하여 마두산의 강이 얕은 곳에 토대를 쌓아 올리고 돗자리를 마련하여 군량을 실은 배가 도착하는 대로 거두어들이고 삼판선(三板船)을 써서 운반하게 하십시오.' 살펴보건대, 마두산에는 원래 군량을 저장해둘 건물이 없어서 축대를 쌓아 하역에 대비합니다. 그런데 지금 하늘에서 비가 계속 내리니 젖어 무너짐이 없지 않습니다. 바라옵건대, 해개도에게 문서를 보내 선박 주인들에게 운임을 더 지급해서 평양으로 곧장 운송하게 함으로써 중도에 짐을 싣고 부리는 시간과 비용을 절약하도록 하십시오."

살펴보건대, 임강(臨江)의 관선(官船)과 천진의 민선(民船)이 바다로 요동에 이르기까지는 길이 꽤나 멀지만 마두산에서 평양에 이르기까지는 겨우 며칠 일정일 뿐이다. 만약 마두산에 인계하면 지금 여러 가지가 불편하다고 말하고 시일이 지연되는 것도 피할 수 없다. 차라리 평양으로 곧장 운송하여 속히 군량을 부리고 일찍 돌아오는 것만 못하다. 하지만 선박 주인들이 멀리서 오고 또한 낯선 길이기 때문에 두려워하는 것을 면하기 어렵다. 게다가 운송하는 거리가 멀어져 운임 또한 응당 더 쳐주어야 하니 헤아려 행해야 할 것이다.

동양정에게 패문을 보내 관군을 파견하여 연해를 정탐하게 하는 외에 패문을 보내니, 바라건대 해개도의 관리들은 즉시 항해에 익숙한 수수(水手)를 찾아 고용하거나 조선인의 배를 고용하여 길잡이로

----

40 청강창(淸江廠): 회안(淮安)에 위치한 선박 제조소를 말한다. 회안은 명대의 조운(漕運)에 있어서 매우 중요한 지리적 위치를 점하고 있었다. 최고 지휘관인 조운총독(漕運總督)과 조운총병관(漕運總兵官)이 이곳에 본거지를 두고 있었다. 영락(永樂) 연간에는 임청(臨淸)의 위하창(衛河廠)과 회안의 청강창이 조운선의 제작을 함께 담당하다 가정 3년(1524) 이후에는 회안으로 일원화되었다.

삼아라. 원래 쌀을 운반하는 관(官)과 민(民)의 선박에 대해 나아갈 길의 거리와 운반하는 군량의 수효에 따라 각 비용을 더하여 지급하라. 마두산을 경유하는 길을 버리고 곧장 평양에 이르게 하라. 주사 애유신에게 문서를 보내 인마를 많이 뽑아 운반하고 신속히 짐을 부려서 선박 주인들이 빨리 귀환하게 한다면 일거양득일 것이다. 그르치지 말라.

동양정에게 보내는 명령

檄佟養正 | 권7, 33b-34a

> **날짜** 만력 21년 3월 10일(1593. 4. 11.)
>
> **발신** 송응창
>
> **수신** 동양정
>
> **내용** 해개도가 운반해오는 군량선을 왜군이 해상에서 습격하여 약탈할 것을 우려하여 동양정에게 군사를 보내 군량선을 호송하라고 지시하는 명령이다.

왜정에 관한 일.

주사 애유신이 보낸 정문을 받았는데, 그 내용은 다음과 같았다. "해개도의 수본을 받았는데, 그 내용은 다음과 같았습니다. '금주(金州) 황골도(黃骨島)와 강을 끼고 있는 마두산 일대는 왜선(倭船)이 반드시 지나는 길입니다. 군량을 실은 배가 바다로 군량을 운반하다가 만에 하나 왜노가 배를 출동시켜 가로막고 약탈한다면 매우 좋지 않을 것입니다. 바라건대, 연해의 관병으로 하여금 경계하고 방어하게 해야 합니다.'"

살펴보건대, 해개도가 운반해오는 군량선이 왜노에게 저지당할까 두려워하는 것은 실로 주도면밀한 생각이다. 응당 군사를 보내 방어하고 지켜야 할 것이다.

　패문을 보내니, 바라건대 동양정은 즉시 관전(寬奠)과 장전(長奠) 일대에 병사를 내어 적의 상황을 탐색하라. 만약 해개도의 군량선이 도착하면 즉시 호송하여 앞으로 나아가게 하라. 만약 책임을 미루어 일을 그르친다면 반드시 조사하여 처벌할 것이다. 먼저 이 명령을 실행한 연유를 갖추어 보고하라.

7-20

조선 충청도 등 3개 도에 보내는 명령

檄朝鮮忠淸等三道 | 권7, 34a-34b

날짜 만력 21년 3월 11일(1593. 4. 12.)

발신 송응창

수신 조선 충청도 등 3개 도

내용 의주성은 방어시설이 좋지 않은데다가 왜군이 바다로 북상하면 곧바로 도달할 수 있어 위험하니 충청도·황해도·전라도 관찰사에게 해상으로 나가려는 왜군의 움직임을 감시하고 차단하라고 지시하는 명령이다.

왜정에 관한 일.

살펴보건대, 내가 전에 의주에 있을 때 보니 성의 구조가 광활하고 담장은 낮고 얇은데다가 성안에 거주하는 사람이 얼마 없어 유사시 방어하기에 충분하지 않았다. 하물며 서쪽으로는 강에 접하고 동쪽과 남쪽 두 면은 바다로 둘러싸여 혹시 왜노가 바다로 돌아와 서쪽[41]으로 향하면 한 번 항해로 즉시 이를 수 있으니 매우 우려스럽다. 응당 경계하고 대비해야겠다.

....

41 서쪽: 현재 방위상으로는 북쪽을 가리킨다.

패문을 보내니, 바라건대 충청도 관찰사 허욱(許頊),[42] 황해도 관찰사 유영경(柳永慶),[43] 전라도 관찰사 권율(權慄)[44] 등은 즉시 관할 군병을 긴요한 지역에 배치하여 지키게 하라. 만약 왜노가 서쪽으로 침범하려는 움직임이 있으면 즉각 나에게 신속히 보고하라. 한편으로 인근의 군민을 독려하여 막아내서 왜노가 깊이 들어오지 못하게 하면 분명 좋은 책략이 될 것이다. 먼저 이에 따라 시행한 정황을 갖추어 정문으로 보고하라.

....

42 허욱(許頊): 1548~1618. 조선 사람으로 본관은 양천(陽川)이다. 자는 공신(公愼), 호는 부훤(負暄)이다. 공주목사(公州牧使)로 재직하다 임진왜란이 일어나자 호남, 호서 지방을 방어하는 데 공을 세웠다.

43 유영경(柳永慶): 1550~1608. 조선 사람으로 본관은 전주(全州)이다. 자는 선여(善餘), 호는 춘호(春湖)이다. 임진왜란 때 황해도 순찰사(巡察使)로 각 고을에서 군량을 걷어 명군에게 지급하는 일을 맡았다. 정유재란 때에도 군량을 모으는 일을 담당하였다.

44 권율(權慄): 1537~1599. 조선 사람으로 본관은 안동(安東)이다. 자는 언신(彦愼), 호는 만취당(晚翠堂), 모악(暮嶽)이다. 임진왜란이 발발하자 전라도 관찰사 겸 순찰사로 발탁되었다. 고바야카와 다카카게(小早川隆景)의 군대와 접전을 벌인 끝에 왜군의 전라도 침입을 저지하였고 행주산성에서 대승을 거두었다. 3도도원수(三道都元帥)로 임명되어 영남지방에 주둔하여 왜군과 싸웠다.

제독 이여송에게 보내는 서신

與李提督書 | 권7, 34b

날짜 만력 21년 3월 11일(1593. 4. 12.)

발신 송응창

수신 평왜제독 이여송

내용 왜의 진영에 다시 한번 위협하고 설득하는 선유를 보내는 일과 향후 조치에 대한 의견을 전하는 서신이다.

저 왜의 서신을 읽어보니 그들의 간담이 실로 서늘해진 것을 알겠습니다. 이번 기회에 다시금 선유를 내리면 그들은 분명 다시 한번 서신을 보낼 것입니다. 이번에는 횡포한 이를 무찌르는 의(義)와 약한 이를 사랑하는 인(仁)을 함께 말하면 좋을 것 같습니다. 만약 우리를 속이려 한다면 그대의 뛰어난 위력에 의지하여 유정의 새로운 군사가 도착하는 날을 기다려 용서 없이 섬멸해야겠습니다. 이는 그들이 자초한 것이지 우리들의 잘못이 아닙니다. 총병 왕승은(王承恩)의 수군(水軍)과 섬라국이 적의 소굴로 돌진한다는 소문은 누가 허장성세로 퍼뜨린 것인지 알지 못하겠습니다. 군량의 일은 제가 밤낮으로 독촉하여 계속 도달할 수 있도록 하겠습니다. 삼가 답변합니다.

병부상서 석성에게 보고하는 서신

報石司馬書 | 권7, 34b-35a

날짜 만력 21년 3월 11일(1593. 4. 12.)

발신 송응창

수신 병부상서 석성

내용 왜의 진영에서 나오고 있는 책봉과 귀국 요청의 진위를 쉽게 믿을 수 없는 상황에서 현재 가장 필요한 것은 새로운 군사의 충원이라는 점을 강조하고 있다. 새로운 병사로 이전의 병사를 교체하고 병력을 늘려야만 왜군도 어쩔 수 없이 굴복할 것이라면서 병부상서 석성에게 예정된 병력의 도착을 더욱 독촉해달라고 요청하는 서신이다.

왜정은 대하(석성)께서 늘 마음에 두고 있는 것이지만 아직 결말이 나지 않아 먼저 이렇게 말씀드립니다. 왜노는 헤아릴 수가 없고 이랬다저랬다 수시로 변하니 갑작스레 믿을 수가 없습니다. 이번 이야기가 통하지 않으면 즉시 결전을 치러야 하겠습니다. 유정의 군사가 조속히 도착하기를 바라며, 진린·척자화(戚子和)의 군사는 대하께서 속히 독촉하여 오게 해주십시오. 요사이 군량과 급여는 의주에 현재 8만 석이 있고 등래(登萊)로부터 곧 도착할 것입니다. 임청·덕주에서도 곧 운반되어 올 것입니다. 지금 군량 부족은 걱정이 되지 않습니다. 다만 예전에 건너온 병사들이 쇠약해져서 의지할 바는 새로 오는 병사들뿐이라는 점이 걱정입니다. 하물며 적들이 아군의 증병(增兵) 소식을 들으면 설사 뉘우쳐야 한다는 처음 의지가 굳세지 않더라도 또한 자연스레 머리를 숙일 것입니다. 대하께서 유념해주시기 바랍니다.

7-23

조선 배신 윤근수에게 보내는 명령

檄朝鮮陪臣尹根壽 | 권7, 35a-35b

날짜 만력 21년 3월 13일(1593. 4. 14.)

발신 송응창

수신 조선 배신 윤근수(尹根壽)

내용 서울 진격을 앞두고 왜군에게 강제로 협박당해 순종하고 있는 조선
백성을 초무하기 위해 투항을 약속한 사람들의 장부를 조사해보았는데,
이름만 나와 있고 날인이나 서명이 되어 있지 않았다. 그래서 이를 믿을
수 없다고 판단하여 조선 측에 전부터 서울과 평양에 거주하던 백성의
규모와 왜에 투항한 자와 최근 투항해온 자의 명단 등 여러 가지 세부
정보를 하나하나 명확하게 조사하여 보고하라고 지시하는 명령이다.

왜정에 관한 일.

앞서 내가 살펴보건대, 왜노가 서울을 점거하고 있고 우리 대군
의 진공이 임박하였는데 성안에 거주하는 백성은 원래 협박을 당
해 왜에게 억지로 순종하고 있다. 지금 천자의 군대가 머지않아 토
벌하여 사필귀정하려 하니, 먼저 투항해오는 자들은 도륙을 면해야
할 것이다. 이미 지휘 황응양(黃應揚) 등을 파견하여 면사인첩(免死印
帖)⁴⁵을 지급하고 권유하게 하였다. 그런데 최근에 장부를 받아보니

권유된 자의 성명만 나와 있고 날인이나 서명이 없어 이를 근거로 삼기에 충분하지 않다. 응당 다시 조사를 행해야 할 것이다.

패문을 보내니, 바라건대 윤근수[46]는 즉시 국왕에게 계문을 보내 속히 조사하게 하라. 서울에 전부터 거주하던 백성이 대략 몇 명이 었는지, 왕을 따라 서행(西行)한 자들은 몇 명이었는지, 왜에 순종한 자들은 몇 명인지, 근자에 면사인첩을 소지하고 투항해온 자들은 몇 명이고 어디에 안착시켰는지, 아울러 전에 평양에 거주하던 백성도 지금 서울의 경우와 마찬가지로 항목별로 정확한 총수를 열거하여 인신(印信)이 찍힌 공문으로 3일 이내에 보고하라. 알려 시행하도록 하라.

....

45 면사인첩(免死印帖): 정월 15일에 작성하여 조선인들에게 뿌린 신첩(信帖)을 이른다. 평양에서의 명군의 승리를 알리며 곧 서울 등을 공격할 예정이니 명군에 투항할 것을 권유하는 내용이 담겨 있다. 관련 문서는 「5-41 招降免死信帖 권5, 27b-28a」.

46 윤근수(尹根壽): 1537~1616. 조선 사람으로 본관은 해평(海平)이고 서울에 거주하였다. 자는 자고(子固), 호는 월정(月汀)이다. 임진왜란 때 명나라에 구원병 5만 명을 청하고 전쟁 물자를 얻는 데 결정적 역할을 한 외교관이다. 윤근수는 중국어를 잘하여 광녕부에 세 번, 요동도사에 여섯 번 왕래하면서 경략 송응창과 광녕총병관(廣寧總兵官) 양소훈(梁紹勳) 등과 교섭하였다.

7-24

이과급사중 양정란의 탄핵에 대해 변론하는 상주

辯楊給事論疏 | 권7, 35b-42b

날짜 만력 21년 3월 17일(1593. 4. 18.)

발신 송응창

수신 만력제

내용 이과급사중(吏科給事中) 양정란(楊廷蘭)이 올린 상주문 중에 자기를 비판하면서 제기한 의혹에 대해서 하나하나 반박하고 증명하면서 결백을 주장하는 상주이다. 양정란은 평양성 전투에서 베어 얻은 수급과 불에 타죽고 물에 빠져 죽은 자들이 대부분 조선의 백성이고 벽제관 전투에서 크게 패한 것에 대해 은닉하고 작은 승리는 과장해서 보고하였으며 제독 이여송과 서로 결탁하여 황제를 속이고 있다고 주장하였다. 이에 대해 송응창은 먼저 이여송과 이번 출정에서 조선의 백성을 보호하고 공을 탐하지 않겠다고 굳게 맹세한 바 있으며, 군사들에게도 함부로 어기지 못하게 하고 철저하게 감독하였다고 밝혔다. 또한 평양성을 함락하던 날 도망쳐 나온 백성을 모두 조선의 관원에게 인계하였으며 이들을 조금도 해치지 않았음을 당시의 전황을 설명하면서 자세하게 반박하였다. 그리고 왜는 단지 패한 척 위장하여 명군을 유인하고 있다고 말하는 양정란의 주장에 대해 실제로 사로잡은 왜의 포로가 진술한 왜 진영의 상황을 보고하고, 베어 얻은 수급을 여러 관원이 검토해본 결과 진짜 왜의 수급이었으며, 자신은 오히려 왜에게 항복한 백성을 모두 죽이려는 조선국왕을 만류하면서 계속 초무 작업에 나서고 있다고 강조하였다. 또한 벽제관 전투에서는 원래 지형 답사를 나갔다가 우연히 교전하게 되어 어쩔 수 없이 피해가 발생하기는 하였지만 피해 상황을 속인 적도 없고 또 속일 수도 없는 상황이라는 점을 설명하였다. 원래 불리한 전황에서 승리를 거둔 이여송 이하 여러 장수의 활약을 소개하면서, 다른 신하들은 오히려 그 공을 쉽게 거두었음을 시기하고 심지어 송응창이 중국이 아닌 조선을 위해 일한다고 비난하고 있는데 조선을 지켜내야만 일본의 중국 침입도 막을 수 있다며 조선에 출정하고 있는 장병들의 어려움과 보급 문제를 토로하였다. 자신이 곧바로 압록강을 건너지 않은 이유도 중간에서 여러 문제를 관리하고 배치하기 위함이지 두려워서 나가지 않은 것이 아니라며 이 모든 사항을 명백하게 밝혀내어 자신을 비난하는 관원들과 여러 장수의 공과 죄를 명확히 해달라고 간청하고 있다.

관련자료 『선조실록(宣祖實錄)』 권36, 선조 26년 3월 16일(신미) 기사에 이과급사중 양정란이 이여송이 조선 사람을 잡아다 수급을 바쳤다고 상소를 올리자 이여송이 이에 대해 해명하며 올린 상주문이 실려 있다.

동쪽 정벌의 거동은 관계된 바가 가볍지 않으므로, 황상께서 엄히 실정을 조사하여 공과 죄를 밝혀 주시고 아울러 자신을 파면해 사람들의 말에 답해주기를 간절히 바라는 일.

제가 조선에 머물러 일하다가 3월 10일에 저보를 접하였습니다. 거기에서 이과급사중 양정란[47]의 상주문을 삼가 보게 되었습니다. 그 내용은 전신(銓臣)[48]의 공적 서훈이 마땅히 실제와 같아야 하는데

....

47 양정란(楊廷蘭): 1563~?. 명나라 사람으로 강서 남창부(南昌府) 출신이다. 자는 수부(秀夫)이다. 만력 14년(1586) 진사가 되어 출사하였다. 임진왜란 때 이과급사중(吏科給事中)을 맡고 있었다.

동이(東夷)의 승전보가 모두 거짓이니 황상께 간청하건대 제때 단단히 타일러 경계하고 아울러 강직한 신하를 발탁하여 주상의 덕을 빛내고 치안을 보전하라는 것이었습니다. 내용 중에 앞뒤 두 단락은 이부(吏部)와 관계된 일이라 저와 관련이 없지만, 유독 한 문단에서 대부분 다음과 같이 말하였습니다. 제가 평양에서 베어 얻은 왜의 수급 1000여 과 중에 절반은 조선의 백성이고, 불태우고 물에 빠뜨려 죽인 만여 명은 모두 조선의 백성이다. 벽제관 전투에서 아군의 병사와 말이 죽은 것이 절반이 넘는데, 제가 보고한 것은 10분의 1밖에 되지 않는다. 작은 승리를 크게 허위 보고하고 큰 패배는 작게 은닉하였다. 제독은 이를 분명히 알고도 부화뇌동하였고 경략은 명확히 알고도 보기 좋게 꾸몄다 등의 내용이었습니다. 이에 관해 성지를 받들었는데, "해당 부에 알려라"고 하셨습니다.

저는 마땅히 석고대죄(席藁待罪)하며 황상의 판단을 따라야 합니다. 또한 공적에 대한 허실을 황상께서 통찰하시고 조정의 신하들이 모두 알고 있습니다. 천하 후세에 자연히 공론(公論)이 있을 것이니, 제가 어찌 감히 변명하겠습니까. 하지만 황상을 기만한 죄는 법으로도 용서할 수 없습니다. 하물며 서울이 아직 함락되지 않았고 여러 장사는 기운이 마침 왕성한데, 만약 혈전의 노고가 여러 말로 어지럽혀져서 하루아침에 사기가 꺾인다면 후에 어떤 일이 벌어지겠습니까. 국가의 사업에 관련된 중대한 일이므로, 저는 부득불 황상 앞에 실상을 피력하지 않을 수 없습니다.

저는 작년 8월 중에 명을 받아 해상(海上)을 경략하게 되었습니

---

48 전신(銓臣): 인재의 선발 및 평가를 맡은 관원을 말한다.

다. 다시 황상의 칙명을 받들어 동쪽 정벌을 책임지고 속국을 구원하게 되었습니다. 저는 연이어 중대한 임무를 맡고 저를 알아주신데 감읍하였습니다. 이 몸을 희생하여 황상의 은혜에 보답하고, 조선을 수복하여 저의 책임을 다하려 하였습니다. 또한 제독 이여송과 12월 요양에 이르러 서로 만난 날에 제가 먼저 약속하며 다음과 같이 말하였습니다. "우리 두 사람은 문·무가 비록 같지 않지만 황상의 은혜를 입은 것은 서로 같다. 지금 그 만분의 일이라도 갚으려면 오직 힘을 다해 나아가 적을 소탕하고 망한 나라를 회복시켜야 한다. 장사들과 조선의 백성을 아끼고 사랑하여 황상의 덕을 널리 퍼뜨릴 뿐이다. 만약 공을 탐하고 상을 훔치면 죄가 더 없이 크다. 마땅히 이를 경계로 삼고, 또한 여러 장수에게도 신칙하여 이를 범하지 못하게 해야 한다." 이여송도 제 말에 깊이 공감하고 하늘에 떠 있는 해를 우러러 함께 맹세하고 약속하였습니다.

이에 따라 대군이 아직 강을 건너기 전에 저는 먼저 고시문을 간행하여 공포하고 조선국 안에 다음과 같은 내용을 널리 붙여놓도록 하였습니다. "하나, 장수들은 대군을 통솔하여 조선을 구원함에 추호도 죄를 범한 자를 허용해서는 안 된다. 어긴 자는 참한다. 하나, 장사들은 조선의 자녀를 함부로 죽여놓고 이를 공적으로 속이려 해서는 안 된다. 어긴 자는 참한다. 하나, 장사들은 한마음으로 힘을 모아 함께 큰 공을 이루는 데 힘써야 한다. 멋대로 나서고 시기하는 자는 군법으로 무겁게 처벌한다. 하나, 전투에 나설 때 돌격하는 자는 오로지 베고 죽이는 데 힘쓰고 수급을 베는 자는 오로지 수급을 베는 데 힘쓰라. 획득한 공적은 공적을 검토할 때 4 대 6의 비율로 승진과 포상을 나누어주겠다.[49] 공을 다투고 수급을 빼돌리는 자는 참한다."

저는 또한 나아가 토벌할 때 창졸간에 조선의 백성을 잘못 죽일까 걱정되어 다시 조선국왕에게 자문을 보내 조선의 장수들이 군사를 통솔할 때 한편으로는 전투를 돕고 다른 한편으로는 투항한 백성을 확인하여 분별하라고 명하였습니다. 그리고 배신을 파견하여 조선의 군병을 감독하면서 우리나라의 장사들이 혹여 백성을 잘못 죽이는지도 감시하라 하였습니다. 또한 미리 백기를 내걸어놓고 조선인 중에 왜에게 협박받아 순종한 이는 모두 이 깃발 아래로 달려와 죽음을 면하게 하였습니다. 저는 이렇게 법도 마련하였고 뜻 또한 주도면밀하였으며, 마음 또한 애썼다고 할 수 있습니다.

다행히 천자의 위엄에 의지하여 여러 장사가 사력을 다해 싸워 북소리 한 번에 성을 올랐습니다. 많은 왜들이 흩어져 달아났는데, 목이 베이거나 불에 타거나 물에 빠지거나 사로잡혔습니다. 막 성문이 열렸을 때 백기 아래로 뛰어든 조선 남녀가 1000여 명이었습니다. 그때 바로 평안도 포정사 이원익에게 보내 안주하게 하였습니다. 그리고서 멀리서 달려와 곧바로 나아가니, 중화, 황주, 봉산, 개성 등이 바람에 쓸리듯 무너졌습니다. 다만 함경도는 고립된 북쪽 경계여서 직접 공격하지는 않았지만, 지금 또한 함경도의 왜가 서울로 도망쳐 들어왔습니다.

조선국왕은 정월 17일에 배신 유몽필(柳夢弼), 통관(通官) 이여근(李汝謹)과 임화재(林和梓)를, 19일에는 또한 배신 허진(許晉),[50] 통관

49 획득한 …… 나누어주겠다: 송응창의 군령은 적진으로 돌격한 부대에게 수급의 60%를, 돌격하지 않은 차병(車兵) 및 보병(步兵)에게 수급의 40%를 할당하는 것을 기준으로 삼고 있다. 「3-46 軍令三十條 권3, 37b-41b」참고.

박잉검(朴仍儉)과 유의빈(柳依檳) 등을 파견하여 두 차례 자문을 들고 와서 제게 감사를 표하였습니다. 저는 모두 앞으로 오게 하여 직접 묻기를, "성이 함락되던 날 조선의 백성이 잘못 살해된 경우가 있었느냐"라고 물었고 두 신하는 대답하기를, "앞서 왜가 본국을 침략하여 왕이 의주로 옮겼고 평양의 백성은 어가를 따라 서행한 자가 매우 많았습니다. 그 나머지가 있더라도 지금 또한 백기를 바라보고 도망쳐 나왔습니다. 가옥이 비록 불타버렸지만 거주하던 백성은 실제 피해를 받지 않았습니다."라고 하였습니다. 전후의 대답이 한결같았습니다.

설령 제가 죽이고 사로잡고 불태우고 물에 빠뜨린 이들이 과연 모두 조선의 백성이라면, 이는 황상께서 저에게 구원을 명하셨는데 도리어 제가 그들을 도륙한 꼴입니다. 이승에는 왕법이 있고 저승에는 귀신이 있으니, 조금이라도 자기를 아끼는 자라면 차마 하지 않을 터인데 제가 감히 그렇게 하였겠습니까. 조선국왕은 제가 가서 구원해주기를 바랐는데 제가 도리어 그들을 죽이고 해쳤다면 이는 관백을 대신해 그 포악함을 더한 것이니, 그들이 관백을 원수로 삼다가 저를 원수로 삼았을 텐데 어찌 기꺼이 저에게 자문을 보내 감사를 표하였겠습니까.

그날 적들은 성을 지키지 못할 거라 여겨 성을 버리고 민가로 피신해 들어갔습니다. 작년 7월에 조총으로 조승훈을 타격하였던 전법을 모방하여 민가 안에서 총을 발포해서 아군을 살상하였습니다.

....

50 허진(許晉): 1536~1616. 조선 사람으로 본관은 양천(陽川)이다. 자는 경소(景昭), 호는 서교(西橋)이다. 임진왜란 중인 선조 27년(1594)에 동지사(冬至使)로 명에 가서 무기를 무역하여 돌아왔다.

뜻밖에 우리 병사들이 각자 지닌 명화전과 독화전 등을 일제히 발사하여 민가를 불태워버렸는데, 그 안에 있던 왜들이 꾸물거리다가 불타 죽은 자가 매우 많았습니다. 찬획 원외랑 유황상이 사흘간 정해놓고 평양의 거주 지역에 도착하자마자 소리가 나는 대로 일일이 뒤져서 아직 남아 숨어 있던 왜들을 그 자리에서 포박하였습니다. 유황상이 저를 직접 만나 이야기하기를 조선인을 불러 그들이 진짜 왜인지 물어볼 수 있다고 하여 조선인으로 시험해보니 확실히 이와 같았습니다. 또한 포위를 뚫고 대동강(大同江) 어귀로 도망쳐 돌아간 왜들은 막 얼음이 녹는 때였기 때문에 빠져 죽은 자가 또한 많았습니다.

만약 불에 타죽고 물에 빠져 죽은 만여 명이 모두 조선의 백성이라면, 그들은 어찌 백기로 달려가 생명을 구하지 않고서 끝내 문을 닫고 불타 죽기를 기다리거나 강을 건너다 자진하여 빠져 죽었겠습니까. 또한 삶을 좋아하고 죽음을 싫어하는 것은 인지상정인데, 조선인이 아무리 어리석다 하더라도 이처럼 하였겠습니까. 만약 죽은 자가 모두 조선인이고 일본과는 상관없다고 말한다면, 어찌 평양이 함락되기 전에는 팔도의 왜들이 모두 평양에 편안히 머물다가 함락되자 팔도의 왜들이 모조리 서울로 도망쳤겠습니까.

또한 양정란이 말하기를, 왜노는 패한 척 위장하여 우리를 유인하는 것뿐이라 하였습니다. 패한 척 위장하여 적을 유인하는 것은 병가의 흔한 법이니 그렇게 볼 수도 있습니다. 하지만 일부러 패한 자는 반드시 몰래 매복하고, 매복을 두더라도 유인하는 거리가 수십 리를 넘지 않으며, 요격은 순식간에 행합니다. 지금 500~600리 왜들이 모두 도망친 것을 두고 패한 척 위장하였다고 말할 수는 없을 것입니다. 지금 사로잡은 왜노 7명을 제가 이미 사람을 시켜 포박해서 황궁으로 압송하였습니다. 황상께서 역관을 통해 심문하여 과연 그들이 일본인인지 아니면 조선인인지 확인해보십시오. 탈취한 왜의 옷, 왜의 말, 왜의 칼, 왜의 총 등에 대해 황상께서 어사에게 명하여 그것이 과연 일본 물건인지 아니면 조선 물건인지 따져보게 하십시오.

제가 전에 봉황성(鳳凰城)에 머물 때 이여송이 보낸 수급이 제게 도착하였습니다. 저는 두 찬획과 함께 여러 사람에게 문의해보았습니다. 모두 말하기를, 망건 자국이 있는 자는 조선인이고 망건 자국이 없는 자는 일본인이며 물속에서 엎어져 죽은 자는 남자이고 바로 누워 죽은 자는 여자라 하였습니다. 제가 함께 검토하는 가운데 한 과가 엎어져 있지 않고 바로 누워 있어서 왜 여인의 머리 같았고 그 정황을 즉시 검출해냈습니다.[51] 벤 왜장의 수급은 이미 이여송이 보고한 바와 같이 유격 심유경과 심가왕(沈嘉旺)·장대선 등 왜의 진영에 출입한 자들에게 보내 확인해본 결과 모두 사실이었습니다. 이는 제가 처음 보고한 것입니다.

지금 서울의 백성에 대해 조선국왕은 그들이 왜에 항복한 것을 미워하여 기필코 모두 죽이려고 하였습니다. 저는 그것을 듣고 급히 국왕에게 자문을 보내 그들을 권유해와서 사면하게 하였습니다. 다시 직할부대의 관원 황응양(黃應揚), 오종도(吳宗道), 유준언(俞俊彦) 등을 파견하여 면사첩(免死帖) 만여 장을 나누어 뿌리게 하였습니

----

51 제가 …… 검출해냈습니다: 여인의 수급이 발견된 것과 관련된 문서는 다음과 같다. 「6-15 報遼東李按院書 권6, 13a-13b」.

다. 최근 조선국왕이 자문을 보내 보고하기를, 경성(京城)에서 도망쳐 나온 남녀가 계속 강을 넘어오는데 하루에도 수천 명이라고 하였습니다. 자문이 지금 있으니 조사해보면 아실 것입니다.

벽제관 전투에 관해서는 이여송이 지형을 답사하러 나갔다가 갑자기 우연히 왜병을 만나 접전을 치른 것이기 때문에 아군도 분명 상하였고 그들 또한 큰 피해를 보았습니다. 상호 간에 이기고 지는 것은 병가지상사입니다. 만약 양정란이 말한 대로 보고한 피해가 겨우 10분의 1이라면, 제 입장에서 감히 그렇게 하지 못할 뿐만 아니라 그렇게 할 수도 없습니다. 그 이유는 이렇습니다.

지금 제가 이동시킨 병마는 모두 선부(宣府)와 대동(大同), 계주와 요동, 보정, 산서 등 지역에서 보내온 것입니다. 총독·순무의 여러 신하가 정식으로 관할하는 해당 지역의 병마와는 같지 않습니다. 일이 끝나는 날에 제가 하나하나 원래 지역으로 돌려보내야 합니다. 또한 각 영은 모두 장관들이 거느리고 있어 죽은 자가 많으면 남아 있는 자가 적을 것입니다. 원래 장부도 조사해볼 수 있고 현재 남아 있는 병마도 확인해볼 수 있습니다. 제가 과연 이걸 가지고 황상을 기만할 수 있겠습니까.

지난번 왜의 세력이 한창 뻗쳐나갈 때 안팎의 신하들은 평양 함락이 어려울 것이라 우려하였습니다. 황상께서 후한 벼슬과 상을 내걸면서도 그 어려움을 걱정하여 장사들이 사력을 다해 싸우도록 격려하고자 하셨습니다. 다행히 천자의 군대가 임하여 왜를 토벌하고 섬멸하여 거의 없애버리자 혹자는 그 용이함을 보고는 의심하고 그 이룩한 것을 두고는 시기하였습니다. 틀림없이 감찰 관원[52]들도 이를 풍문으로 들었을 것입니다. 저는 군중에서 대죄(待罪)하면서 유능한 자는 등용하고 무능한 자는 배척하며 공이 있는 자는 서훈하고 공이 없는 자는 벌하였습니다. 오로지 일이 성공하기만을 바라며 다른 사람의 원망을 피하지 않았습니다. 따라서 유언비어가 돌아 혹 원망의 말이 생기거나 길거리에 와전된 소문이 가득하여 중구난방인 것도 실로 저의 죄입니다. 제가 아무리 머리를 숙여도 한이 없습니다.

다만 성을 공격할 때 이여송은 타던 말이 총탄을 맞아 쓰러지고, 이여백은 총탄이 투구를 관통하는 등 수도 없이 죽을 뻔하다가 겨우 살아났습니다. 하지만 그들 형제는 오히려 분투하여 몸을 돌보지 않고 무리를 격려하여 적을 무찔렀습니다. 이런데도 왁자지껄 떠드는 사람들은 저를 시기하는 까닭에 이들 형제가 이룩한 백세의 공을 덮으려고 하니 어찌 참겠습니까. 이여송의 경우에는 대대로 나라의 은혜를 입었으니, 일단 더는 따지지 않겠습니다.

양원, 장세작, 낙상지, 전세정, 오유충, 이방춘 등과 같은 장수들은 용기를 떨쳐 성을 오르고 창을 휘둘러 곧바로 돌격하여 화살과 돌이 날아드는 것을 무릅쓰고 기꺼이 진흙탕을 넘었습니다. 지금 다친 자는 만신창이가 되었고 죽은 자는 벌판에 그대로 놓여 있어 꿈결에 규방을 찾아가고 혼백은 해외에 깃들게 되었습니다. 이들은 이전에 황은(皇恩)을 입은 적이 없지만 공적은 실로 대단합니다. 저는 장사들이 상심하고 흩어질까 걱정입니다. 어떻게 서울을 아직 함락시키지 못한 공적을 상주하여 황상께서 동방을 걱정하는 우려를 씻

....

52 감찰 관원[科臣]: 명·청 시대 육과급사중(六科給事中)과 도찰원의 각 도(道) 감찰어사(監察御使)를 통칭하여 "과도관(科道官)"이라 하였다.

겨드리겠습니까. 저는 정말 전전긍긍 두렵습니다.

다시 살펴보건대, 평양의 승전보 이래 의론이 분분합니다. 어떤 이는 제가 중국을 버리고 오로지 조선만을 위한다고 말합니다. 어떤 이는 제가 전투에서 승리한 것을 믿고 무리하게 끝까지 추격하려 한다고 말합니다. 또 어떤 이는 제가 요양 봉황성에 머물면서 애써 압록강(鴨綠江) 동쪽으로 넘어가려 하지 않는다고 말합니다. 이 세 주장은 모두 저를 책망하지만 모두 나라를 위한 것이니, 각자 타당한 바가 있어 저 또한 진심으로 받아들일 수 있습니다.

하지만 군대가 천 리 밖에 주둔해 있어 중간에서 멀리 통제하기가 어렵고, 사안이 긴급하니 시각을 늦추기가 어렵습니다. 지금의 형편을 따져보면 어쩔 수 없이 그렇게 된 바가 있습니다. 요동은 중국의 문호(門戶)이고, 조선은 중국의 울타리입니다. 관백은 교활하고 음흉하여 중국 내지를 탐내면서 특히 조선에 길을 빌려 지름길로 삼고자 합니다. 이번에 크게 징벌하여 경계하지 않는다면 그들은 장차 더욱 꺼릴 것이 없을 것입니다. 따라서 조선을 돕는 것은 실로 중국을 편안하게 하기 위함입니다. 자기 밭을 버리고 남의 밭을 가는 것에 비할 수 없습니다.

평양이 이미 함락되어 왜의 간담이 모두 서늘해졌습니다. 이때 파죽지세로 점령된 지역을 말끔히 거두어들이고 동으로 향하지 않다가 혹시 왜의 기세가 다시 살아나 병사들을 늘어놓고 대동강 동쪽 연안을 굳게 지킨다면, 어찌 개성 등 여러 지역을 하루아침에 우리의 것이 되게 할 수 있겠으며 서울의 땅을 도모하여 수복할 수 있겠습니까. 따라서 지금의 추격은 그 기세를 타야 합니다. 천 리 밖의 이익을 구하려다 상장군(上將軍)이 쓰러지는 것[53]에 비할 수 없습니다.

평양의 승전은 비록 장사들이 용감히 싸웠기 때문이기도 하지만, 군화(軍火)와 장비, 군량·급여와 사료의 보급은 실로 저의 계획에 의지한 것입니다. 작년에 사들이고 제조한 장비는 모두 군전으로 보내 평양을 공격할 때 이미 다 써버렸습니다. 만약 제때 다시 제조하지 않았더라면 후에 어디에 의지하였겠습니까. 한편으로 약료(藥料)를 구입하여 준비하고 명화전, 독화전, 비화전(飛火箭)과 대장군포, 벽력포(霹靂砲), 자모포(子母砲)와 화룡(火龍), 분통(噴筒), 비아(飛鴉), 납탄·철탄, 화약 등의 물품을 사들이고 제조한 것도 모두 제가 직접 행하여 독촉하고 감독한 것입니다.

한편으로 수레와 배를 재촉하여 군량과 사료를 운반하고, 다른 한편으로는 구원 병마를 이동시켜 재촉하고 곧바로 뒤이어 나아가게 하였습니다. 또한 다시 크게 위풍과 기세를 자랑하여 경략이 여전히 절강·남직례·사천·광동 등의 군사를 보내고 있다고 말하고 왜노로 하여금 이를 듣게 하니, 또한 분명 그들이 의심하고 두려워하였을 것입니다.

대저 호랑이와 표범은 산세에 의지합니다. 만약 제가 제독과 함께 압록강 동쪽으로 건너갔다가 평양을 쉽게 공략하지 못하고 개성에도 나아가지 못하였다면, 앞선 병사들은 이미 고립되고 뒤에 오는 병사들은 이어지지 않았을 것입니다. 군화(軍火)와 장비는 완성되지 못하였을 것이고, 군량과 사료도 운반되지 못하였을 것입니다. 잠시

....

53 천 리 …… 쓰러지는 것: 작은 이익 때문에 큰 손실을 입는다는 뜻이다. 『손자병법(孫子兵法)』「군쟁(軍爭)」편에 "50리 길을 쫓아가 이익을 쟁취하려고 하면 곧 상장군을 잃게 되고 군사의 반만이 도착할 뿐이다[五十里而爭利, 則蹶上將, 法以半至]."라는 구절이 있다.

지키다가 길이 막히고 모든 책략이 다하여 돌아가지도 못하고 나아가지도 못하였을 것입니다. 왜가 우리의 허실을 알게 되었을 뿐만 아니라 조선 사람들 또한 우리의 얕고 깊음을 엿보게 되었을 것입니다. 이렇게 제가 봄 초까지 요양 봉황성에 머문 것은 실로 머뭇거리고 두려워서 구차하게 안일을 탐한 것이 아닙니다.

대저 중간에서 제대로 관리하고 배치하는 일의 이치는 응당 이와 같습니다. 그런데도 여러 신하의 논의는 저의 마음을 살피지 않고 애써 저를 깎아내리려 합니다. 제가 실로 불초하여 나랏일을 망친 것이 있다면, 엎드려 바라건대 황상께서 저를 속히 파직시키고 다른 유능한 신하를 뽑아 대신하게 하십시오. 제가 맡은 바에 관해 한편으로 요동순안어사로 하여금 엄히 조사하고 검토하게 하십시오. 과연 추호라도 기망(欺罔)한 바가 있다면, 저와 이여송은 달게 무거운 처벌을 받아 사죄하겠습니다. 만약 공적이 진실이라면 이 일은 유언비어일 것이니, 또한 황상께서 미루어 헤아려주시면 여러 장수의 공과 죄가 명확해지고 저희의 마음 또한 명백해질 것입니다. 저는 황공한 마음을 이기지 못하고 간절하게 명을 기다리겠습니다.

7-25

제독 이여송에게 보내는 서신

與李提督書 | 권7, 42b-43a

날짜 만력 21년 3월 18일(1593. 4. 19.)

발신 송응창

수신 평왜제독 이여송

내용 서울에 주둔하고 있는 왜군 두목인 가토 기요마사(加藤淸正)[54]와 고니시 유키나가 사이에 갈등을 조장하여 반목을 꾀하고 주변을 굳게 지켜 도망칠 왜를 일망타진하자고 제안하는 서신이다.

두 통의 서신을 받았는데, 하나는 해개도가 다시 모집한 후속 병사들이 취약해서 약한 병사는 골라 뽑아 원래 있던 곳으로 돌려보내야겠다고 한 것으로 매우 타당하여 이미 받아들였습니다. 다른 한 보고는 왜노가 강변으로 출영(出迎)하였다가 아군에게 피살되었다는 것인데, 이는 받아들이기가 힘듭니다. 반드시 여러 장수에게 엄히 타일러 적과 맞닥뜨린 병사들만 공격하게 하고 절대 먼저 깊이

....

54 가토 기요마사(加藤淸正): 1562~1611. 일본 사람으로 어려서부터 도요토미 히데요시를 섬기다 히고국의 영주가 되었다. 임진왜란 때 1만 명의 병사를 이끌고 함경도로 진격하여 조선의 두 왕자를 사로잡았으나 일본과 명의 강화 교섭이 벌어지자 강화를 방해한다고 하여 문책을 받아 일본으로 돌아갔다.

434 • 명나라의 임진전쟁: 평양 수복

들어가 도발하지 못하게 해야 하겠습니다.

앞서 참군이 보고하기를, "가토 기요마사가 왜를 이끌고 약탈에 나섰으나 수확 없이 돌아갔습니다."라고 하였습니다. 아마도 성안에 군량이 적은데다가 가토 기요마사가 새로 서울에 도착한 뒤 전에 있던 왜들이 그에게 기꺼이 군량을 양보하지 않아서 이렇게 된 것이 아닐까 합니다.

또한 듣건대 이 왜는 고니시 유키나가와 화목하지 않아서, 만약 심유경으로 하여금 고니시 유키나가를 구슬리고 풍중영(馮仲纓) 등으로 하여금 가토 기요마사를 구슬려서 두 사람이 자연히 서로 시기하게 만들면 반드시 서로 공격할 것입니다. 그러면 우리는 앉아서 도요새와 대합이 서로 버티는 것을 관망하면서 어부지리를 거둘 수 있을 것이니 어찌 좋은 계책이 아니겠습니까.

다만 중간에 기회를 엿보며 문하(이여송)의 가르침을 받아야만 더욱 교묘해질 것입니다. 강기슭을 굳게 지키고 산성을 보수하고 나서 다만 지켜 관망하면 그들은 곤란해져 반드시 달아날 것입니다. 달아나는 것을 기다렸다가 요격하고 추격해서 하나도 살아남지 못하게 하는 것도 좋은 방책이니, 모두 대장군께서 신경을 써주십시오. 어린 왜를 고니시 유키나가에게 송환하는 것은 아주 좋은 의견입니다. 나머지는 줄입니다.

조선국왕에게 보내는 자문

移朝鮮國王咨 | 권7, 43a-44a

> **날짜** 만력 21년 3월 22일(1593. 4. 23.)
>
> **발신** 송응창
>
> **수신** 조선국왕(선조)
>
> **내용** 왜에게 위협당해 복종한 조선의 백성을 너그럽게 용서하고 왕의 마음과 덕을 닦아 백성을 위하고 나라를 다스리기를 바란다는 문서이다.

자신의 몸과 마음을 닦아 백성을 편안하게 하는 일.

조선국왕의 자문을 받았는데, 그 내용은 다음과 같았습니다. "삼가 황상의 명을 받들어 군무를 전담하면서 성스럽고 자애로운 천지를 뒤덮는 인자함을 체험하고 우리나라가 전쟁의 피해를 본 것을 안타까워하셨습니다. 이미 패문을 내려 이반한 자들을 안정시키고 또한 효유를 내려 위협당해 복종한 자들을 너그럽게 용서하였습니다. 어진 교화가 이르러 완고하고 우둔한 자들이 마음을 바꾸고 앞다투어 옳은 길로 돌아섰습니다. 너그럽게 용서하는 도량과 널리 구제하는 책략은 결코 우리나라의 군신이 결코 헤아릴 수 없는 바입니다. 나머지 흉악한 무리들은 아마 어렵지 않게 평정할 것입니다. 저는 감격이 솟구쳐 어찌 보답해야 할지 모르겠습니다. 삼가 그대의 지시에 따라 전에 내렸던 패문을 그대로 베껴 적어 경기 지역의 진관(鎭管)과 진무(鎭撫) 관아에 나누어 보내서 이를 내걸고 널리 알리게 하였습니다. 또한 배신 사간원(司諫院) 사간(司諫) 유공진(柳拱辰)[55]을 파견하여 나아가 답하게 하였습니다."

전에 저는 지휘 황응양 등을 파견하여 면사첩을 소지하고 서울의 주변 고을로 가서 조선의 배신과 함께 두루 다니며 배포하게 하였습니다. 또한 배신 황기(黃沂)[56]를 직접 만나 백성의 생명을 보전하라고 국왕에게 전해 이르게 하였습니다. 그 후에 지금 위 내용을 받고 살펴보건대, 백성은 나라의 근본이요 근본이 튼튼하면 나라가 편안합니다. 따라서 나라를 다스리는 자는 백성을 늘리는 것을 우선으로 하고, 심신을 닦는 자는 덕을 밝히는 것을 요체로 합니다. 왕은 동방의 나라에 거하면서 음성과 용모, 문물을 중국의 것을 가지고 바로잡고 있습니다.

지금 왕의 나라에 대하여 논하건대, 조선은 기자(箕子)에게 처음 봉해준 곳이 아닙니까. 기자는 내부의 난리를 만나고도 뜻을 바르게 할 수 있었기에 마침내 상(商)나라가 이미 멸망하고도 상나라의 제사를 보존하였습니다. 뜻을 바르게 한다는 것은 그 공도(公道)와 광명(光明)의 의지를 바르게 하는 것을 말합니다. 그렇기 때문에 공자

....

55 유공진(柳拱辰): 1547~1604. 조선 사람으로 본관은 문화(文化)이다. 자는 백첨(伯瞻)이다. 선조 26년(1593)에 사은사(謝恩使)의 서장관으로 명나라에 다녀왔다. 일시 낙향하였다가 정유재란이 일어나자 선조 32년(1599)에 강원도의 조도 겸 독운어사(調度兼督運御史)에 임명되어 군량의 조달과 수송에 큰 공을 세웠다.
56 황기(黃沂): 1556~?. 조선 사람으로 본관은 장수(長水)이다. 자는 청원(淸源)이다. 영변판관(寧邊判官)으로 재직하던 중 임진왜란이 발발하자 고을을 버리고 도망갔다가 백의종군하였다. 곧바로 복직되어 경략 송응창의 문례관(問禮官)으로 의주에 파견되었다.

移朝鮮國王咨 • 437

께서 『역(易)』에 문장을 보태면서[57] 명이(明夷)[58] 괘에 짝지은 것입니다. 지금 왕은 외부의 난리를 만나 나라가 위기에 처하였다가 다행히 천자의 위엄에 힘입어 중흥하고 회복하였습니다. 왕은 응당 기자가 뜻을 바르게 한 것을 본받아야 하지 않겠습니까. 뜻이 바르면 마음과 덕이 밝아져 백성을 친히 여기고 나라를 다스릴 수 있습니다.

왕은 신하들과 함께 속히 이러한 안정의 기회를 잡아 만물이 마땅히 있어야 할 자리를 얻게 하는 것을 마음으로 삼고 살인을 좋아하지 않는 것을 생각으로 삼아 공경하고 삼가며 태만하지 말고 황음(荒淫)하지 말아야 합니다. 두루 타일러 여러 방면으로 백성을 무휼하십시오. 이반한 자를 안정시키고 협박받은 자를 적진에서 나오게 하며 떠도는 자를 집으로 돌아가게 하십시오. 그들의 생업과 향리를 돌보아 위로는 부모를 섬기고 아래로는 처자를 보살피게 하십시오. 군대를 잘 다스리고 험한 요지를 지키십시오. 기강이 다시 진작되어 국운이 새로워질 것입니다. 고가(故家)와 유로(遺老), 충신(忠臣)과 의사(義士), 여염(閭閻)과 편맹(編氓)[59]까지도 모두 서로 지극히 친근해질 것입니다. 백성이 돌아오는데도 나라가 다스려지지 않은 경우는 없습니다. 왕께서는 유의하십시오.

....

57 공자께서 …… 보태면서: 공자는 말년에 『역경(易經)』을 좋아하여 「단(彖)」, 「계(繫)」, 「상(象)」, 「설괘(說卦)」, 「문언(文言)」 편에 문장을 보탰다고 한다.

58 명이(明夷): 『주역(周易)』의 제36번째 괘로, "어렵게 여기고 바름을 지킴이 이롭다[利艱貞]."는 뜻을 가지고 있다. 이는 어느 경우에도 올바름을 잊지 말아야 한다는 의미인데, 이 괘의 대표적인 인물로 기자(箕子)를 들고 있다.

59 편맹(編氓): 호적에 편입되어 있는 민정(民丁)으로, 곧 백성을 가리킨다.

내각대학사 왕석작에게 보고하는 서신

報王相公書 | 권7, 44b

권7

> **날짜** 만력 21년 3월 23일(1593. 4. 24.)
> **발신** 송응창
> **수신** 내각대학사 왕석작
> **내용** 관백을 이간책으로 도모하기는 이미 힘들어졌고 지금 상황에서는
> 책봉을 요청하는 왜의 서신을 받아들여 그들이 신하로 복종하는 것을
> 잠시 허락하는 것이 여러모로 좋겠다는 의견을 보고하는 서신이다.

누차 상공(왕석작)의 서신을 받들었습니다. 왜노가 연일 심유경에게 책봉을 요청하는 서신을 보낸 것에 대해 잠시 허락하고자 한다고 하셨습니다. 이번에 다시 상공의 가르침을 받고서 저는 결국 그 뜻에 따를 것을 결심하였습니다. 다만 관백을 이간책으로 도모한다는 부분은 저도 전에 이미 사람을 시켜 그곳으로 가서 행하게 한 바 있습니다. 하지만 바다와 하늘이 멀리 떨어져 있어 형편상 기대하기 어렵고 갑자기 행할 수 없을 것 같습니다.

저의 뜻을 말하건대, 만약 그들이 신하로 복종하는 것을 윤허하여 속국을 하나 늘린다면, 중국의 위령(威令)은 이미 펼쳐진 것이고 국경 밖의 오랑캐는 관망하며 날뛰지 않을 것이니 그것이면 족할

것입니다. 특별히 한 번 책봉해주되 조공을 바치는 것은 허용하지 말아야 합니다. 만약 왜가 바다 구석에서 조용히 거처할 수 있다면, 또한 금수를 길들인 것이니 내버려두고 신경 쓰지 않아도 됩니다. 하필 그들이 황궁에 절하게 하는 것으로 중국의 한을 씻겠습니까. 상공은 어떻게 생각하십니까.

내각대학사 왕석작·조지고·장위, 병부상서 석성에게 보고하는 서신

報三相公幷石司馬書 | 권7, 44b-45b

날짜 만력 21년 3월 25일(1593. 4. 26.)

발신 송응창

수신 내각대학사 왕석작·조지고·장위, 병부상서 석성

내용 고니시 유키나가의 책봉 요청을 윤허하는 것이 조선을 위해서나 중국을 위해서나 좋은 방책이고 여러 면에서 효율적이며 기대할 만한 것이 많은 기회라는 점에서 중앙 조정에서 힘써 추진해줄 것을 보고하는 서신이다.

제가 삼가 듣기로, 제왕(帝王)이 이적(夷狄)을 제어하는 방법은 오면 막아 지키고 가면 쫓지 않는 것입니다. 지금 관백은 조선만 침범하였을 뿐 아직 중국을 범하지는 않았습니다. 평양, 개성, 벽제관의 수차례 전투에서 이미 그들의 흉악함을 충분히 징벌하였고 우리의 토벌 의지를 널리 알렸습니다.

고니시 유키나가가 비굴한 말로 책봉을 요청하는 것은 마땅히 잠시 허락해야겠습니다. 그들의 요청을 받아들이지 않고 섬멸하여 하나도 살려 보내지 않는다면 관백의 원한이 더욱 깊어질 것입니다.

이는 차후 조선을 위해서라도 좋은 계책이 아닙니다. 그들의 요청을 받아들이지 않고 오래 버티면서 기회만 엿본다면, 우리는 군사가 지치고 재물이 다하는 것을 피할 수 없을 것입니다. 이는 차후 중국을 위해서도 좋은 생각이 아닙니다. 또한 누차 엄한 가르침을 받들어 왜가 깊이 들어올 수 없음을 보였기 때문에 그들이 청한 바를 윤허해야 할 것입니다.

만약 관백이 두려워하며 머리를 숙이고 방문하여 책봉을 요청한다면, 다시 이전 조정의 고사(古事)대로 속국이 하나 느는 것이니 안 될 것이 없습니다. 만약 관백이 명을 따르지 않는다면, 고니시 유키나가 등 여러 사람이 그와 서로 사이가 틀어져 관직을 떠날 것입니다. 그 가운데 일을 처리하면 도모하기가 더욱 편할 것입니다. 특별히 관리를 따로 파견하는 것과 비교해보면 그 어려움과 쉬움은 말하지 않아도 알 수 있습니다. 만약 의외의 행운을 얻어 이 악당의 우두머리를 제거할 수 있다면 중국도 오랫동안 무사할 것입니다.

이것은 일대 기회입니다. 하지만 뭘 모르는 자들이 겉으로 드러난 것만 헛되이 좇고 감춰진 미묘함은 알지 못해 도리어 의론을 일으켜 그 성취를 방해할까 걱정입니다. 이 때문에 힘써 상공께서 주관하기를 바라니, 지적해주셔도 유감이 없겠습니다.

요동순무에게 보고하는 서신

報遼東撫院書 | 권7, 45b-46a

날짜 만력 21년 3월 25일(1593. 4. 26.)
발신 송응창
수신 요동순무 조요
내용 그간 군대에 시행한 조치를 설명하고 최근 왜의 책봉 요청을 윤허하는 것에 대한 의견을 묻는 서신이다.

황공하게도 저를 염두에 두고 멀리 가르침의 글을 주시니 감사한 마음이 그지없습니다. 군사를 옮기는 일은 실로 전장의 중요한 임무입니다. 명공(明公)께서 제본을 갖추어 보고한 것은 매우 잘한 일입니다. 또한 존유(尊諭)를 받았는데 흔쾌히 군사를 빌려 이동시키는 것을 윤허해주시니, 저에 대한 사랑을 우러러보게 됩니다.

이 밖에 군사를 본국으로 되돌리자는 이야기는 전에 병사들이 여러 차례 전투로 인해 피폐해지고 또한 조선에서 무역이 통하지 않아 여러 군사가 2월 이래 채소와 고기를 맛보지 못하고 실로 견딜 수 없었기 때문에 이러한 논의가 나온 것입니다. 지금 은 3000냥을 보내 군사들로 하여금 여러 물품을 구매하게 하였습니다. 또한 각 지역의 상인들을 불러 모아 강을 건너 매매하게 하여 병사들의 사기가 다시 진작되었기 때문에 이전의 논의는 오래전에 중단되었습니다.

근래 왜 가운데 고니시 유키나가가 누차 심유경에게 서신을 보내 간절하게 책봉을 구하였습니다. 그들의 간담이 서늘해졌고 군량이 부족한 것을 생각해보면 그 정황은 사실인 것 같습니다. 제 생각에 앞에서는 위협하고 뒤에서 은혜로 달래면 또한 따를 것 같습니다. 잠시 그 청을 윤허하여 4월 8일까지 조선의 두 왕자를 돌려보낼 것을 약정하게 해야 합니다. 혹 일을 마칠 수도 있겠고, 그게 아니더라도 분명 최선을 다할 것입니다. 서울로 진격하라는 태자(台慈)의 가르침을 받들어 최근 왜의 정황이 이와 같음을 감히 진술합니다. 부디 가르침을 내려주시기 바랍니다.

조선국왕에게 보내는 자문

移朝鮮國王咨 | 권7, 46a-47a

날짜 만력 21년 3월 25일(1593. 4. 26.)

발신 송응창

수신 조선국왕(선조)

내용 현재 전황을 고려하여 왜의 귀국 요청을 윤허할 예정이니 조선 진영에서 왜의 잔당을 가로막거나 공격하는 일이 없도록 지시하는 문서이다.

왜의 두목이 죄를 뉘우치고 귀국을 애걸하는 일.

근자에 보고를 받았는데, "왜의 두목 고니시 유키나가 등이 죄를 뉘우치고 애걸하면서 자기 나라로 돌려 보내주기를 바라고 있습니다."라고 하였습니다. 살펴보건대 하늘과 땅이 한 해를 이룸에 생살(生殺)을 함께 쓰되 치우치지 않듯이, 제왕은 군대를 일으킴에 인의를 함께 행하되 어그러짐이 없습니다. 왜노가 평양에서 패한 이후 누차 돌아가기를 원한 것은 실로 우리 천자의 위엄을 두려워해서입니다. 저와 제독 이여송 등이 파죽지세를 타고 흉포한 이들을 모두 소탕하여 왕의 한을 씻어주려 하지 않음이 아닙니다.

다만 우리가 그들을 참혹하게 주살해버리면, 그들은 우리와 더욱 깊은 원한을 가지게 될 것입니다. 만약 우리가 서쪽으로 돌아가는 것을 엿보다가 그들이 무리를 이끌고 다시 이르면, 길을 오가며 아군이 빨리 달려오기가 힘들 뿐만 아니라 제때 구원하지 못해 조선은 더욱 그 피해를 감당할 수 없을 것입니다. 하물며 조선 군사의 사기는 보잘것없으니 지켜내기도 힘들 것입니다.

이리저리 생각해봐도 잠시 그들의 생로를 열어주어 동쪽으로 돌아가게 해주는 것이 좋을 것 같습니다. 중국의 입장에서는 이를 빌어 생살을 함께 쓰는 계기를 보여줄 수 있고, 조선의 입장에서는 이를 틈타 시급히 묵은 것을 버리고 새것을 취하는 계책으로 삼을 수 있습니다. 또한 제가 사람을 보내 고니시 유키나가와 가토 기요마사가 왕의 두 아들과 배신을 송환하면 왜의 무리가 원하는 것을 허락하겠다고 전하였습니다. 싸움을 그만두고 다시 우호를 쌓으십시오. 이는 또한 분쟁을 해결하는 좋은 방법입니다.

진실로 걱정인 것은 전라도와 강원도 등에서 왜를 온전히 살려 보내고자 하는 저의 뜻을 살피지 않고 혹시나 왜의 잔당을 약탈하거나 가로막는다면, 중국의 의거(義擧)를 드러낼 수 없을 뿐만 아니라 다시 조선에 분란의 실마리가 되리라는 점입니다. 설사 작은 승리를 거두더라도 지금은 중요하지 않습니다. 옛날 제(齊) 양공(襄公)이 9대가 지난 후에 복수하고 월(越) 구천(勾踐)이 20년을 기다려 오(吳)에 보복한 것은 바로 한순간에 성내고 흥분하지 않았기 때문입니다.

이에 자문을 보내니, 청컨대 왕께서 살펴 속히 전라도 등의 배신 권율 등으로 하여금 군사를 주둔시켜 굳게 지키고 왜의 잔당을 요격하지 못하게 하십시오. 자문으로 회신하고 시행해주시기 바랍니다.

찬획 원황에게 보내는 서신

與袁贊畫書 | 권7, 47a

날짜 만력 21년 3월 26일(1593. 4. 27.)

발신 송응창

수신 찬획 원황

내용 그동안 함께 일을 하던 찬획 원황과 헤어지면서 이별의 아쉬움을 전하는 서신이다.

함께 일을 하다가 갑자기 이렇게 헤어지게 되었습니다. 세상사의 번복됨이 이와 같으니, 매우 한탄스럽습니다. 공께서 곤륜(崑崙)에서 노닐면 저 또한 장차 삼축(三竺) 사이에서 다시금 찾고자 합니다.[60] 다리 위에서 다시 만날 기약으로 소맷자락을 자르니 이미 울컥하기에 충분합니다. 이역에서 이별가를 부르니 더욱 슬프고 괴롭습니다.

변변치 못한 선물로 전별하기 위해 가정 몇 명을 공께서 머무는 곳으로 호송하니, 부디 웃으며 받아주시기 바랍니다. 이 밖에 집에

......

60 공께서 …… 합니다: 곤륜(崑崙)은 당시 원황이 관직을 떠나 머물고 있었던 소주(蘇州) 인근의 산이고, 삼축(三竺)은 송응창의 고향인 항주(杭州)의 천축산에 있는 상천축(上天竺), 중천축(中天竺), 하천축(下天竺) 등 세 사원을 가리킨다.

보내는 편지 한 통을 보내니, 공께서 번거롭겠지만 아이들에게 부쳐
주시기 바랍니다. 간절히 바랍니다.

천진도에게 보내는 명령

檄天津道 | 권7, 47b-48b

> **날짜** 만력 21년 3월 29일(1593. 4. 30.)
> **발신** 송응창
> **수신** 천진도(天津道)
> **내용** 겨우내 바다를 지킨 군관의 노고를 위로하기 위해 방어한 기간과 고생의 정도 등에 따라 세부적으로 등급을 따로 나누어 은을 나누어 주되, 관원과 함께 일일이 이름을 불러 확인한 뒤 지급하는 등 부정이 개입되지 않도록 노력하라고 지시하는 명령이다.

황상의 지시를 삼가 받드는 일.

방금 천진도가 보낸 정문을 받았는데, 바다를 지킨 각 관군 중에 상을 내려야 할 이들을 조사하여 적은 장부를 받았다. 이를 받고 살펴보건대, 황상께서 은혜를 내리신 것은 원래 겨울철 눈과 얼음에 수면이 차가운 것을 무릅쓰고 바다를 지킨 각 관군에게 지급하기 위함이다. 만약 겨울에 바다를 지킨 게 아니거나 잠시 막다가 즉시 철수한 자는 똑같이 일괄적으로 논의하기 어렵다. 응당 등급을 따로따로 나누어야 할 것이다.

조사해보니 하간(河間), 심양(瀋陽), 하대(河大), 천진, 춘추(春秋)

등 다섯 영과 신병(新兵) 1영의 장사 500명, 진정(眞定)과 보정 각 표영(標營: 중앙 병영)은 비록 바다를 지키기는 하였지만 겨울에 이미 철수해버려서 겨우내 지킨 것이 아니기 때문에 본래 상을 줄 수 없다. 하지만 수비한 기간이 조금 길었던 점을 고려하여 응당 군사 1명당 은 2전을 지급하고 관원은 아래로부터 위로 차례대로 1배씩 더하여 지급하라. 각 영의 유수(留守) 관병은 여름부터 가을까지, 뒤이어 겨울을 지내고 다시 봄에 이르기까지 항상 바다에서 고생한 것이 다른 군과 같지 않다. 응당 상을 더하여 1명당 은 6전을 지급하고 관원은 아래로부터 위로 차례대로 1배씩 더하여 지급하라. 절강·남직례의 관병은 멀리서 와서 고생하였고 또한 겨우내 지켰기 때문에 또한 응당 상으로 병사 1명당 은 3전을 지급하고 관원은 아래로부터 위로 차례대로 1배씩 더하여 지급하라. 보정좌영(保定左營), 충순영(忠順營), 덕주(德州)의 춘추반군(春秋班軍)은 모두 오래 지킨 것도 아니고 겨우내 지킨 것도 아니기 때문에 결코 상을 줄 수 없다.

패문을 보내니, 바라건대 천진도의 관리는 내가 보낸 황상의 상은(賞銀)을 지급하되 앞선 항목에 따라 등급을 따로따로 나누라. 위임하여 파견한 관원으로 하여금 은이 담겨 있는 봉투를 무작위로 뽑아 제대로 들어가 있는지 점검하고, 영(營)과 대(隊)마다 병사를 통솔하는 관원과 함께 이름을 부르며 나누어주어서 실제 혜택을 입도록 힘써라. 또한 각 위관 등을 엄히 단속하여 추호도 빼돌리지 못하게 하라. 상의 지급이 끝나면 각 장관의 보증서를 받아 갖추고, 아울러 무슨 영의 관군 몇 명에게 은을 몇 냥 지급하였는지 자세하게 계산하고 이를 장부로 만들라. 문서가 도착한 반 개월 이내에 보고하여 유주(類奏)[61]의 증빙으로 삼게 하라. 지연시키거나 그르치지 말라. 또한 각 순무와 순안어사에게 정문을 보내 알게 하라.

....

61 유주(類奏): 유형별로 구분한 후 올리는 주문을 뜻한다.

인명록

가토 기요마사(加藤淸正) 1562~1611. 일본 사람이다. 도요토미 히데요시
(豐臣秀吉)와 같은 고향 출신으로 어려서부터 히데요시를 주군으로 섬기며
여러 전투에서 활약하였다. 1588년에 히고(肥後) 국의 영주가 되었다. 임
진왜란이 발발하자 1만 명의 병사를 이끌고 출병하여 서울을 거쳐 함경도
로 진격하여 조선의 왕자 임해군(臨海君)과 순화군(順和君)을 포로로 잡았
다. 일본이 명과 강화 교섭을 시작하자 사로잡은 왕자를 돌려보냈다. 1596
년에는 도요토미 히데요시로부터 귀환 명령을 받고 일본으로 돌아갔다가,
1597년 정유재란 때 왜선 300여 척을 이끌고 조선으로 다시 들어왔다. 가
토 기요마사가 이끄는 부대는 울산성 전투에서 조명연합군에게 포위되어
대다수의 병사가 싸우지도 못하고 죽었고, 가토 기요마사는 구사일생으로
일본에 귀국했다. 히데요시가 사망한 이후 시치쇼(七將)의 일인으로 활동
하였다. 1600년에 벌어진 세키가하라 전투에서 도쿠가와 이에야스의 동군
(東軍)에 가담하여 전후에 히고 지역의 54만 석 영주가 되었다. 1611년에는
도요토미 히데요리(豐臣秀賴)를 설득하여 도쿠가와 이에야스(德川家康)와의
회담을 성사시켰다.

갈봉하(葛逢夏) ?~?. 명나라 사람으로 자는 섭명(燮明)이다. 평양성(平壤城) 전투에 참여하여 이여송(李如松) 휘하에서 통령보진건준조병유격장군(統領保眞建遵調兵遊擊將軍)으로 선봉우영(先鋒右營) 마병(馬兵) 1300명을 통솔하였다. 사대수(査大受)에 이어 행궁을 호위하기 위해 조선에 와서 오래도록 의주(義州)에 머물렀다. 후에 남원(南原) 원정까지 참여하였다. 만력 22년(1594)에 돌아갔다.

게이테쓰 겐소(景轍玄蘇) 1537~1611. 일본 사람으로 가와즈(河津) 가문 출신이다. 하카다(博多) 세이후쿠사(聖福寺)에서 승려생활을 하던 중 대륙 침략의 야심을 품은 도요토미 히데요시의 부름을 받아 그 수하로 들어갔다. 1588년에 조선을 드나들며 자국의 내부 사정을 설명하고 일본과 수호 관계를 맺고 통신사를 파견하라고 요청하였다. 1590년 정사 황윤길(黃允吉), 부사 김성일(金誠一) 등의 통신사 일행이 일본의 실정과 히데요시의 저의를 살피기 위하여 일본으로 갈 때 동행하였으며, 이듬해 다시 입국하여 조선의 국정을 살피고 히데요시의 명나라 침공을 위한 교섭 활동을 하였다. 1592년에 임진왜란이 일어나자 고니시 유키나가(小西行長)가 이끄는 선봉군에 국사(國使)와 역관 자격으로 종군하였다. 이후 임진강(臨津江)을 사이에 두고 조선과 명나라의 연합군과 대치할 때 일본 측 고니시의 제의로 이루어진 강화회담에 참여하는 등 일본의 전시외교 활동에 종사하였다.

고니시 유키나가(小西行長) 1555~1600. 일본 사람이다. 사카이(堺) 출신의 약재 무역상인 고니시 류우사(小西隆佐)의 아들로 그 자신도 상인이었다. 본명은 고니시 야구로(彌九郞)였으며 1559년생이라고도 한다. 오다 노부나가(織田信長)가 사망한 혼노지(本能寺)의 변란 이후로 히데요시를 섬기면서 아버지 류우사와 함께 세토나이카이(瀨戶內海)의 군수물자를 운반하는 총책임이 되었다. 1588년 히데요시의 신임을 얻어 히고 우토(宇土) 성의 영주가 되었으며, 1592년 임진왜란 때는 그의 사위인 대마도주(對馬島

主) 소 요시토시(宗義智)와 함께 1만 8000명의 병력을 이끌고 제1진으로 부산진성(釜山鎭城)을 공격하였다. 이후 일본군의 선봉장이 되어 대동강(大同江)까지 진격하였고 6월 14일에 평양성을 함락하였다. 1597년 정유재란 때 다시 조선으로 쳐들어와 남원과 전주 일대를 장악하였다가, 조명 연합군의 반격을 받고 순천왜성에 주둔하였다. 이듬해 히데요시가 사망하고 철군 명령이 내려지자 노량해전이 벌어지는 틈을 이용해서 일본으로 돌아갔다. '기리시탄 다이묘(吉利支丹大名)'로서 대표적인 천주교도 다이묘였다.

고승(高昇) ?~?. 명나라 사람이다. 만력 20년(1592) 흠차양하유격장군(欽差陽河遊擊將軍)으로 마병 1000명을 이끌고 조선에 왔다가 만력 21년(1593)에 명나라로 돌아갔다.

고양겸(顧養謙) 1537~1604. 명나라 사람으로 남직례(南直隸) 통주(通州) 출신이다. 자는 익경(益卿)이다. 가정 44년(1565) 진사에 합격하여 공부주사(工部主事), 복건안찰첨사(福建按察僉事), 절강우참의(浙江右參議) 등을 거쳐 요동순무(遼東巡撫), 병부시랑, 계요총독 등을 역임하였다. 만력 21년(1593) 말에 송응창(宋應昌)이 탄핵되어 본국으로 소환되자 계요총독 겸 경략조선군무(薊遼總督兼經略朝鮮軍務)로 임명되어 그를 대신해 경략부를 지휘하였다. 송응창과 이여송 등이 명 조정에 거짓 보고를 하고 일본과의 강화를 추진하였던 사실 때문에 탄핵되었음에도 불구하고 그 역시 전쟁의 강화를 위해 노력하였다. 그리고 조선 조정의 반대를 무시하고 명에 대한 일본의 조공과 일본군의 전면 철수를 지속적으로 요구하였다. 특히 이 과정에서 조선 조정에 일본의 봉공(封貢)을 허락해줄 것을 요청하는 주본을 올리도록 강요해 자신의 뜻을 관철시키는 데 성공하였다. 하지만 그 역시 강화 교섭을 추진하면서 일본군의 실상을 명 조정에 숨긴 일 등이 문제가 되어 탄핵을 받았고 관직에서 물러난 후 명나라로 돌아갔다.

고철(高徹) ?~?. 명나라 사람이다. 흠차섬서유격장군(欽差陝西遊擊將軍)으로 만력 20년(1592) 12월에 병마 1000명을 이끌고 나왔다가 만력 21년(1593) 6월에 돌아갔다.

곡수(谷燧) ?~?. 명나라 사람으로 대동위(大同衛) 출신이다. 만력 20년(1592)에 흠차제독표하통령대동영병유격장군(欽差提督標下統領大同營兵遊擊將軍)으로 마병 1000명을 이끌고 조선에 왔다가 만력 22년(1594)에 명나라로 돌아갔다.

곽몽징(郭夢徵) ?~?. 명나라 사람으로 광녕전위(廣寧前衛) 출신이다. 호는 사재(思齋)이다. 만력 20년(1592) 흠차통령계요조병참장(欽差統領薊遼調兵參將)으로 마병 500명을 이끌고 조승훈(祖承訓)을 따라 조선에 왔다가 같은 해 명나라로 돌아갔다.

곽성지(郭性之) 1540~?. 섬서(陝西) 서안부(西安府) 화주(華州) 사람이다. 해개병비참정(海蓋兵備參政)을 지냈다.

권율(權慄) 1537~1599. 조선 사람으로 본관은 안동(安東)이다. 자는 언신(彦愼), 호는 만취당(晚翠堂)·모악(暮嶽)이다. 선조 15년(1582)에 문과에 급제하였다. 임진왜란이 발발하자 전라도관찰사 겸 순찰사(全羅道觀察使巡察使)로 발탁되어 전라도에서 군사를 모아 서울을 수복하기 위해 북상하다 고바야카와 다카카게(小早川隆景)의 군대와 접전을 벌인 끝에 왜군의 전라도 침입을 저지하였다. 선조 26년(1593) 행주산성(幸州山城)에서 왜군과 싸워 대승을 거두었다. 곧 3도도원수(三道都元帥)로 임명되어 영남지방에 주둔하면서 왜군과 싸웠다. 선조 37년(1604) 선무공신(宣武功臣) 1등 영가부원군(永嘉府院君)으로 추봉되었다.

김상(金相) ?~?. 명나라 사람이다. 천문을 잘 본다 하여 선조가 천문의 길흉을 물어보도록 한 일이 있었다.

김자귀(金子貴) ?~?. 명나라 사람이다. 임진왜란 때 조승훈이 이끄는 명나라 군대를 따라 조선에 들어온 심유경(沈惟敬)의 가정(家丁)이다.

낙상지(駱尙志) ?~?. 명나라 사람으로 절강(浙江) 소흥부(紹興府) 여요현(餘姚縣) 출신이다. 호는 운곡(雲谷)이다. 참장(參將), 경영부총병(京營副總兵)을 지냈다. 신장이 약 2미터(7척)에 이르고 무예가 뛰어났으며 "천 근의 무게를 들 수 있는 힘을 가졌다" 하여 "낙천근(駱千斤)"이라고 불리기도 하였다. 만력 20년(1592) 흠차통령절직조병신기영좌참장(欽差統領浙直調兵神機營左參將)으로 보병 3000명을 인솔하고 조선으로 들어왔다가 만력 22년(1594)에 명나라로 돌아갔다. 평양성 전투에 참가하였다. 낙상지는 용맹함으로 잘 알려져 있었을 뿐만 아니라 청렴함으로도 이름이 높았다. 또 조선에 협조적인 인물로 선조와 신료들의 관심을 받았다. 강화 교섭이 진행되면서 명군의 잔류와 철수가 논의되었고 송응창이 조선에 머물 장수를 스스로 택하라고 하자, 선조는 유정(劉綎)·오유충(吳惟忠)과 함께 낙상지를 잔류하게 해줄 것을 명 측에 요구하였다. 조선 정조(正祖) 연간에 평안도관찰사(平安道觀察使) 홍양호(洪良浩)의 주장으로 석성(石星), 이여송 등과 함께 무열사(武烈祠)에 제향되었다.

누대유(樓大有) ?~?. 명나라 사람으로 절강 의오(義烏)의 하연촌(夏演村) 출신이다. 자는 유풍(惟豊), 호는 남호(南湖)이다. 어렸을 때부터 병서 읽는 것을 좋아하였고 척계광(戚繼光)이 누대유에게 병사를 거느리는 재능이 있음을 보고는 지휘를 맡겼다. 임진왜란 때 세운 공으로 하남영병첨서지휘사(河南領兵僉書指揮使)로 승진하고 논공 후에 절강도지휘사(浙江都指揮使)로 승진하였다. 『상촌고(象村稿)』 및 중국 측 자료에서 일관되게 누대유(樓大

有)로 기록되었다. 본문의 루(婁)는 오기로 보인다.

담종인(譚宗仁) ?~?. 명나라 사람이다. 만력 20년(1592)에 이여송을 따라 조선에 왔다. 임진왜란 중 벽제관(碧蹄館) 전투의 패전 이후 명은 점차 일본과 강화를 추진해나가는 방향으로 입장을 선회하였다. 특히 군량 문제가 명이 강화 교섭을 진행하게 된 가장 큰 원인이었다. 명의 심유경은 웅천(熊川)에 있던 고니시 유키나가와 접촉하여 일본의 입장을 조율함으로써 강화 교섭을 주도하였다. 그리고 만력 21년(1593) 담종인은 명의 지휘(指揮)로 심유경 대신 고니시 진영에 그대로 남아 고니시 측의 요구를 전달하는 역할을 담당하다가 만력 23년(1595)년에 빠져나왔다. 이후에도 일본과의 교섭 업무를 주로 담당하였다.

대조변(戴朝弁) ?~?. 명나라 사람이다. 흠차통령요병유격장군(欽差統領遼兵遊擊將軍)으로 마병 1000명을 이끌고 만력 20년(1592) 6월에 압록강(鴨綠江)을 건너왔는데, 군령이 매우 엄숙하여 백성이 편하게 여겼다. 7월에 평양성 전투에서 패하면서 적탄에 맞아 전사하였다.

도요토미 히데요시(豊臣秀吉) 1536~1598. 일본 사람이다. 하급무사인 기노시타 야우에몬(木下彌右衛門)의 아들로 태어나 젊어서는 기노시타 도키치로(木下藤吉郎)라는 이름을 썼고, 29세 이후에는 하시바 히데요시(羽柴秀吉)라고 하였다. 1558년 이후 오다 노부나가(織田信長)의 휘하에서 점차 두각을 나타내어 중용되어오던 중 아케치 미쓰히데(明智光秀)의 모반으로 혼노지에서 죽은 오다 노부나가의 원수를 갚고 실권을 장악하였다. 이때부터 다이라(平)로 성씨를 사용하였으며, 1585년 간바쿠(關白)가 되자 후지와라(藤原)로 성씨를 다시 바꾸었다. 도요토미라는 성씨는 1586년부터 사용하였다. 도요토미 히데요시는 대마도주에게 명하여 조선에 명나라 정복을 위한 협조를 요청하였고, 교섭이 결렬되자 마침내 1592년 조선을 침공하여 임진왜란을 일으켰다. 그는 출정군을 9개 부대로 나누어 15만 여 명이 넘는 수군과 육군을 선두로 부산포(釜山浦)를 공격하였고, 서울에서 평양까지 파죽지세로 진공하였다. 하지만 겨울이 되면서 전쟁의 어려움이 가중되어 고니시 유키나가로 하여금 명의 심유경과 평화 교섭을 추진하게 하였으나 실패하였다. 1596년 명과의 강화 협상이 최종 결렬되자 이듬해인 1597년에 다시 군대를 동원하여 정유재란을 일으켰지만 고전을 거듭하여 국력만 소모하는 결과를 낳았다. 결국 그는 후시미(伏見) 성에서 질병으로 사망하였다.

동양정(佟養正) ?~1621. 명나라 사람으로 요동(遼東) 무순소(撫順所) 출신이다. 임진왜란 때 관전부총병(寬奠副總兵)을 지냈다. 이후 천명 3년(1618)에 일족을 이끌고 후금에 투항하였다. 훗날 손녀가 순치제(順治帝)의 비가되고 그 아들이 강희제(康熙帝)로 즉위하여 효강장황후(孝康章皇后)로 추존되었다.

마쓰라 시게노부(松浦鎭信) 1549~1614. 전국시대부터 도쿠가와 바쿠후(幕府) 초기에 걸쳐 활동한 무장이다. 히라도(平戶) 번의 번주로서 1587년에 도요토미 히데요시로부터 기존 영토에 대한 지배권을 인정받았다. 1592년에는 병사 3000명을 이끌고 임진왜란에 참전하였으며, 강화 기간 중에도 조선에 주둔하고 있다가 1598년에 귀국하였다. 나중에 세키가하라 전투에서는 동군에 가담하였고, 이로 인해 도쿠가와 이에야스로부터 히젠(肥前)과 이키(壹岐) 등 1만 3200석 규모의 영지를 분봉받았다. 이후 네덜란드 선박을 히라도에 입항시켜 히라도 무역의 기초를 닦기도 하였다.

방시춘(方時春) ?~?. 명나라 사람이다. 표하중군 원임참장 도지휘첨사(標下中軍原任參將都指揮僉事)로 이여송의 표하군에 소속되어 있었다.

방시휘(方時輝)　?~?. 명나라 사람으로 산서(山西) 울주위(蔚州衛) 출신이다. 만력 20년(1592)에 흠차통령계진유격장군(欽差統領薊鎭遊擊將軍)으로 마병 1000명을 이끌고 조선에 왔고, 이여백(李如栢)의 표하에 소속되어 평양성을 공격해서 공을 세웠다. 오래도록 상주(尙州)에 주둔하다가 만력 21년(1593)에 명나라로 돌아갔다.

부정립(傅廷立)　?~?. 명나라 사람으로 요동 광녕위(廣寧衛) 출신이다. 만력 21년(1593)에 군량을 관리하러 와서 평양에 머물렀으며, 뒤에 의주를 파수하러 재차 나왔다.

사대수(査大受)　?~?. 명나라 사람으로 요동 철령위(鐵嶺衛) 출신이다. 임진왜란 당시 선봉부총병(先鋒副總兵)으로 임명되어 대군의 선봉대 역할을 수행하였다. 사대수를 부총병 중에서 선봉으로 임명하였던 것은 그의 뛰어난 용맹을 높이 평가하였기 때문이다. 평양성 전투에 참여하였고, 선봉대를 지휘하면서 정탐 관련 임무를 수행하는 등의 많은 전공을 세웠다. 명군의 장수들 중에서 낙상지·이방춘(李芳春)과 함께 뛰어난 무예와 용맹으로 유명하였다. 이들은 모두 요동 지역 출신으로 원래 이성량(李成梁)의 가정이었다. 이여송의 측근으로 활동하였다.

석성(石星)　1538~1599. 명나라 사람으로 대명부(大名府) 동명현(東明縣) 출신이다. 자는 공신(拱辰), 호는 동천(東泉)이다. 가정 38년(1559)에 진사가 되어 이과급사중(吏科給事中)으로 발탁되었다. 융경 연간에 직언을 올려 처벌을 받았다가 만력제가 즉위한 이후 크게 기용되었고 누차 관직이 올라 태자소보 병부상서(太子少保兵部尙書)가 되었다. 임진왜란이 발발하여 조선이 명에 원조를 요청하자 파병을 강력히 주장하였다. 송응창과 이여송의 대군이 출병하여 평양을 수복하고 우세한 전황에서 명나라 국내의 어려운 상황을 감안하여 일본 측의 화의 요청을 받아들일 것을 건의하였다. 그러나 일본군이 재차 침입하자 조지고(趙志皐) 등이 강화 실패의 책임을 그에게 돌려 만력제에 의해 옥사당하였다.

섭방영(葉邦榮) ?~?. 명나라 사람이다.『조선왕조실록』에 따르면 만력 21년(1593) 통령절병유격장군(統領浙兵遊擊將軍)으로 마병 1500명을 통솔하였다. 그는 만력 25년(1597)에 절강 군사 1500명을 이끌고 조선에 다시 왔다가 명나라로 돌아갔다.

섭정국(葉靖國) ?~?. 명나라 사람이다. 천문과 지리에 능하여 송응창이 자신을 따라 종군하도록 하였다. 만력 22년(1594) 선조는 섭정국이 술수에 능통하다는 소문을 듣고 그에게 궁궐터를 비롯한 도성 안의 풍수를 물어보게 하였다. 의인왕후(懿仁王后)가 사망하자 장지(葬地)를 결정하는 일에도 참여하였다.

소 요시토시(宗議智) 1568~1615. 일본 사람이다. 1588년 대마도(對馬島)의 도주를 세습하여 대마도 후츄(府中) 성의 성주가 되었다. 1589년에 도요토미 히데요시의 수호(修好) 요청서를 가지고 조선에 왔다. 이를 계기로 조선에서는 1590년에 통신사 일행을 일본에 보냈다. 임진왜란이 일어나자 장인이었던 고니시 유키나가 휘하의 제1진으로 침입해왔으며, 두 차례에 걸쳐 조선 조정과의 강화를 요구하였으나 성사시키지 못하였다. 이여송의 명군에 쫓겨 평양성에 불을 지르고 남쪽으로 패주하였다. 1597년의 정유재란 때에도 조선 공격에 가담하였다. 세키가하라 전투에서는 서군(西軍)에 가담하였다가 패배하였으나 대마도주 자리는 계속 유지하였다.

소국부(蘇國賦) ?~?. 명나라 사람이다. 수영참장(隨營參將)으로 나왔다가 송응창과 함께 명나라로 돌아갔다.

손광(孫鑛) 1543~1613. 명나라 사람으로 절강 소흥부 여요현 출신이다. 자는 문융(文融), 호는 월봉(月峯)이다. 만력 2년(1574)에 진사로 등과하여 출사하였다. 임진왜란 발발 초기에는 순무산동도어사(巡撫山東都御史)의 관직을 맡고 있었으며 만력 22년(1594)에 병부좌시랑(兵部左侍郎)으로 재임하다가 왜군과의 강화 협상에 실패한 고양겸(顧養謙)을 대신하여 경략이 되었다.

손수렴(孫守廉) ?~?. 명나라 사람으로 요동 철령위 출신이다. 호는 행촌(杏村)이다. 만력 20년(1592)에 흠차진수요동동로부총병 도지휘사(欽差鎭守遼東東路副總兵都指揮使)로 마병 1000명을 이끌고 조선에 왔다. 이여송과 함께 평양성 전투에 참여하였다. 만력 21년(1593)에 명나라로 돌아갔다.

송대빈(宋大斌) ?~?. 명나라 사람으로 광녕우위(廣寧右衛) 출신이다. 호는 양허(養虛)이다. 만력 21년(1593) 정월에 흠차통령선대입위반병유격장군(欽差統領宣大入衛班兵遊擊將軍)으로 마병 2000명을 이끌고 나왔다가 만력 22년(1594) 정월에 돌아갔다.

송응창(宋應昌) 1536~1606. 명나라 사람으로 항주(杭州) 인화현(仁和縣) 출신이다. 호는 동강(桐岡)이다. 가정 44년(1565)에 진사가 되었다. 임진왜란 때 1차로 파병된 조승훈이 평양성 전투에서 패배하고 요동으로 돌아가자, 명나라 조정은 병부시랑(兵部侍郎) 송응창을 경략군문(經略軍門)으로, 도독동지(都督同知) 이여송을 제독군무(提督軍務)로 삼아 4만 3000명의 명군을 인솔하게 하여 조선으로 출병시켰다. 벽제관 전투에서 이여송이 일본군에 패배한 뒤, 송응창은 요동으로 돌아가 선조로 하여금 평양에 머물면서 서울을 수복하도록 자문을 보냈다. 그는 조선에 군사를 파견하거나 부상병을 돌려보내거나 군수 물자를 수송하는 등의 지원을 했다.

송응창은 벽제관 전투 후 도요토미 히데요시를 일본 국왕으로 책봉하

고 영파(寧波)를 통해 조공하도록 하는 봉공안(封貢案)을 주도했다. 일본과
의 강화 교섭이 진행되는 동안 일본의 무리한 강화 요구가 알려지는 것을
우려하여 조선 사신의 중국 입경을 가로막기도 했다. 명나라는 일본군의
조선 주둔 상황 등을 명백히 보고하지 않았다는 이유로 송응창을 대신하여
고양겸(顧養謙)을 경략으로 삼았다.

시조경(施朝卿) ?~?. 명나라 사람이다. 흠차산서유격장군(欽差山西遊擊將
軍)으로 만력 20년(1592) 12월에 마병 1000명을 이끌고 나왔다가 만력 21
년(1593) 6월에 돌아갔다.

심가왕(沈加旺) ?~?. 명나라 사람이다. 심유경의 가인이다. 『선조실록』에
는 "심가왕(沈加王)"이라고 기록되어 있다.

심사현(沈思賢) ?~?. 명나라 사람으로 절강 소흥부 여요현 출신이다. 자는
방달(邦達), 호는 사천(沙川)이다. 원임(原任) 통판(通判)으로 송응창을 따라
나와서 심유경과 함께 왜적의 진영에 들어갔다. 만력 25년(1597)에 어사 진
효(陳效)의 표하관(標下官)으로 따라와 군량 조달을 맡았다

심유경(沈惟敬) ?~1597. 명나라 사람으로 절강 가흥현(嘉興縣) 출신이다.
명나라에서 상인으로 활동하다가 임진왜란 때 조승훈이 이끄는 명나라 군
대를 따라 조선에 들어왔다. 평양성 전투 이후 일본과 화평을 꾀하는 역할
을 하였다. 그러나 양측이 제시한 협상 조건은 타협이 불가능하였고, 심유
경은 조건을 조작하여 명의 만력제로부터 협상을 허락받았다. 심유경은 정
사 양방형(楊方亨)과 함께 도요토미 히데요시에게 보내는 일본 국왕 책봉
국서를 가지고 일본으로 건너가 1596년 9월 2~3일 오사카(大阪) 성에서 그
를 만났다. 그러나 국서를 받은 히데요시는 격분하였고 명나라와 일본 양국
사이에 심각한 불신만 초래하는 결과를 낳았으며 이후 정유재란이 발발하

였다. 심유경은 감금되었다가 석방되었고 또다시 일본과 평화 교섭을 시도하였으나 이것마저 실패로 돌아가자 일본으로 망명을 기도하였다가 경상북도 의령(宜寧) 부근에서 명나라 장수 양원(楊元)에게 붙잡혀 처형되었다.

애유신(艾維新) 1563~?. 명나라 사람으로 하남(河南) 개봉부(開封府) 난양현(蘭陽縣) 출신이다. 호는 시우(時宇)이다. 만력 14년(1586)에 진사가 되었고, 만력 21년(1593) 정월에 흠차경리정왜양향 호부산동청리사주사(欽差經理征倭糧餉戶部山東淸吏司主事)가 되어 임진왜란에 종군하여 군대의 군량과 봉급을 관리하였다. 군량의 운송을 독촉하는 중에 조선의 관리들에게 곤장을 가해 지나가는 곳마다 무서워 떨었다고 한다. 이 해 7월에 귀국하였고, 다음 해 논공 때 원활한 군향 운송에 공이 있다 하여 포상을 받았다.

양소선(楊紹先) ?~?. 명나라 사람으로 전둔위(前屯衛) 출신이다. 흠차요동총병표하영령이병 원임참장(欽差遼東總兵標下營領夷兵原任參將)으로 마병 800명을 이끌고 제독 이여송을 따라 조선에 왔다가 만력 21년(1593)에 명나라로 돌아갔다.

양소훈(楊紹勳) ?~?. 명나라 사람이다. 임진왜란 때 요동광녕진수총병관(遼東廣寧鎭守總兵官)으로 재직하였다.

양시예(楊時譽) ?~?. 명나라 사람으로 산서 요주부(饒州府) 파양현(鄱陽縣) 출신이다. 영전병비첨사(寧前兵備僉事)를 지냈다.

양심(梁心) ?~?. 명나라 사람이다. 만력 20년(1592) 흠차보정유격장군(欽差保定遊擊將軍)으로 마병 1000명을 이끌고 조선에 왔다가 만력 21년(1593)에 명나라로 돌아갔다.

양운룡(梁雲龍) 1528~1606. 명나라 사람으로 해남(海南) 경산현(瓊山縣)
출신이다. 자는 회가(會可), 호는 임우(霖雨)이다. 해남 출신의 진사로 명성
이 자못 높아 그의 사적이 해남의 민간에 널리 알려져 있었다고 한다. 호광
순무(湖廣巡撫), 병부좌시랑(兵部左侍郎) 등의 관직을 역임하였다. 만력 20년
(1592) 안찰사부사(按察使副使)로 천진(天津)을 수비하며 북경으로 향하는
관문을 지키고 있었다. 임진왜란이 발발하자 왜군이 명에 쳐들어올 것을
대비하여 단단히 방비하였다. 만력 22년(1594)에는 요동 개원(開原)에서 병
사를 이끌고 여진과의 전투에서 공을 세웠다.

양원(楊元) ?~1598. 명나라 사람으로 정요좌위(定遼左衛) 출신이다. 호는
국애(菊厓)이다. 명나라 조정은 병부시랑(兵部侍郎) 송응창을 경략군문(經
略軍門)으로, 도독동지(都督同知) 이여송을 제독군무(提督軍務)로 삼아 4만
3000명의 명군을 인솔하게 하여 조선으로 출병시켰다. 양원은 이때 좌협
대장으로 임명되어, 왕유정(王維禎), 이여매(李如梅), 사대수(査大受), 갈봉하
(葛逢夏) 등 여러 명의 부총병과 참장, 유격 등을 인솔했다. 양원은 정유재
란 당시 남원성 전투에서 패배함으로써 탄핵되어 명나라로 송환되었고, 이
후 참형에 처해졌다.

양응룡(楊應龍) 1551~1600. 명나라 사람이다. 양씨 집안은 당나라 때부터
사천 파주(播州)의 호족으로, 명나라에서도 대대로 선위사(宣慰使)가 되어
왔다. 양응룡은 융경 6년(1572) 선위사가 되었고 만력 15년(1587)에 반감을
사서 고소되었다. 만력 22년(1594)에 그를 체포하러 온 관군을 살상해서 반
란을 일으켰다. 만력 28년(1600) 중앙정부가 본격적인 토벌작전을 전개하
자 자결하였다.

양정란(楊廷蘭) 1563~?. 명나라 사람으로 강서(江西) 남창부(南昌府) 출신
이다. 자는 수부(秀夫)이다. 만력 14년(1586) 진사가 되어 출사하였다. 임진

왜란 때 이과급사중(吏科給事中)을 지냈다.

양준민(楊俊民) ?~1599. 명나라 사람으로 산서 포주(蒲州) 출신이다. 초명은 양주민(楊州民)이고, 자는 백장(伯章)이다. 가정 41년(1562)에 진사가 되어 호부주사(戶部主事)를 제수받고 예부낭중(禮部郎中) 등의 관직을 역임하였다. 만력 17년(1589)에 호부상서 총독창장(戶部尙書總督倉場)에 임명되어 임진왜란 때 재정을 담당하여 군량 운송을 총괄하였다.

양호(楊鎬) ?~1629. 명나라 사람으로 하남 귀덕부(歸德府) 상구현(商丘縣) 출신이다. 자는 경보(京甫), 호는 풍균(風筠)이다. 만력 8년(1580)에 진사가 되었다. 만력 25년(1597) 6월에 흠차경리조선군무 도찰원우첨도어사(欽差經理朝鮮軍務都察院右僉都御史)로 조선에 왔다. 울산(蔚山)에서 벌어진 도산성(島山城) 전투에서 크게 패하였는데, 이를 승리로 보고하였다가 탄핵을 받고 파면되었다.

오몽표(吳夢豹) ?~?. 명나라 사람이다. 지휘(指揮) 또는 도사(都司)라고 칭하면서 송응창 일행을 따라 조선을 내왕하였다.

오유충(吳惟忠) ?~?. 명나라 사람으로 절강 금화부(金華府) 의오현(義烏縣) 출신이다. 호는 운봉(雲峯)이다. 척계광이 모집한 의오군으로 활동하며 왜구 토벌에 공을 세웠으며 몽골 방어를 위한 계주(薊州)의 성보(城堡) 수축에 참여하였다. 만력 20년(1592)에 흠차통령절병유격장군(欽差統領浙兵遊擊將軍)으로 보병 1500명을 이끌고 조선에 와서 평양성 전투에 참여하였고 만력 22년(1594)에 돌아갔다. 만력 25년(1597) 흠차비왜중익부총병 원임도독첨사(欽差備倭中翼副總兵原任都督僉事)로 보병 3990명을 이끌고 다시 조선에 와서 충주(忠州)에 주둔하고 영남을 왕래하면서 일본군을 토벌하였다. 만력 27년(1599)에 명나라로 돌아갔다.

오종도(吳宗道) ?~?. 명나라 사람으로 절강 소흥부 산음현(山陰縣) 출신이다. 자는 여행(汝行), 호는 석루(石樓)이다. 만력 21년(1593)에 조선에 왔으며 만력 25년(1597)에는 형개(邢玠)의 군문(軍門)에 소속되어 잇따라 수군을 이끌고 나왔다. 조선에 파견되었던 초기에는 주로 병력을 인솔하고 여러 지역을 이동하면서 군사 업무를 수행하였다. 하지만 점차 조선 조정과 전략과 정세에 대한 의견을 나눌 정도로 역할이 확대되었다. 아울러 조선 조정의 입장을 배려하고 몸가짐이 검소하며 선물 등을 좋아하지 않아 선조를 비롯한 신료들의 높은 평가를 받았다.

오희한(吳希漢) ?~?. 명나라 사람이다. 이여송에게 임용되어 조선에 왔다.

왕견빈(王見賓) 1536~1607. 명나라 사람으로 제남(齊南) 역성(歷城) 출신이다. 만력 2년(1574) 진사가 되었고 만력 26년(1598) 우첨어도사 순무연수하투(右僉都御史巡撫延綏河套)에 임명되었다. 변경 지역의 통치에 유능하였다는 평가를 받았다.

왕군영(王君榮) ?~?. 명나라 사람으로 산동(山東) 청주부(靑州府) 익도현(益都縣) 출신이다. 호는 혜천(惠泉)이다. 원임 통판으로 송응창을 따라 나와서 관향은(管餉銀)을 전담하다가 만력 21년(1593) 9월에 돌아갔다.

왕문(王問) ?~?. 명나라 사람으로 의용위(義勇衛) 출신이다. 호는 의재(義齋)이다. 만력 14년(1586)에 무진사(武進士)가 되었다. 만력 20년(1592)에 흠차건창유격장군(欽差建昌遊擊將軍)으로 마병 1000명을 이끌고 조선에 왔다. 만력 21년(1593) 명나라로 돌아갔다.

왕석작(王錫爵) 1534-1611. 명나라 사람이다. 직례 태창주(太倉州) 출신으로 자는 원어(元馭), 호는 형석(荊石)이다. 명망 있는 태원(太原) 왕씨 가문으로 가정 41년(1562)에 회시 1등, 전시 2등으로 급제하여 출사하였다. 한림원(翰林院)을 거쳐 국자좨주(國子祭酒), 예부우시랑(禮部右侍郞) 등 여러 관직을 역임하다가 만력 연간 초 장거정(張居正)과의 불화로 관직에서 물러났다가 만력 12년(1584)에 예부상서 겸 문연각대학사(禮部尙書兼文淵閣大學士)에 제수되었다. 만력 21년(1593)에는 수보대학사(首輔大學士)가 되었으나 황태자의 지명을 둘러싼 정쟁에 애매한 태도를 취하였다가 조정의 탄핵을 받고 이듬해에 관직에서 물러났다. 시호는 문숙(文肅)이다.

왕승은(王承恩) ?~?. 명나라 사람으로 대녕전위(大寧前衛) 출신이다. 계진동협부총병(薊鎭東協副總兵), 도독첨사(都督僉事)의 직책을 맡았다가 이후 중군이 되어 송응창을 따라 조선에 왔으나, 오래지 않아 관마(官馬)를 사사로이 팔았다는 송응창의 탄핵을 받고 파직되어 돌아갔다.

왕여현(王汝賢) ?~?. 명나라 사람으로 강소성(江蘇省) 무석(無錫) 사람이다. 현승(縣丞)을 지냈다.

왕유익(王有翼) ?~?. 명나라 사람으로 하남 언릉적(鄢陵籍) 요동(遼東) 철령위(鐵嶺衛) 출신이다. 호는 심헌(心軒)이다. 만력 20년(1592)에 흠차통령요병 원임부총병(欽差統領遼兵原任副總兵)으로 마병 1200명을 이끌고 조선에 왔다가 만력 21년(1593)에 명나라로 돌아갔다.

왕유정(王維貞) ?~?. 명나라 사람으로 삼만위(三萬衛) 출신이다. 만력 20년(1592) 흠차통령계진조병 원임부총병(欽差統領薊鎭調兵原任副總兵)으로 마병 1000명을 이끌고 조선에 왔다가 만력 21년(1593) 명나라로 돌아갔다.

왕응림(王應霖) 1548~?. 명나라 사람으로 순천부(順天府) 패주(霸州) 문안현(文安縣) 출신이다. 요동양저낭중(遼東糧儲郞中)을 지냈다.

왕필적(王必廸)　?~?. 명나라 사람이다. 만력 20년(1592) 통령남병유격장군 (統領南兵遊擊將軍)으로 압록강을 건너 조선에 왔다. 제독 이여송이 지휘한 평양성 전투에서 보병 1500명을 통솔하였다.

우키타 히데이에(宇喜多秀家)　1573~1655. 일본 사람이다. 오다 노부나가 의 명으로 가문을 상속하였고 이후 도요토미 히데요시의 군에 편입되었다. 노부나가가 사망한 이후에는 히데요시의 신임을 얻어 유시(猶子: 조카)의 연을 맺게 되었고, 1586년에는 히데요시의 양녀를 정실로 맞이하였다. 히 데요시의 신임이 두터워 '고다이로(五大老)'가 되었다. 임진왜란과 정유재 란 때는 일본군의 감군(監軍)으로 조선에 침입해왔다. 1592년에 왜군의 제 8진 1만 명을 이끌고 침입하여 서울에 입성하고 왜군이 북진한 뒤의 서울 수비를 담당하였다. 이듬해 행주성(幸州城) 전투에서 권율에게 패배하였을 때 부상을 당하고 철군하였다. 1597년 정유재란 때도 왜군의 제2진을 이끌 고 내침하여 남원과 전주를 점령하였으나 소사평(素沙坪)·명량(鳴梁) 전투 에서 일본군이 대패하자 퇴각하였다. 1600년의 세키가하라 전투에서 서군 의 중심 전력으로 출전하였다가 대패하여 1606년 하치조섬(八丈島)에 약 50 년간 유폐되었다가 사망하였다.

원황(袁黃)　1533~1606. 명나라 사람으로 절강 가흥부(嘉興府) 가선현(嘉 善縣) 출신이다. 자는 곤의(坤儀)이다. 만력 연간에 진사가 되어 보저현(寶坻 縣) 지현에 임명되었다가 선정을 펼쳐 병부주사(兵部主事)로 발탁되었다. 임 진왜란 때 송응창을 보좌하여 원정에 나섰으며 계책을 세우는 데 많은 역 할을 하였다. 원황이 임진왜란 당시 명에서 맡았던 정식 관직은 병부의 직 방청리사주사(職方淸吏司主事)였다. 임진왜란 당시 명의 정규군이 조선에 파견될 때 병부원외랑(兵部員外郎) 유황상(劉黃裳)과 함께 찬획(贊劃)으로 파 견되어 참모 역할 등을 수행하였다. 특히 병참과 관련된 업무를 많이 담당 해서 군량 문제 등을 조선 조정과 논의하는 경우가 많았다.

유공진(柳拱辰)　1547~1604. 조선 사람으로 본관은 문화(文化)이다. 자는 백첨(伯瞻)이다. 이이(李珥)와 성혼(成渾)에게 학문을 배웠으며 선조 16년(1583)에 문과에 급제하였다. 선조 26년(1593)에 사은사(謝恩使)의 서장관(書狀官)으로 명나라에 다녀왔다. 일시 낙향하였다가 정유재란이 일어나자 선조 32년(1599)에 강원도의 조도 겸 독운어사(調度兼督運御史)에 임명되어 군량의 조달과 수송에 큰 공을 세웠다.

유동성(劉東星)　1538~1601. 명나라 사람으로 직례(直隸) 심수현(沁水縣) 출신이다. 자는 자명(子明), 호는 진천(晉川), 시호는 장정(莊靖)이다. 융경 2년(1568)에 진사로 등과하여 절강제학부사(浙江提學副使), 호광우포정사(湖廣右布政史), 좌부도어사(左副都御史), 이부우시랑(吏部右侍郎), 공부상서(工部尚書) 등의 관직을 역임하였다. 임진왜란 기간에는 순무보정도어사(巡撫保定都御史)를 지냈다.

유영경(柳永慶)　1550~1608. 조선 사람으로 본관은 전주(全州)이다. 자는 선여(善餘), 호는 춘호(春湖)이다. 선조 5년(1572) 문과에 급제하여 여러 관직을 역임하였고 임진왜란 때 황해도순찰사(黃海道巡察使)로 각 고을에서 군량을 걷어 명군에게 지급하는 일을 맡았다. 정유재란 때에도 군량을 모으는 일을 담당하였다. 이후 호성공신(扈聖功臣) 2등으로 전양부원군(全陽府院君)에 봉해졌고 영의정에 이르렀다.

유정(劉綎)　1553~1619. 명나라 사람으로 강서 남창부(南昌府) 홍도현(洪都縣) 출신이다. 자는 자신(子紳), 호는 성오(省吾)이다. 도독(都督) 유현(劉顯)의 아들로, 음서로 지휘사(指揮使)의 관직을 받았다. 이후 누차 전공을 세우면서 사천총병(四川總兵)까지 승진하였다. 임진왜란 때에는 어왜총병관(禦倭總兵官)으로 참전하였으며 나중에 후금과의 전쟁에서 사망하였다.

유황상(劉黃裳) 1529~1595. 명나라 사람으로 하남 광주(光州) 출신이다. 자는 현자(玄子)이다. 만력 14년(1586) 진사에 올랐고 문장으로 유명하였다고 한다. 병부원외랑, 찬획경략(贊劃經略)으로 임진왜란 때 송응창의 군무를 보조하는 임무를 맡았다. 압록강을 건너 평양에 도달하여 적병을 크게 물리쳤으며 퇴각하는 적을 쫓아 연승을 거두었다. 이 공을 인정받아 낭중(郎中)으로 승진하였다.

윤근수(尹根壽) 1537~1616. 조선 사람으로 본관은 해평(海平)이고 서울에 거주하였다. 자는 자고(子固), 호는 월정(月汀), 시호는 문정(文貞)이다. 임진왜란 때 명나라에 구원병 5만 명을 청하고 전쟁 물자를 얻는 데 결정적 역할을 한 외교관이다. 선조 25년(1592) 4월 14일 왜군이 부산포에 상륙하여 동래성(東萊城)을 함락하고 북상하자 선조는 이일(李鎰)과 신립(申砬)을 파견하여 왜군의 북상을 막아보려 하였다. 그러나 이일은 상주(尙州)에서, 신립은 충주의 탄금대(彈琴臺)에서 왜적에게 크게 패하였고, 왜군이 서울 근교에 육박하자 선조는 평소 신뢰하였던 윤근수 형제를 조정으로 불러 피난길에 앞장 세웠다. 우의정(右議政) 윤두수(尹斗壽)가 중국어를 잘하는 동생 예조판서(禮曹判書) 윤근수를 사신으로 명나라에 보내 조선의 위급한 상황을 알리고 구원병을 요청하게 하였다. 윤근수는 명나라 요동도사(遼東都司)와 광녕부(廣寧府)에 가서 5만 명의 구원병을 조선에 보내달라고 교섭하였다. 이에 7월 명나라 장수 조승훈이 명나라의 요동 군사 5000여 명을 거느리고 먼저 조선으로 들어왔다. 이어 10월에 비변사에서 윤근수를 요동에 계속 보내어 구원병을 증파할 것을 교섭하게 하였으므로, 6개월 사이에 윤근수는 명나라 광녕부에 세 번, 요동도사에 여섯 번 왕래하면서 명나라 경략 송응창과 광녕총병관(廣寧總兵官) 양소훈 등과 교섭하였다. 그 결과 12월에는 명나라 제독 이여송이 요동 군사 4만 2000여 명을 거느리고 조선으로 들어왔다.

이녕(李寧) ?~?. 명나라 사람으로 요동(遼東) 철령위(鐵嶺衛) 출신이다. 이성량(李成梁)의 가정(家丁) 출신이며 용력(勇力)으로 이름났다. 만력 20년(1592) 이여송 휘하에서 참장으로 친병(親兵) 1000명을 통솔하여 평양성 전투에 참전하였고 계속 공을 세워 부총병(副總兵)에 이르렀다. 만력 25년(1597)에 흠차통령보정영병비왜부총병 서도독첨사(欽差統領保定營兵備倭副總兵署都督僉事)로 마병 2000명을 이끌고 남하하였는데 만력 26년(1598) 4월 거창(居昌) 지역에서 일본군과 전투하다 사망하였다.

이대간(李大諫) ?~?. 명나라 사람으로 절강 가흥부 수수현(秀水縣) 출신이다. 호는 북천(北泉)이다. 만력 20년(1592)에 조선에 와서 의주에 있었으며, 만력 25년(1597)에 형개를 따라 다시 왔다.

이대기(李大期) 1551~1628. 조선 사람으로 본관은 전의(全義)이다. 자는 임중(任重), 호는 설학(雪壑)이다. 임진왜란 때 의병을 모집하여 고령(高靈), 성주(星州)의 낙동강 유역에서 왜적과 싸워 혁혁한 공을 세웠다.

이도(李都) ?~?. 명나라 사람이다. 요동의 식량 운송을 관장하였다.

이방춘(李芳春) ?~?. 명나라 사람으로 직례(直隷) 대명부(大名府) 평로위(平虜衛) 출신이다. 자는 응시(應時), 호는 청강(晴岡)이다. 만력 20년(1592) 흠차통령계진준화참장(欽差統領薊鎭遵化參將)으로 마병 2000명을 이끌고 조선에 왔다. 만력 21년(1593)에 돌아갔다가 만력 7년(1579) 총병으로 다시 왔다. 이방춘은 본래 이성량의 가정이었다. 낙상지·사대수와 함께 뛰어난 용맹으로 유명하였다. 이방춘이 임진왜란 당시 명에서 맡았던 정식 관직은 참장이었다. 중협대장(中協大將) 이여백의 지휘를 받아 여러 전투에 참여하였는데, 특히 평양성 전투에서 크게 활약해서 평양 수복에 중요한 역할을 하였다.

이성량(李成梁) 1526~1618. 명나라 사람으로 요동 철령위 출신이다. 자는 여계(如契), 호는 인성(引城)이다. 고조부가 조선에서 귀부한 이래 대대로 요동 철령위의 지휘첨사(指揮僉事) 직위를 세습해왔다. 융경 4년(1570) 이후 두 차례에 걸쳐 30여 년 동안 요동총병(遼東總兵)의 지위에 있으면서 여진족을 초무하고 요동의 방위에 기여하였다. 만력 7년(1579)에 영원백(寧遠伯)으로 봉작되었다. 이여송, 이여백(李如柏), 이여정(李如楨), 이여장(李如樟), 이여매(李如梅) 등 다섯 아들이 모두 무장으로 이름을 떨쳤다. 임진왜란이 발발하자 다섯 아들이 모두 전쟁에 참여하였으며 큰아들 이여송은 평왜제독(平倭提督)으로 임명되어 명군을 통솔하였다.

이승훈(李承勛) ?~?. 명나라 사람이다. 왜구에 대한 방어가 긴요해지자 만력 23년(1595)에 북방의 중요 수비지역이었던 산동총병관 겸 도독첨사(山東總兵官兼都督僉事)에 추천되어 수륙의 관병을 제독하였다. 이승훈은 군령을 매우 엄격히 하여 부하들이 민간에서 함부로 물품을 징발하는 것을 금하였다. 정유재란이 마무리될 무렵 명군 제독 총병관(總兵官)으로 조선에 파견되어 서울에 머무르며 전쟁의 뒤처리를 담당하였다. 만력 28년(1600) 10월에 명나라로 돌아갔다.

이여남(李如楠) ?~?. 명나라 사람으로 요동 철령위 출신이다. 이성량의 아들이자 이여송의 동생이다. 참장을 지냈다.

이여매(李如梅) ?~1612. 명나라 사람으로 요동 철령위 출신이다. 자는 자청(子淸), 호는 방성(方城)이다. 이여송의 동생으로, 임진년에 흠차의주위진수참장(欽差義州衛鎭守參將)으로 마병 1000명을 이끌고 이여송을 따라 조선에 왔다가 만력 21년(1593)에 명나라로 돌아갔다. 만력 25년(1597)에 총병으로 다시 조선에 왔다. 임진왜란 당시 참장으로 형인 이여송과 함께 참전하여 평양성을 탈환하는 데 공을 세웠다. 일본과의 강화 교섭이 진행되고 전쟁이 고착화되자 이여송과 함께 요동으로 돌아갔다가 정유재란이 발발하자 다시 참전하였다. 울산성(蔚山城) 전투에서 선봉으로 나서서 외성을 함락하는 등 큰 공헌을 하였지만 가토 기요마사를 사로잡거나 내성까지 함락하지는 못하였다. 이여송이 광녕에서 죽자 형의 관직인 요동총병을 승계하여 요동을 방어하였다.

이여백(李如栢) 1553~1620. 명나라 사람으로 요동 철령위 출신이다. 이성량의 둘째 아들이자 이여송의 동생이다. 명나라 말기의 요동총병이다. 임진왜란 당시 총병으로 형인 제독 이여송과 함께 참전하여 평양성을 탈환하는 데 공을 세웠다. 조선의 서울을 수복한 이후 일본군을 추격하기도 하였으나 일본과의 강화 교섭이 진행되고 전쟁이 고착화되자 이여송과 함께 요동으로 돌아갔다. 평양의 무열사(武烈祠)에 석성·장세작(張世爵)·양원과 함께 배향되었다.

이여송(李如松) 1549~1598. 명나라 사람으로 요동 철령위 출신이다. 자는 자무(子茂), 호는 앙성(仰城)이다. 조선 출신인 이영(李英)의 후손이며 아버지는 이성량으로, 전공을 세워 광녕총병(廣寧總兵)이 되었다. 이여송의 동생은 이여백, 이여장, 이여매이며 모두 총병관에 임명되었다. 철령위 지휘동지(指揮同知)를 세습하다가 만력 11년(1583)에 산서총병관(山西總兵官)이 되었다. 만력 20년(1592) 감숙(甘肅) 영하에서 보바이의 난이 일어나자 제독으로 토벌군을 이끌고 참전하여 동생인 이여장과 함께 반란 진압에 큰 공을 세웠다. 그 공으로 도독(都督)으로 승진하였으며, 임진왜란이 일어나자 흠차제독계요보정산동등처방해어왜군무총병 중군도독부도독동지(欽差提督薊遼保定山東等處防海禦倭軍務總兵中軍都督府都督同知)로 임명되어 조선으로 파병되었다. 4만 명의 병력을 이끌고 압록강을 건넌 이여송은 만력 21년(1593) 1월 조선의 승군, 관군과 연합하여 평양성을 함락시키고 퇴각하는 일본군을 추격하며 평안도와 황해도, 개성 일대를 탈환하였지만, 서울

부근 벽제관에서 일본군에 패하여 개성으로 퇴각하였다. 그 뒤에는 전투에 적극적으로 나서지 않고 화의 교섭에 주력하다가 명으로 철군하였다. 조선 조정에서는 그의 공적을 기려 생사당(生祠堂)을 세웠다.

이여오(李如梧) ?~?. 명나라 사람으로 요동 철령위 출신이다. 이성량의 아들이자 이여송의 동생이다.

이원익(李元翼) 1547~1634. 조선 사람으로 본관은 전주(全州)이며 한성부(漢城府) 출신이다. 자는 공려(公勵), 호는 오리(梧里), 시호는 문충(文忠)이다. 선조 3년(1569) 문과에 급제하여 성균관전적(成均館典籍), 동부승지(同副承旨) 등 여러 관직을 역임하였다. 임진왜란이 발발하자 평안도관찰사 겸 순찰사가 되어 왜병 토벌에 공을 세웠다. 선조 26년(1593) 이여송과 합세해 평양을 탈환한 공로로 숭정대부(崇政大夫)에 가자되었고, 선조가 환도한 뒤에도 평양에 남아서 군병을 관리하였다. 선조 28년(1595)에는 변무사(辨誣使)로 명에 사행을 다녀왔으며, 선조 31년(1598) 영의정에 임명되었다. 선조 37년(1604)에는 충근정량효절협책호성공신 2등(忠勤貞亮効節協策扈聖功臣二等)에 녹훈되었고 완평부원군(完平府院君)에 봉작되었다. 또한 임진왜란 때의 공로로 선무원종공신 2등(宣武原從功臣二等)에 녹훈되기도 하였다.

이유승(李有昇) ?~1593. 명나라 사람으로 요동 철령위 출신이다. 이여송을 따라 조선에 왔다. 벽제관 전투에서 왜적 하나가 칼을 휘두르며 돌진해와서 하마터면 이여송이 위험할 뻔하였는데, 이때 이유승이 옆에 있다가 뛰쳐나와 적을 막다 죽었다. 『상촌고(象村稿)』에는 "이유승(李有升)"으로 기록되어 있다.

이이(李頤) 1541~1601. 명나라 사람으로 강서 여간현(餘干縣) 출신이다. 자는 유정(惟貞)이다. 융경 2년(1568)에 진사가 되어 출사하였고 만력 연간 초기에 어사로 발탁되었다. 하남우포정사(河南右布政使), 순천순무(順天巡撫) 등의 관직을 역임하였다.

이해룡(李海龍) ?~?. 조선 사람이다. 역관(譯官)으로 동지중추부사(同知中樞府事)의 관직까지 이르렀다.

임자강(任自强) ?~?. 명나라 사람으로 대동(大同) 양화위(陽和衛) 출신이다. 자는 체원(體元), 호는 관산(冠山)이다. 만력 20년(1952)에 흠차통령요동조병 원임부총병 서도독동지(欽差統領遼東調兵原任副總兵署都督同知)로 선부(宣府)의 병력 1000명을 이끌고 압록강을 건너왔다가 만력 21년(1593)에 명나라로 돌아갔다. 만력 27년(1599)에 무원(撫院)의 청용관으로 다시 조선에 왔다가 명나라로 돌아갔다.

장구경(張九經) ?~?. 명나라 사람으로 하남 수양위(睢陽衛) 출신이다. 호는 봉죽(鳳竹)이다. 중군기고관(中軍旗鼓官)으로 송응창을 따라 조선에 왔다. 이후 만력 25년(1597)에 형개의 기고관으로 다시 왔다.

장기공(張奇功) ?~?. 명나라 사람으로 요동 출신이다. 만력 20년(1592) 진무(鎭撫)로 차출되어 양오전(楊五典)과 함께 조선의 사정을 자세히 탐지하고 돌아갔다. 돌아간 지 얼마 되지 않아 원임 참장으로 대녕영(大寧營)의 병마 1000명을 이끌고 이여송을 따라 재차 조선에 왔다가 만력 21년(1593)에 돌아갔다.

장대선(張大膳) ?~?. 명나라 사람이다. 일본에서 통사(通事)의 역할을 하였다. 만력 21년(1593) 1월 평양성 전투 때 명나라 측에 사로잡혔다.

장동(張棟) ?~?. 명나라 사람으로 소주부(蘇州府) 곤산현(崑山縣) 출신이다.

자는 백임(伯任), 호는 가암(可菴)이다. 산해관주사(山海關主事)를 지냈다.

장삼외(張三畏) ?~?. 명나라 사람으로 요동 삼만위(三萬衛) 출신이다. 만력 20년(1592)에 요동도지휘사사첨사(遼東都指揮使司僉事)로 의주에 와 머물면서 군량을 관리하였다.

장세작(張世爵) ?~?. 명나라 사람으로 광동우위(廣東右衛) 출신이다. 호는 진산(鎭山)이다. 만력 20년(1592) 도독 이여송 속하에서 흠차정왜우영부총병 도지휘사(欽差征倭右營副總兵都指揮使)로 군사 1500명을 거느리고 평양성 전투에 참전하였다. 평양성 전투에서 크게 활약해서 평양 수복에 주도적인 역할을 하였다. 만력 21년(1593)에 이여송과 함께 명나라로 돌아갔다.

장위(張位) 1534-1610. 명나라 사람이다. 강서 남창(南昌) 신건(新建) 출신이며 자는 명성(明成), 호는 홍양(洪陽)이다. 융경 2년(1568) 진사(進士)로, 만력 연간 초 수보대학사(首輔大學士) 장거정(張居正)과의 불화로 좌천되었다. 장거정 사후 복권되어 여러 관직을 역임하다 만력 19년(1591)에 동각대학사(東閣大學士)로 임명되었다. 만력 26년(1598)에 탄핵을 당하여 관직이 삭탈되었다. 훗날 천계 연간에 복권되고 태보(太保)로 추증되었다. 시호는 문장(文莊)이다.

전세정(錢世禎) 1561~1644. 명나라 사람으로 직례 가정현(嘉定縣) 출신이다. 자는 자손(子孫), 호는 삼지(三持)이다. 만력 17년(1589) 무과 진사에 급제하여 계진참장(薊鎭參將), 소주위진무(蘇州衛鎭撫), 절강총운(浙江總運), 동정유격장군(東征遊擊將軍), 금산진삼장(金山鎭參將) 등의 관직을 역임하다가 나중에는 강서총병(江西總兵)으로 승진하였다. 임진왜란 때 유격장군(遊擊將軍)으로 승진하였다. 오유충과 함께 명나라 군대를 선봉하여 압록강을 건널 수 있게 통솔하였다. 만력 21년(1593) 정월 1일 일본 정탐 군대와의 전투에서 승리하고, 제독 이여송과 함께 평양을 점령하고 대동강으로 가서 왜노를 개성으로 추방하였으며, 왜장 1명을 참수하였다. 참수 때 왜장의 이름을 물었지만 답을 얻지 못하여 이 공로는 알려지지 않았다.

전주(田疇) 1544~?. 명나라 사람으로 산서 태원부(太原府) 문수현(文水縣) 출신이다. 자는 여치(汝治)이다. 임진왜란 기간에 산동해방병비안찰사(山東海防兵備按察使) 관직을 맡았다.

정문빈(鄭文彬) ?~?. 명나라 사람이다. 원임 하간부동지(河間府同知)로 군량을 관리하였는데, 만력 20년(1592)에 조선에 왔다가 만력 21년(1593)에 돌아갔다. 만력 25년(1597)에 다시 조선에 왔다.

조문명(趙文明) ?~?. 명나라 사람이다. 만력 20년(1592) 흠차진정유격장군(欽差眞定遊擊將軍)으로 마병 1000명을 이끌고 조선에 왔다가 만력 21년(1593)에 명나라로 돌아갔다.

조승훈(祖承訓) ?~?. 명나라 사람으로 영원위(寧遠衛) 출신이다. 호는 쌍천(雙泉)이다. 원래 이성량의 가정이었다가 부총병 우군도독부도독첨사(右軍都督府都督僉事)가 되었다. 만력 20년(1592) 7월에 유격(遊擊) 사유(史儒)와 평양성 전투에서 패해 파직되었다. 그 후 이여송의 표하관으로 기용되어 평양성 공격에 참가해 공을 세웠다. 이에 따라 요양협수(遼陽協守)에 인임되었지만 곧바로 또 죄에 걸려 파직되었다. 만력 25년(1597)에 다시 군문(軍門) 형개(邢玠)를 따라 조선에 왔다.

조여매(趙汝梅) ?~?. 명나라 사람으로 요동 철령위 출신이다. 호는 초암(肖菴)이다. 산서 노안부(潞安府) 호관현(壺關縣)의 지현으로 만력 20년(1592) 12월에 명군에 합류하여 군량을 관리하였다. 적이 물러가자 이여송을 따라

서울에 들어왔다가 얼마 뒤에 송응창의 탄핵을 받고 만력 21년(1593) 9월
에 돌아갔다.

조요(趙燿) ?~1609. 명나라 사람으로 산동 액현(掖縣) 출신이다. 자는 문
명(文明)이다. 융경 5년(1571) 진사가 되었다. 서길사(庶吉士)에서 어사(御史)
로 발탁되었지만 장거정(張居正)의 눈 밖에 나서 귀향하였다. 나중에 병부
낭중(兵部郎中)에 발탁되어 산서안찰사(山西按察使)로 옮겼다. 왜군이 조선
을 침략하였을 때 왜적을 방비할 열 가지 방책을 올려 화의의 해로움에 대
해 주장하였다. 관직은 우첨도어사순무보정(右僉都御史巡撫保定)까지 올랐
다. 임진왜란이 발발하였을 때 순무요동도어사(巡撫遼東都御史)를 맡고 있
었다.

조지고(趙志皐) 1524-1601. 명나라 사람이다. 절강 금화부(金華府) 난계현
(蘭溪縣) 출신으로 자는 여매(汝邁), 호는 곡양(濲陽)이다. 융경 2년(1568), 과
거에 3등으로 급제한 후 한림원(翰林院)에서 여러 관직을 역임하였다. 만력
연간 초 실세였던 장거정(張居正)을 탄핵한 일에 연루되어 좌천되었다가 장
거정 사후인 만력 11년(1583)에 복권되었다. 만력 19년(1591)에는 동각대
학사(東閣大學士)로 임명되었고 곧 수보대학사(首輔大學士)가 되었다. 시호
는 문의(文懿)이다.

조지목(趙之牧) ?~?. 명나라 사람이다. 임진왜란 때 우협대장 장세작의 통
솔을 받았던 사람 중 하나이다. 『선조수정실록』 25년(1592) 12월 1일과 『선
조실록』 26년(1593) 1월 11일 기사에는 조지목이 통령창평우영병참장(統領
昌平右營兵參將)이라고 명기되어 있다.

주균왕(朱均旺) ?~?. 명나라 사람으로 무주(撫州) 임천(臨川) 출신의 상인
이다. 만력 5년(1577) 광주(廣州)를 떠나 장사를 하다 왜구를 만나 납치당하

여 규슈(九州)의 사쓰마(薩摩)에서 노비 생활을 하다 동향인 허의후(許儀後)에게 구출되어 명으로 돌아왔다. 허의후는 사쓰마에 오랫동안 머무르고 있었는데, 만력 19년(1591) 도요토미 히데요시가 장차 명을 습격하려 한다는 소문을 듣고 투서를 작성하여 주균왕을 통해 절강성에 전달하였다.

주역(周易)　?~?. 명나라 사람이다. 만력 20년(1952) 조선에 들어와서 제4차 평양성 전투에 참가하였다.

주유한(周維翰)　?~?. 명나라 사람으로 직례(直隷) 하간부(河間府) 부성현(阜城縣) 출신이다. 호는 도우(韜宇)이다. 만력 8년(1580)에 진사가 되었다. 만력 21년(1593) 2월에 흠차순안요동 겸 관해방군무 감찰어사(欽差巡按遼東兼管海防軍務監察御史)로 조선으로 와서 감군(監軍)하며 평양에 도착하였고 6월에 돌아갔다.

주홍모(周弘謨)　?~?. 명나라 사람이다. 만력 20년(1592) 흠차통령선부영병유격장군(欽差統領宣府營兵遊擊將軍)으로 마병 1000명을 이끌고 조선에 왔다가 만력 21년(1593) 명나라로 돌아갔다. 만력 22년(1594)에 적들을 선유(宣諭)하기 위해 재차 와서 서울에 머물렀는데, 얼마 되지 않아 말에서 떨어져 병으로 죽었다.

진리(陳履)　1534~?. 명나라 사람으로 광주부(廣州府) 동관현(東莞縣) 출신이다. 본명은 천석(天澤), 자는 덕기(德基), 호는 정암(定庵)이다. 계주양저낭중(薊州糧儲郎中)을 지냈다.

진린(陳璘)　1532~1607. 명나라 사람으로 광동(廣東) 소주부(韶州府) 옹원현(翁源縣) 사람이다. 자는 조작(朝爵), 호는 용애(龍厓)이다. 가정 연간 말에 지휘첨사(指揮僉事)가 되었고, 영덕(英德)의 농민봉기를 진압한 공로로 광동

수비(廣東守備)가 되었다. 광동의 군사를 이끌고 부총병으로 임진왜란에 참전하였으며, 곧 어왜총병관(禦倭總兵官)으로 승진하였다. 이후에도 귀주(貴州)와 광동에서 무관으로 활동하였다.

진명화(陳鳴華)   1561~?. 명나라 사람으로 복건(福建) 천주부(泉州府) 진강현(晉江縣) 출신이다. 영평양저낭중(永平糧儲郎中)을 지냈다.

진방철(陳邦哲)   ?~?. 명나라 사람이다. 만력 20년(1592) 흠차통령산서영원임참장(欽差統領山西營原任參將)으로 군사 1000명을 이끌고 조선에 왔다가 만력 21년(1593) 명나라로 돌아갔다.

진신(陳申)   ?~?. 명나라 사람으로 복건 동안현(同安縣) 출신이다. 금문도(金門島)에서 상인으로 활동하였다. 만력 16년(1588) 4월 복주(福州)에서 통행증을 받아 출항하였으나 유구(琉球)에서 배가 좌초하였다. 동행을 귀국시키고 진신은 유구에 잔류하던 중 도요토미 히데요시의 명 공격 계획을 듣고 유구의 협력을 받아 유구의 조공 사절에 동행하여 만력 19년(1591) 윤3월에 복주로 귀국해서 자신이 들은 정보를 보고하였다. 이후 만력 20년(1592) 11월에 송응창에게 파견되거나 만력 22년(1594) 마닐라로 파견되는 등 일본에 대한 명의 모략 실행에 누차 동원된 것으로 보인다.

진일간(陳一簡)   1555~?. 명나라 사람으로 안휘(安徽) 태평부(太平府) 번창현(繁昌縣) 출신이다. 자는 경보(敬甫)이다. 밀운양저낭중(密雲糧儲郎中)을 지냈다.

척금(戚金)   1556~1621. 명나라 사람으로 산동 등주위(登州衛) 출신이다. 만력 21년(1593) 흠차통령가호계송조병유격장군(欽差統領嘉湖薊松調兵遊擊將軍)이라는 직함으로 1000명의 보병을 거느리고 평양성 전투에 참가하였다. 이때 남병(南兵)이라고도 불린 절강성(浙江省) 군사들의 전법은 조선의 관심을 불러일으켰다. 이들의 전법체계인 절강병법(浙江兵法) 혹은 척가병법(戚家兵法)은 척계광이 창안한 '어왜법(禦倭法)'이었고, 척계광의 인척으로 알려진 척금에 대한 관심도 높았다. 척금은 용맹함 뿐만 아니라 겸손함으로도 알려져 있었다. 척금은 부대의 규율을 엄격히 하여 주변에 폐를 끼치지 않았다. 정탁(鄭琢)은 그를 두고 "옛 장수의 풍모를 지닌 인물"이라고 평가하였다. 전라도 여산군(礪山郡)에는 척금의 군대가 주둔하면서 전혀 해를 끼치지 않았던 점을 칭송하는 청덕비(淸德碑)가 백성에 의해 세워지기도 하였다. 만력 22년(1594) 명나라로 돌아갔다.

풍시태(馮時泰) 1551~?. 명나라 사람으로 산서 분주(汾州) 출신이다. 분순요해참의(分巡遼海參議)를 지냈다.

학걸(郝杰) 1530~1600. 명나라 사람으로 산서 울주위(蔚州衛) 출신이다. 자는 언보(彦輔), 호는 소천(少泉)이다. 학걸은 도찰원(都察院)의 감찰어사(監察御史)로서 평소 강직하고 일처리에 신중하였다고 한다. 만력 17년(1589) 부터 만력 20년(1592)까지 요동순무(遼東巡撫)로 재임하면서 당시 이 지역에서 최고의 위세를 누리던 총병관(總兵官) 이성량을 조정에 직간함으로써 그를 사퇴하게 만들었다. 그 공적으로 계요총독(薊遼總督)으로 승진하였고 만력 21년(1593) 정월까지 재임하였다. 그는 군무를 감독하는 과정에서 특히 일본의 위협에 대해 긴장을 늦추지 않았고, 당시 일본에 대한 자료를 수집하여 만력 21년에는 『일본고(日本考)』라는 책을 편찬하기도 하였다.

한취선(韓取善) 1546~?. 명나라 사람으로 산동 제남부(濟南府) 치천현(淄川縣) 출신이다. 자는 성암(惺菴)이다. 만력 5년(1577)에 진사가 되었다. 만력 21년(1593) 2월에 흠차분수요해동령도 겸 이둔전 산서포정사우포정(欽差分守遼海東寧道兼理屯田山西布政司右布政)으로 조선으로 와서 감군하였다.

허국충(許國忠) ?~?. 명나라 사람으로 안휘 영국현(寧國縣) 출신이다. 중군 기고관을 지냈다.

허욱(許頊) 1548~1618. 조선 사람으로 본관은 양천(陽川)이다. 자는 공신(公愼), 호는 부훤(負暄), 시호는 정목(貞穆)이다. 선조 15년(1572)에 문과에 급제하였고 선조 24년(1591) 공주목사(公州牧使)로 재직하다 임진왜란이 일어나자 호남·호서 지방을 방어하는 데 공을 세웠다. 선조 26년(1593) 충청도관찰사(忠淸道觀察使)가 되었는데, 군량을 충분히 확보하지 못하였다고 탄핵당해 파직되었다. 곧 이조(吏曹)의 요청과 유성룡(柳成龍)의 추천으로 형조참의(刑曹參議)에 임명되었고, 청량사(請糧使)로 명나라에 건너가 산동 지방의 곡식 2만 2700섬을 얻어왔다. 이후 관직이 좌의정에 이르렀다.

허진(許晉) 1536~1616. 조선 사람으로 본관은 양천(陽川)이다. 자는 경소(景昭), 호는 서교(西橋)이다. 명종 16년(1561)에 문과에 급제하여 여러 관직을 거쳤으며, 동래부사(東萊府使)로 재직 중 파직되었다. 임진왜란 중인 선조 27년(1594)에 동지사(冬至使)로 명에 가서 무기를 무역하여 돌아왔다.

허홍강(許弘綱) 1554~1638. 명나라 사람으로 절강 황전판(黃田畈) 출신이다. 자는 장지(張之), 호는 소미(少薇)이다. 만력 8년(1580)에 진사가 되어 출사하여 순천부윤(順天府尹) 등을 거쳐 남경병부상서(南京兵部尙書)에 올랐다가 환관 위충현(魏忠賢)이 정권을 잡은 후 그와 충돌하여 낙향하였다. 임진왜란이 발발하여 조선이 명에 원군을 요청하자 간관들을 이끌고 전쟁 참여에 반대하였다. 이후 경략 송응창을 탄핵하여 송응창은 관직에서 물러나 고향으로 돌아갔다.

형주준(荊州俊) 1560~1624. 명나라 사람으로 섬서 서안부 경양현(涇陽縣) 출신이다. 자는 장보(章甫), 호는 유오(顓吾), 시호는 정양(貞襄)이다. 만력 11

년(1583)에 진사에 급제하여 출사하였다.

호란(胡鸞)　?~?.『상촌고(象村稿)』에 따르면 이여송이 직접 임용한 관원이
었다.

호택(胡澤)　?~?. 명나라 사람으로 절강 소흥부 여요현 출신이다. 호는 용
산(龍山)이다. 원임관(原任官)으로 일본 진영에 왕래하였다. 만력 22년(1594)
에 경략 고양겸의 표하관으로 다시 왔고, 만력 25년(1597)에도 조선에 왔
다. 심유경과 함께 일본과의 강화를 위해 노력하였기 때문에 조선의 군신
과는 수많은 외교적 갈등을 초래하였다. 호택은 조선 조정에 중국 황제에
게 보내는 글을 올려 일본에 대한 책봉을 요청하도록 강요하기도 하였다.

황걸(黃杰)　?~?. 명나라 사람으로 하남 식현(息縣) 출신이다. 병부주사를
지냈다.

황기(黃沂)　1556~?. 조선 사람으로 본관은 장수(長水)이다. 자는 청원(淸
源)이다. 선조 16년(1583)에 문과에 급제하였다. 영변판관(寧邊判官)으로 재
직하던 중 임진왜란이 발발하자 고을을 버리고 도망갔다가 백의종군하였
다. 곧바로 복직되어 송응창의 문례관(問禮官)으로 의주에 파견되었다.

황응양(黃應揚)　?~?. 명나라 사람이다. 임진왜란을 전후로 명은 여러 경로
를 통해 일본군의 출병 사실을 파악하고 있었다. 더욱이 출병에 조선과 일
본이 연루되어 있다는 정보가 지속적으로 보고되자 명에서는 조선에 대해
강한 의심을 품게 되었다. 그런 까닭으로 명에서는 조선의 구원 요청을 받
고 나서도 의심을 풀지 못하였다. 당시 명에서 조선의 의도와 조·일 간의
연루설을 확인하기 위해 파견하였던 관리 중 한 사람이 바로 황응양이었
다. 이후 황응양은 명군에서 참모 역할을 수행하였는데, 일찍이 척계광 휘

하에서 참모로서 전공을 세운 경험이 있었기 때문이다. 임진왜란 당시 맡았던 관직은 지휘(指揮)였다.

송응창의《경략복국요편》역주

명나라의 임진전쟁 2 평양 수복

2020년 10월 23일 초판 1쇄 발행
2020년 11월 20일 초판 2쇄 발행

지은이   송응창
역주   구범진·김슬기·김창수·박민수·서은혜·이재경·정동훈·薛戈

총괄   최영창(국립진주박물관장)
북디자인   김진운

발행   국립진주박물관
            경상남도 진주시 남강로 626-35
            055-742-5952
출판   ㈜사회평론아카데미
            서울특별시 마포구 월드컵북로6길 56
            02-2191-1133
ISBN   979-11-89946-83-8 94910 / 979-11-89946-81-4(세트)